数读中国30年

中国产业地图编委会
中国经济景气监测中心　编

社会科学文献出版社
SOCIAL SCIENCES ACADEMIC PRESS (CHINA)

《数说中国30年》编委会

主　任：蒋　耀　上海仪电控股（集团）公司董事长
委　员：李兆熙　国务院发展研究中心企业研究所副所长、研究员
　　　　　　何志毅　北京大学光华管理学院教授、《北大商业评论》执行主编
　　　　　　曹远征　中银国际控股有限公司首席经济学家
　　　　　　徐铁夫　国家统计局中国经济景气监测中心主任
　　　　　　潘建成　国家统计局中国经济景气监测中心副主任、高级统计师
　　　　　　康荣平　中国社会科学院世界经济与政治研究所世界华商研究中心主任、
　　　　　　　　　　研究员
　　　　　　左学金　上海社会科学院常务副院长、经济研究所所长
　　　　　　姚锡棠　浦东改革与发展研究院院长
　　　　　　张永岳　华东师范大学商学院院长、上海易居房地产研究院院长
　　　　　　陈伟恕　全国美国经济学会副会长、复旦大学教授
　　　　　　于建刚　上海仪电控股（集团）公司副总裁
　　　　　　华　民　复旦大学世界经济研究所所长
　　　　　　郑　韶　上海市体制改革研究所副所长
　　　　　　孙海鸣　上海财经大学工商管理学院院长
秘书长：李小军　浙江大学企业成长研究中心高级研究员

中国经济景气监测中心

　　中国经济景气监测中心是国家统计局（NBS）下属的一个经济指标研发、发布的权威机构。其主要职能为：监测国民经济运行的景气状况，预测发展态势，及时发掘经济领域中的新情况、新问题，并发布有关经济景气指数；编辑出版《中国经济景气月报》；为社会各界提供经济景气调查信息咨询服务；指导各地开展经济景气监测工作。

序

  1978年12月18日党的十一届三中全会的决定开启了中国改革开放的大门，经历了轰轰烈烈又踏踏实实30年的艰难奋斗，创造了中国史无前例的两个"度"，即前所未有的经济体制改革的深"度"和近30年中国经济一直处在发展速度上领跑世界的高"度"。30年不过是历史长河中的瞬间，却给世界带来了极具冲击的振撼，但对于一个年届甲子、曾经百废待兴的共和国来说，则是一场社会、经济、政治的全面变革。

  这场被称为"新时代下党领导人民进行的伟大革命"，进行了三项最为引人瞩目的社会变革：一是农村的家庭联产承包责任制，它打破了从前人民公社"大一统"的现况，空前地调动了农民的生产积极性；二是20世纪80年代中后期开始的国有企业的股份制改革，中国有了证券市场；三是民营经济风生水起、百花齐放。渐进式的改革让中国取得了成功。作为一个历史悠久、幅员辽阔、人口众多的大国，中国就像一架庞大的机器，社会经济的引擎一旦发动，便释放出强大的活力，社会财富急遽膨胀，民众生活水平迅速提高，综合国力快速攀升，对世界产生了强有力的冲击和影响：中国不仅不再落后于世界经济，做世界经济的旁观者和仰望着，已经在具有一定广度和深度上参与到国际活动中，并成为世界多极化趋势中的主角之一。

  在世界历史的演进过程中，不同国家兴衰的轨迹不可能简单重复。所谓以史为鉴、面向未来，就是要以科学发展观为指导，在历史的发展进程中不断总结得失成败，促进社会发展的深层创新和深刻调整，使社会处于充满了新鲜血液的活力之中。近日，也就是改革开放推进到而立之年的时候，中国共产党十七届三中全会的召开，宣告了改革开放总结年的到来。人们在享受改革开放带来的繁荣之际，也在讨论一些没有达到预期的成果与不足，很多人看到了城乡二元体制变革进程缓慢，社会保障制度严重滞后、跟社会现实差距较大，法治建设缓慢，市场经济的制度环境还远未形成等问题，并就改革开放各个层面的是非功过展开了论争。

在这种大背景下，上海融天投资顾问有限公司中国产业地图编委会联合中国经济景气监测中心和社会科学文献出版社，编纂了《数读中国30年》，在整体上全面、系统、深入地探索发展和改革之道，内容涉及农业、工业、贸易、物流、民生、金融、政治等社会各个层面。本书旨在以"融天资讯"一贯的视角，即以图说数，客观公正地从宏观和中观的层面向社会展现中国改革开放30年来在经济和社会发展各个层面的变动轨迹。这种结合产业分析、社会发展与国家宏观战略管理手法，为社会各个层次人士鸟瞰中国社会历史变动全景风云，提供了直观而便利的平台。其视觉没有完全停留在国家发展战略预期实现的辉煌成果上，更没有回避问题和争议；以数据和图文感知社会经济生活中的相关矛盾和不足，代表了不同于政府与学界的，属于民间的客观、平实而有效的声音。

随着国民经济持续而强劲的发展，中国已经进入民族复兴的关键时期，中国崛起成为一个世界强国，将是21世纪国际关系中最为确定的发展趋势之一。实践证明：国家自身的完善、社会组织和国民素质的提高是实现国力综合提升的前提和最大要素。在经济全球化的条件下，利用和创造条件适应国际经济结构的变化，发展中国家可以获得某种"后发优势"，实现跨越式发展。在这一过程中，我们尤其要以成熟、理性的眼光考量不断出现的辉煌和成就、矛盾和问题、机遇与挑战，努力解决瓶颈问题、明确和坚持奋斗方向，为实现中华民族的伟大复兴而努力！

上海仪电控股（集团）公司　董事长　蒋耀

编者说明

20世纪70年代下半叶，当中国人从那场史无前例的"文化大革命"浩劫中站起来的时候，中国已经百业凋零，人民生活极其贫困，整个国民经济已经到了全面崩溃的边缘。当历经沧桑的中国人民，用30年改革开放的奋斗精神，努力抚平祖国身上伤疤的时候，我们不仅仅看到了中华民族的未来和希望，也忘不了中国历史上那段艰难困苦的岁月。

世界银行数据显示，1978年中国国内生产总值为1473亿美元，只有美国的6%，日本的15%。占全球陆地面积6%的泱泱大国，经济发展水平仅仅与国土面积相当于海南省的欧洲小国荷兰相差无几。相比之下，中国人均GDP水平更低，只有154美元，在列入统计范畴的188个国家和地区中，排名倒数第十四位。改革开放基本国策实施以来，经过不懈努力，中国经济保持了近30年的高速增长，年平均增幅高达9.8%，这在中外经济发展史上是绝无仅有的。2007年，中国GDP总量达到32801亿美元，接近美国的1/4，日本的3/4，对全球经济增长的贡献更是举足轻重，经济大国地位已经形成。

同时，中国各项经济指标及其占全球比重也有了长足的进步。1978年，中国对外进出口贸易总额是206亿美元，仅占当年全球贸易总额的0.8%，而美国当年进出口总额占全球的13.4%，日本占7.2%。也就是说，在1978年的全球经济活动中，没有中国地球照样转。2007年，中国对外进出口总额达到21738亿美元，接近当年全球贸易总额的1/6，世界已经开始步入中国制造的时代。如果没有中国制造，美国乃至全球人民的日常生活将难以想象。

1978年，中国没有私人汽车，当年全国客车加货车一共135.8万辆，每千人只有1.4辆车。进入2007年，中国汽车产销量双双突破800万辆，位居世界第三位，与汽车制造大国日本、美国的差距明显缩小。汽车保有量达到4358.4万辆，每千人拥有汽车33辆，尤其是私人汽车呈现出井喷的发展态势，保有量达到2876.2万辆，占中国汽车保有量的66%；1978年中国没有一寸高速公路，960万平方公里的大地上只有不到90万公里的公路，每千人摊不到1公里。进入2007年，中国村道已经正式纳入统计范畴，全国公路里程达到358.4万公里。其中高速公路达到5.4万公里，仅次于美国，位居世界第二位；1978年中国9.6亿人只有192万户电话用户，而且几乎都不是私人电话，全国每千人也不到2部电话，那时中国至少有几亿人口从来没有见过和完全没有使有过电话。进入2007年，中国仅移动电话用户一项就达到5.47亿户，每百人拥有移动电话41部，尤其是在城市，移动电话甚至已经成为人们日常生活的必需品。

1978年，中国农村人口有7.9亿人，当年全国县以下的社会消费品零售总额673亿元，当时近8亿的农村人口每天只有0.23元的消费能力；城市情况也是如此，1978年中国在城市居住的人口有1.7亿人，全国当年住宿和餐饮的社会消费品零售总额只有54.8亿元，即使把它全部分到城市人口头上每人每天也不到9分钱，这就是说即使住在城里，绝大多数人也没有旅游和外出就餐的能力。但进入2007年，全国县以下社会消费品零售总额达到18856亿元，农村人口每人每天的消费能力达到7.10元，生活水平显著提高；而城市人口外出旅游与就餐能力也大大增强，2007年，仅国内旅游一项，城市居民的人均花费就接近1000元，生活质量明显改善。

正是为了纪念从30年前开始的这场伟大实践，中国产业地图编委会、国家统计局中国经济景气监测中心以及社会科学文献出版社联合出版了《数读中国30年》一书，向所有为中国改革开放做出贡献的人们致以崇高的敬礼。本书在形式上，延续了"融天资讯"产业地图的编纂风格，即以数据图表为主要表现形式，配以精练的文字，提纲挈领地展现改革开放30年来中国所取得的巨大成就，并对经济发展中的关键因素与重要行业进行深入解读，力求使读者全方位把握中国实施改革开放以来所发生的变化。全书主要分为三个部分：第一部分为第一章，通过形象的图片展示，描述30年来中国主要经济指标的发展变化，重在突出中国速度；第二部分从第二章到第十章，就中国经济发展中的人口、经济规模、资源和能源、农业、工业与企业、贸易与国际收支、财政和金融、运输和通信及媒体以及国民生活等九大方面展开详细论述，对其发展背景、取得的阶段性成就以及发展中遇到的现实矛盾等关键问题进行详尽分析，在津津乐道发展成就的同时，也对其当前的发展问题进行揭示；第三部分为第十一章，就影响国计民生的纺织服装业、汽车制造业、房地产业、钢铁业以及电子信息制造业五大行业的发展变化进行详细描述，其中不但有指标的变化，更有发展脉络与历程的全景展示。

本书在编纂过程中，得到了国家统计局中国经济景气监测中心的大力帮助和指导，同时集团各级领导在审稿过程中也提出一些中肯的意见，在这里向他们表示衷心的感谢！

编　者

目 录 · Contents

第一章	改革开放 30 年来中国发展变化	1
第二章	改革开放 30 年来中国人口发展变化	15
第三章	改革开放 30 年来中国经济规模发展变化	22
第四章	改革开放 30 年来中国能源资源发展变化	35
第五章	改革开放 30 年来中国农业发展变化	55
第六章	改革开放 30 年来中国工业与企业发展变化	78
第七章	改革开放 30 年来中国贸易与国际收支发展变化	100
第八章	改革开放 30 年来中国财政与金融发展变化	109
第九章	改革开放 30 年来中国运输和通信及媒体发展变化	127
第十章	改革开放 30 年来中国国民生活发展变化	144

第十一章　改革开放30年来深刻影响中国经济的五大产业发展变化 160

第一节　改革开放30年来中国纺织服装业发展变化 160
第二节　改革开放30年来中国钢铁业发展变化 170
第三节　改革开放30年来中国电子信息业发展变化 180
第四节　改革开放30年来中国汽车制造业发展变化 193
第五节　改革开放30年来中国房地产业发展变化 202

附　录 216

附录一　截至2007年中国银行业主要金融机构名单 216
附录二　中国改革开放30年最具影响力的30件大事 220
附录三　中国改革开放30年以来的历次党代会 227
附录四　中国改革开放30年以来的历次全国人代会 232

第一章
改革开放30年来中国发展变化

中国经济实现了长期持续、快速、平稳地增长。20世纪50年代以来，根据世界银行数据显示，全球只有11个国家和地区在长达25年的时间内，GDP年均增幅达到7%以上。其中，世界瞩目的日本战后经济发展奇迹也仅仅维持了19年（1955–1973年）。但中国经济自改革开放以来已经实现了连续29年的高速增长。1978–2007年，中国国内生产总值（GDP）增长近68倍，剔除价格因素，年平均实际增幅高达9.8%，不仅高于1952–1977年6.1%的平均增速，更遥遥领先于同期世界经济和主要经济大国的发展速度；并且从2008年上半年中国GDP实现10.4%的两位数增长态势来看，这种发展仍将延续，这在中外经济发展历史上是绝无仅有的。经济的快速增长大大缩小了中国与当今世界发达国家的差距，经济大国地位已基本确立。一方面，中国国内生产总值世界排名已攀升至第四位，仅次于美国、日本和德国；另一方面，中国经济增长对世界经济增长的贡献更是举足轻重。2007，中国经济增长的贡献率已超过美国，位居世界第一位。

1978–2007年世界主要国家GDP及其增长比较*

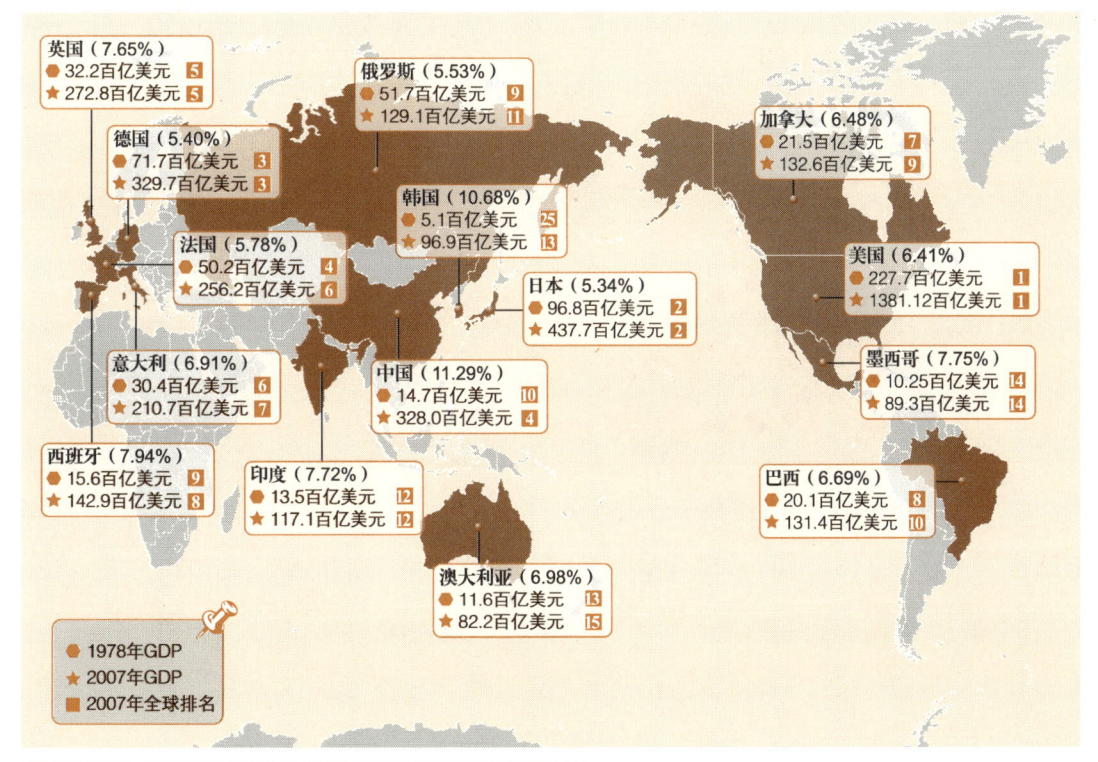

英国（7.65%）
● 32.2百亿美元 5
★ 272.8百亿美元 5

俄罗斯（5.53%）
● 51.7百亿美元 9
★ 129.1百亿美元 11

加拿大（6.48%）
● 21.5百亿美元 7
★ 132.6百亿美元 9

德国（5.40%）
● 71.7百亿美元 3
★ 329.7百亿美元 3

韩国（10.68%）
● 5.1百亿美元 25
★ 96.9百亿美元 13

美国（6.41%）
● 227.7百亿美元 1
★ 1381.12百亿美元 1

法国（5.78%）
● 50.2百亿美元 4
★ 256.2百亿美元 6

日本（5.34%）
● 96.8百亿美元 2
★ 437.7百亿美元 2

墨西哥（7.75%）
● 10.25百亿美元 14
★ 89.3百亿美元 14

意大利（6.91%）
● 30.4百亿美元 6
★ 210.7百亿美元 7

中国（11.29%）
● 14.7百亿美元 10
★ 328.0百亿美元 4

西班牙（7.94%）
● 15.6百亿美元 9
★ 142.9百亿美元 8

印度（7.72%）
● 13.5百亿美元 12
★ 117.1百亿美元 12

巴西（6.69%）
● 20.1百亿美元 8
★ 131.4百亿美元 10

澳大利亚（6.98%）
● 11.6百亿美元 13
★ 82.2百亿美元 15

● 1978年GDP
★ 2007年GDP
■ 2007年全球排名

* 括号内为1978–2007年的年平均增幅；俄罗斯为1990年和2007年的数据和排名。

数读 中国30年

中国改革开放30年来GDP变化

3 645.2亿元　　249 529.9亿元

1978年　增长**67**倍　2007年

中国改革开放30年来人均GDP变化

381.0元　　18 885.3元

1978年　增长**48**倍　2007年

中国改革开放30年来国家财政收入变化

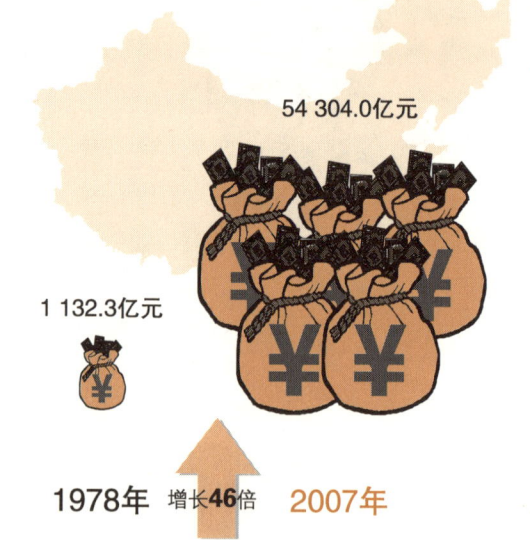

1 132.3亿元　　54 304.0亿元

1978年　增长**46**倍　2007年

中国改革开放30年来国家财政支出变化

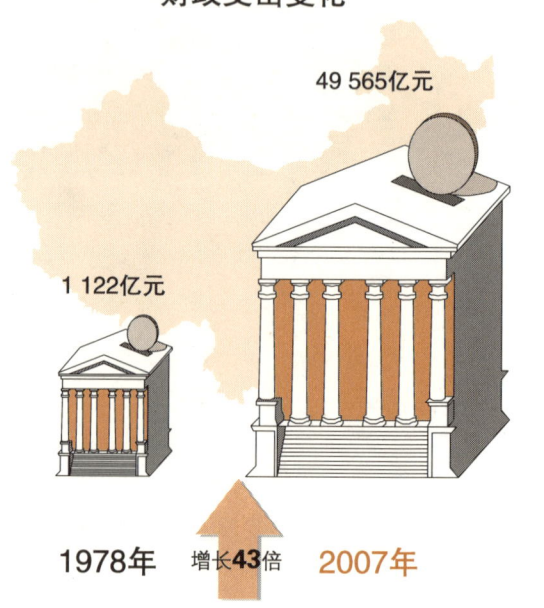

1 122亿元　　49 565亿元

1978年　增长**43**倍　2007年

2

第一章 改革开放30年来中国发展变化

中国改革开放30年来全社会固定资产投资额变化

669亿元 — 1978年
137 239亿元 — 2007年
增长 **204** 倍

中国改革开放30年来金融机构人民币各项存款余额变化

1 135.0亿元 — 1978年
389 371.0亿元 — 2007年
增长 **342** 倍

中国改革开放30年来货物进出口总额变化

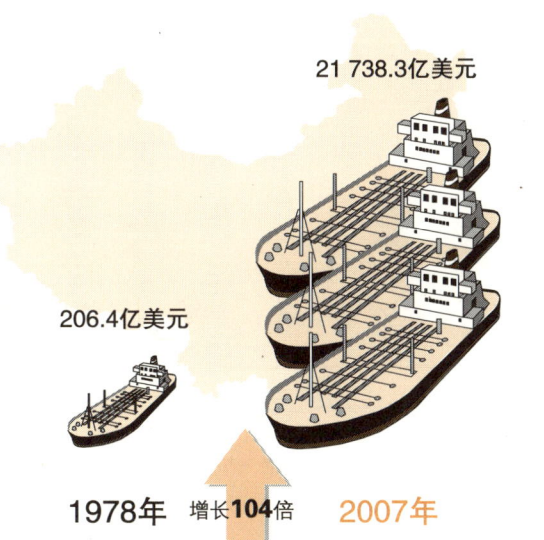

206.4亿美元 — 1978年
21 738.3亿美元 — 2007年
增长 **104** 倍

中国1983年以来实际使用外资额变化

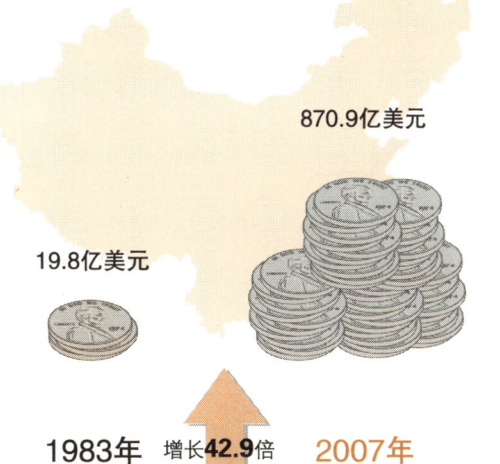

19.8亿美元 — 1983年
870.9亿美元 — 2007年
增长 **42.9** 倍

数读 中国30年

中国改革开放30年来外汇储备变化

1.67亿美元 — 1978年
15 282.49亿美元 — 2007年
增长 **9 151** 倍

中国改革开放30年来入境过夜旅游人数变化

71.6万人次 — 1978年
5 472.0万人次 — 2007年
增长 **75** 倍

中国改革开放30年来社会消费品零售总额变化

1 558.6亿元 — 1978年
89 210.0亿元 — 2007年
增长 **56** 倍

中国改革开放30年来邮电业务总量变化

34.09亿元 — 1978年
19 758.7亿元 — 2007年
增长 **578** 倍

经济的快速发展也迅速扩大了国内三次产业的生产规模,当前中国制造业规模已经位居世界第四位。其中,高新技术制造业规模已位居世界第二位。同时,主要产品产量大幅增长,并开始处于领先地位。其中,农产品方面,谷物、肉类和籽棉表现突出,总产量均已位居世界第一位;工业品方面,主要材料的钢和水泥以及主要能源的煤炭产量均位居世界第一位;其他产品指标也均处于世界前列水平。

第一章
改革开放30年来中国发展变化

中国改革开放30年来粮食产量变化

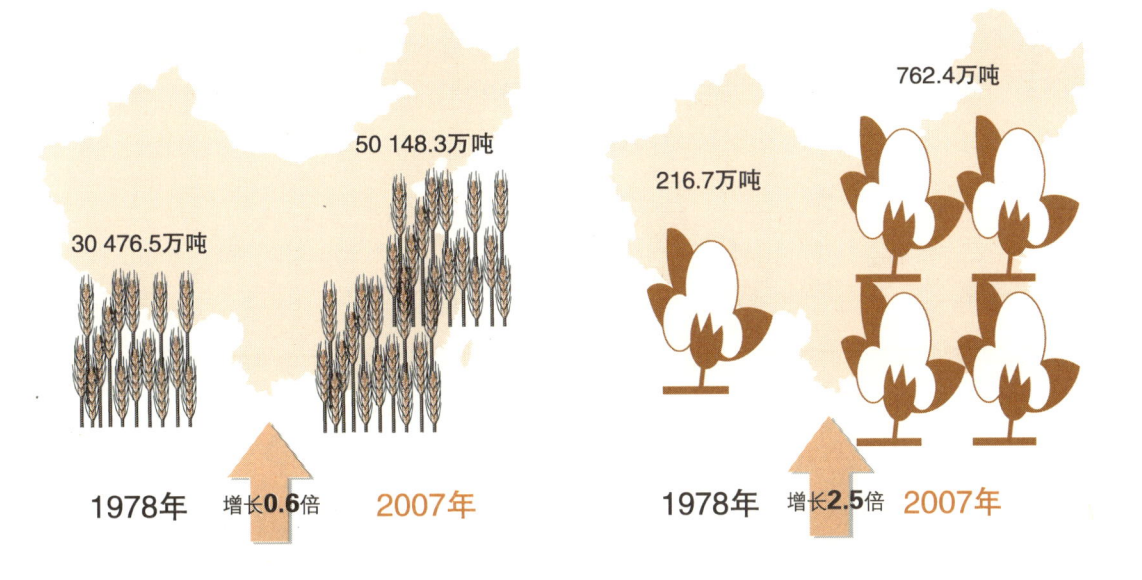

30 476.5万吨

50 148.3万吨

1978年　增长**0.6**倍　2007年

中国改革开放30年来棉花产量变化

216.7万吨

762.4万吨

1978年　增长**2.5**倍　2007年

中国改革开放30年来肉类产量变化

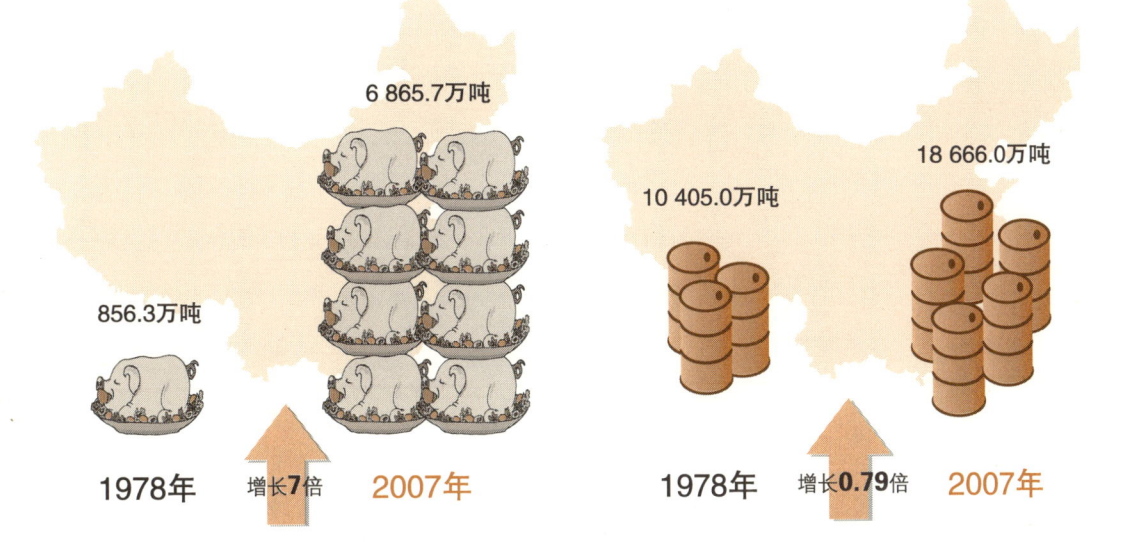

856.3万吨

6 865.7万吨

1978年　增长**7**倍　2007年

中国改革开放30年来原油产量变化

10 405.0万吨

18 666.0万吨

1978年　增长**0.79**倍　2007年

数读 中国30年

中国改革开放30年来原煤产量变化

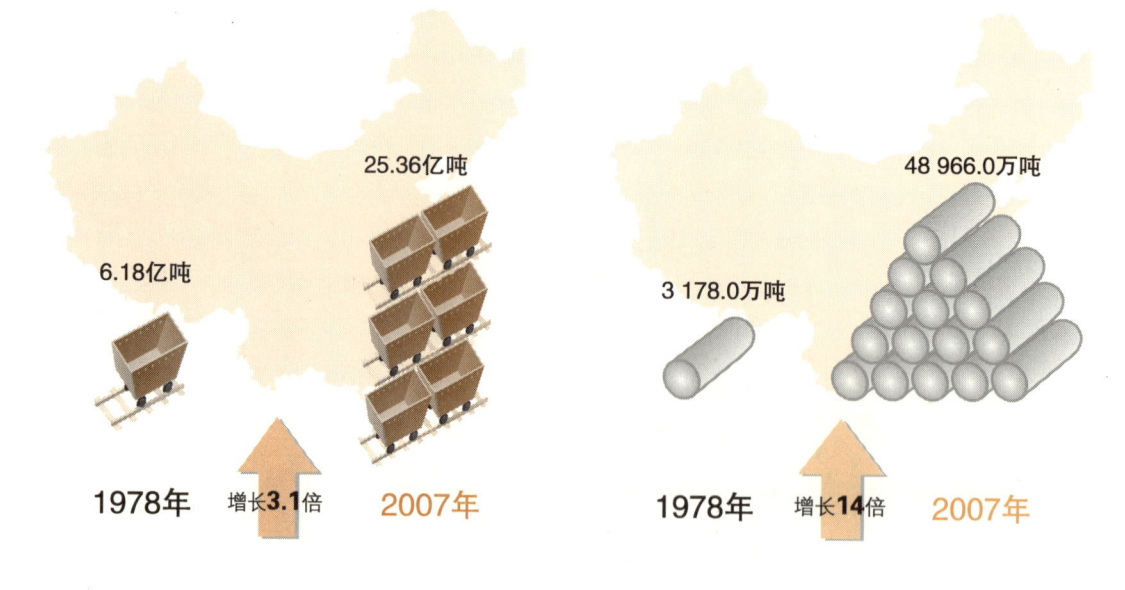

6.18亿吨 → 25.36亿吨

1978年　增长**3.1**倍　2007年

中国改革开放30年来粗钢产量变化

3 178.0万吨 → 48 966.0万吨

1978年　增长**14**倍　2007年

中国改革开放30年来水泥产量变化

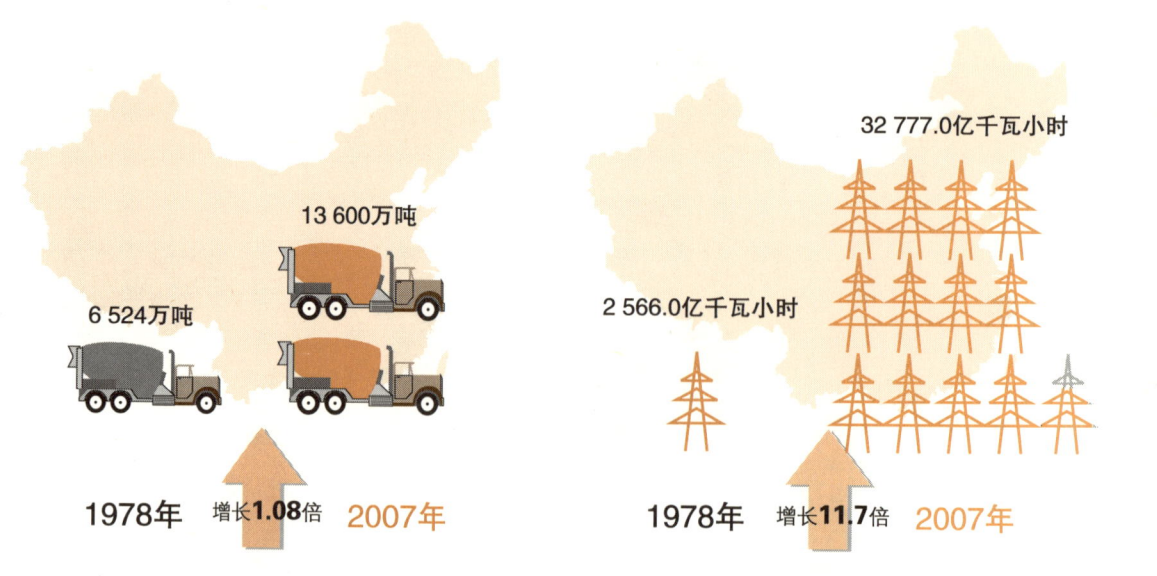

6 524万吨 → 13 600万吨

1978年　增长**1.08**倍　2007年

中国改革开放30年来发电量变化

2 566.0亿千瓦小时 → 32 777.0亿千瓦小时

1978年　增长**11.7**倍　2007年

第一章
改革开放30年来中国发展变化

中国改革开放30年来铁路建设里程变化

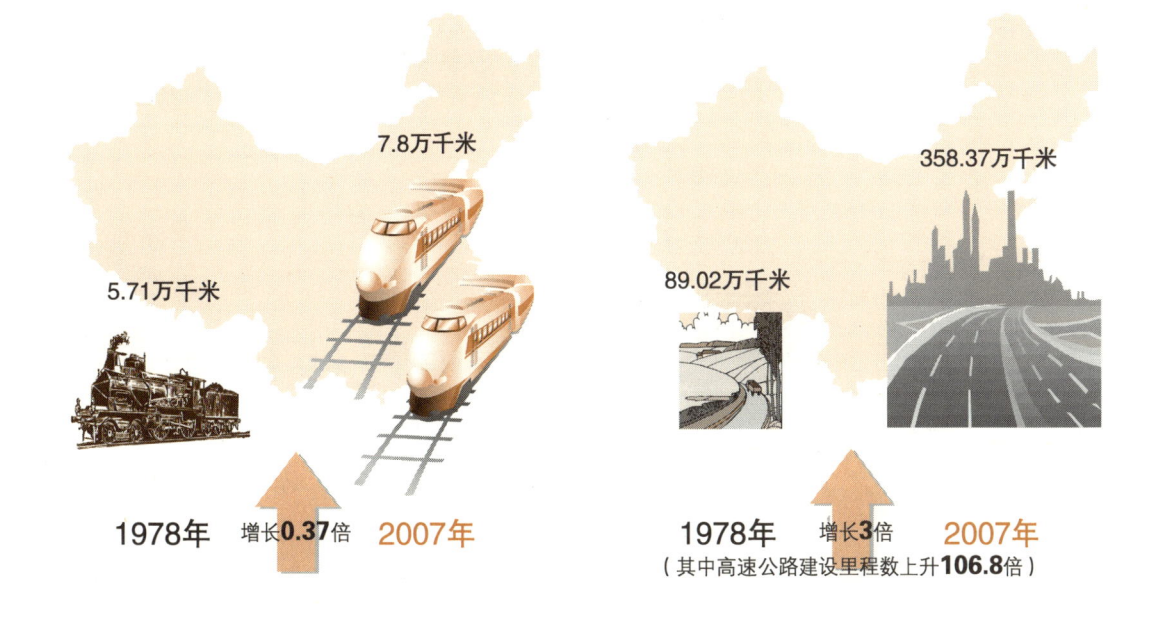

5.71万千米

7.8万千米

1978年　增长**0.37**倍　2007年

中国改革开放30年来公路建设里程变化

89.02万千米

358.37万千米

1978年　增长**3**倍　2007年
（其中高速公路建设里程数上升**106.8**倍）

中国改革开放30年来公路客运量变化

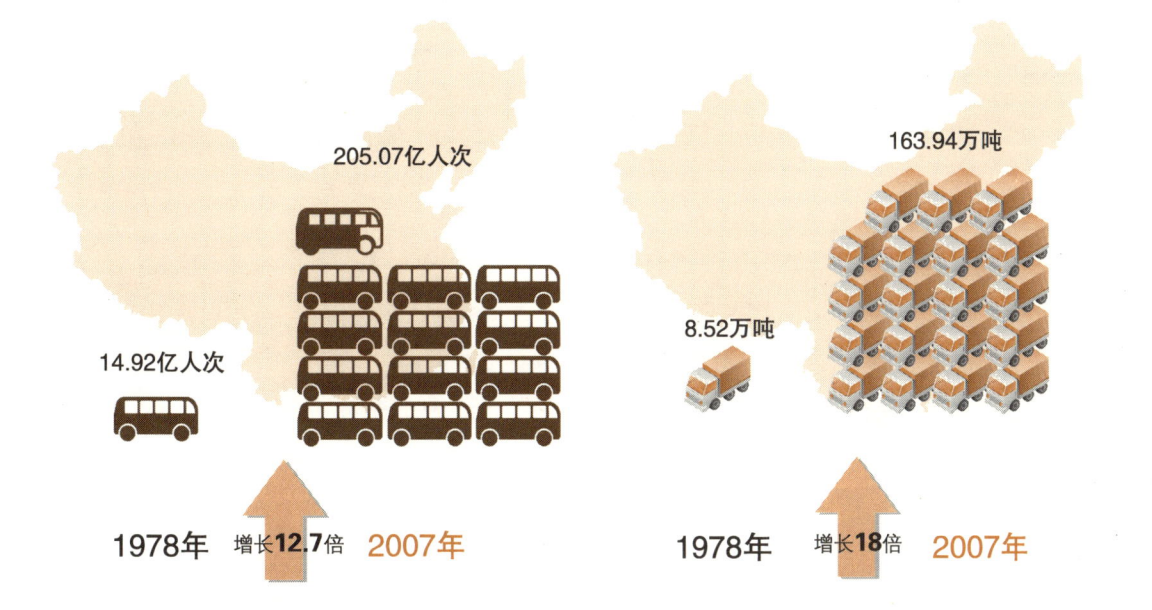

14.92亿人次

205.07亿人次

1978年　增长**12.7**倍　2007年

中国改革开放30年来公路货运量变化

8.52万吨

163.94万吨

1978年　增长**18**倍　2007年

7

数读 中国30年

中国改革开放30年来铁路客运量变化

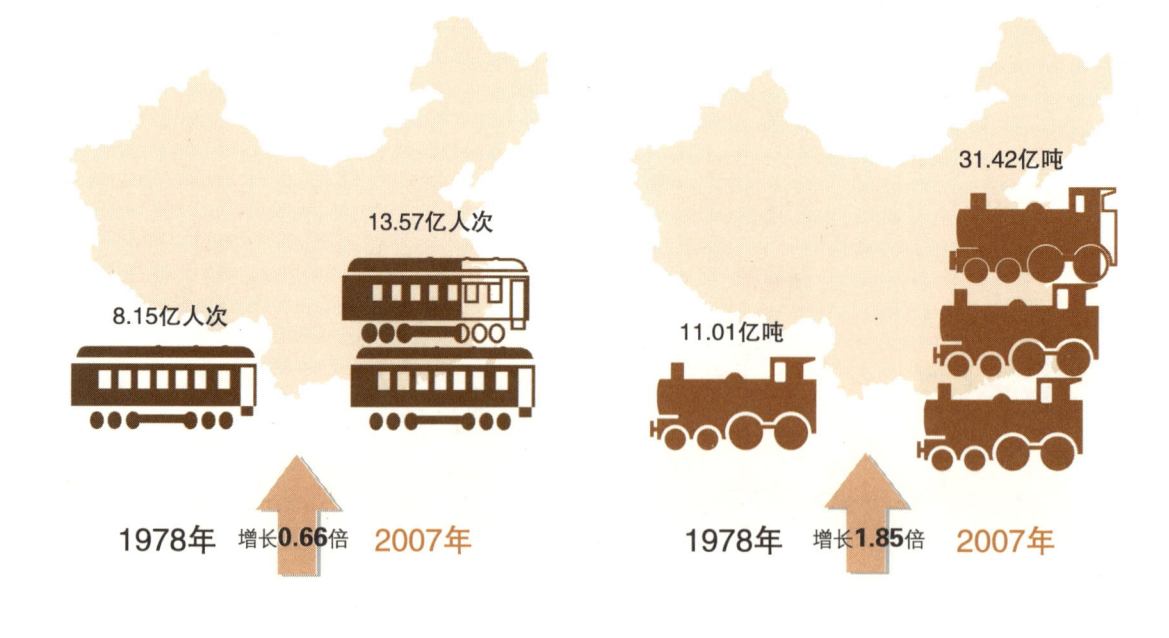

8.15亿人次 → 13.57亿人次

1978年 —— 增长 **0.66** 倍 —— 2007年

中国改革开放30年来铁路货运量变化

11.01亿吨 → 31.42亿吨

1978年 —— 增长 **1.85** 倍 —— 2007年

中国改革开放30年来水路客运量变化

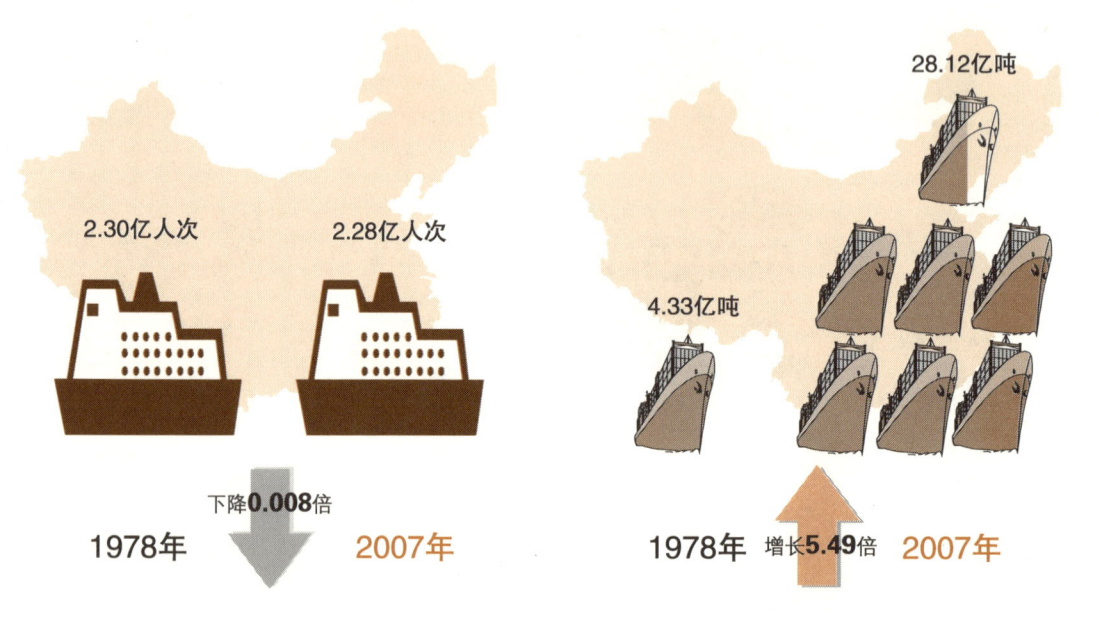

2.30亿人次 → 2.28亿人次

1978年 —— 下降 **0.008** 倍 —— 2007年

中国改革开放30年来水路货运量变化

4.33亿吨 → 28.12亿吨

1978年 —— 增长 **5.49** 倍 —— 2007年

中国改革开放30年来航空客运量变化

0.02亿人次　　1.86亿人次

1978年　增长**92**倍　2007年

中国改革开放30年来航空货运量变化

6.4万吨　　401.9万吨

1978年　增长**61**倍　2007年

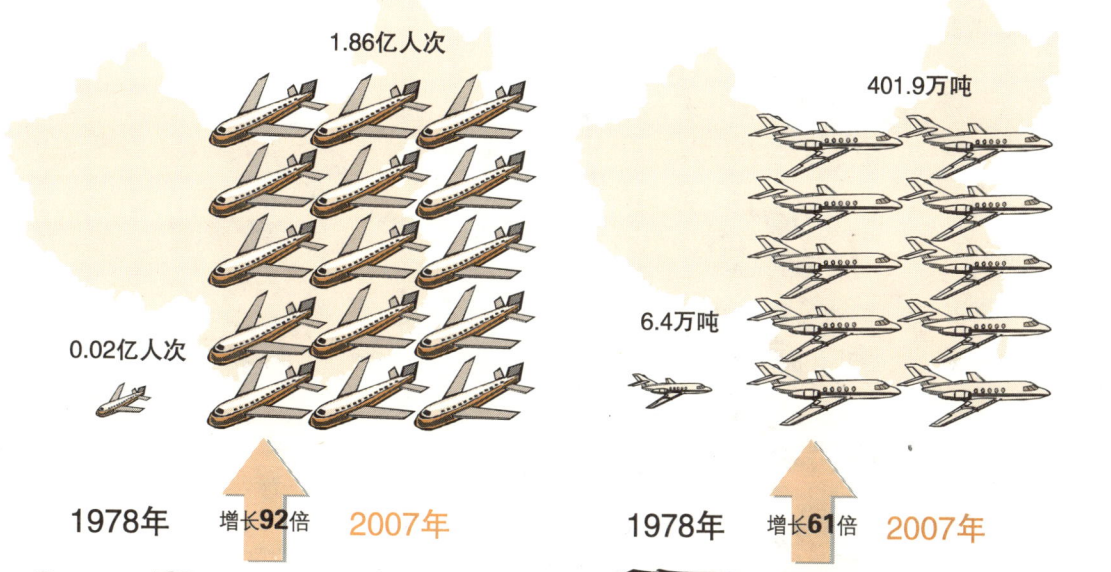

伴随着改革开放30年来国民经济的飞速发展，人民生活发生了翻天覆地的变化，已经基本实现了由温饱不足到总体小康的历史性跨越。一方面，居民收入水平迅速增加。1978—2007年，中国城镇居民家庭人均可支配收入和农村居民家庭人均纯收入分别增长近40倍和近30倍；另一方面，居民消费水平及消费结构发生明显改变，生活质量显著提升。其中，食品支出比重显著下降，医疗保健、交通、通信和娱乐、教育、文化、服务支出比重明显提高。

中国改革开放30年来总人口变化

96 259万人　　132 129万人

1978年　增长**0.37**倍　2007年

中国改革开放30年来就业人数变化

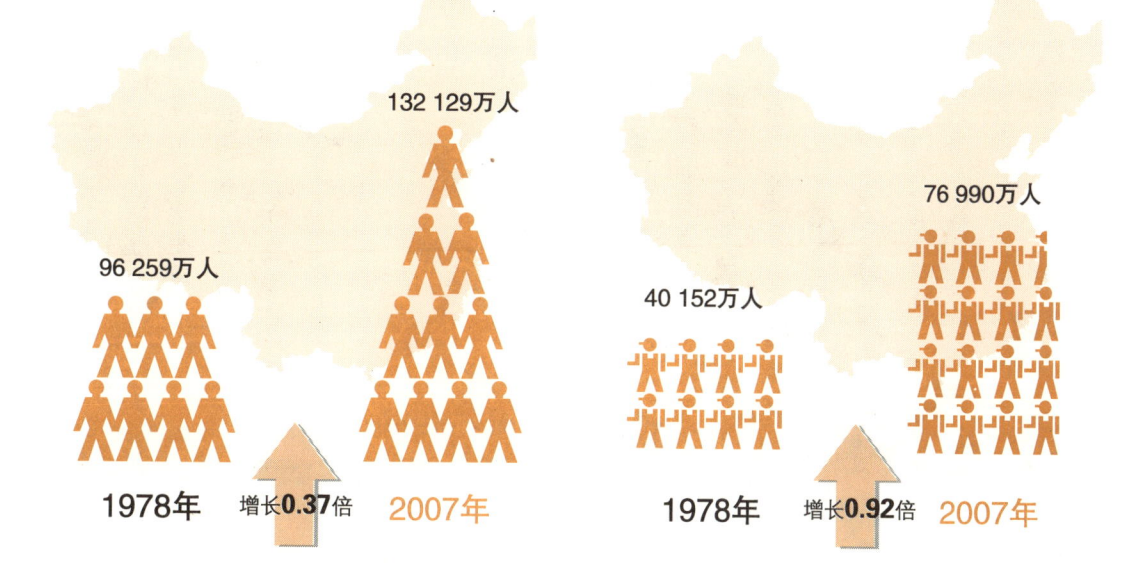

40 152万人　　76 990万人

1978年　增长**0.92**倍　2007年

数读 中国30年

中国改革开放30年来城镇职工人均工资收入变化

24 932.0元

615.0元

1978年 增长**39**倍 2007年

中国改革开放30年来农村居民人均收入变化

5 791.0元

152.0元

1978年 增长**37**倍 2007年

中国改革开放30年来城镇居民可支配收入变化

13 785.8元

343.4元

1978年 增长**39**倍 2007年

中国改革开放30年来农村居民人均纯收入变化

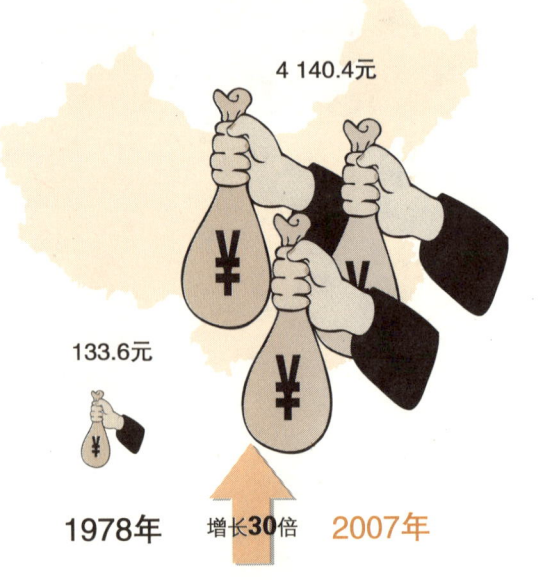

4 140.4元

133.6元

1978年 增长**30**倍 2007年

第一章
改革开放30年来中国发展变化

中国改革开放30年来城镇人均消费支出变化

311.2元 — 1978年
9 997.5元 — 2007年
增长**31**倍

中国改革开放30年来农村人均消费支出变化

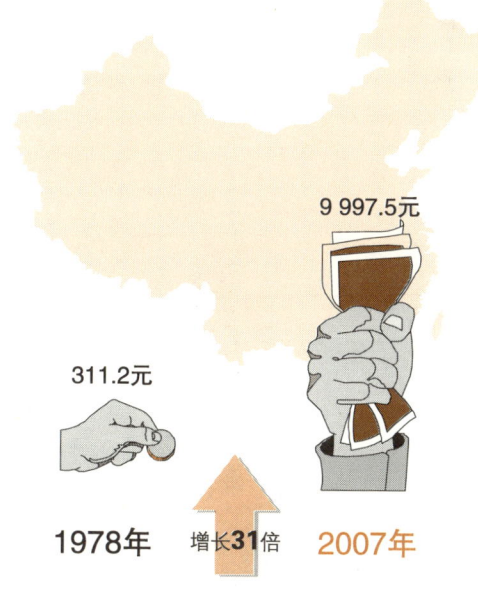

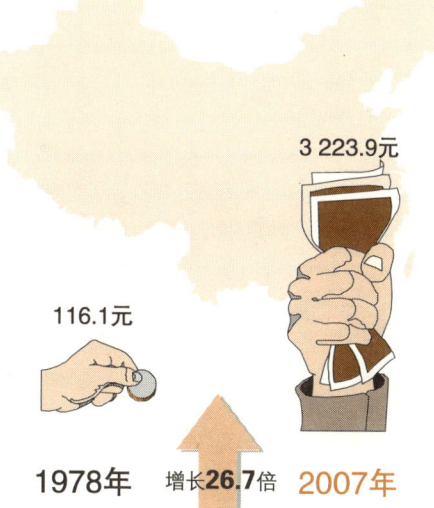

116.1元 — 1978年
3 223.9元 — 2007年
增长**26.7**倍

中国改革开放30年来人均储蓄存款余额变化

22.0元 — 1978年
13 058.0元 — 2007年
增长**592**倍

中国改革开放30年来失业人口变化

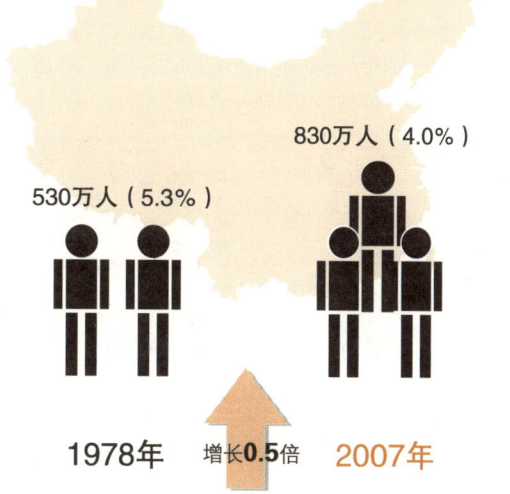

530万人（5.3%）— 1978年
830万人（4.0%）— 2007年
增长**0.5**倍

数读 中国30年

中国改革开放30年来城镇人均住宅面积变化

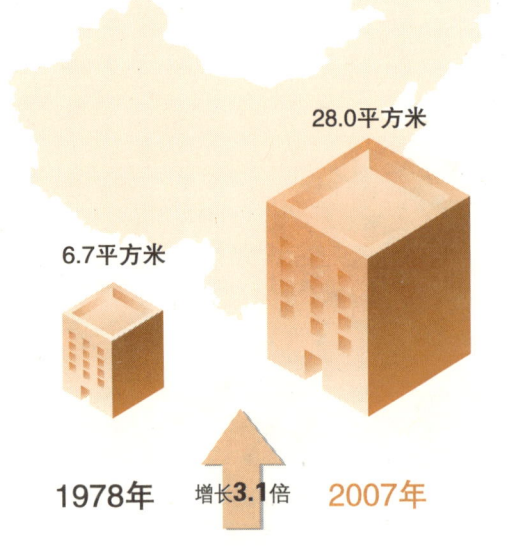

1978年 6.7平方米 — 增长**3.1**倍 — 2007年 28.0平方米

中国改革开放30年来农村人均住宅面积变化

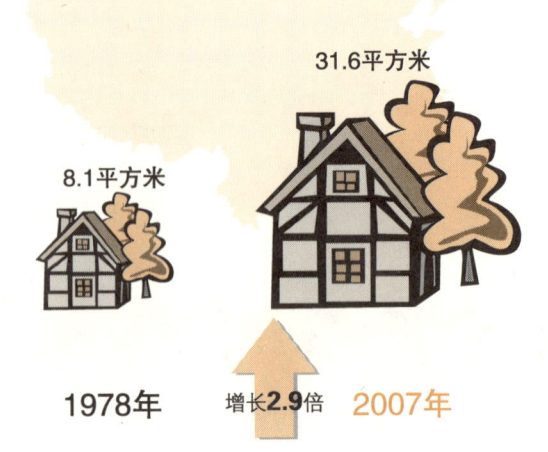

1978年 8.1平方米 — 增长**2.9**倍 — 2007年 31.6平方米

中国改革开放30年来图书出版数量变化

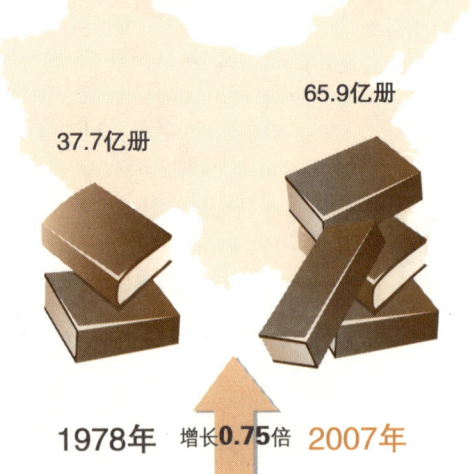

1978年 37.7亿册 — 增长**0.75**倍 — 2007年 65.9亿册

中国10年来互联网普及率变化

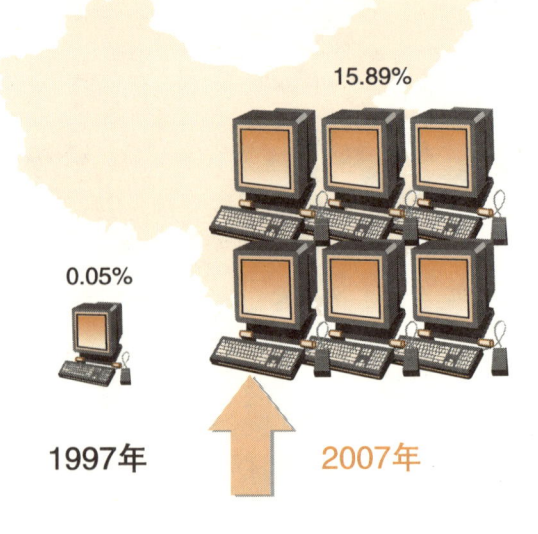

1997年 0.05% — 2007年 15.89%

第一章
改革开放30年来中国发展变化

中国改革开放30年来普通高等学校数变化

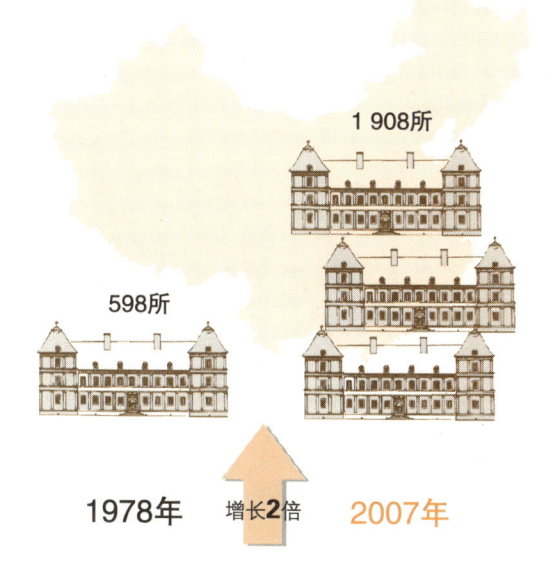

598所 — 1978年
1 908所 — 2007年
增长**2**倍

中国改革开放30年来普通高校教师数变化

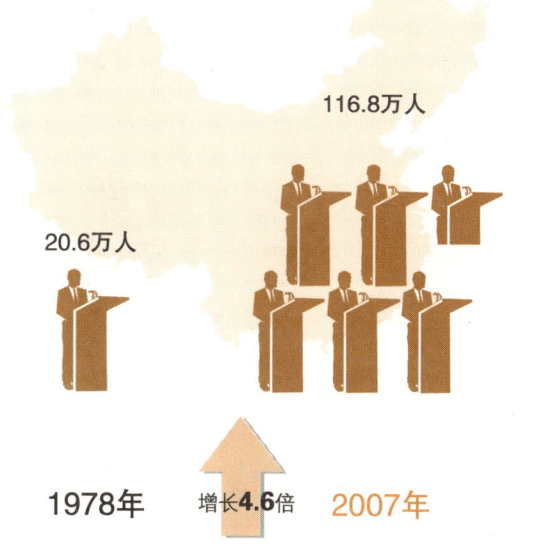

20.6万人 — 1978年
116.8万人 — 2007年
增长**4.6**倍

中国改革开放30年来普通高校毕业生数变化

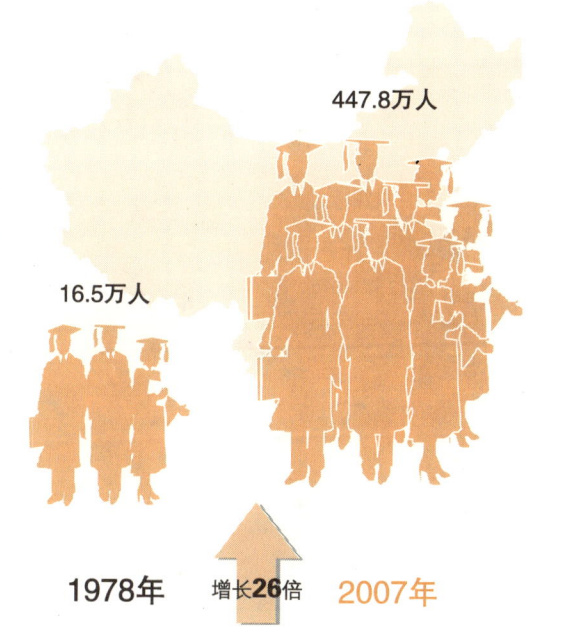

16.5万人 — 1978年
447.8万人 — 2007年
增长**26**倍

中国改革开放30年来固定电话用户数变化

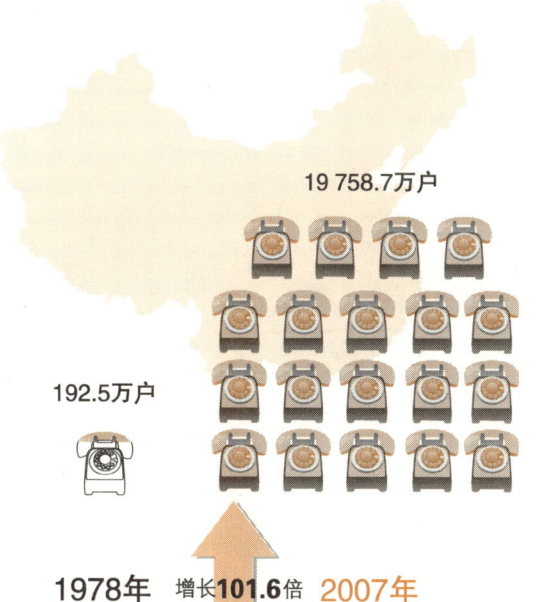

192.5万户 — 1978年
19 758.7万户 — 2007年
增长**101.6**倍

数读 中国30年

中国1990年以来移动电话用户数变化

1.8万户 — 1990年
54 728.6万户 — 2007年
增长 **30 403** 倍

中国改革开放10年来居民家庭每百户移动电话数量变化

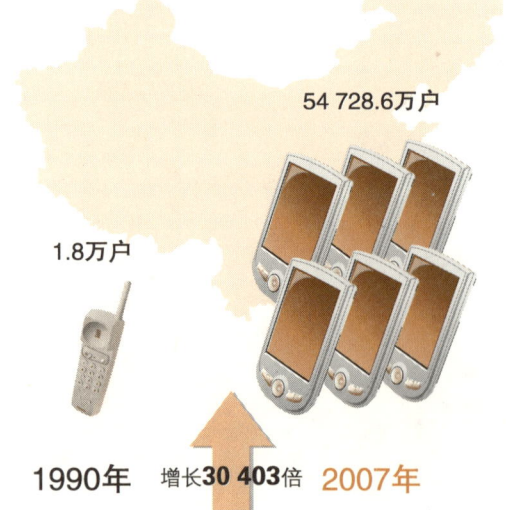

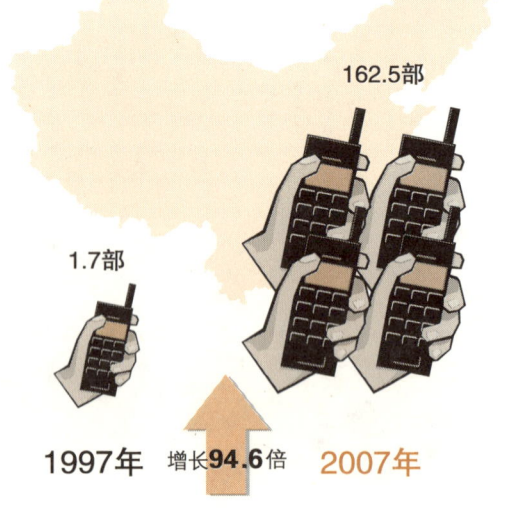

1.7部 — 1997年
162.5部 — 2007年
增长 **94.6** 倍

中国改革开放30年来医院、卫生院数变化

64 311.0所 — 1978年
60 525.0所 — 2007年
下降 **0.05** 倍

中国改革开放30年来执业（助理）医生数变化

103.3万人 — 1978年
201.3万人 — 2007年
增长 **0.95** 倍

第二章
改革开放30年来中国人口发展变化

改革开放30年来，实行"计划生育"基本国策所取得的巨大成就，在一定程度上缓解了由于人口规模过大给人们的衣食住行和教育、医疗、资源以及环境等方面的压力。1978-2007年，中国人口数量从9.63亿人增加到13.21亿人，年平均增长仅1.1%，大大低于同期发展中国家和世界的平均增幅。同时，中国各项指标的人均占有量也显著提升，尤其是人均国内生产总值增长近10倍，缩小了人均增长水平明显低于总量增长水平的差距。但中国人口多、耕地少、底子薄和人均占有资源相对不足的基本国情没有变，中国地区间经济和社会发展不平衡的状况没有变。在今后一个较长时期内，中国人口总量还将继续增加，稳定低生育水平的任务还相当艰巨。就业压力的持续增大、老龄化进程的加快以及人口总体文化素质较低等各种人口矛盾和问题将伴随着21世纪中国社会经济的发展还长期存在。总体来看，中国人口30年的发展历程主要呈现出以下特点。

人口总量保持低速增长，人口再生产实现历史性转变

改革开放30年来，随着经济社会的发展，人民文化教育、健康水平等的提高以及计划生育工作的不断深入，中国人口快速增长的势头已经得到有效遏制，尤其是"九五"以后，中国人口自然增长率已降至10‰以下的水平，实现了人口再生产类型从"高出生、低死亡、高增长"向"低出生、低死亡、低增长"的历史性转变。2007年，中国人口数量达到13.21亿人，占全世界人口数量的比重已降至20%左右，为全球的可持续发展做出了重大贡献。

1978年以来中国人口数量及其占世界比重走势（单位：万人）

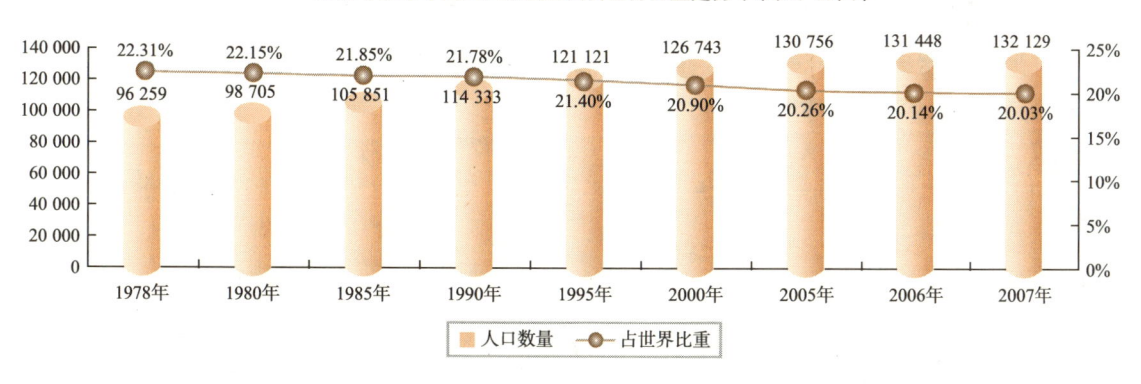

年份	人口数量	占世界比重
1978年	96 259	22.31%
1980年	98 705	22.15%
1985年	105 851	21.85%
1990年	114 333	21.78%
1995年	121 121	21.40%
2000年	126 743	20.90%
2005年	130 756	20.26%
2006年	131 448	20.14%
2007年	132 129	20.03%

数读 中国30年

1978年以来中国人口自然增长率走势*

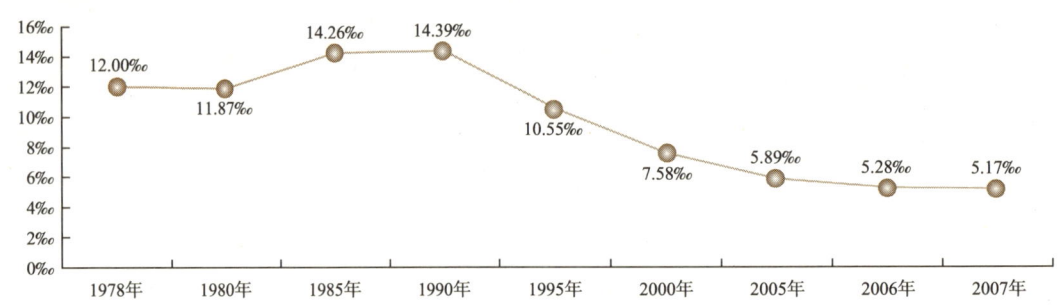

- 1978年: 12.00‰
- 1980年: 11.87‰
- 1985年: 14.26‰
- 1990年: 14.39‰
- 1995年: 10.55‰
- 2000年: 7.58‰
- 2005年: 5.89‰
- 2006年: 5.28‰
- 2007年: 5.17‰

*自然增长率=人口出生率−人口死亡率。

城镇人口比重不断上升，城镇化进程步伐加快

改革开放30年来，中国相继制定了一系列提高中国城市化发展水平的政策，城镇规模不断扩大，聚集及辐射功能不断提高，对人口的承载力不断增强。同时，产业结构调整和社会经济快速发展吸纳了大量农民进城务工经商，加快了人口城镇化进程。1978—2007年，中国城镇人口从1.72亿人增加到5.94亿人，年平均增长4.4%，远高于同期人口总量的年平均增长水平。同期城镇化率也显著提升，由1978年的17.92%提升至2007年的44.94%，提高27.02个百分点。

1978年中国人口数量城乡构成状况
- 城镇人口 17.92%（17 245万人）
- 乡村人口 82.08%（79 014万人）

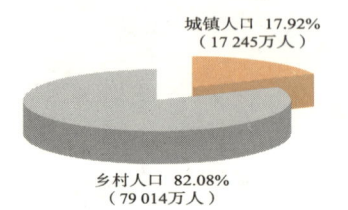

2007年中国人口数量城乡构成状况
- 城镇人口 44.94%（59 379万人）
- 乡村人口 55.06%（72 750万人）

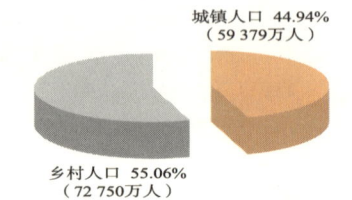

人口与社会经济进一步协调发展，老龄化进程明显加快

人口受教育程度与劳动者素质明显提高。改革开放30年来，中国认真贯彻实施科教兴国战略，教育事业稳步发展，普通高校数已增加至1900所左右，高校在校学生数快速增长，为全国人口受教育程度进一步提高提供了有力保障。2007年，中国接受初中及以上教育（初中、高中和大专及以上）的人口不断增加，占全国总人口的比重已接近60%，这在一定程度上反映出普及九年制义务教育所取得的巨大成就。人口受教育程度的普遍提高，特别是具有大学受教育程度人数的增加，无疑对中国经济社会的发展起到推动作用。

1978年以来中国普通高等学校在校生人数走势（单位：万人）

年份	人数
1978年	85.6
1980年	114.4
1985年	170.3
1990年	206.3
1995年	290.6
2000年	556.1
2005年	1 561.8
2006年	1 738.8
2007年	1 885.0

1982年中国人口数量受教育程度构成状况
- 其他 39.6%
- 小学 35.4%
- 初中 17.8%
- 高中 6.6%
- 大专及以上 0.6%

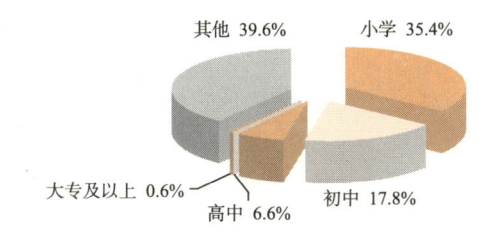

2007年中国人口数量受教育程度构成状况
- 其他 13.5%
- 小学 29.9%
- 初中 37.8%
- 高中 12.6%
- 大专及以上 6.2%

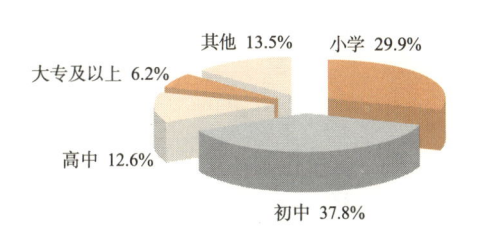

人口健康水平不断提高，年龄结构开始向老年型社会转变。改革开放30年来，随着人民生活水平的提高和医疗卫生事业的进步，尤其是国家不断加大对卫生与社会保障的财政支出，中国人口死亡率明显下降，并一直维持在6‰左右，人口平均预期寿命也由1978年的68.0岁增长到2006年的72.4岁。与此同时，中国已开始步入老年型社会。2007年，中国65岁以上老年人口比例由1982年的4.9%上升到2007年8.1%，相对于人均国内生产总值只有2 485美元的欠发达经济背景，势必给中国经济社会的持续稳定发展带来沉重负担。

1982年中国人口年龄构成状况
- 65岁以上人口 4.9%
- 0-14岁人口 33.6%
- 15-64岁人口 61.5%

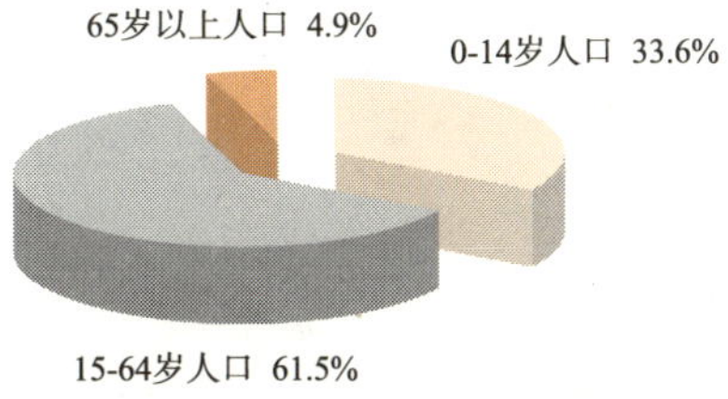

2007年中国人口年龄构成状况
- 65岁以上人口 8.1%
- 0-14岁人口 19.4%
- 15-64岁人口 72.5%

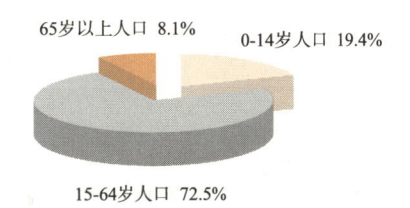

数读中国30年

就业总量稳步增长，就业格局日益优化

改革开放30年来，政府始终抓住发展经济这条主线，针对不同时期就业工作的难点和特点，制定和实施积极的就业政策，扩大就业。在所有制结构调整即非公有制经济和个体私营经济飞速发展以及产业结构调整即第三产业规模不断扩大的双重因素作用下，中国就业人数持续增加，2007年已达到7.70亿人，较1978年的4.02亿人年平均增长2.3%。其中，城镇就业人员达到2.94亿人，年平均增长4.0%；乡村就业人员达到4.76亿人，年平均增长1.5%。

1978年以来中国就业人员规模走势（单位：万人）

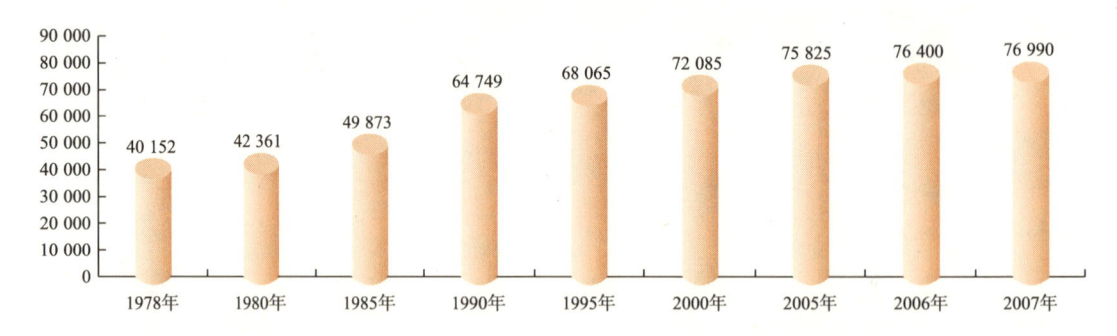

年份	就业人员（万人）
1978年	40 152
1980年	42 361
1985年	49 873
1990年	64 749
1995年	68 065
2000年	72 085
2005年	75 825
2006年	76 400
2007年	76 990

1978年中国就业人员构成状况

- 乡村（其他）69.26%（27 811万人）
- 城镇（国有单位）18.56%（7 451万人）
- 城镇（集体单位）5.10%（2 048万人）
- 城镇（个体）0.04%（15万人）
- 乡村（乡镇企业）7.04%（2 827万人）

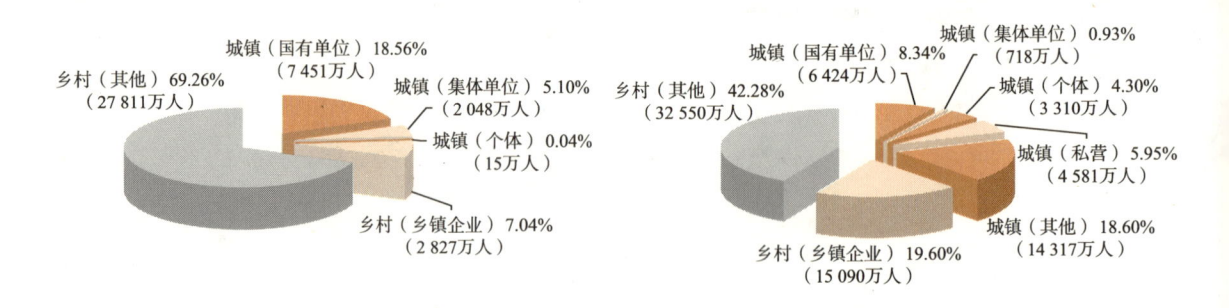

2007年中国就业人员构成状况

- 乡村（其他）42.28%（32 550万人）
- 城镇（国有单位）8.34%（6 424万人）
- 城镇（集体单位）0.93%（718万人）
- 城镇（个体）4.30%（3 310万人）
- 城镇（私营）5.95%（4 581万人）
- 城镇（其他）18.60%（14 317万人）
- 乡村（乡镇企业）19.60%（15 090万人）

同时，随着市场经济的发展和产业结构调整力度的加大，劳动力从第一产业向第二、三产业转移的步伐加快，从业人员在三次产业间的分布更趋向合理。

18

1978年中国就业者产业构成状况

- 第三产业 12.17%（4 890万人）
- 第二产业 17.30%（6 945万人）
- 第一产业 70.53%（28 318万人）

2007年中国就业者产业构成状况

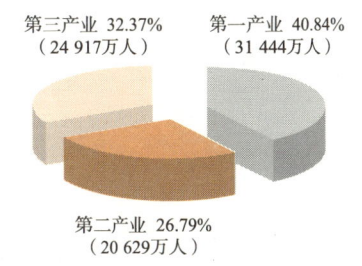

- 第三产业 32.37%（24 917万人）
- 第一产业 40.84%（31 444万人）
- 第二产业 26.79%（20 629万人）

城镇单位从业人员增加，失业率得到有效控制

改革开放30年来，尽管面临国有企业改革和集体企业改制工作不断深入所导致的国有和集体单位就业人员规模不断萎缩的不利影响，中国各级政府采取多种措施加强失业调控，城镇失业人口数量与失业率均已得到有效控制。2007年，中国城镇登记失业人口数为830.0万人，失业率为4.0%，双双低于上年同期水平，这为构建和谐社会、推动全国经济社会协调发展发挥了重要作用。

1978年以来中国城镇登记失业人口数量及失业率走势（单位：万人）

年份	城镇失业人数	失业率
1978年	530.0	5.3%
1980年	541.5	4.9%
1985年	238.5	1.8%
1990年	383.2	2.5%
1995年	519.6	2.9%
2000年	595.0	3.1%
2005年	839.0	4.2%
2006年	847.0	4.1%
2007年	830.0	4.0%

收入分配制度改革步伐加快，职工工资水平快速增长

改革开放30年来，中国政府十分注重分配领域制度改革，在工资分配方面不断取得突破，如劳动力市场工资指导价位制度的推行、企业工资收入分配宏观调控体系建设和最低工资标准及试行工资指导线制度等，为广大从业人员工资收入的增长提供了有力保障。2007年，全国在岗职工平均工资达到24 932元，与1978年的615元相比，增长近40倍，年平均增长13.6%，职工工资水平增长呈现出与经济发展水平基本相适应的良性增长态势。

数读 中国30年

1978年以来中国职工年平均工资走势（单位：元）

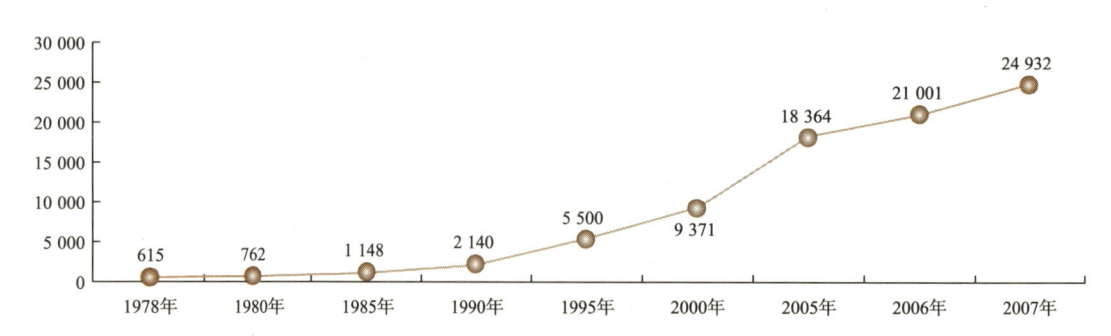

年份	工资
1978年	615
1980年	762
1985年	1 148
1990年	2 140
1995年	5 500
2000年	9 371
2005年	18 364
2006年	21 001
2007年	24 932

小链接 世界人口发展状况

1978年以来世界人口数量走势（单位：亿人）

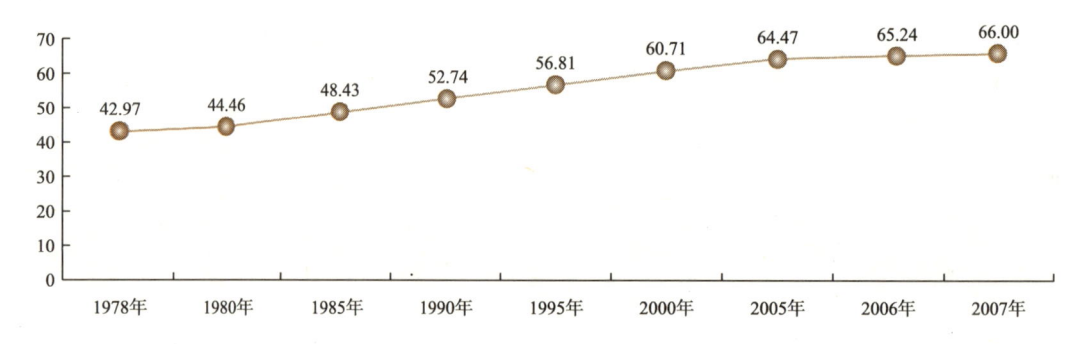

1978年	42.97
1980年	44.46
1985年	48.43
1990年	52.74
1995年	56.81
2000年	60.71
2005年	64.47
2006年	65.24
2007年	66.00

2007年世界人口数量超过1亿人的国家（单位：百万人）

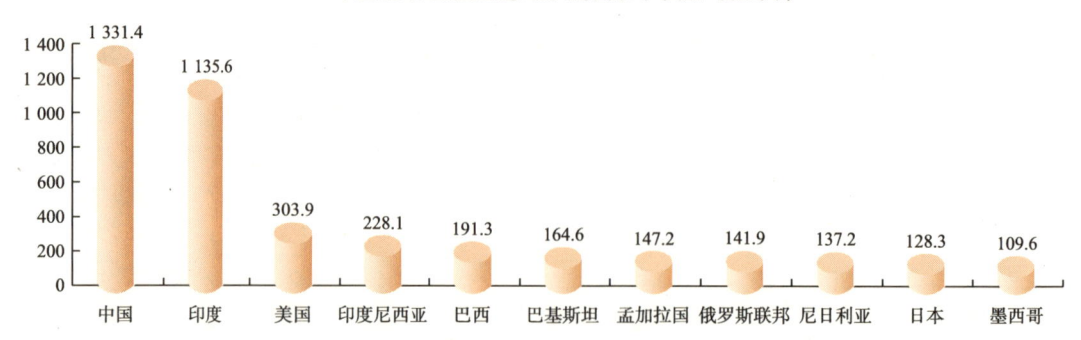

国家	人口
中国	1 331.4
印度	1 135.6
美国	303.9
印度尼西亚	228.1
巴西	191.3
巴基斯坦	164.6
孟加拉国	147.2
俄罗斯联邦	141.9
尼日利亚	137.2
日本	128.3
墨西哥	109.6

2006年世界主要人口大国人口密度比较（单位：人/平方公里）

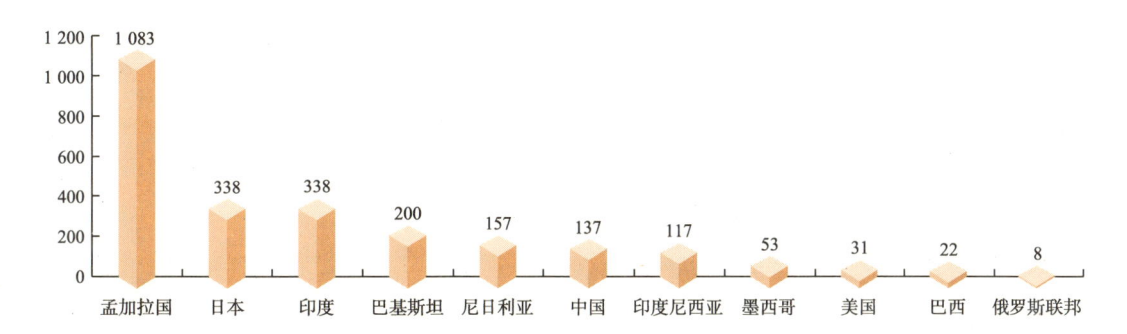

国家	人口密度
孟加拉国	1 083
日本	338
印度	338
巴基斯坦	200
尼日利亚	157
中国	137
印度尼西亚	117
墨西哥	53
美国	31
巴西	22
俄罗斯联邦	8

小资料
截至2007年中国65岁以上老人生活来源调查

2007年中国65岁以上老人生活来源状况
- 主要由家庭其他成员供养 46.0%
- 自己劳动收入 25.9%
- 离退休金养老金 23.6%
- 其他 4.5%

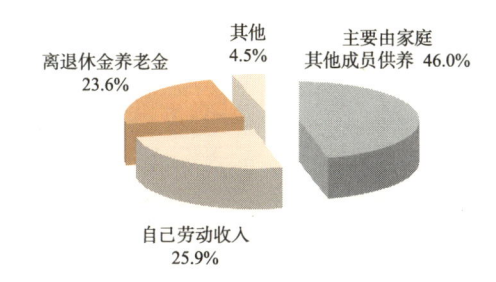

2007年中国城镇65岁以上老人生活来源状况
- 离退休金养老金 48.6%
- 主要由家庭其他成员供养 35.6%
- 自己劳动收入 10.5%
- 其他 5.3%

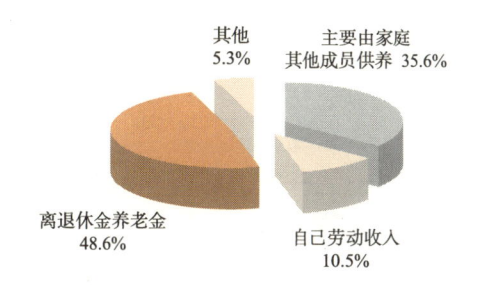

2007年中国农村65岁以上老人生活来源状况*
- 主要由家庭其他成员供养 53.9%
- 自己劳动收入 37.5%
- 其他 8.6%

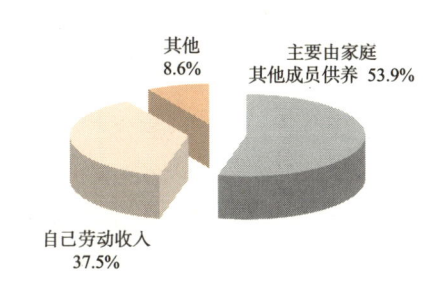

2007年中国65岁以上老人家庭调查状况
- 一个老人同亲属（包括未成年亲属）同住户 54.2%
- 一对老夫妇与亲属（包括未成年亲属）同住户 16.7%
- 只有一对老夫妇的家庭 15.6%
- 单身老人独自居住 13.2%
- 其他 0.3%

* 农民无离退休养老金。

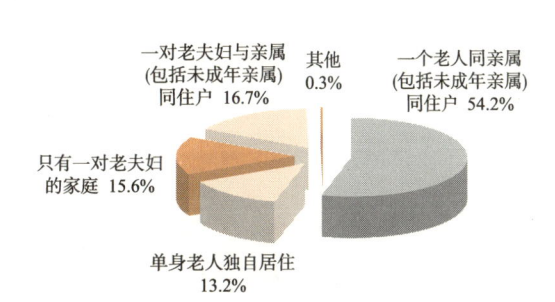

第三章
改革开放30年来中国经济规模发展变化

经济总量

经过多年的发展，中国经济实力显著增强。2007年，中国国内生产总值（GDP）达到249 529.9亿元，较1978年的3 645.2亿元增长67.5倍，年平均增长15.7%，远高于同期世界及其他主要经济大国的年平均增长水平。同时，经济的快速增长也大大缩小了与当今世界发达国家的差距，经济总量由1978年的世界第十位跃居至2007年的世界第四位，占世界国民生产总值的比重也从1978年的1.7%提升至2007年的6.0%。

1978年以来中国国内生产总值（GDP）走势（单位：亿元）

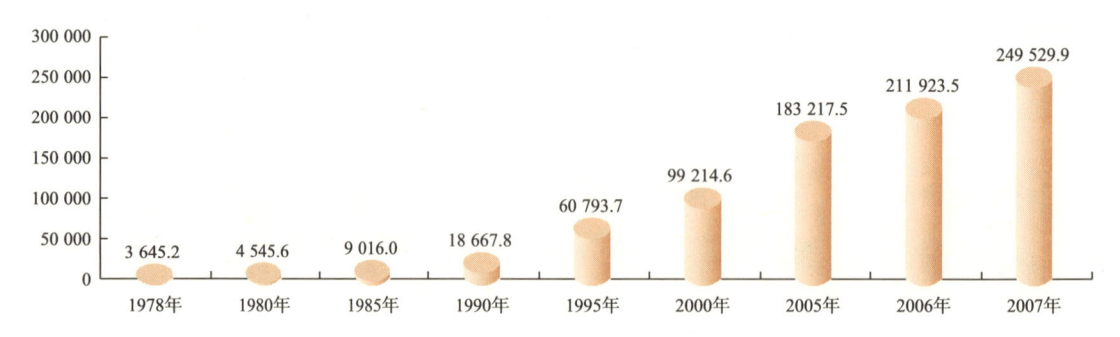

年份	GDP
1978年	3 645.2
1980年	4 545.6
1985年	9 016.0
1990年	18 667.8
1995年	60 793.7
2000年	99 214.6
2005年	183 217.5
2006年	211 923.5
2007年	249 529.9

1978年以来中国人均GDP走势（单位：元）

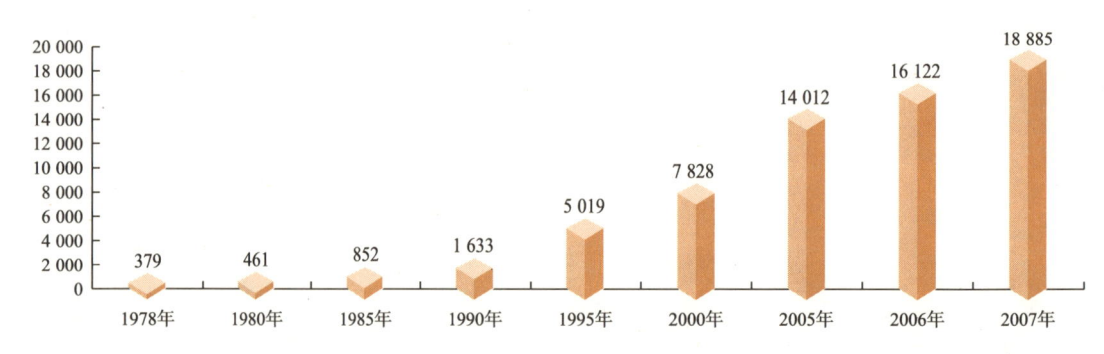

年份	人均GDP
1978年	379
1980年	461
1985年	852
1990年	1 633
1995年	5 019
2000年	7 828
2005年	14 012
2006年	16 122
2007年	18 885

1978年以来中国国内生产总值及其占世界比重情况走势

年份	中国国内生产总值（亿美元）	占世界比重（％）	世界排名（位）	经济总量排名中国之前的国家和地区（亿美元）
1978年	1 473	1.7	10	美国(22 769)、日本(9 676)、德国(7 166)、法国(5 018)、英国(3 220)、意大利(3 036)、加拿大(2 147)、巴西(2 008)、西班牙(1 559)
1980年	1 882	1.7	11	美国(27 689)、日本(10 553)、德国(9 196)、法国(6 911)、英国(5 364)、意大利(4 598)、加拿大(2 689)、巴西(2 350)、西班牙(2 260)、墨西哥(1 944)
1985年	3 049	2.5	8	美国(41 875)、日本(13 468)、德国(7 089)、法国(5 431)、英国(4 559)、意大利(4 357)、加拿大(3 557)
1990年	3 546	1.6	11	美国(57 572)、日本(30 183)、德国(17 145)、法国(12 445)、意大利(11 334)、英国(9 911)、加拿大(5 827)、西班牙(5 210)、俄罗斯联邦(5 168)、巴西(4 620)
1995年	7 280	2.5	8	美国(73 423)、日本(52 476)、德国(25 228)、法国(15 700)、英国(11 358)、意大利(11 260)、巴西(7 690)
2000年	11 985	3.8	6	美国(97 648)、日本(46 674)、德国(19 002)、英国(14 423)、法国(13 280)
2005年	22 439	5.0	4	美国(123 979)、日本(45 491)、德国(27 870)
2007年	32 801	6.0	4	美国(138 112)、日本(43 767)、德国(32 972)

1978-2007年世界经济总量（GDP）前10位国家年平均增速比较

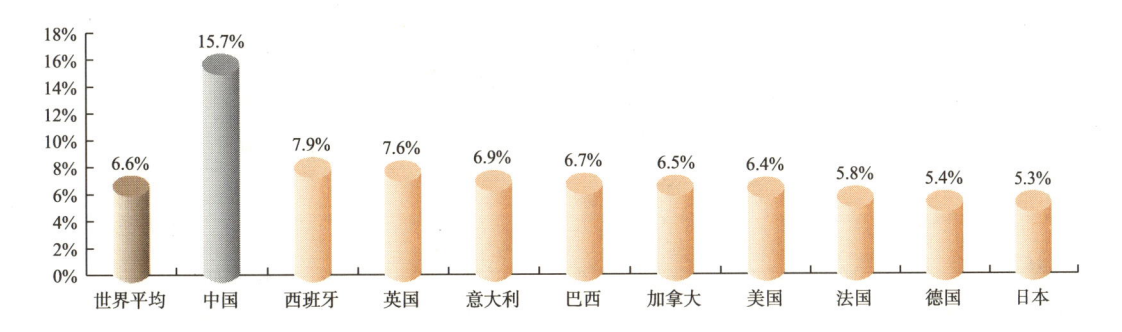

世界平均	中国	西班牙	英国	意大利	巴西	加拿大	美国	法国	德国	日本
6.6%	15.7%	7.9%	7.6%	6.9%	6.7%	6.5%	6.4%	5.8%	5.4%	5.3%

数读中国30年

改革开放以来,中国经济增长一共经历了5次周期性波动。其中,2002年以来的增长周期表现最为抢眼,呈现出增长较快、运行平稳、效益良好以及结构优化的发展态势。尤其是2007年,在世界经济受次贷危机拖累而放缓的背景下,中国经济可谓一枝独秀,11.9%的GDP增幅也创下近13年以来的新高。同时,物价涨幅明显提高也成为2007年经济运行中最为突出的矛盾。2007年全年居民消费价格指数(CPI)同比上涨4.8%,涨幅为本轮增长周期的最高值,这主要是因为受到部分农产品局部供求不平衡所引发食品价格上涨的推动。进入2008年,在国际原油与谷物期货价一路走高以及货币流动性过剩的背景下,居民消费价格指数(CPI)更是呈现加速上涨态势。

1977-2007年中国GDP同比增幅与CPI同比增幅比较

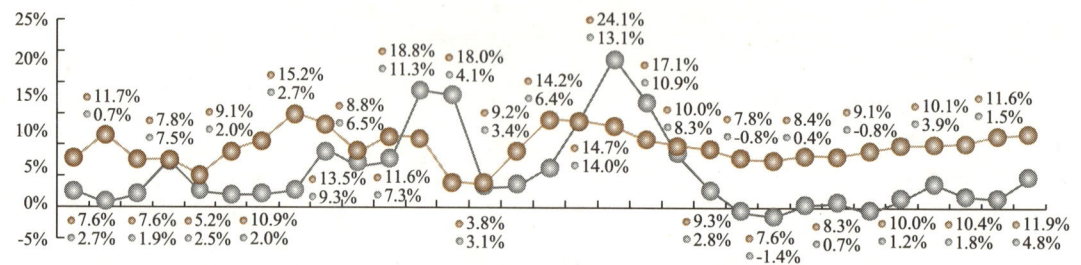

回顾改革开放以来中国所创造的经济发展奇迹,"高储蓄、高投资、高消耗支持高增长"的粗放型增长方式成为中国经济发展的最显著特征。2006年,中国仅创造了占全球5%左右的GDP,却消耗了占全球10%左右的石油、占全球35%左右的煤炭和钢材、占全球40%左右的铁矿石和水泥。

2006年中国GDP及主要物质消耗占世界比例

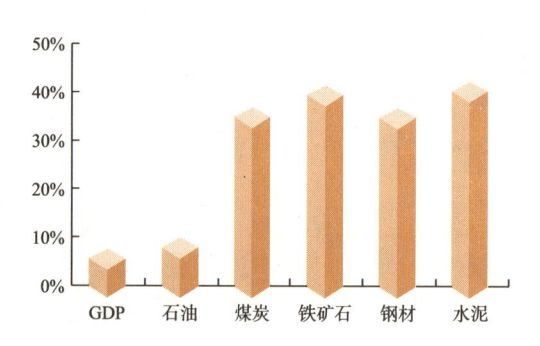

1992年以来中国储蓄率走势

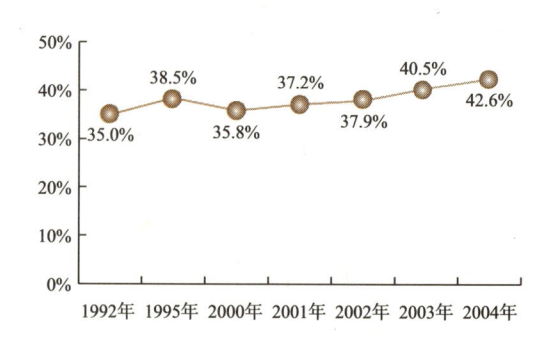

第三章
改革开放30年来中国经济规模发展变化

1978年以来中国支出法国内生产总值构成

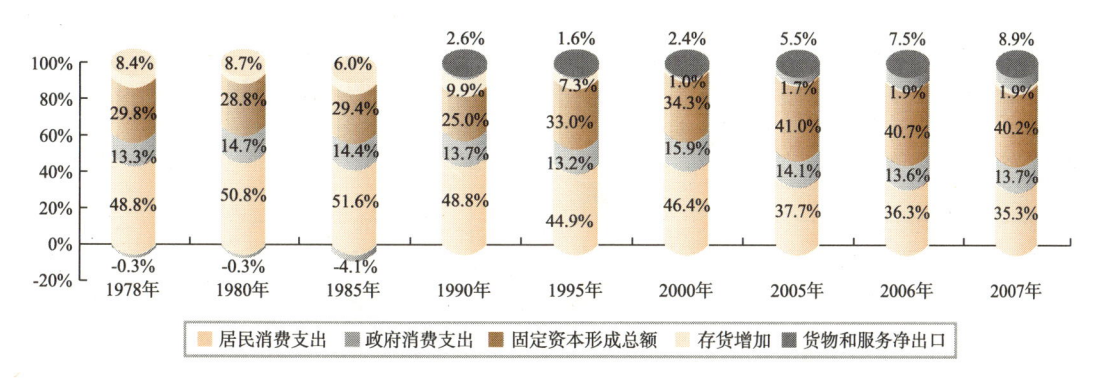

	1978年	1980年	1985年	1990年	1995年	2000年	2005年	2006年	2007年
货物和服务净出口	8.4%	8.7%	6.0%	2.6%	1.6%	2.4%	5.5%	7.5%	8.9%
存货增加	29.8%	28.8%	29.4%	9.9%	7.3%	1.0%	1.7%	1.9%	1.9%
固定资本形成总额	13.3%	14.7%	14.4%	25.0%	33.0%	34.3%	41.0%	40.7%	40.2%
政府消费支出	48.8%	50.8%	51.6%	13.7%	13.2%	15.9%	14.1%	13.6%	13.7%
居民消费支出	-0.3%	-0.3%	-4.1%	48.8%	44.9%	46.4%	37.7%	36.3%	35.3%

近年来世界经济总量前13位国家和地区GDP支出法构成比较*

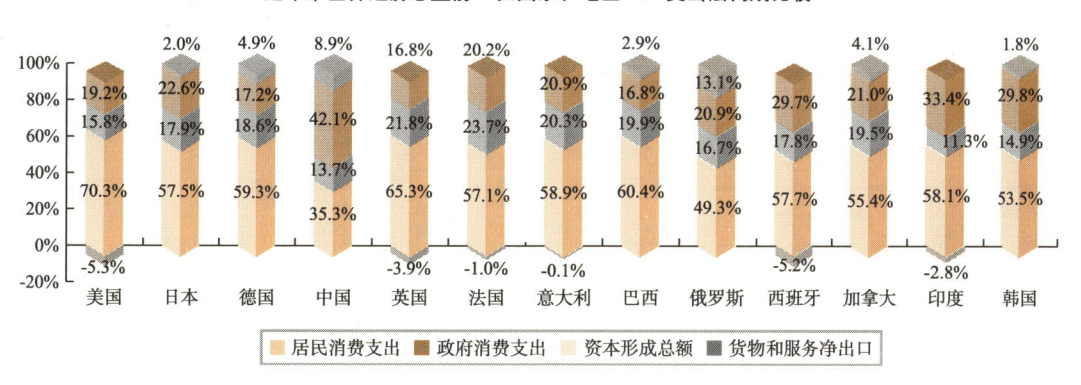

	美国	日本	德国	中国	英国	法国	意大利	巴西	俄罗斯	西班牙	加拿大	印度	韩国
货物和服务净出口	-5.3%	2.0%	4.9%	8.9%	-3.9%	-1.0%	-0.1%	2.9%	13.1%	-5.2%	4.1%	-2.8%	1.8%
资本形成总额	19.2%	22.6%	17.2%	42.1%	16.8%	20.2%	20.9%	16.8%	20.9%	29.7%	21.0%	33.4%	29.8%
政府消费支出	15.8%	17.9%	18.6%	13.7%	21.8%	23.7%	20.3%	19.9%	16.7%	17.8%	19.5%	11.3%	14.9%
居民消费支出	70.3%	57.5%	59.3%	35.3%	65.3%	57.1%	58.9%	60.4%	49.3%	57.7%	55.4%	58.1%	53.5%

*支出法国内生产总值按当年价格计算。其中，美国、日本和加拿大为2004年数据；德国、英国、法国、意大利、西班牙和印度为2005年数据；巴西、俄罗斯联邦和韩国为2006年数据；中国为2007年数据。

产业结构

改革开放30年来，中国产业结构经历了较大变化。从长期发展趋势来看，三次产业之间的比例关系有了明显改善，产业结构正向合理化方向变动。其中，第一产业在GDP中的比重持续下降，同时内部结构逐步得到改善；第二产业经历了不断波动的过程，但其增加值长期稳定并保持在40%-50%之间，工业内部结构得到升级；第三产业增加值在国民经济中的比重处于不断上升的发展态势。

数读 中国30年

1978年以来中国三次产业增加值分别占GDP比重走势

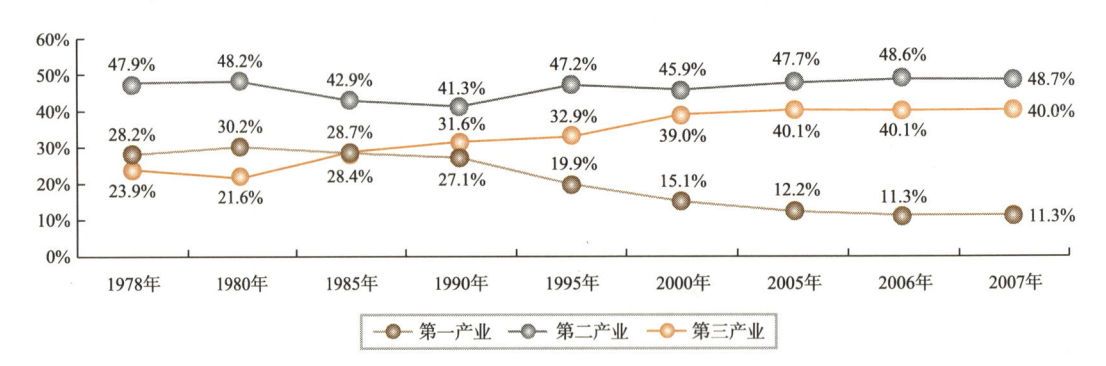

年份	第一产业	第二产业	第三产业
1978年	28.2%	47.9%	23.9%
1980年	30.2%	48.2%	21.6%
1985年	28.4%	42.9%	28.7%
1990年	27.1%	41.3%	31.6%
1995年	19.9%	47.2%	32.9%
2000年	15.1%	45.9%	39.0%
2005年	12.2%	47.7%	40.1%
2006年	11.3%	48.6%	40.1%
2007年	11.3%	48.7%	40.0%

1978年以来中国三次产业就业人员所占比重走势

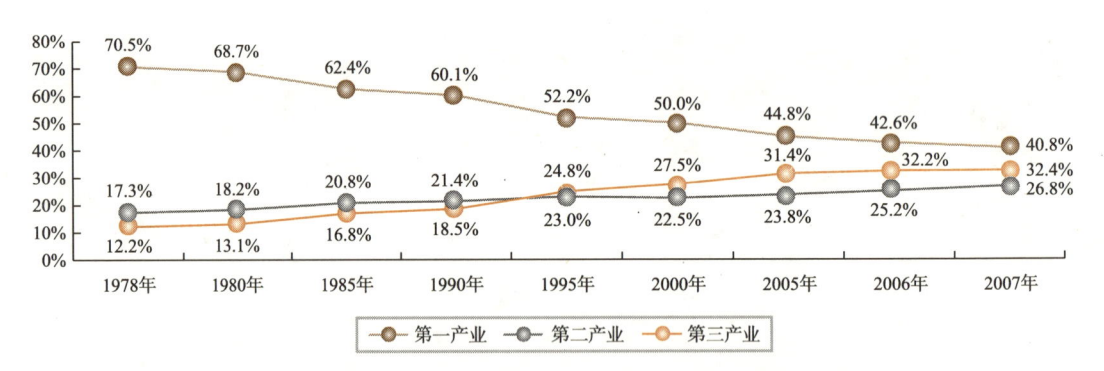

年份	第一产业	第二产业	第三产业
1978年	70.5%	17.3%	12.2%
1980年	68.7%	18.2%	13.1%
1985年	62.4%	20.8%	16.8%
1990年	60.1%	21.4%	18.5%
1995年	52.2%	23.0%	24.8%
2000年	50.0%	22.5%	27.5%
2005年	44.8%	23.8%	31.4%
2006年	42.6%	25.2%	32.2%
2007年	40.8%	26.8%	32.4%

近年来世界经济总量前12位国家和地区国内生产总值产业构成比较*

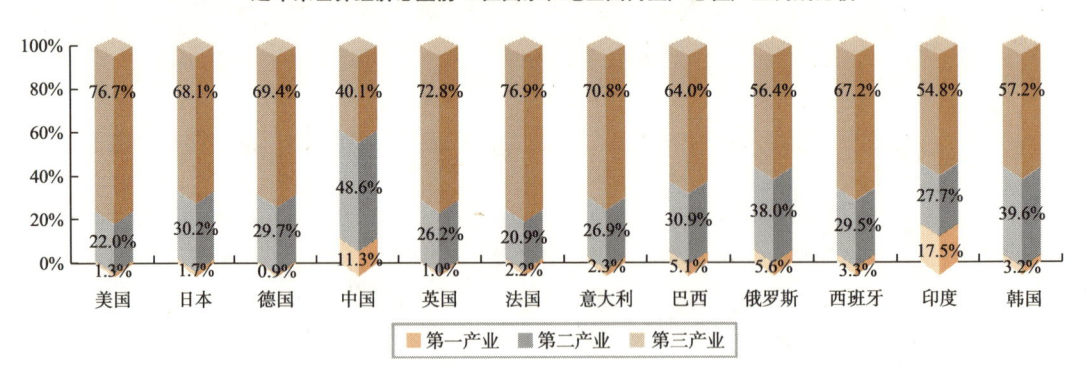

国家	第一产业	第二产业	第三产业
美国	1.3%	22.0%	76.7%
日本	1.7%	30.2%	68.1%
德国	0.9%	29.7%	69.4%
中国	11.3%	48.6%	40.1%
英国	1.0%	26.2%	72.8%
法国	2.2%	20.9%	76.9%
意大利	2.3%	26.9%	70.8%
巴西	5.1%	30.9%	64.0%
俄罗斯	5.6%	38.0%	56.4%
西班牙	3.3%	29.5%	67.2%
印度	17.5%	27.7%	54.8%
韩国	3.2%	39.6%	57.2%

*国内生产总值产业构成按当年价格计算。其中，美国和日本为2004年数据；德国、英国、法国、意大利、俄罗斯联邦和西班牙为2005年数据；印度和韩国为2006年数据；中国为2007年数据。

世界500强中的中国企业

1995年中国企业第一次参评《财富》杂志的世界500强评选时，仅有中国石化、中粮公司和中国银行3家企业入围。到2002年国内首次推出中国企业500强时，已有11家中国内地企业进入世界500强。到2008年度入围世界500强的内资企业共26家，并且第一次出现了内地民营企业的身影——联想集团——以167.8亿美元的年销售额排名第499位。

1995年以来世界500强中国内地企业数*（单位：家）

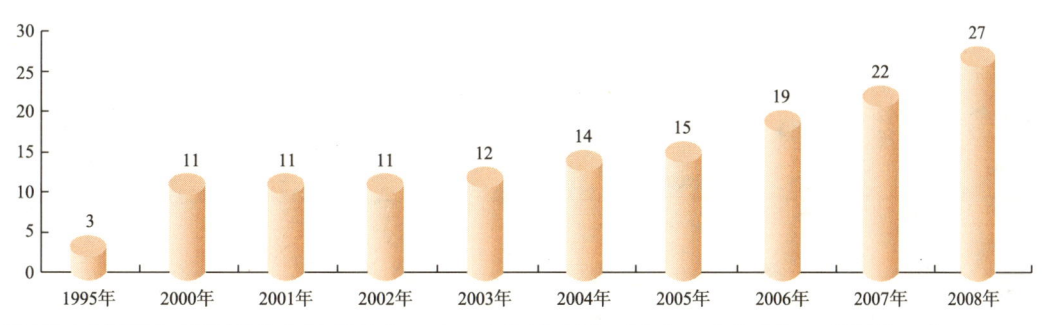

1995年	2000年	2001年	2002年	2003年	2004年	2005年	2006年	2007年	2008年
3	11	11	11	12	14	15	19	22	27

* 美国《财富》杂志在其网站上刊发澄清说明，表示中国平安以2007年180亿美元的营业收入应位列2008年度"世界500强"排名第462位。

1999年以来中国石化在世界500强中的排名

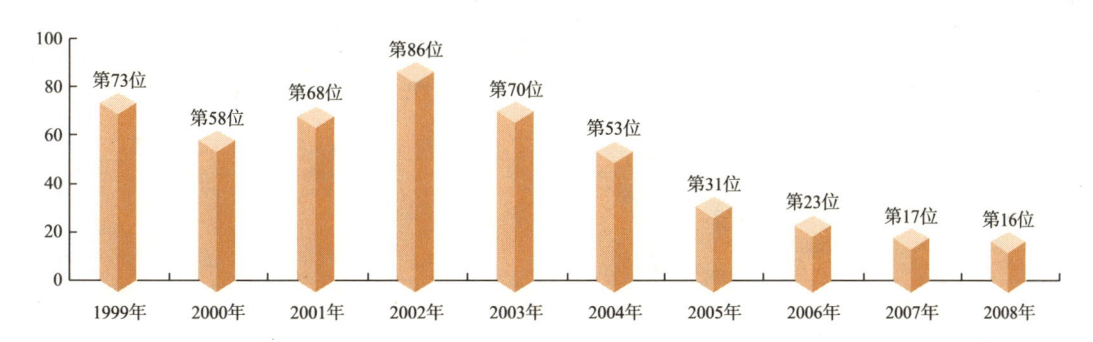

1999年	2000年	2001年	2002年	2003年	2004年	2005年	2006年	2007年	2008年
第73位	第58位	第68位	第86位	第70位	第53位	第31位	第23位	第17位	第16位

中国企业500强与世界企业500强的差距在不断缩小，不仅入围企业逐年增加、入围企业的世界排名和营业收入等均大幅提升，而且中国企业500强营业收入占世界企业500强营业收入的比例在逐年提升，2002年为5.26%、2005年达到8.4%；在一些成长性指标上，中国企业500强已经赶上或超过世界企业500强，入围企业增长最多，排名大幅提升。

2007年度各国入围世界500强企业数比较（单位：家）

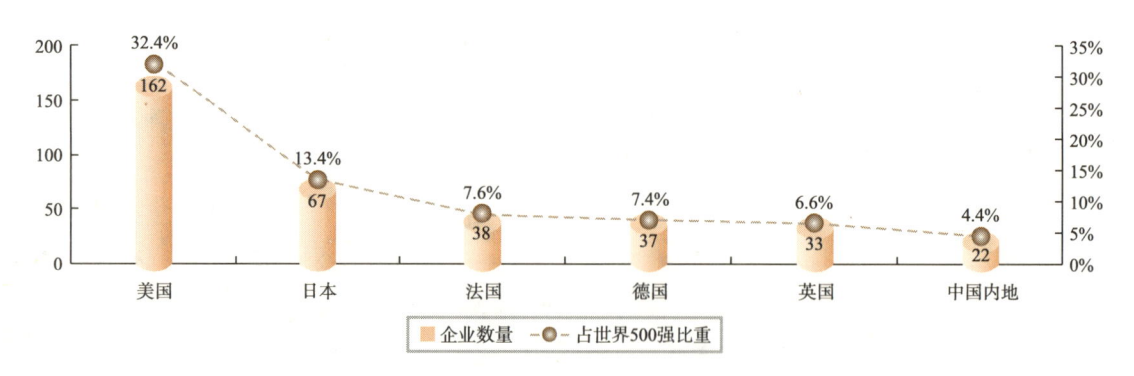

国家	企业数量	占世界500强比重
美国	162	32.4%
日本	67	13.4%
法国	38	7.6%
德国	37	7.4%
英国	33	6.6%
中国内地	22	4.4%

2007年度各国入围世界500强企业营业收入比较（单位：亿美元）

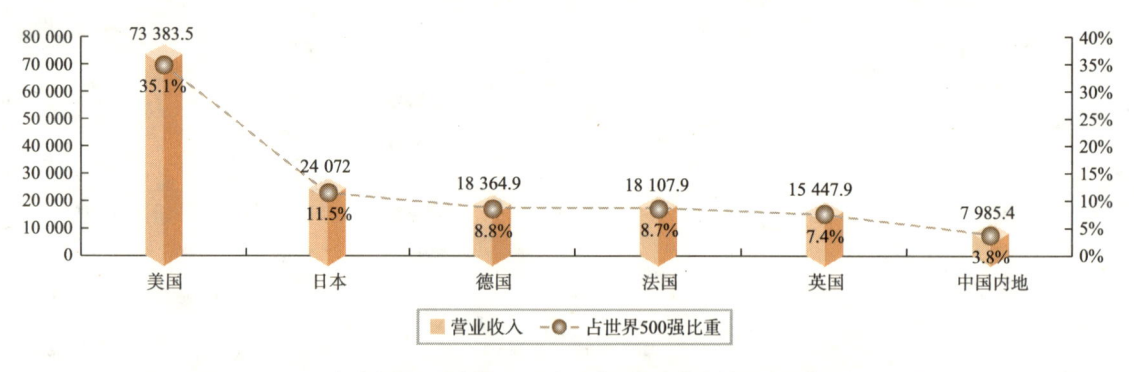

国家	营业收入	占世界500强比重
美国	73 383.5	35.1%
日本	24 072	11.5%
德国	18 364.9	8.8%
法国	18 107.9	8.7%
英国	15 447.9	7.4%
中国内地	7 985.4	3.8%

2007年度各国入围世界500强企业净利润比较（单位：亿美元）

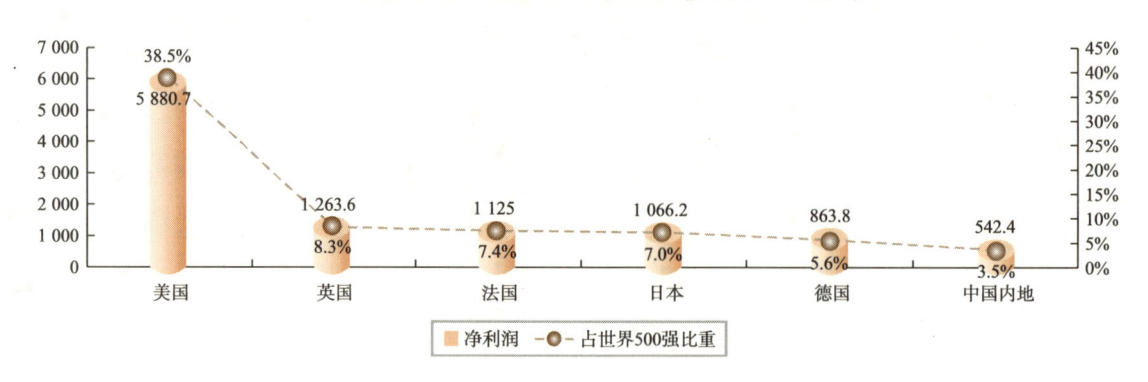

国家	净利润	占世界500强比重
美国	5 880.7	38.5%
英国	1 263.6	8.3%
法国	1 125	7.4%
日本	1 066.2	7.0%
德国	863.8	5.6%
中国内地	542.4	3.5%

500强的分布,是一个国家和地区经济实力与发达水平最鲜明的标志之一。2007年中国内地进入世界500强的22家企业均为国有及国有控股企业,合计实现营业收入7 985.4亿美元、净利润542.4亿美元、资产总计39 689.3亿美元、净资产5 400.2亿美元、从业人员6 768 048人;企业数、营业收入、净利润、资产、净资产、从业人员所占世界500强份额分别为4.40%、3.82%、3.55%、4.66%、5.70%和13.03%。

但中国企业在世界500强的份额还是偏低、盈利能力较弱,而且企业规模偏小、劳动生产率低、缺乏技术创新、品牌意识薄弱;无论是营业收入还是入围企业的产业分布,中国企业500强主要集中于制造业,而世界企业500强集中于服务业,表明中国服务业尚不发达,国民经济倚重于重化工业。最突出的特点是这些入围企业,绝大多数都是大型国企,所处的行业基本上属于垄断性行业,仅靠本国的市场规模就能使其进入世界500强。

2008年入围世界500强的中国内地企业

国内排名	公司名称	500强排名	营业收入(亿美元)
1	中国石化	16	1 592.60
2	国家电网公司	24	1 328.85
3	中国石油天然气集团公司	25	1 297.98
4	中国工商银行	133	515.26
5	中国移动	148	470.55
6	中国人寿	159	434.40
7	中国建设银行	171	413.07
8	中国银行	187	389.04
9	中国农业银行	223	340.59
10	中国南方电网公司	226	338.61
11	中国中化集团公司	257	302.04
12	宝山钢铁公司	259	299.39
13	中国电信	288	278.56
14	中国一汽	303	263.91
15	中铁集团	341	237.32
16	中铁建设集团	356	233.35
17	上海汽车集团	373	226.07
18	中国建筑集团总公司	385	221.28
19	中粮集团	398	212.02
20	中远集团	405	208.40
21	中国海洋石油总公司	409	206.37
22	中国五矿集团公司	412	205.17
23	中国交通建设集团有限公司	426	199.91
24	中铝公司	437	194.45
25	中国冶金科工集团公司	480	175.15
26	联想集团	499	167.88

数读中国30年

影响中国经济发展的其他因素

（1）政府消费支出

改革开放30年来，中国政府消费支出与国民经济基本保持同步增长水平，占GDP比重一直维持在14%左右。

1978年以来中国政府消费支出及其占GDP比重走势（单位：亿元）

年份	政府消费支出	占GDP比重
1978年	480.0	13.3%
1980年	676.7	14.7%
1985年	1 298.8	14.4%
1990年	2 639.6	13.7%
1995年	8 378.5	13.2%
2000年	15 661.4	15.9%
2005年	26 605.2	14.1%
2006年	30 118.4	13.6%
2007年	35 874.0	13.7%

（2）居民消费支出

中国居民消费支出占国内生产总值的比重偏低，显示内需不足、经济增长动力不强。从拉动经济增长的"三驾马车"的贡献来看，近年来，投资和出口对经济增长的贡献率逐渐增大，但靠投资拉动的经济增长对中国的资源和环境发展造成了巨大压力，并不利于中国经济保持长期、稳定与健康的可持续发展。

改革开放30年来中国居民消费支出占国内生产总值的比重

年份	比重
1978年	48.8%
1980年	50.8%
1985年	51.6%
1990年	48.8%
1995年	44.9%
2000年	46.4%
2005年	37.7%
2006年	36.3%
2007年	35.3%

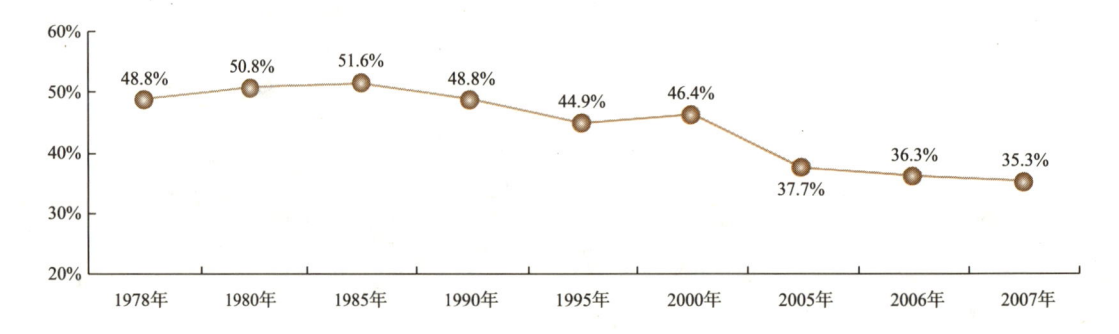

2005年世界主要国家居民消费支出占国内生产总值的比重

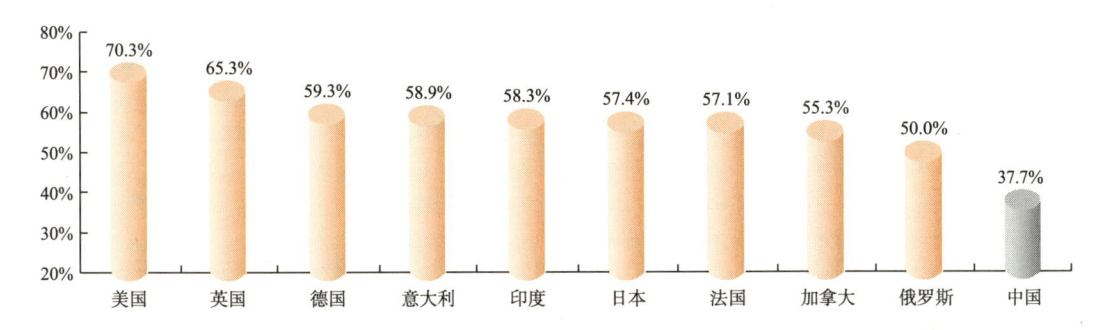

国家	比重
美国	70.3%
英国	65.3%
德国	59.3%
意大利	58.9%
印度	58.3%
日本	57.4%
法国	57.1%
加拿大	55.3%
俄罗斯	50.0%
中国	37.7%

改革开放30年来中国三大需求对国内生产总值增长的贡献率

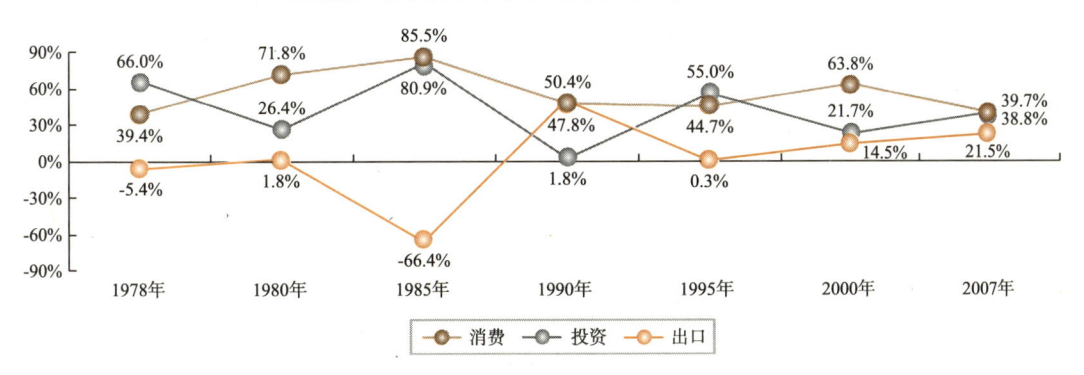

年份	消费	投资	出口
1978年	39.4%	66.0%	-5.4%
1980年	71.8%	26.4%	1.8%
1985年	85.5%	80.9%	-66.4%
1990年	50.4%	1.8%	47.8%
1995年	55.0%	44.7%	0.3%
2000年	63.8%	21.7%	14.5%
2007年	39.7%	38.8%	21.5%

（3）国内外投资

改革开放以来，中国全社会固定资产投资额逐年增加，占国内生产总值的比重不断上升，靠投资驱动的经济增长特征愈发明显。

数读 中国30年

改革开放30年来中国全社会固定资产投资额（单位：亿元）

年份	全社会固定资产投资额	占国内生产总值的比重
1978年	669	18.3%
1980年	746	16.4%
1985年	2 543	28.2%
1990年	4 517	24.2%
1995年	20 019	32.9%
2000年	32 918	33.2%
2005年	88 774	48.5%
2006年	109 998	51.9%
2007年	137 239	55.0%

中国在一穷二白的基础上发展经济，需要大量资金和技术，中国政府以开放市场吸引外商投资，外商直接投资额逐年上升，到2007年达到747.7亿美元。近年来，随着中国经济的发展，中国政府提出"走出去"战略，鼓励中国企业到外国投资，中国对外直接投资额增长十分迅猛。

1983年以来中国外商直接投资额（单位：亿美元）

年份	外商直接投资额	占国内生产总值的比重
1983年	9.2	0.3%
1985年	19.6	0.6%
1990年	34.9	0.9%
1995年	375.2	5.2%
2000年	407.2	3.4%
2005年	603.3	2.7%
2006年	630.2	2.6%
2007年	747.7	2.5%

2002-2006年中国对外直接投资净额（单位：亿美元）

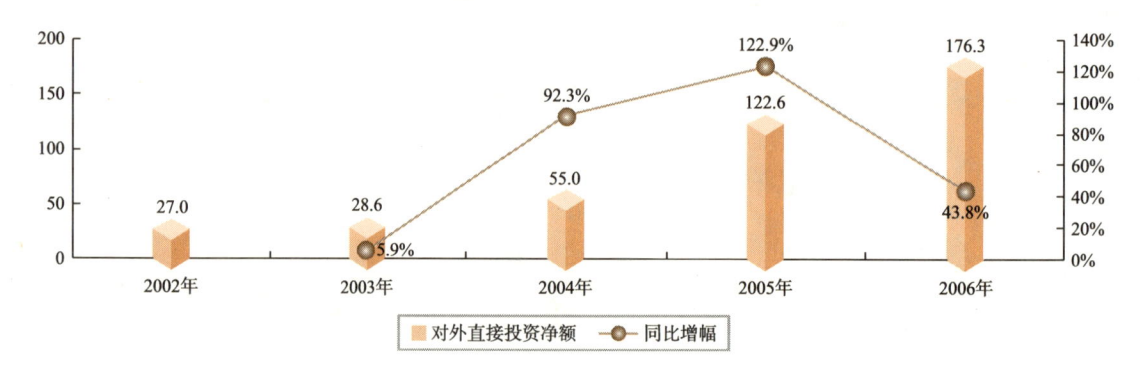

年份	对外直接投资净额	同比增幅
2002年	27.0	—
2003年	28.6	5.9%
2004年	55.0	92.3%
2005年	122.6	122.9%
2006年	176.3	43.8%

（4）专利申请

随着国家对科技投入的增加，科技产出也是年年增长，到2007年，专利申请数和批准数分别达到694 200件和351 800件，比1986年分别增长了近50倍和131倍。

1986年以来中国专利申请数概况（单位：件）

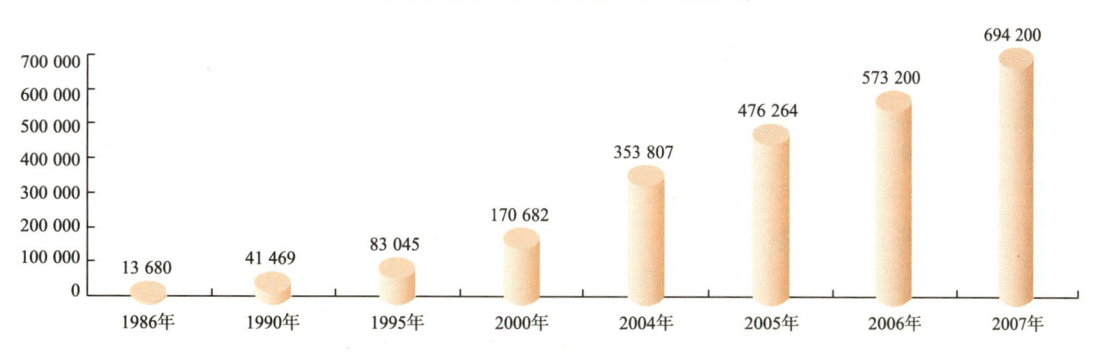

年份	1986年	1990年	1995年	2000年	2004年	2005年	2006年	2007年
申请数	13 680	41 469	83 045	170 682	353 807	476 264	573 200	694 200

1986年以来中国专利批准数概况（单位：件）

年份	1986年	1990年	1995年	2000年	2004年	2005年	2006年	2007年
批准数	2 671	22 588	45 064	105 345	190 238	214 003	268 000	351 800

（5）产业升级

目前，中国已是一个工业产值大国，但却是利润小国，包括高新技术产业在内，散、小、弱、差、乱成为各行各业普遍的现实，产业升级是中国工业的唯一出路。

中国工业必须增强自主创新能力，加快发展高新技术产业，加快振兴装备制造业，加快淘汰落后生产能力，加快优化产业组织结构，加快推进信息化与工业化的融合。

小资料
中国居民消费价格同比增幅

改革开放30年来，中国居民消费价格在80年代末期和90年代中期先后两次经历了较为严重的通货膨胀，居民消费价格同比增幅超过了10%。90年代末期在亚洲金融危机的影响下，中国居民消费价格同比增幅出现负增长。其他时段则保持温和的增长，为国民经济发展提供了良好的环境。

改革开放30年来中国居民消费价格同比增幅概况*

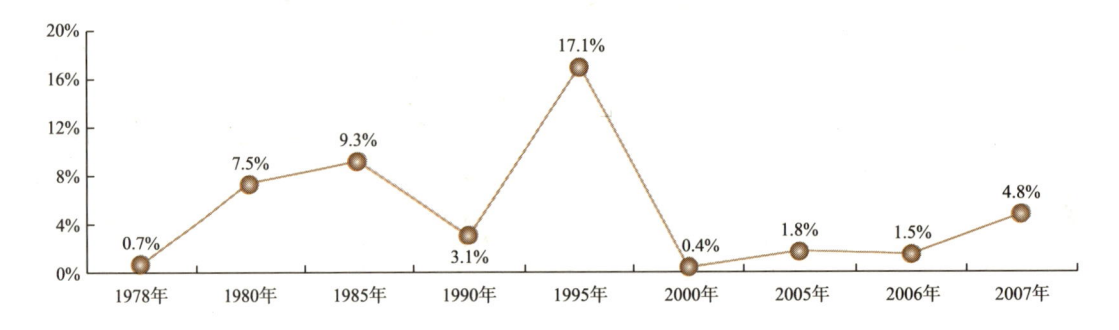

1978年	0.7%
1980年	7.5%
1985年	9.3%
1990年	3.1%
1995年	17.1%
2000年	0.4%
2005年	1.8%
2006年	1.5%
2007年	4.8%

*1978年和1980年为城市居民消费价格同比增幅数据。

第四章
改革开放30年来中国能源资源发展变化

  能源是关系到国民经济命脉和国家安全的重要战略物资，是中国经济保持快速、健康、稳定发展和建立和谐社会的重要支撑，是实现战略目标的物质基础，在中国现代化建设中一直发挥着举足轻重的作用。中国能源资源蕴藏量较为丰富，拥有世界第一位的水能资源蕴藏量、第三位的煤炭探明储量、第十一位的石油探明储量和第十八位的天然气探明储量。政府又高度重视能源产业发展，改革开放30年来，在煤炭、石油、天然气、电力等能源的开发和利用方面都取得了长足的发展：能源供不应求的矛盾得到了缓解，消费与需求结构加快向优质能源品种转移，能源的勘探和生产技术都得到很大的提高。

  中国能源工业的发展虽然取得了举世瞩目的成绩，但随着工业化进程的突飞猛进，能源需求超高速增长，瓶颈效应愈加明显，能源发展中的矛盾和问题进一步凸显：人均能源可采储量远低于世界平均水平，且能源分布不均匀和石油资源严重匮乏。从改革开放初期能源出口国演变为世界能源进口大国，能源安全供给成为不可忽视的问题。能源技术依然落后、生产利用效率明显偏低，中国单位GDP能耗和主要用能行业可比能耗都远远高于国际先进水平。中国单位产值能耗是世界上最高的国家之一，每公斤标准煤创造的GDP仅为0.36美元，而日本为5.58美元，约是中国的15倍，主要产品单位能耗平均比国际水平高出约40%。能源结构尚不合理，环境承载压力较大，中国富煤、缺油、少气的能源结构决定了能源消费活动要排放大量污染物，既造成城市环境质量恶化，又带来经济运行成本增加。

一. 中国30年来能源的生产和消费

改革开放30年来中国能源生产和消费总量（单位：万吨标准煤）

年份	生产量	消费量
1978年	62 770	57 144
1980年	63 735	60 275
1985年	85 546	76 682
1990年	103 922	98 703
1995年	129 034	131 176
2000年	128 978	138 553
2005年	205 876	224 682
2006年	221 056	246 270
2007年	237 000	265 480

自20世纪90年代以来，中国经济高速发展所引致的能源需求迅速上升，能源供求矛盾随之日益突出。1992年之前，能源消费总量还低于生产供给总量，生产供给略有剩余；而1992年之后，能源消费总量开始逐年超过国内生产总量，能源供求矛盾也开始逐年显现出来，其中石油供需矛盾最为突出，石油安全形势日趋严峻。

改革开放30年来中国石油生产和消费量状况（单位：百万吨）

年份	生产量	消费量
1980年	105.9	87.6
1985年	124.9	91.7
1990年	138.3	114.9
1995年	150.1	160.6
2000年	162.6	223.6
2005年	180.8	327.8
2006年	183.7	353.3
2007年	186.7	368.0

改革开放30年来中国煤炭生产和消费量状况（单位：万吨）

年份	生产量	消费量
1980年	62 015.0	61 009.5
1985年	87 228.4	81 603.0
1990年	107 988.3	105 523.0
1995年	136 073.1	137 676.5
2000年	129 921.0	132 000.0
2005年	219 000.0	204 355.0
2006年	232 526.0	220 901.0
2007年	261 000.0	239 832.0

中国是世界上最大的煤炭生产国，同时也是世界上最大的煤炭消费国，中国煤炭生产和消费量在一次能源中占的比重一直保持在2/3以上。

小链接 中国与世界主要国家能源生产消费比较

中国与世界主要国家能源生产总量比较*（单位：百万吨油当量）

国家	1990年	2004年
中国	889.3	1 536.8
美国	1 650.5	1 641.0
俄罗斯	1 118.7	1 158.5
印度	333.4	466.9
加拿大	273.7	397.5
英国	208.0	225.2
墨西哥	194.8	253.9
德国	186.2	136.0
南非	114.5	156.0
法国	111.9	137.4
巴西	98.1	176.3
日本	76.8	96.8
意大利	25.3	30.1

*数据源于联合国《世界发展指标》2007年版。

中国与世界主要国家煤炭生产比较**（单位：万吨）

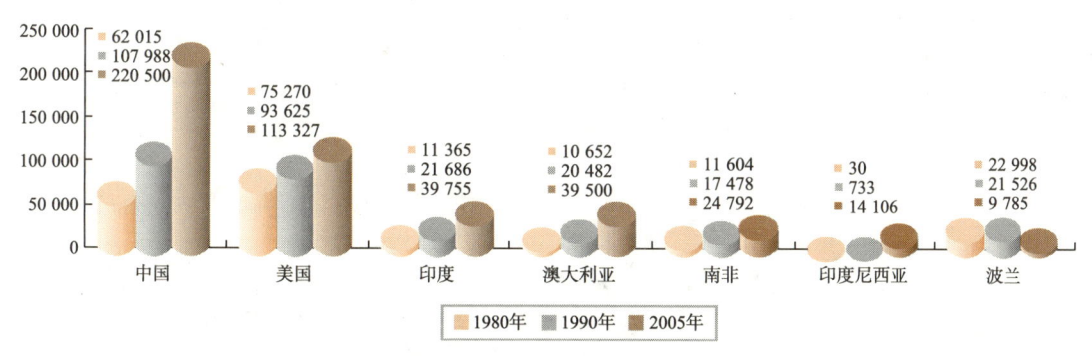

国家	1980年	1990年	2005年
中国	62 015	107 988	220 500
美国	75 270	93 625	113 327
印度	11 365	21 686	39 755
澳大利亚	10 652	20 482	39 500
南非	11 604	17 478	24 792
印度尼西亚	30	733	14 106
波兰	22 998	21 526	9 785

**1980年、1990年的数据源于国家统计局《国际经济和社会统计提要》2003年版；2005年数据来源于日本《地理统计要览》，二宫书店，2006年版。

中国与世界主要国家石油生产比较***（单位：百万吨）

国家	1980年	1990年	2000年	2007年
中国	105.95	138.31	162.6	186.7
美国	424.2	371.03	352.6	311.5
苏联	603.2	570.43	323.3	480.5
印度	77.63	71.52	71.5	47.4
尼日利亚	102.2	86.34	105.4	114.2
墨西哥	99.94	132.47	171.2	173
沙特阿拉伯	495.72	320.38	456.3	493.1
伊朗	73.78	157.08	189.4	212.1
委内瑞拉	114.79	112.01	167.3	133.9
科威特	85.54	59.54	109.1	129.6
阿联酋	82.79	101.96	123.1	135.9
挪威	24.55	79.67	160.2	118.8
英国	78.91	88.01	126.2	76.8

***1980年、1990年数据源于日本《地理统计要览》，二宫书店，2006年版；2000年、2007年数据源于《BP世界能源统计2008》。

中国与世界主要国家天然气生产比较（单位：10亿立方米）

国家	1997年	2002年	2007年
中国	22.7	32.7	69.3
俄罗斯	532.6	555.4	607.4
美国	535.3	536	545.9
加拿大	168.6	187.9	183.7
伊朗	47	75	111.9
挪威	43	65.5	89.7
阿尔及利亚	71.8	80.4	83
沙特阿拉伯	45.3	56.7	75.9
英国	85.9	103.6	72.4
土库曼斯坦	16.1	49.9	67.4
印度尼西亚	65.7	70.6	66.7
荷兰	67.1	59.9	64.5

2005年世界能源消费结构

- 煤炭 27.2%
- 石油 36.8%
- 天然气 23.7%
- 水电、核电、风电 12.3%

2005年中国能源消费结构

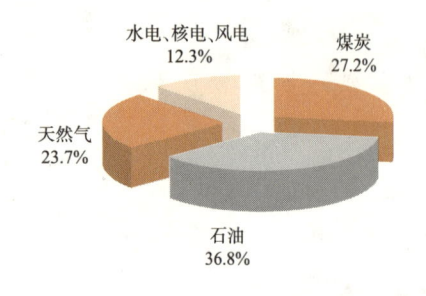

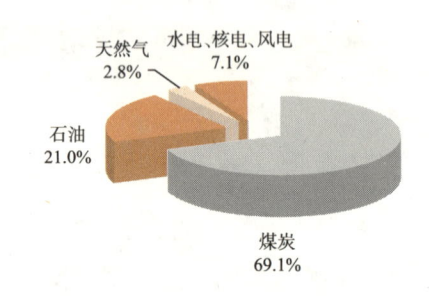

- 煤炭 69.1%
- 石油 21.0%
- 天然气 2.8%
- 水电、核电、风电 7.1%

就能源生产与消费结构而言，整个世界主要以石油为主导，但中国富煤、贫油、少气的能源储备特点和经济发展阶段特点，决定了中国能源生产和消费结构与世界有很大的不同，在较长的阶段内，煤炭在中国的一次能源中占主导地位的格局将保持不变。随着国家宏观政策的调控，能源结构得到一定的优化，清洁能源的比例有所上升，2007年煤炭生产占能源生产总量的76.6%，煤炭消费占能源消费总量的69.4%，而在优质能源中，石油只占能源生产总量11.3%、天然气占3.9%，清洁的水电、核电、风电只占能源生产总量的8.2%。

专题 能源储备

世界能源储备分布极不均衡,煤炭资源主要分布在亚太地区、北美洲地区和苏联地区,三地区储量之和占世界煤炭资源总储量的77.5%;石油资源主要分布在中东地区,该地区储量占世界石油资源总储量的61%;天然气资源主要分布在中东地区和欧洲及欧亚大陆,两地区储量之和占世界天然气资源总储量的74.8%。

截至2007年世界石油、天然气及煤炭剩余探明储量前10位国家概览

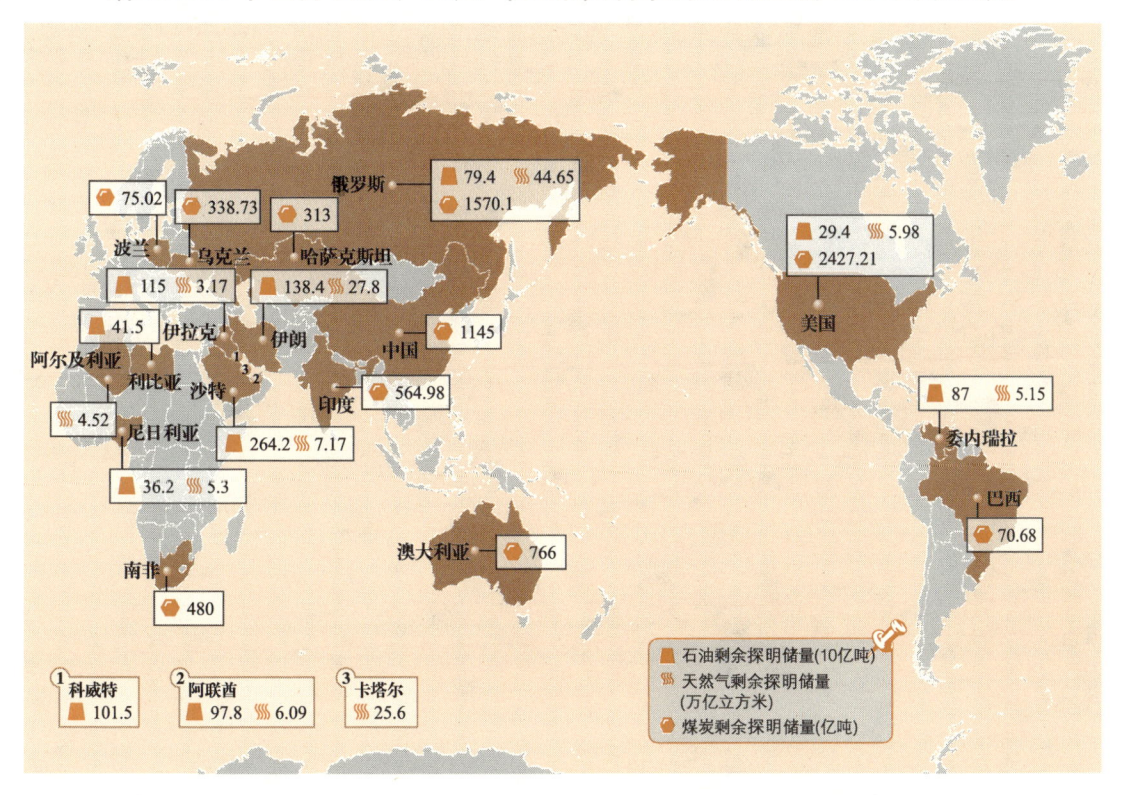

俄罗斯 79.4 44.65 1570.1
波兰 75.02
乌克兰 338.73
哈萨克斯坦 313
伊拉克 115 3.17
伊朗 138.4 27.8
中国 1145
美国 29.4 5.98 2427.21
阿尔及利亚 41.5
利比亚 4.52
沙特 264.2 7.17
印度 564.98
尼日利亚 36.2 5.3
委内瑞拉 87 5.15
巴西 70.68
南非 480
澳大利亚 766

① 科威特 101.5
② 阿联酋 97.8 6.09
③ 卡塔尔 25.6

石油剩余探明储量(10亿吨)
天然气剩余探明储量(万亿立方米)
煤炭剩余探明储量(亿吨)

2007年中国三大能源可采储量分别占世界比重

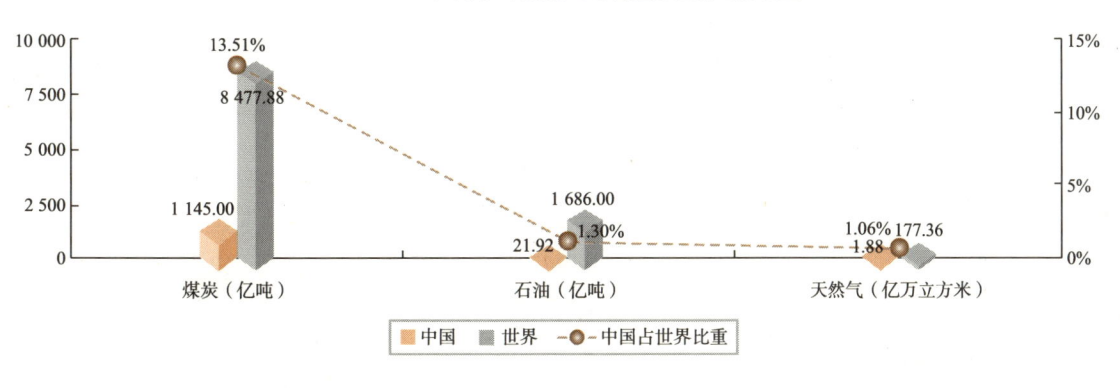

	中国	世界	中国占世界比重
煤炭(亿吨)	1 145.00	8 477.88	13.51%
石油(亿吨)	21.92	1 686.00	1.30%
天然气(亿万立方米)	1.88	177.36	1.06%

39

数读
中国30年

中国能源资源赋存分布极不均衡，煤炭资源主要分布在华北、西北地区；水力资源主要分布在西南地区；石油、天然气资源主要分布在东、中、西部地区和海域。而中国主要的能源消费地区集中在东南沿海经济发达地区，资源分布与能源消费地域存在明显差别。

中国能源储备集群分布

黑龙江省

松辽、塔里木、渤海湾3个盆地预测石油资源量：422.32亿吨，占中国石油总资源量的45.4%

新疆维吾尔自治区

内蒙古自治区

辽宁省

"三西"煤炭资源储量：6 444亿吨，约占全国煤炭总储量的64%

山西省

陕西省

新疆"三大油田"、"九大煤田"和"九大风区"蕴藏着大量能源：
- 预计到2010年，新疆三大油田原油产量将达3 500万吨，加上从中哈原油管道输入的1 000万吨，新疆原油供应量将占全国原油消费量的1/5
- 九·煤田预测储量达1.64万亿吨，约占全国煤炭预测总储量的30%
- 总面积15万平方公里的九大风区，可装机容量在8 000万千瓦以上，相当于4个三峡工程的装机容量

四川省

四川省水力经济装机容量：1.03亿千瓦，约占全国水力经济可开发装机容量的27.3%

南海诸岛

二. 中国近30年来电力的生产和消费

电力工业是关系国计民生的基础产业，是世界各国经济发展战略中的优先发展重点。随着中国经济的高速发展，作为国民经济中具有先行性的电力产业也得到快速增长，对电的需求量不断扩大，电力销售市场的扩大又刺激了整个电力生产的发展，电力装机容量的突破性发展也极大地提高了电力的供应能力。

改革开放30年来中国全社会用电量状况（单位：亿千瓦时）

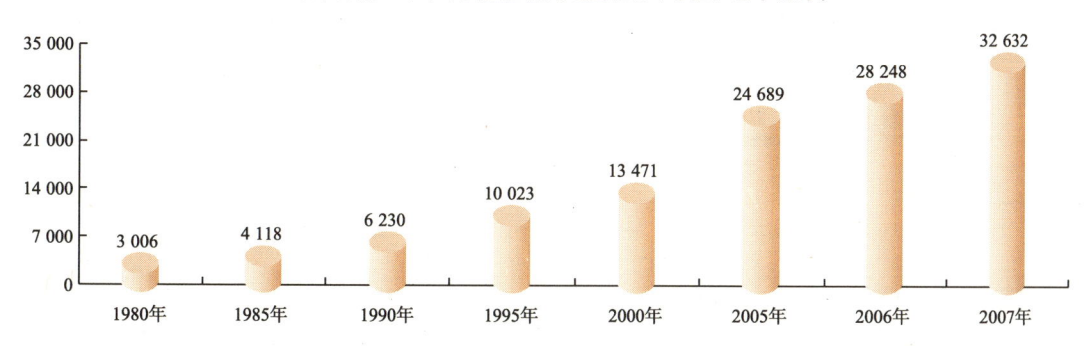

年份	用电量
1980年	3 006
1985年	4 118
1990年	6 230
1995年	10 023
2000年	13 471
2005年	24 689
2006年	28 248
2007年	32 632

在强劲的电力需求刺激下，近年来中国在电力特别是发电环节方面的投资快速增长。从1996年起，中国的发电装机容量和发电量一直位居世界第二，成为名副其实的电力生产大国。

改革开放30年来中国发电量状况（单位：亿千瓦时）

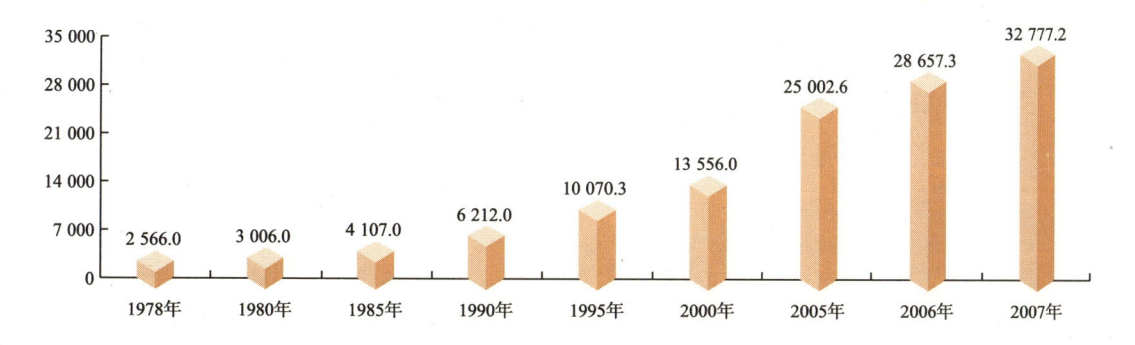

年份	发电量
1978年	2 566.0
1980年	3 006.0
1985年	4 107.0
1990年	6 212.0
1995年	10 070.3
2000年	13 556.0
2005年	25 002.6
2006年	28 657.3
2007年	32 777.2

1985年以来中国电力生产弹性系数走势*

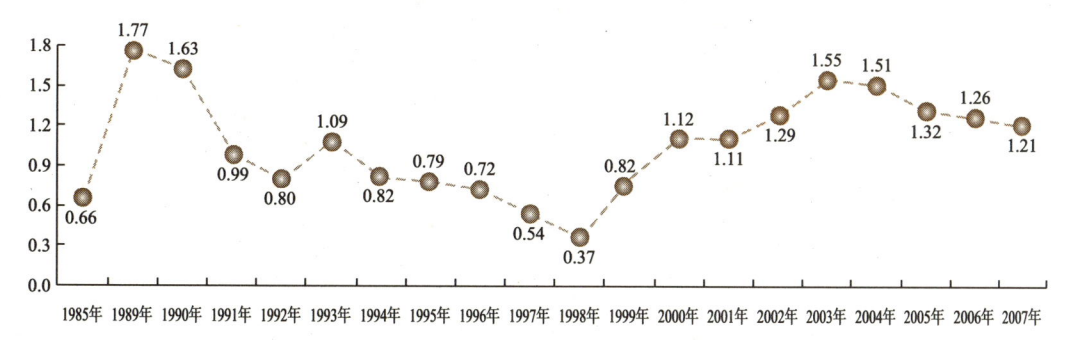

年份	系数
1985年	0.66
1989年	1.77
1990年	1.63
1991年	0.99
1992年	0.80
1993年	1.09
1994年	0.82
1995年	0.79
1996年	0.72
1997年	0.54
1998年	0.37
1999年	0.82
2000年	1.12
2001年	1.11
2002年	1.29
2003年	1.55
2004年	1.51
2005年	1.32
2006年	1.26
2007年	1.21

*电力生产弹性系数=电力生产年平均增速/国民经济年平均增速，国际一般认为1.2为景气水平。

数读
中国30年

1985年以来中国发电设备装机容量和利用小时数走势*

年份	装机容量(万千瓦)	利用小时数(小时)
1985年	8 705	5 308
1990年	13 789	5 041
1995年	21 722	5 216
1996年	23 654	5 033
1997年	25 424	4 765
1998年	27 729	4 501
1999年	29 877	4 393
2000年	31 932	4 517
2001年	33 861	4 588
2002年	35 657	4 860
2003年	39 141	5 245
2004年	44 070	5 460
2005年	50 841	5 411
2006年	62 200	5 221
2007年	71 329	5 011

■ 发电设备装机容量（万千瓦）　—●— 发电设备利用小时数（小时）

*装机容量是发电机组的设计最大功率，代表了发电能力。

2000年以来，中国电力设备装机容量持续增长，2006年起，随着大批电源项目相继投产，电力供需形势进一步缓和，电力设备的利用小时数有所回落。2007年，中国电力装机容量再上新台阶，突破了7亿千瓦，达到了7.13亿千瓦，同比增长14.68%，成为世界第二大发电装机强国。

1995年中国发电量构成状况
- 核电及其他 1.22%
- 水电 18.91%
- 火电 79.87%

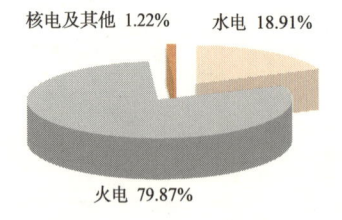

2007年中国发电量构成状况
- 核电及其他 2.19%
- 水电 14.95%
- 火电 82.86%

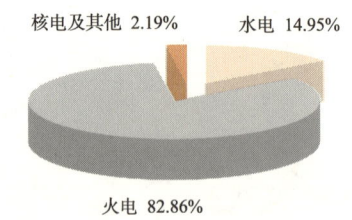

煤炭能源占主导的能源结构决定了中国以煤电为主的火力发电是主要电力生产方式，20世纪80年代提出了"大力发展水电，积极发展火电，适当发展核电"，但近年来，由于电力供应紧张，电源结构不仅没有改善，还有不断恶化的趋势。

第四章 改革开放30年来中国能源资源发展变化

小链接

1980年以来中国与世界主要国家发电量比较*（单位：亿千瓦时）

国家	1980年	1990年	2005年
中国	3 006	6 212	25 003
美国	23 544	30 117	40 380
日本	5 775	8 573	8 720
英国	2 849	3 190	4 191
印度	1 191	2 643	5 965
韩国	400	1 077	3 362
巴西	1 395	2 228	3 832
加拿大	3 669	4 820	5 947

*2005年栏中英国、韩国、巴西为2004年数据；1980年数据来源于《国际经济和社会统计提要》1993年版；1990年和2005年数据来源于《国际统计年鉴》2006年、2007年版。

1990年以来中国与世界主要国家电力消费比较**（单位：亿千瓦时）

国家	1990年	2000年	2005年
美国	29 239	38 573	40 466
俄罗斯	9 896	7 621	8 281
日本	8 025	10 139	10 159
中国	6 040	12 898	23 628
德国	5 274	5 492	5 864
加拿大	4 476	5 227	5 585
法国	3 476	4 409	4 832
英国	3 067	3 601	3 766
意大利	2 351	3 018	3 322
印度	2 343	4 084	5 259
巴西	2 177	3 298	3 752
南非	1 560	1 943	2 273
墨西哥	1 078	1 758	1 957

**资料来源：IEA(Energy Balances of OECD/NON-OECD Counries 2004-2005)。

2005年世界主要国家GDP电耗比较

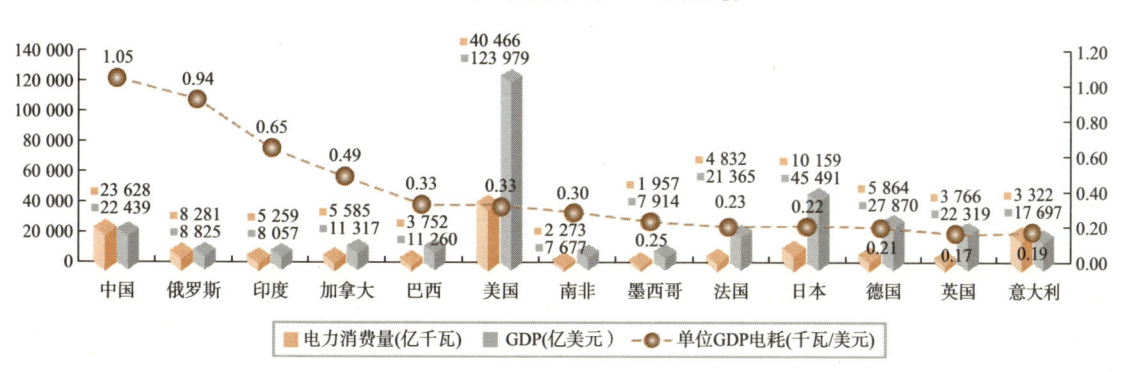

国家	电力消费量(亿千瓦)	GDP(亿美元)	单位GDP电耗(千瓦/美元)
中国	23 628	22 439	1.05
俄罗斯	8 281	8 825	0.94
印度	5 259	8 057	0.65
加拿大	5 585	11 317	0.49
巴西	3 752	11 260	0.33
美国	40 466	123 979	0.33
南非	2 273	7 677	0.30
墨西哥	1 957	7 914	0.25
法国	4 832	21 365	0.23
日本	10 159	45 491	0.22
德国	5 864	27 870	0.21
英国	3 766	22 319	0.17
意大利	3 322	17 697	0.19

43

◆ 火电

改革开放以来，中国电源结构一直以火电为主。近年由于电力需求旺盛，火电建设周期远远低于水电、核电，火电比重一直处于不断上升的趋势，这给煤炭生产、运输和大气排放带来很大压力。因此加强技术改造，推动产业升级和更新，进一步优化火电结构成为当务之急。

改革开放30年来中国火电发电量状况（单位：亿千瓦时）

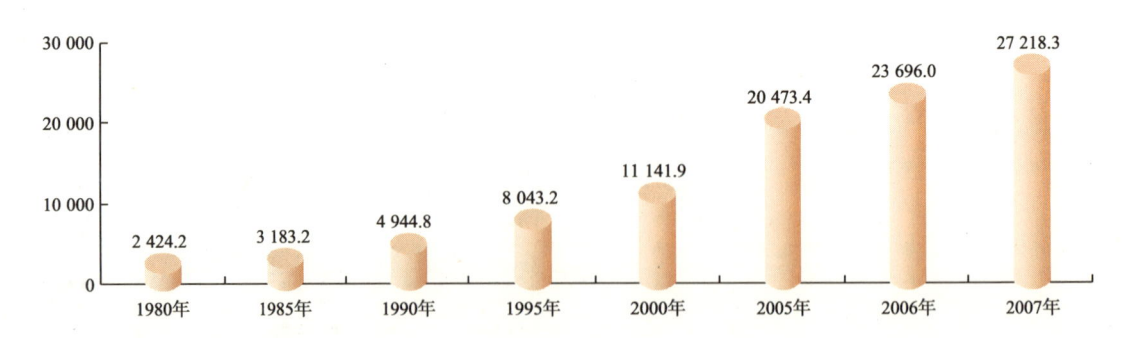

年份	发电量
1980年	2 424.2
1985年	3 183.2
1990年	4 944.8
1995年	8 043.2
2000年	11 141.9
2005年	20 473.4
2006年	23 696.0
2007年	27 218.3

◆ 水电

中国的水能资源丰富，理论蕴藏量6.76亿千瓦，技术可开发容量4.93亿千瓦，经济可开发容量3.78亿千瓦。不论是水能资源蕴藏量，还是可开发的水能资源，中国都居世界第一位。

改革开放以来，中国水电建设布局已全面铺开，目前在建规模约有1亿多千瓦，重点在长江三峡、金沙江中下游、澜沧江、雅砻江、大渡河、乌江、红水河、黄河上游等干、支流梯级水电站。

改革开放30年来中国水电发电量状况（单位：亿千瓦时）

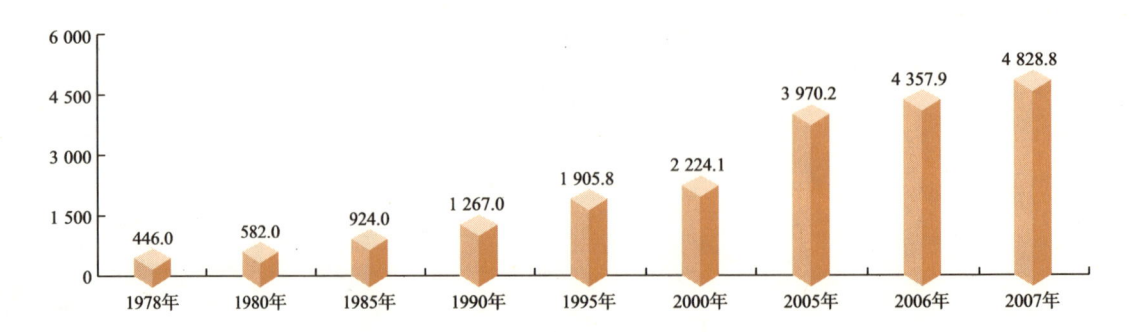

年份	发电量
1978年	446.0
1980年	582.0
1985年	924.0
1990年	1 267.0
1995年	1 905.8
2000年	2 224.1
2005年	3 970.2
2006年	4 357.9
2007年	4 828.8

截至2007年中国12大水电基地和大型水电站分布

2006年金沙江向家坝（600万千瓦）、雅砻江锦屏二级（480万千瓦）、澜沧江景洪（175万千瓦）、北盘江光照（104万千瓦）和乌江思林（100万千瓦）等一大批特大型水电站又相继核准开工建设

黄河中游北干流水电基地 装机容量 6 408兆瓦

东北水电基地 装机容量 16 409兆瓦

黄河上游水电基地 装机容量 19 683兆瓦

大渡河水电基地 装机容量 21 820兆瓦

雅砻江水电基地 装机容量 25 310兆瓦

长江上游水电基地 装机容量 33 197兆瓦

金沙江水电基地 装机容量 71 180兆瓦

闽浙赣水电基地 装机容量 11 031兆瓦

澜沧江水电基地 装机容量 25 500兆瓦

湘西水电基地 装机容量 5 852兆瓦

2005年12月26日，三溪洛渡水电站正式开工。电站规划设计装机容量1 260万千瓦，装机规模在中国仅次于三峡水电站，居世界第三位。电站预计2013年6月首批机组发电，2015年竣工。整个工程静态投资503 4亿元

南盘江红水河水电基地 装机容量 14 343兆瓦

南海诸岛

乌江水电基地 装机容量 10 795兆瓦

镜泊湖、密云、刘家峡、拉西瓦、瀑布沟、三峡、葛洲坝、富春江、溪口、紧水滩、二滩、小湾、构皮滩、龙滩

小链接

中国与世界主要国家水电消费比较（单位：百万油吨量）

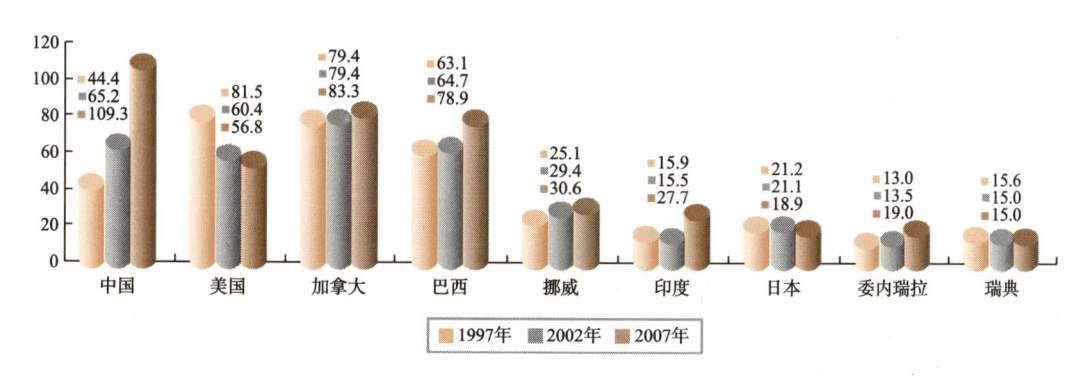

国家	1997年	2002年	2007年
中国	44.4	65.2	109.3
美国	81.5	60.4	56.8
加拿大	79.4	79.4	83.3
巴西	63.1	64.7	78.9
挪威	25.1	29.4	30.6
印度	15.9	15.5	27.7
日本	21.2	21.1	18.9
委内瑞拉	13.0	13.5	19.0
瑞典	15.6	15.0	15.0

数读中国30年

◆ 核电

从1985年建造第一个核电站——秦山核电站开始，中国的核电得到快速发展。2007年核电总发电量突破600亿千瓦时，上网电量也达到592.63亿千瓦时，尤其在广东、浙江两省，核电上网电量已占当地总发电量的13%以上，核电成为当地电力结构的重要支柱。

中国投入运营和在建核电机组情况

- 红沿河一期（规划容量4×111万千瓦）— 大连
- 海阳一期（2×100万千瓦）；乳山核电站（规划容量6×100万千瓦）；荣成核电站（规划容量4×100万千瓦）— 威海
- 田湾核电站（2×106万千瓦）— 连云港
- 秦山一期（1×30万千瓦）；秦山二期（2×65万千瓦）；秦山三期（2×70万千瓦）
- 秦山二期扩建（2×65万千瓦）— 海盐县
- 大亚湾核电站（2×98.4万千瓦）；岭澳一期（2×99万千瓦）
- 岭澳二期（2×108万千瓦）— 深圳东部大亚湾

图例：已建 / 在建 / 拟建

南海诸岛

小链接

中国与世界主要国家核电消费比较（单位：百万油吨量）

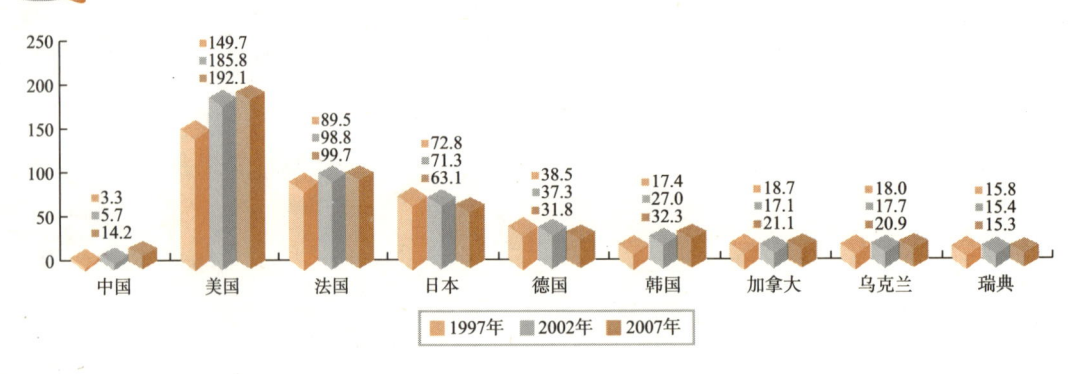

国家	1997年	2002年	2007年
中国	3.3	5.7	14.2
美国	149.7	185.8	192.1
法国	89.5	98.8	99.7
日本	72.8	71.3	63.1
德国	38.5	37.3	31.8
韩国	17.4	27.0	32.3
加拿大	18.7	17.1	21.1
乌克兰	18.0	17.7	20.9
瑞典	15.8	15.4	15.3

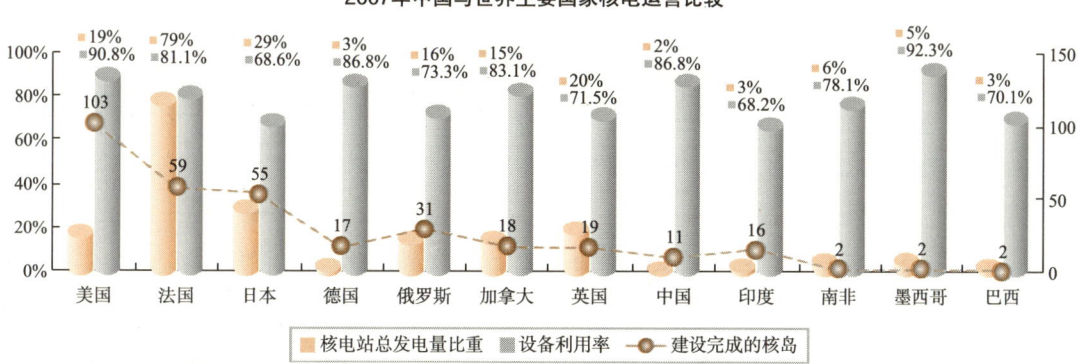

2007年中国与世界主要国家核电运营比较

经过20年的努力，中国核电从无到有，取得了长足发展，但与世界平均水平还有一定的差距，全球核电发电量占总量的比重达到16%，而中国只有2%左右。

◆ 风电

　　风能是目前最具成本优势的可再生能源，风力资源较好的地区风力发电成本与燃油发电或燃气发电相比，已经具备成本竞争力，将成为未来最具潜力的可再生能源。目前中国可以利用的陆上风力资源达到2.5万亿千瓦，居世界第一。近两年，中国风电建设突飞猛进，2007年装机容量已跃居世界第五位。

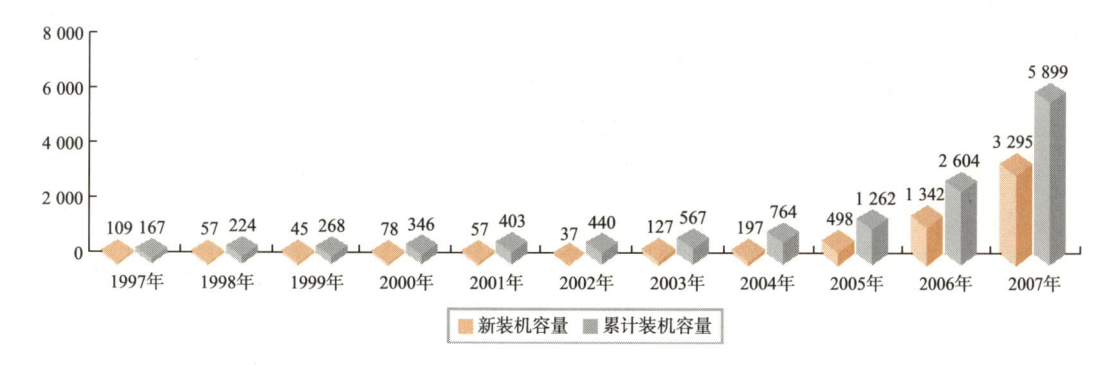

1997年以来中国风电装机容量情况（单位：兆瓦）

　　在目前石化能源（石油、天然气、煤炭等）价格大幅上涨的背景下，世界各国都在采取措施应对。中国也需要适时调整策略，进一步增加能源投资、提高能源利用效率、转换电源结构及大力发展核电及可再生能源。

三. 中国能源进出口变迁

伴随着经济快速增长,中国从改革开放初期的能源出口国转变为世界主要的能源进口国,尤其进入重工业化时代,能源消耗与日俱增,净进口值一直保持较高上升趋势,其中对石油的依存度已经接近世界警戒线50%。

改革开放30年来中国能源的进出口状况(单位:万吨)

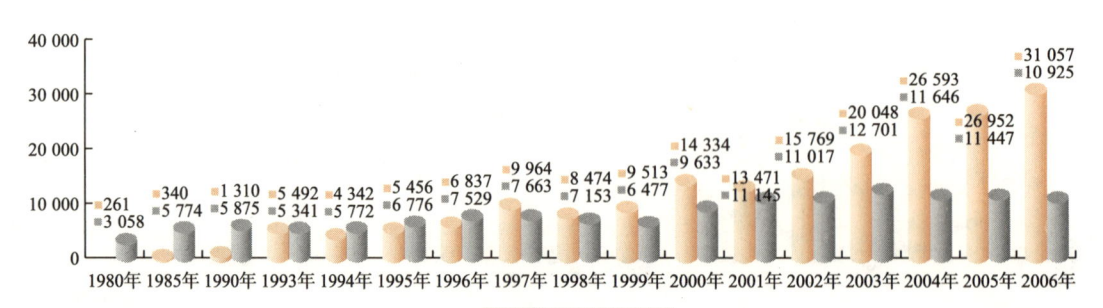

年份	进口量	出口量
1980年	261	3 058
1985年	340	5 774
1990年	1 310	5 875
1993年	5 492	5 341
1994年	4 342	5 772
1995年	5 456	6 776
1996年	6 837	7 529
1997年	9 964	7 663
1998年	8 474	7 153
1999年	9 513	6 477
2000年	14 334	9 633
2001年	13 471	11 145
2002年	15 769	11 017
2003年	20 048	12 701
2004年	26 593	11 646
2005年	26 952	11 447
2006年	31 057	10 925

2004年中国与世界主要国家能源进口依存度比较

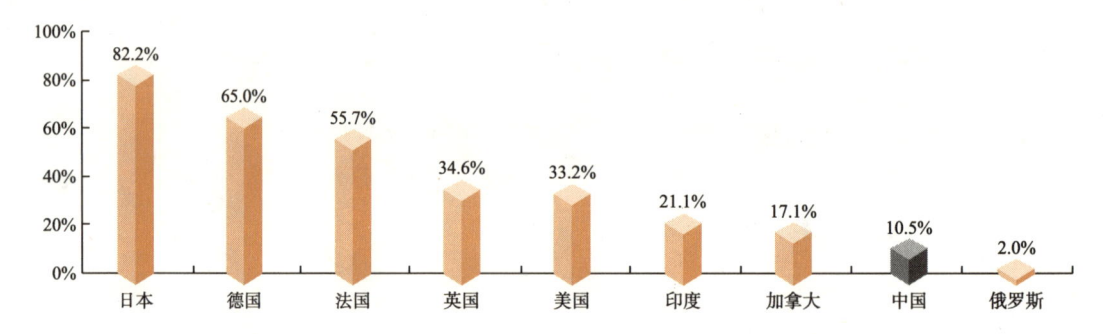

国家	依存度
日本	82.2%
德国	65.0%
法国	55.7%
英国	34.6%
美国	33.2%
印度	21.1%
加拿大	17.1%
中国	10.5%
俄罗斯	2.0%

中国与世界主要国家一次能源的自给率比较

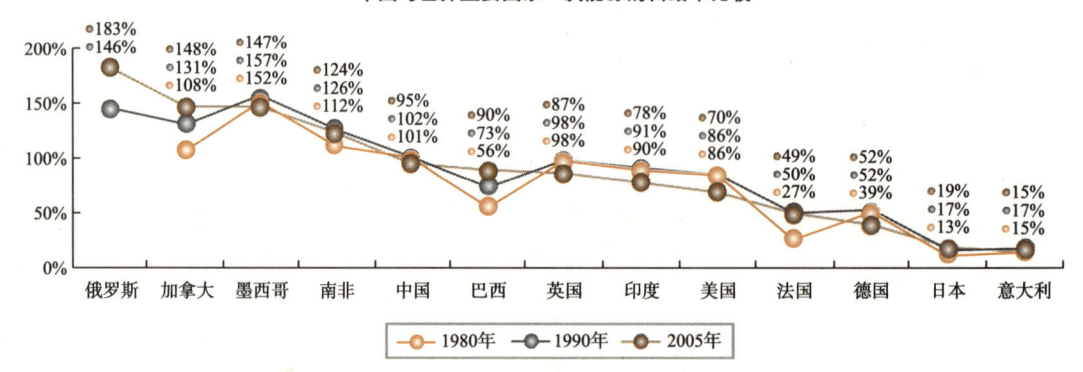

国家	1980年	1990年	2005年
俄罗斯	183%	146%	—
加拿大	108%	131%	148%
墨西哥	152%	147%	157%
南非	112%	126%	124%
中国	101%	102%	95%
巴西	56%	73%	90%
英国	98%	98%	87%
印度	90%	91%	78%
美国	86%	86%	70%
法国	27%	50%	49%
德国	39%	52%	52%
日本	13%	17%	19%
意大利	15%	17%	15%

专题　中国石油的安全供给

1980年以来中国石油的进出口状况（单位：万吨）

年份	进口量	出口量
1980年	83	1 806
1985年	90	3 630
1990年	756	3 110
1993年	3 616	2 507
1995年	3 673	2 455
2000年	9 749	2 172
2001年	9 118	2 047
2002年	10 269	2 139
2003年	13 190	2 541
2004年	17 291	2 241
2005年	17 163	2 888
2006年	19 453	2 626

从20世纪90年代开始，中国石油进口步伐明显加快，并且从1993年起中国由之前的石油净出口国成为净进口国。2003年，中国石油进口量超过日本已成为仅次于美国的世界第二大石油进口国。

1996—2007年中国石油消费量占世界石油消费量比重状况

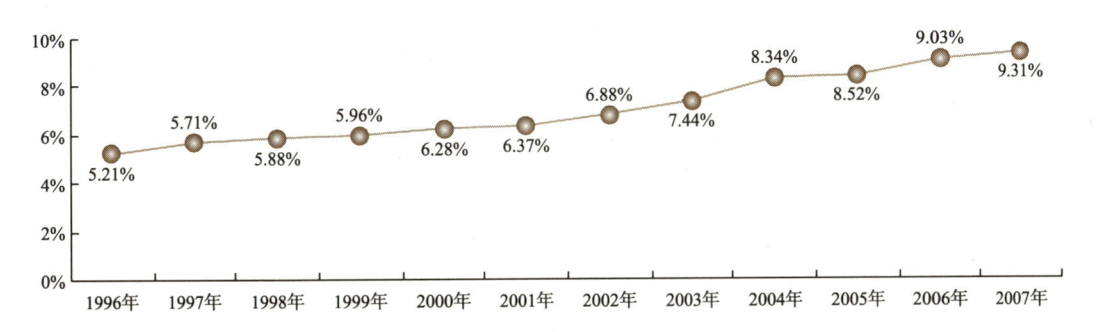

年份	比重
1996年	5.21%
1997年	5.71%
1998年	5.88%
1999年	5.96%
2000年	6.28%
2001年	6.37%
2002年	6.88%
2003年	7.44%
2004年	8.34%
2005年	8.52%
2006年	9.03%
2007年	9.31%

中国经济增长强劲，石油消费增长率长期高于世界平均水平，石油消费量占世界石油消费量比重不断上升。石油的安全供给问题越来越受关注，其表现在：一是中国石油对世界的依存度逐年提高，尤其在世界石油价格不断高涨的背景下，很可能演化为经济发展的瓶颈；二是石油贸易结构的地区集中化，原油进口主要来自中东、非洲和亚太地区；三是石油运输航线单一。

2000—2007年中国原油对外依存度走势*（单位：百万吨）

年份	表观消费量	进口量	对外依存度
2000年	224.4	70.3	31.33%
2001年	228.4	60.2	26.36%
2002年	247.8	69.4	28.01%
2003年	271.3	91.1	33.58%
2004年	289.8	120.0	41.41%
2005年	300.0	129.8	43.27%
2006年	320.0	145.2	45.38%
2007年	340.0	163.2	48.00%

*表观消费量指产量加上净进口量，实际消费量指实际消费的数量。实际消费量的统计方法与表观消费量不同，需要通过科学抽样等方法统计。

2007年中国石油贸易机构地区分布

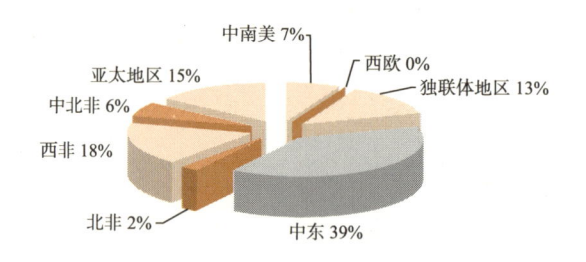

- 中南美 7%
- 西欧 0%
- 独联体地区 13%
- 亚太地区 15%
- 中北非 6%
- 西非 18%
- 北非 2%
- 中东 39%

中国石油主要进口航线概览

中东石油进口航线
波斯湾–霍尔木兹海峡–阿拉伯海–印度洋–马六甲海峡–南海–中国大陆港口

非洲东南亚石油进口航线

南海
马六甲海峡

建立战略能源储备是保障国家能源安全的必要措施。2004年，中国正式启动国家战略石油储备计划，国务院拨出60亿元专款在辽宁大连、山东黄岛、浙江镇海和浙江岱山共建设4个石油储备基地，建设总共规划了三期，届时将达到1亿桶原油的储备规模。

第四章
改革开放30年来中国能源资源发展变化

世界主要国家战略石油储备情况（单位：天）

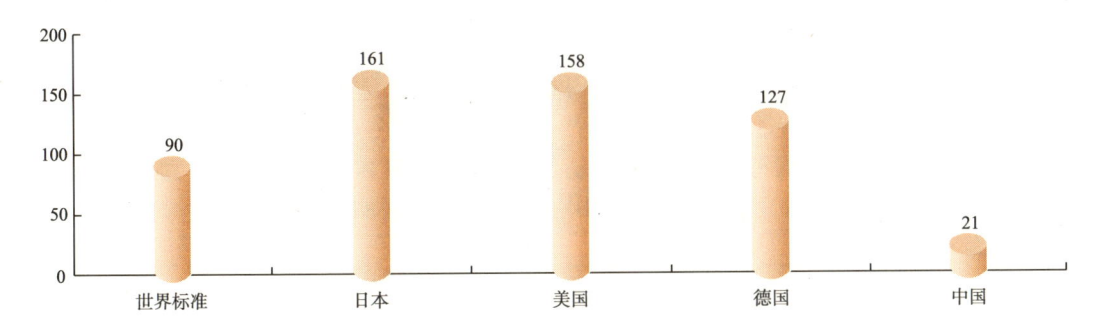

- 世界标准 90
- 日本 161
- 美国 158
- 德国 127
- 中国 21

中国四大石油储备基地概览

一期工程石油存储能力为1 000万−1 200万吨；二期工程2 800万吨；三期工程2 800万吨

大连
黄岛
镇海　岱山

南海诸岛

51

四. 中国能源发展的问题

改革开放以来,中国能源发展取得了举世瞩目的成就,同时也存在一些问题,突出表现在高能耗、低效率、环境污染严重等方面。在实施中国能源安全战略的过程中,大力促进能源技术进步,推动节能,提高能源利用的经济效益,加强生态环境保护,倡导可持续能源开发利用,成为未来发展的必然要求。

◆ 高能耗

1994-2007年中国能源消费弹性系数走势*

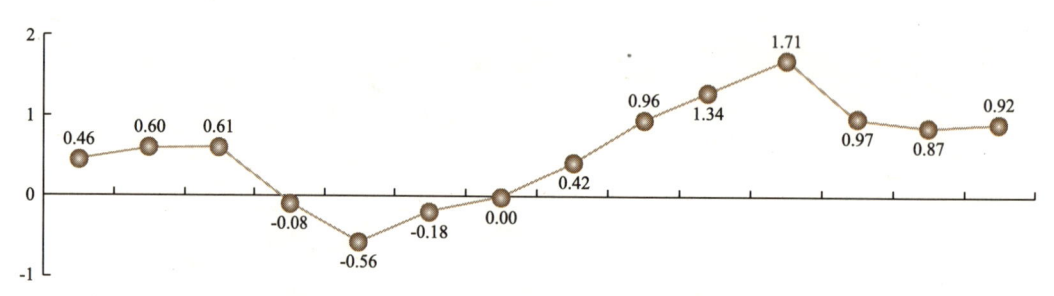

年份	1994	1995	1996	1997	1998	1999	2000	2001	2002	2003	2004	2005	2006	2007
系数	0.46	0.60	0.61	-0.08	-0.56	-0.18	0.00	0.42	0.96	1.34	1.71	0.97	0.87	0.92

* 能源消费弹性系数=能源消费年平均增长率/GDP年平均增长率,负数表明能源消耗负增长的同时保持了经济正增长。

2006年世界主要工业国能源消费弹性系数比较

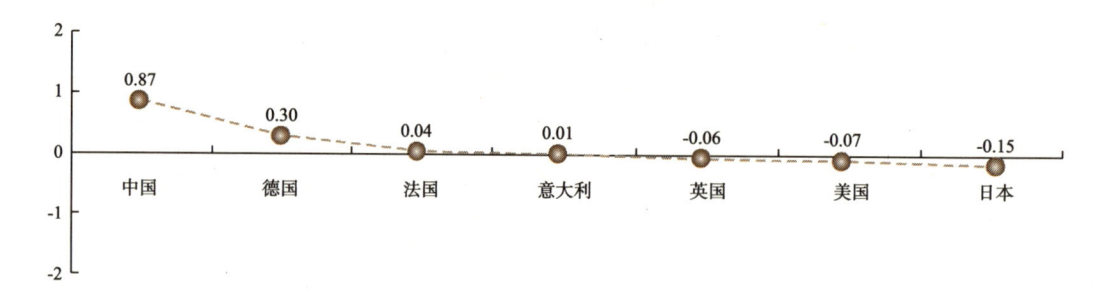

国家	中国	德国	法国	意大利	英国	美国	日本
系数	0.87	0.30	0.04	0.01	-0.06	-0.07	-0.15

针对中国能源发展的高能耗问题,关键是通过一系列技术攻关,降低黑色金属冶炼及压延加工业、化学原料及化学制品制造业、电力和热力的生产和供应业、有色金属冶炼及压延加工业和非金属矿物制品业5大行业的能源消耗。

低效率

1980年以来中国单位GDP能耗走势（单位：吨标准煤/万元GDP）

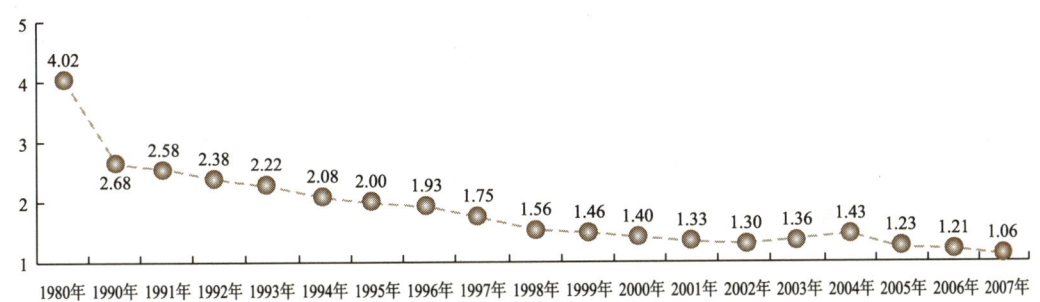

年份	1980	1990	1991	1992	1993	1994	1995	1996	1997	1998	1999	2000	2001	2002	2003	2004	2005	2006	2007
能耗	4.02	2.68	2.58	2.38	2.22	2.08	2.00	1.93	1.75	1.56	1.46	1.40	1.33	1.30	1.36	1.43	1.23	1.21	1.06

2006年世界主要工业国能源消费强度比较（单位：吨油当量/万美元GDP）

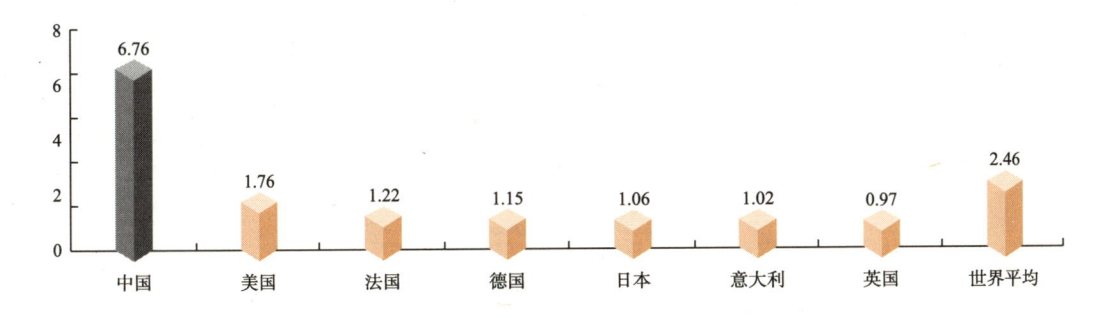

国家	中国	美国	法国	德国	日本	意大利	英国	世界平均
强度	6.76	1.76	1.22	1.15	1.06	1.02	0.97	2.46

中国能源综合利用效率只有32%，低于发达国家10个百分点，能源系统总效率为9.3%，只及发达国家的50%左右，大量能源在开采、加工转换、储运或终端利用过程中损耗，资源浪费现象非常严重。

一般以单位GDP能耗（能源消费强度）来衡量一个国家能源的利用效率，随着能源技术的进步和节能技术的发展，中国能源消费强度呈现不断下降的趋势，但与世界水平和经济发展的要求还有较大的差距。

环境污染

长期以来，中国以煤为主的生产与消费结构带来了严重的环境破坏与污染压力。2004年，中国工业废气排放量237 696亿标立方米，其中燃料燃烧占58.7%；二氧化碳排放量2 255万吨，酸雨区300万平方公里，已占国土面积的1/3，均居世界第一位。目前，由于中国近70%的原煤没有经过洗选而直接燃烧，燃煤造成的二氧化硫和烟尘排放量约占排放总量的70%~80%，化石燃料二氧化碳排放是中国温室气体的主要来源。这不仅成为阻挠中国未来发展的关键制约因素，而且也是中国能源安全的致命缺陷。

数读中国30年

1990年以来中国主要大气污染物排放量走势*（单位：万吨）

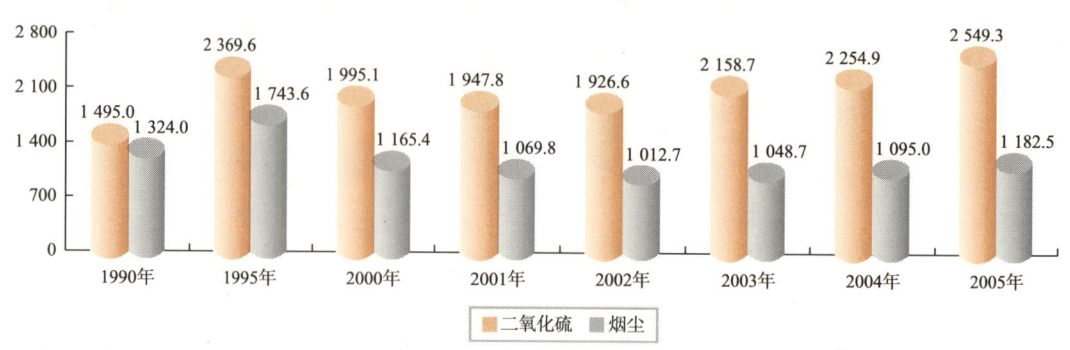

年份	二氧化硫	烟尘
1990年	1 495.0	1 324.0
1995年	2 369.6	1 743.6
2000年	1 995.1	1 165.4
2001年	1 947.8	1 069.8
2002年	1 926.6	1 012.7
2003年	2 158.7	1 048.7
2004年	2 254.9	1 095.0
2005年	2 549.3	1 182.5

* 2006年、2007年二氧化硫的排放量分别是2 594.4万吨、2 468.1万吨。

中国与世界主要国家的二氧化碳排放量比较（单位：百万吨油当量）

国家	1990年	2004年
中国	1 609.3	866.5
美国	1 927.6	2 325.9
俄罗斯	774.8	641.5
日本	446.0	533.2
印度	361.6	572.9
德国	356.2	348.0
法国	227.3	275.2
英国	212.2	233.7
加拿大	209.4	269.0
意大利	148.0	184.5
巴西	134.0	204.8
墨西哥	124.3	165.5
南非	91.2	131.1

小链接 煤炭的安全生产

就中国煤炭生产而言，20世纪末开始，乡镇小型煤矿增长速度惊人。据统计，2006年小型煤矿有矿井2.4万处，占总数的96.95%，煤炭安全生产的形势非常严峻。小煤矿经营生产，由于利益驱动、企业"安全第一"的思想意识淡薄，管理不到位，安全技术装备水平低等，造成事故隐患多，矿井防灾抗灾能力差。

针对煤矿安全生产问题，国家安全生产监督管理总局采取关闭小煤矿等措施，从2003年起煤矿企业重大事故有所下降，但与世界主要的产煤国还存在很大差距。

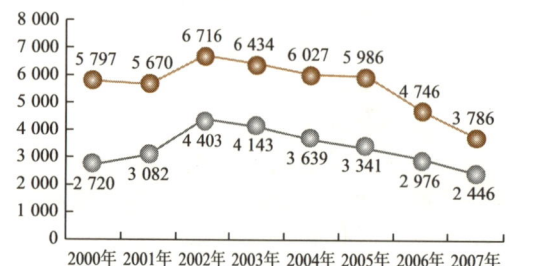

2000—2007年中国煤炭安全事故概况

年份	死亡人数（人）	伤亡事故（起）
2000年	5 797	2 720
2001年	5 670	3 082
2002年	6 716	4 403
2003年	6 434	4 143
2004年	6 027	3 639
2005年	5 986	3 341
2006年	4 746	2 976
2007年	3 786	2 446

2006年中国与主要产煤国每百万吨煤死亡率比较（单位：人/百万吨）

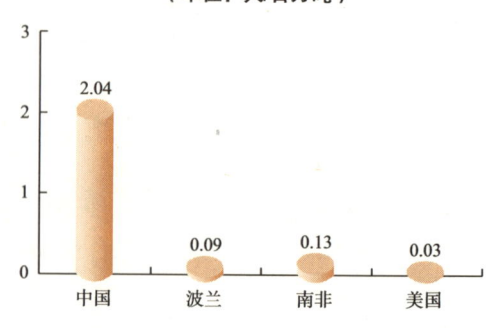

国家	死亡率
中国	2.04
波兰	0.09
南非	0.13
美国	0.03

第五章
改革开放30年来中国农业发展变化

　　农业是国民经济的基础行业,也是工业特别是轻工业原料的主要来源。中国是农业大国,人口多,特别是农村人口多以及城乡分割的二元经济结构是中国的基本国情。改革开放初期,农村经济发展定位在为工业化和城市化提供物质基础,最主要的表现是农业发展为工业化和城市化提供了充裕、丰富的食物和工业原料,为工业化和城市化提供相对廉价的要素资源,包括劳动力、土地和资本。这种方式服务了国民经济大局,农村经济为国家的工业化和城市化做出了重要贡献。但这种方式忽视了农村经济的发展,尤其是中西部绝大部分地区的农村经济发展,导致城乡差距日益扩大,农业、农村和农民的"三农"问题日益凸显。近年来,党中央、国务院逐渐认识到"三农"问题的重要性,作出了一系列意义重大、影响深远的战略部署。坚持把解决好"三农"问题作为全党工作的重中之重,不断强化对农业和农村工作领导;坚持统筹城乡发展,不断加大工业反哺农业、城市支持农村的力度;坚持多予、少取、放活,不断完善农业支持保护体系;坚持市场取向改革,不断解放和发展农村生产力;坚持改善民生,不断解决农民生产生活最迫切的问题。顺利解决好"三农"问题,乃是中国完成工业化和城市化,以及实现小康社会,奔向社会主义现代化的最基础一环。本章通过以下5部分来介绍改革开放30年来中国农业发展历程:

1. 从"三农"政策变革看中国

　　改革开放30年来,中央先后出台了10个关于农村工作的"一号文件"。中国先后在农村进行了三步重要的改革。第一步改革是1980年开始的、以家庭承包经营为核心的农村经营体制改革;第二步改革是1985年以农村税费为核心的农村分配关系的改革;第三步改革则是目前正在进行的农村综合改革。

改革开放30年来中央关于农村工作的"一号文件"概览

时间	文件名称	主要内容
1982年	《全国农村工作会议纪要》	文件指出中国农业必须坚持社会主义集体化的道路,土地等基本生产资料公有制是长期不变的。
1983年	《当前农村经济政策的若干问题》	文件提出稳定和完善农业生产责任制是当前农村工作的主要任务;森林过伐、耕地减少、人口膨胀是中国农村的三大隐患。
1984年	《关于一九八四年农村工作的通知》	该通知强调要继续稳定和完善联产承包责任制,并指出土地承包期一般应在15年以上。
1985年	《关于进一步活跃农村经济的十项政策》	该政策取消了30年来农副产品统购统派的制度,对粮、棉等少数重要产品采取国家计划合同收购的新政策。

续表

时间	文件名称	主要内容
1986年	《关于一九八六年农村工作的部署》	提出个体经济是社会主义经济的必要补充,允许其存在和发展。
2004年	《中共中央国务院关于促进农民增加收入若干政策的意见》	从2004年开始,国务院决定5年内取消农业税,同时实行取消农业特产税。
2005年	《中共中央国务院关于进一步加强农村工作 提高农业综合生产能力若干政策的意见》	该文件要求坚持"多予、少取、放活"的方针,稳定、完善和强化各项支农政策,切实加强农业综合生产能力建设,继续调整农业和农村经济结构,进一步深化农村改革。
2006年	《中共中央国务院关于推进社会主义新农村建设的若干意见》	文件从统筹城乡经济社会、推进现代化农业建设、促进农民增收、加强农村基础设施建设等8个方面,提出32条支农、惠农的具体措施。
2007年	《中共中央国务院关于积极发展现代农业 扎实推进社会主义新农村建设的若干意见》	文件指出,发展现代农业是社会主义新农村建设的首要任务。
2008年	《中共中央国务院关于切实加强农业基础建设 进一步促进农业发展农民增收的若干意见》	着重强调加强农村基础设施建设。

2. 中国农村劳动力转移对中国经济的贡献

农村劳动力转移,是中国从传统的农业社会走向现代工业社会的必然过程。改革开放以来,农村劳动力通过进城务工,转向非农产业就业等方式不仅对农村经济发展和提高农民收入做出了重要贡献,同时对中国经济发展产生了重要的积极影响。农村人口数占总人口的比重从1978年的82.1%下降到2007年的55.1%;农村非农劳动力数占农村劳动力总数的比重则从1978年的7.1%上升到2007年的38.2%。

改革开放30年来中国农村人口数量概况(单位:万人)

年份	农村人口数	占总人口的比重
1978年	79 014	82.1%
1980年	79 565	80.6%
1985年	80 757	76.3%
1990年	84 138	73.6%
1995年	85 947	71.0%
2000年	80 837	63.8%
2005年	74 544	57.0%
2006年	73 742	56.1%
2007年	72 750	55.1%

小链接 中国农业人口比重及农民工分布状况

根据联合国粮农组织的统计,2003年中国农业人口比重为64.9%,大大高于世界41.2%的平均水平,而世界主要发达国家农业人口比重都在10%以下,就是与人口数量和中国最接近的印度相比,也高于其52.2%的水平,中国的工业化与城市化任务还任重道远。

2003年世界部分国家农业人口比重概况

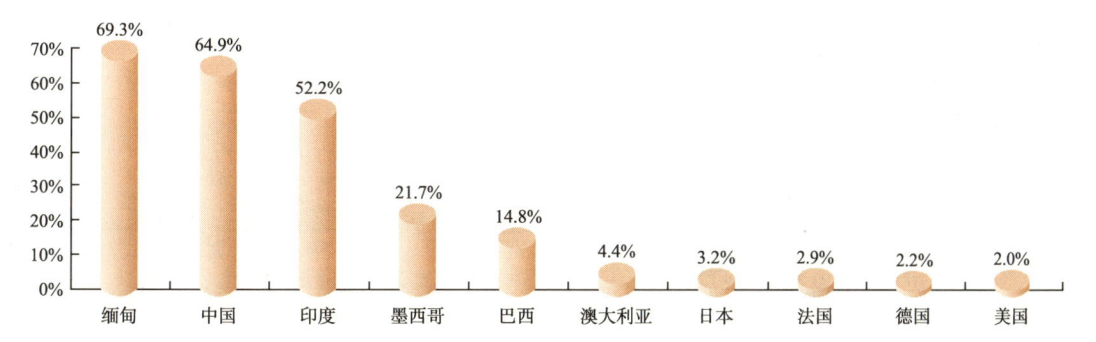

缅甸	69.3%
中国	64.9%
印度	52.2%
墨西哥	21.7%
巴西	14.8%
澳大利亚	4.4%
日本	3.2%
法国	2.9%
德国	2.2%
美国	2.0%

2006年中国农村家庭每户外出劳动力人数区域比较*（单位：人）

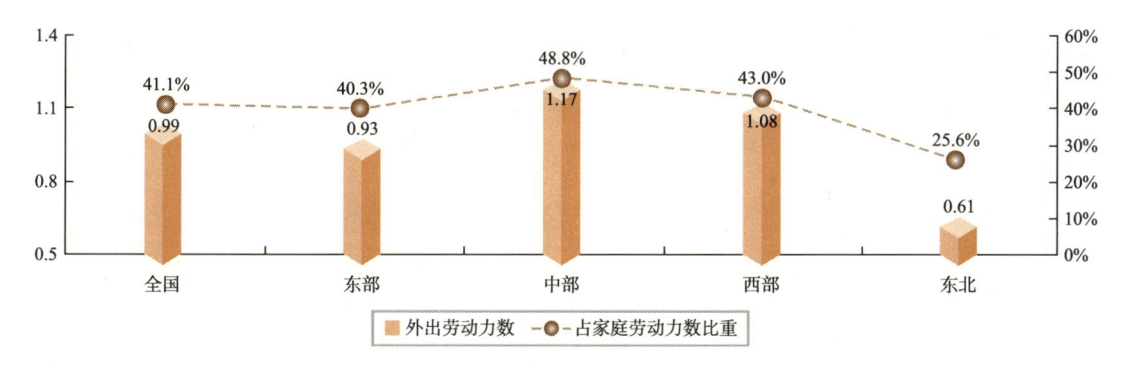

区域	外出劳动力数	占家庭劳动力数比重
全国	0.99	41.1%
东部	0.93	40.3%
中部	1.17	48.8%
西部	1.08	43.0%
东北	0.61	25.6%

*资料来源:农业部农村经济研究中心调查报告,图中东部不包含东北地区。

数读中国30年

根据国务院研究室2006年发布的《中国农民工调研报告》，中国现有外出农民工约为1.2亿人。

1978-2005年来中国农村非农劳动力数概况（单位：万人）

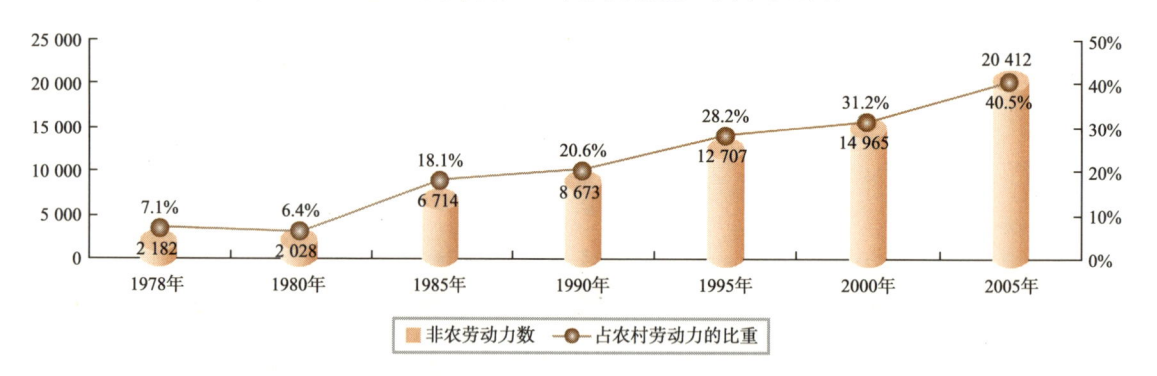

年份	非农劳动力数	占农村劳动力的比重
1978年	2 182	7.1%
1980年	2 028	6.4%
1985年	6 714	18.1%
1990年	8 673	20.6%
1995年	12 707	28.2%
2000年	14 965	31.2%
2005年	20 412	40.5%

1985年中国农村非农劳动力行业分布

- 工业 41%（2 741万人）
- 其他 29%（1 946万人）
- 建筑业 17%（1 130万人）
- 商饮业 7%（463万人）
- 交通运输业 6%（434万人）

2005年中国农村非农劳动力行业分布

- 工业 29%（6 011万人）
- 其他 31%（6 243万人）
- 建筑业 18%（3 653万人）
- 商饮业 14%（2 938万人）
- 交通运输业 8%（1 567万人）

1978年党的十一届三中全会之后，中国乡镇企业异军突起，吸收了大量的农村剩余劳动力就业，已经成为农村经济的主体力量和国民经济的重要组成部分。

改革开放30年来中国乡镇企业数概况（单位：万家）

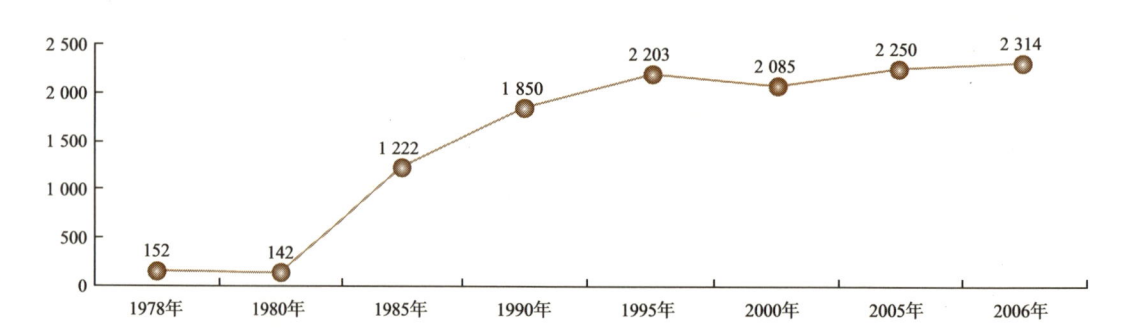

年份	企业数
1978年	152
1980年	142
1985年	1 222
1990年	1 850
1995年	2 203
2000年	2 085
2005年	2 250
2006年	2 314

改革开放30年来中国乡镇企业从业人数概况（单位：万人）

年份	从业人数	占全社会就业人员比重
1978年	2 827	7.0%
1980年	3 000	7.1%
1985年	6 979	14.0%
1990年	9 265	14.3%
1995年	12 862	18.9%
2000年	12 820	17.8%
2005年	14 272	18.8%
2006年	14 680	19.2%

改革开放30年来中国乡镇企业增加值概况（单位：亿元）

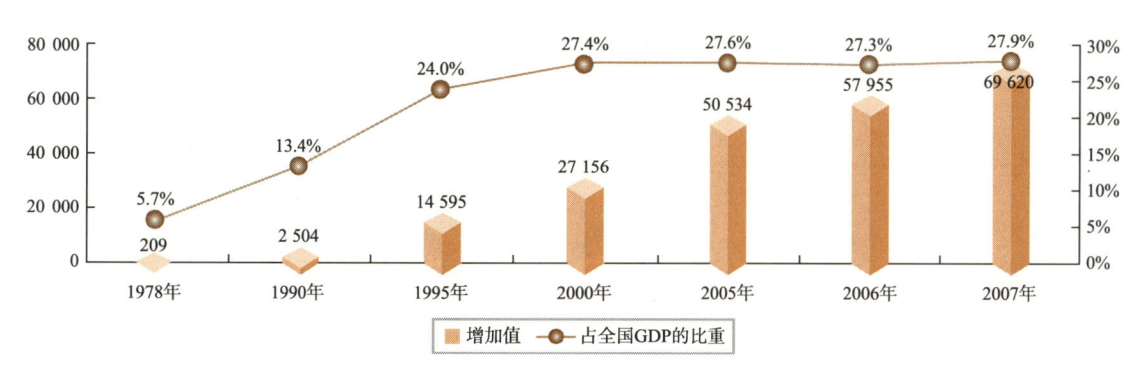

年份	增加值	占全国GDP的比重
1978年	209	5.7%
1990年	2 504	13.4%
1995年	14 595	24.0%
2000年	27 156	27.4%
2005年	50 534	27.6%
2006年	57 955	27.3%
2007年	69 620	27.9%

3. 主要农产品产量

　　中国以占世界10%的耕地养活了占世界22%的人口。改革开放30年来，主要农产品产量迅速增长，粮食产量从1978年的30 477万吨增长到2007年的50 148万吨。农业结构不断优化，棉、油、糖、果、蔬等经济作物生产获得较快发展，油料作物总产量从1978年的522万吨增长到2007年的2 549万吨，增产了近3.88倍，棉花产量从1978年的217万吨，增长到2007年的762万吨，增产了约2.5倍。水果产量从1978年的657万吨，增长到2007年的18 136万吨，增产了约26.6倍。

改革开放30年来中国粮食产量概况（单位：万吨）

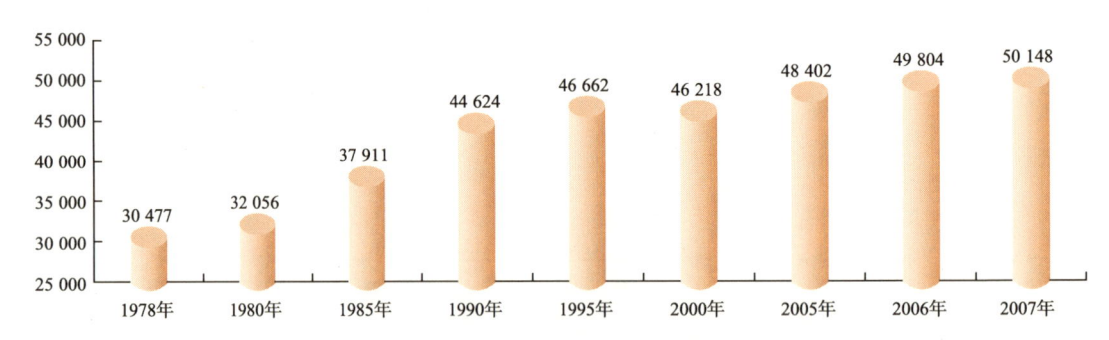

年份	产量
1978年	30 477
1980年	32 056
1985年	37 911
1990年	44 624
1995年	46 662
2000年	46 218
2005年	48 402
2006年	49 804
2007年	50 148

改革开放30年来中国油料产量概况（单位：万吨）

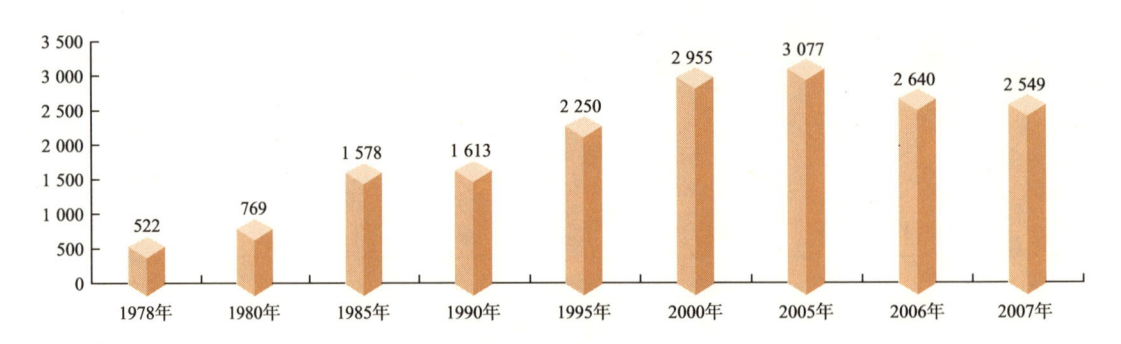

年份	产量
1978年	522
1980年	769
1985年	1 578
1990年	1 613
1995年	2 250
2000年	2 955
2005年	3 077
2006年	2 640
2007年	2 549

改革开放30年来中国棉花产量概况（单位：万吨）

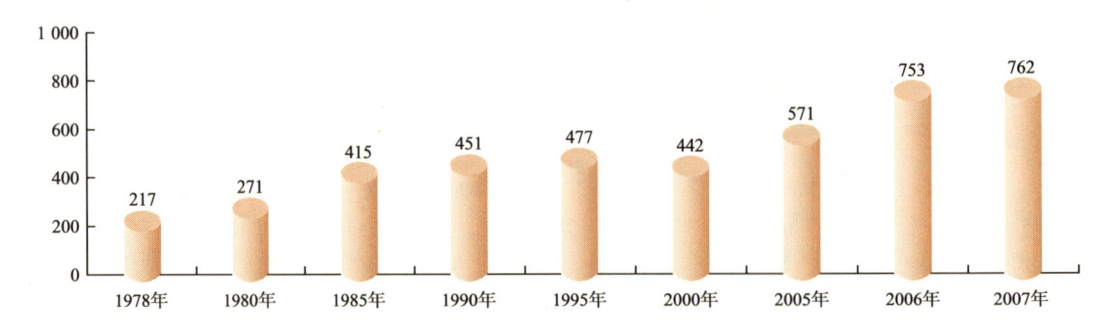

年份	产量
1978年	217
1980年	271
1985年	415
1990年	451
1995年	477
2000年	442
2005年	571
2006年	753
2007年	762

改革开放30年来中国水果产量概况（单位：万吨）

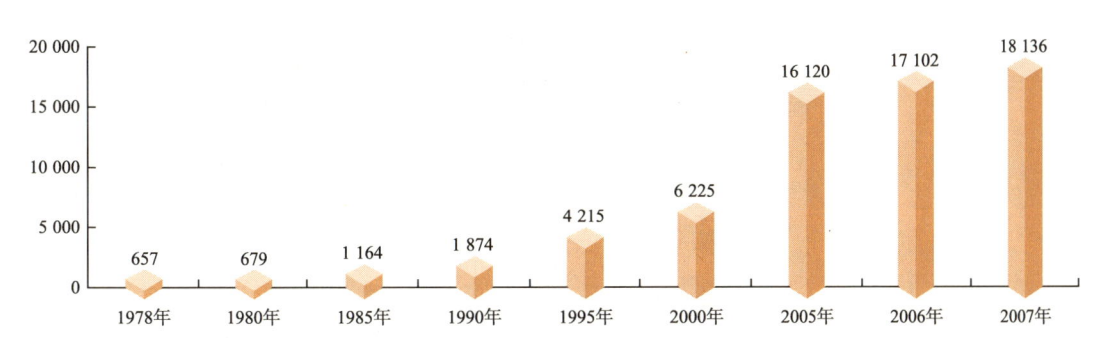

年份	1978年	1980年	1985年	1990年	1995年	2000年	2005年	2006年	2007年
产量	657	679	1 164	1 874	4 215	6 225	16 120	17 102	18 136

改革开放30年来，畜牧业是第一产业中发展最快的行业。其中，主要畜产品中肉类产品产量从1978年的856万吨，增长到2007年的6866万吨，增产了约7倍；奶产品产量从1980年的137万吨，增长到2007年的3633万吨，增产了约25.5倍。

改革开放30年来中国肉类产品产量概况（单位：万吨）

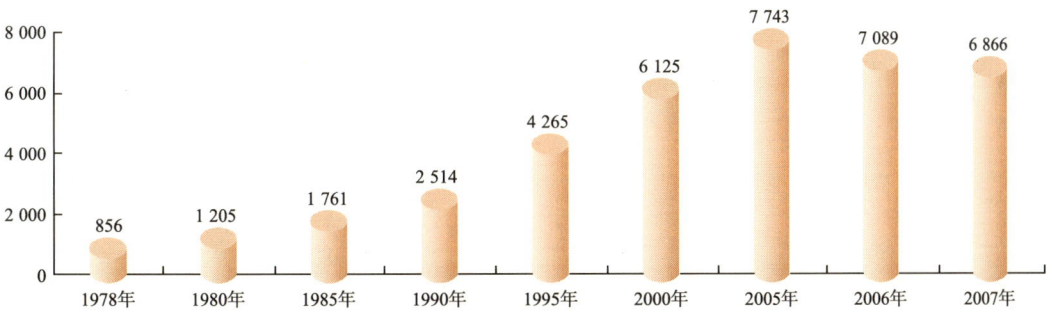

年份	1978年	1980年	1985年	1990年	1995年	2000年	2005年	2006年	2007年
产量	856	1 205	1 761	2 514	4 265	6 125	7 743	7 089	6 866

改革开放30年来中国奶产品产量概况（单位：万吨）

年份	1980年	1985年	1990年	1995年	2000年	2005年	2006年	2007年
产量	137	289	475	673	919	2 865	3 302	3 633

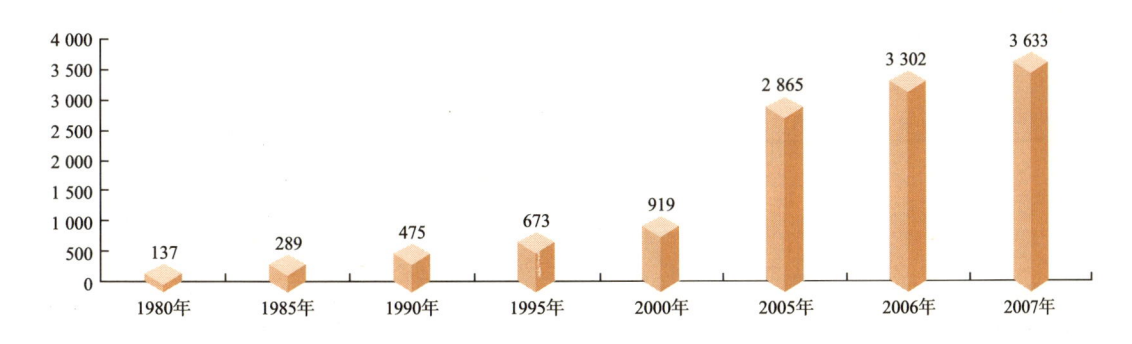

改革开放30年来,林业一直保持稳步增长态势。其中,主要林产品木材产量从1978年的5 162万立方米,增长到2007年的6 974万立方米,增产了约0.35倍;橡胶产量从1978年的10.2万吨,增长到2006年的53.8万吨,增产了约4.3倍。

1978—2007年中国木材产量概况(单位:万立方米)

年份	产量
1978年	5 162
1980年	5 359
1985年	6 323
1990年	5 571
1995年	6 767
2000年	4 724
2005年	5 560
2006年	6 612
2007年	6 974

1978—2006年中国橡胶产量情况(单位:万吨)

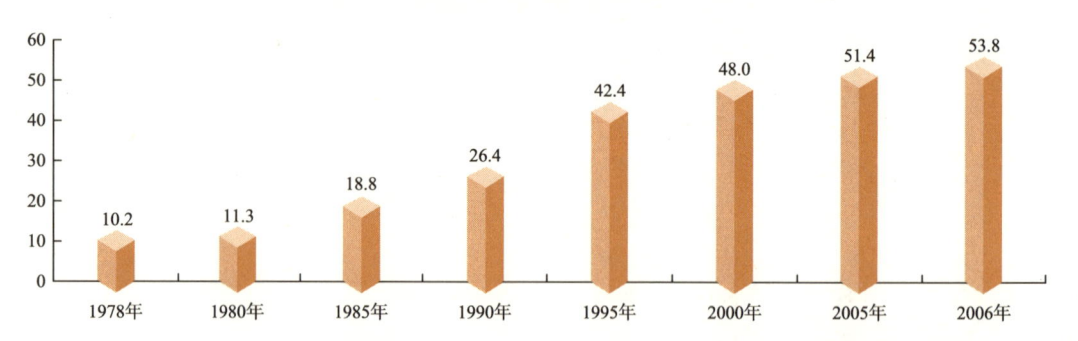

年份	产量
1978年	10.2
1980年	11.3
1985年	18.8
1990年	26.4
1995年	42.4
2000年	48.0
2005年	51.4
2006年	53.8

改革开放30年来,渔业也是第一产业中发展较快的行业。其中,水产品产量从1978年的466万吨,增长到2007年的4 748万吨,增产了近9.2倍。

改革开放30年来中国水产品总产量概况(单位:万吨)

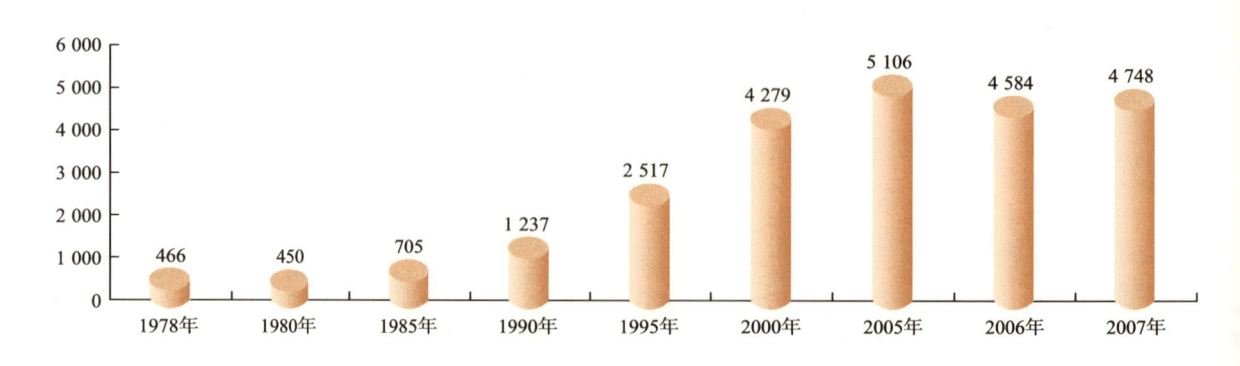

年份	产量
1978年	466
1980年	450
1985年	705
1990年	1 237
1995年	2 517
2000年	4 279
2005年	5 106
2006年	4 584
2007年	4 748

第五章 改革开放30年来中国农业发展变化

小链接

改革开放以来，中国主要农产品产量不仅迅速增加，在世界的地位也在逐年提升

中国小麦产量占世界总产量的比重从1980年的12%、居世界的第三位，增长到2006年的17%、居世界第一位。

1980年世界主要小麦生产国产量概况

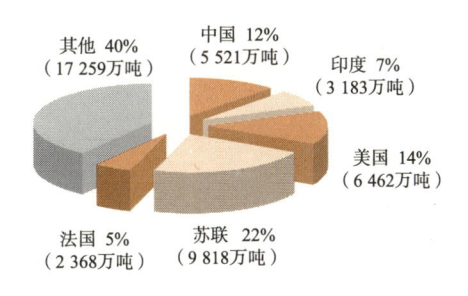

- 其他 40%（17 259万吨）
- 中国 12%（5 521万吨）
- 印度 7%（3 183万吨）
- 美国 14%（6 462万吨）
- 苏联 22%（9 818万吨）
- 法国 5%（2 368万吨）

2006年世界主要小麦生产国产量概况

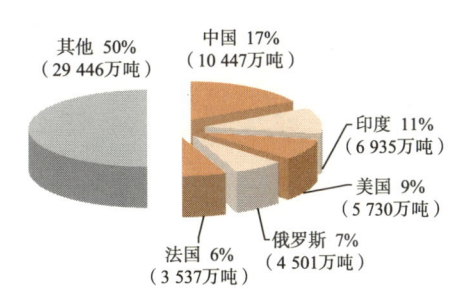

- 其他 50%（29 446万吨）
- 中国 17%（10 447万吨）
- 印度 11%（6 935万吨）
- 美国 9%（5 730万吨）
- 俄罗斯 7%（4 501万吨）
- 法国 6%（3 537万吨）

中国玉米产量从1980年的占世界总产量的16%，增长到2006年的22%，是世界第二大玉米生产国。

1980年世界主要玉米生产国产量概况

- 其他 32%（12 485万吨）
- 美国 42%（16 879万吨）
- 印度 2%（696万吨）
- 墨西哥 3%（1 238万吨）
- 巴西 5%（2 037万吨）
- 中国 16%（6 260万吨）

2006年世界主要玉米生产国产量概况

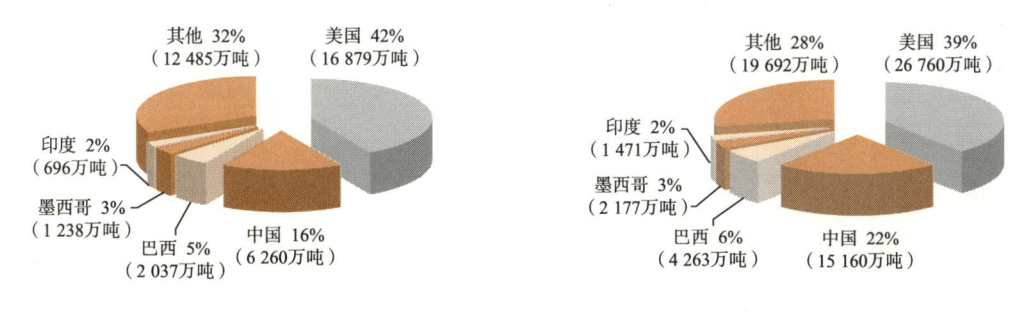

- 其他 28%（19 692万吨）
- 美国 39%（26 760万吨）
- 印度 2%（1 471万吨）
- 墨西哥 3%（2 177万吨）
- 巴西 6%（4 263万吨）
- 中国 22%（15 160万吨）

中国棉花产量占世界总产量的比重从1980年的20%、排第二位，到2006年比重为30%、居世界第一位。

1980年世界主要棉花生产国产量概况

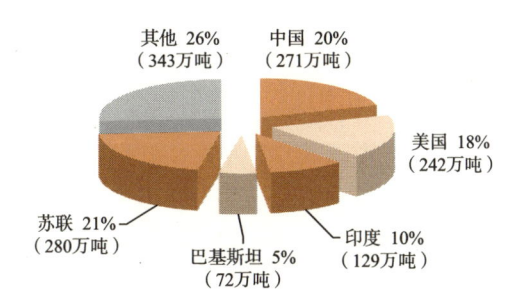

- 其他 26%（343万吨）
- 中国 20%（271万吨）
- 美国 18%（242万吨）
- 印度 10%（129万吨）
- 巴基斯坦 5%（72万吨）
- 苏联 21%（280万吨）

2006年世界主要棉花生产国产量概况

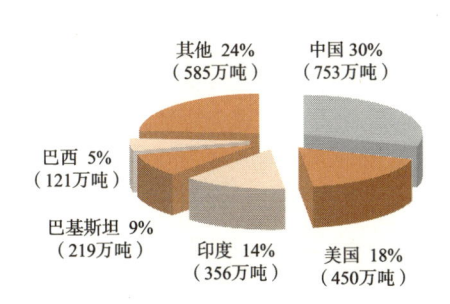

- 其他 24%（585万吨）
- 中国 30%（753万吨）
- 巴西 5%（121万吨）
- 巴基斯坦 9%（219万吨）
- 印度 14%（356万吨）
- 美国 18%（450万吨）

中国水产品产量占世界的比重从1980年的6%、排名世界第三,到2005年的32%、排名世界第一。

1980年世界主要水产品生产国产量概况

- 中国 6%（450万吨）
- 美国 5%（365万吨）
- 日本 14%（1 043万吨）
- 智利 4%（282万吨）
- 苏联 13%（952万吨）
- 其他 58%（4 112万吨）

2005年世界主要水产品生产国产量概况

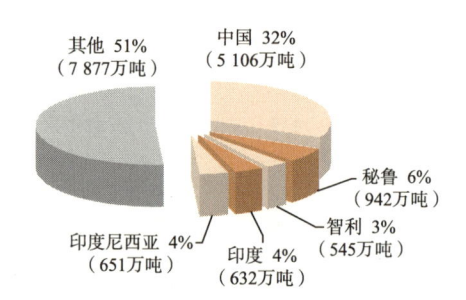

- 其他 51%（7 877万吨）
- 中国 32%（5 106万吨）
- 秘鲁 6%（942万吨）
- 智利 3%（545万吨）
- 印度 4%（632万吨）
- 印度尼西亚 4%（651万吨）

2006年,中国其他农产品产量占世界总产量的比重及排名情况是:烟叶占37.1%,排名第一;花生占36.9%,排名第一;大米占29%,排名第一;茶叶占28.2%,排名第一;肉类占26%,排名第一;油菜籽占22.4%,排名第一;羊毛占8.2%,排名第二;原木占8.2%,排名第三;甘蔗占7.2%,排名第三;牛奶占5.8%,排名第三。

2006年中国部分农产品产量占世界总产量的比重概况*

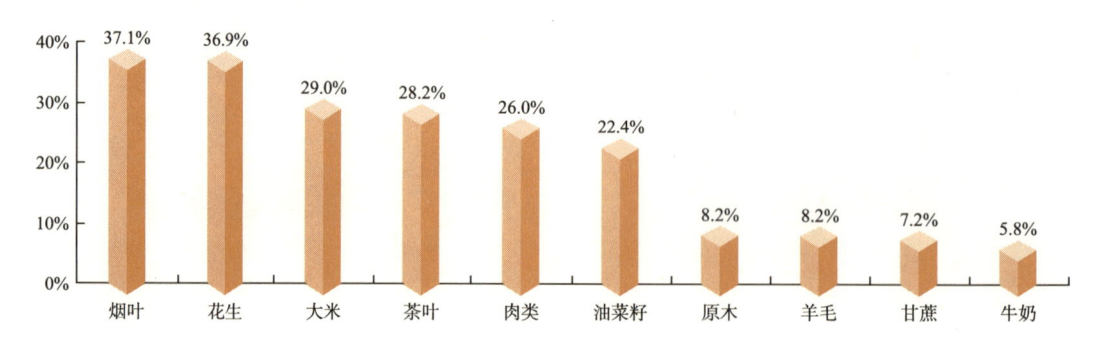

农产品	比重
烟叶	37.1%
花生	36.9%
大米	29.0%
茶叶	28.2%
肉类	26.0%
油菜籽	22.4%
原木	8.2%
羊毛	8.2%
甘蔗	7.2%
牛奶	5.8%

*图中原木和羊毛为2005年数据。

4. 中国主要农产品贸易情况

改革开放以来,中国农产品进出口贸易迅速发展,进出口总额分别从1983年的57.0亿美元和49.5亿美元增加到2007年的410.9亿美元和370.1亿美元,但占中国所有货物进出口总额的比例却双双大幅下降,分别从1983年的26.6%和22.3%下降到2007年的4.3%和3.0%。

改革开放30年来农产品进出口金额概况（单位：亿美元）

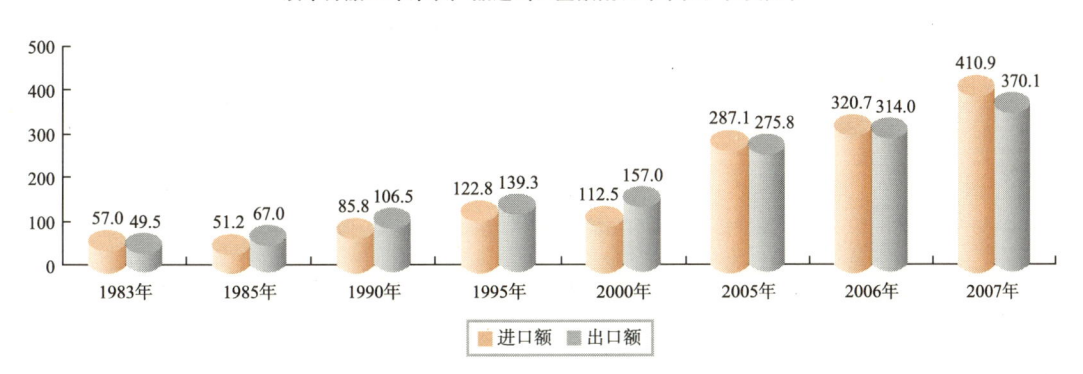

年份	进口额	出口额
1983年	57.0	49.5
1985年	51.2	67.0
1990年	85.8	106.5
1995年	122.8	139.3
2000年	112.5	157.0
2005年	287.1	275.8
2006年	320.7	314.0
2007年	410.9	370.1

改革开放30年来中国农产品进口金额占全部货物进口金额比重概况

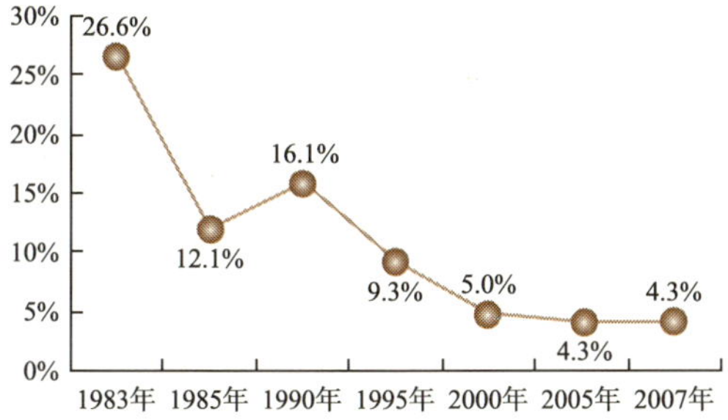

年份	比重
1983年	26.6%
1985年	12.1%
1990年	16.1%
1995年	9.3%
2000年	5.0%
2005年	4.3%
2007年	4.3%

改革开放30年来中国农产品出口金额占全部货物出口金额比重概况

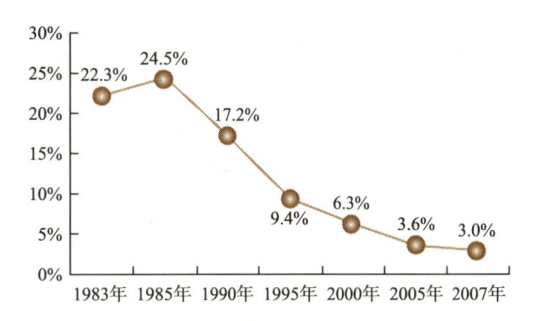

年份	比重
1983年	22.3%
1985年	24.5%
1990年	17.2%
1995年	9.4%
2000年	6.3%
2005年	3.6%
2007年	3.0%

改革开放以后，中国在主要农产品中粮食、食用植物油、棉花和食糖在大多数年份为净进口国，猪肉则为净出口国。

改革开放30年来中国粮食进出口量概况（单位：万吨）

年份	进口量	出口量
1978年	883.3	187.7
1980年	1 342.9	161.8
1985年	600.0	932.0
1990年	1 372.0	583.0
1995年	2 070.1	102.5
2000年	1 356.8	1 401.3
2005年	3 286.3	1 058.8
2006年	3 186.0	723.0
2007年	3 297.0	1 032.0

数读 中国30年

改革开放30年来中国食用植物油进出口量概况（单位：万吨）

年份	进口量	出口量
1980年	9.2	—
1985年	3.5	16.2
1990年	112.0	14.0
1995年	362.7	51.7
2000年	187.1	11.2
2005年	621.3	22.8
2006年	671.0	86.0
2007年	839.7	16.8

改革开放30年来中国棉花进出口量概况（单位：万吨）

年份	进口量	出口量
1978年	51.0	—
1980年	89.8	1.0
1985年	0	34.7
1990年	42.0	16.7
1995年	78.6	2.9
2000年	8.4	29.9
2005年	265.3	0.8
2006年	364.0	1.3
2007年	261.5	2.4

改革开放30年来中国食糖进出口量概况（单位：万吨）

年份	进口量	出口量
1980年	91.2	30.1
1985年	191.0	18.4
1990年	113.0	57.0
1995年	295.4	48.0
2000年	64.1	41.5
2005年	139.0	35.8
2006年	137.0	15.4
2007年	119.3	11.1

改革开放30年来中国猪肉进出口量概况*（单位：万吨）

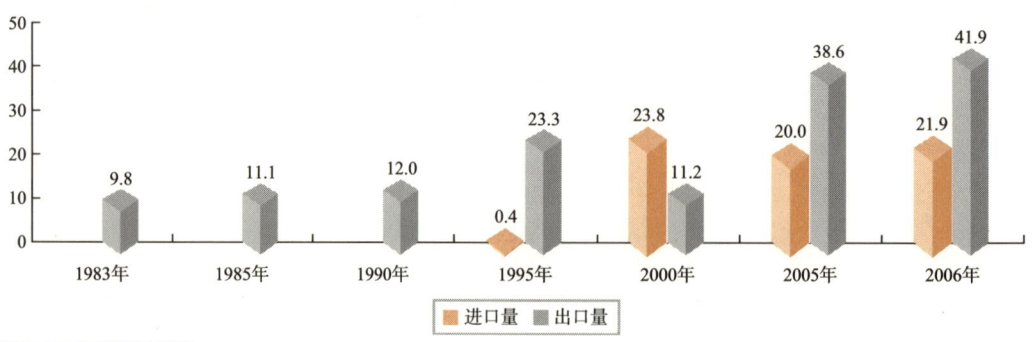

年份	进口量	出口量
1983年	—	9.8
1985年	—	11.1
1990年	—	12.0
1995年	0.4	23.3
2000年	23.8	11.2
2005年	20.0	38.6
2006年	21.9	41.9

*1990年前出口量数据指鲜冻猪肉。

小链接 2003年以来世界主要国家农产品贸易概况

2003年世界主要国家羊毛进口量概况（单位：万吨）

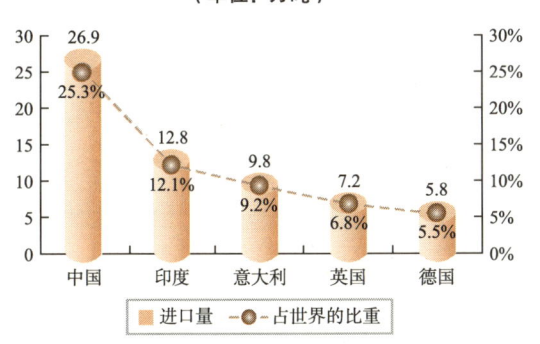

国家	进口量	占世界的比重
中国	26.9	25.3%
印度	12.8	12.1%
意大利	9.8	9.2%
英国	7.2	6.8%
德国	5.8	5.5%

2003年世界主要国家羊毛出口量概况（单位：万吨）

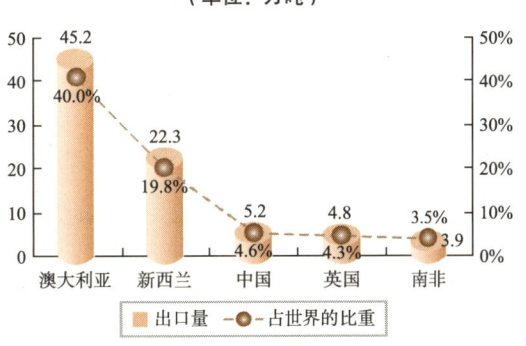

国家	出口量	占世界的比重
澳大利亚	45.2	40.0%
新西兰	22.3	19.8%
中国	5.2	4.6%
英国	4.8	4.3%
南非	3.9	3.5%

2005年世界主要国家水产品进口额概况（单位：亿美元）

国家	进口额	占世界的比重
日本	144.4	17.7%
美国	119.2	14.7%
西班牙	56.3	6.9%
法国	45.6	5.6%
意大利	42.2	5.2%

2005年世界主要国家水产品出口额概况（单位：亿美元）

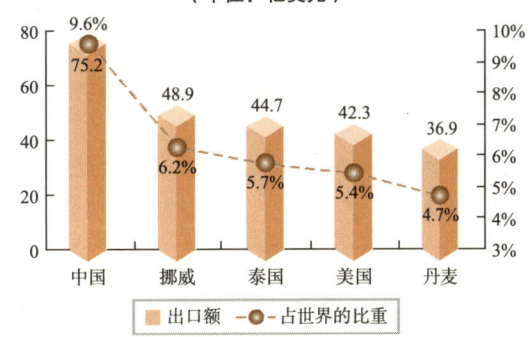

国家	出口额	占世界的比重
中国	75.2	9.6%
挪威	48.9	6.2%
泰国	44.7	5.7%
美国	42.3	5.4%
丹麦	36.9	4.7%

2005年世界主要国家大豆进口量概况（单位：万吨）

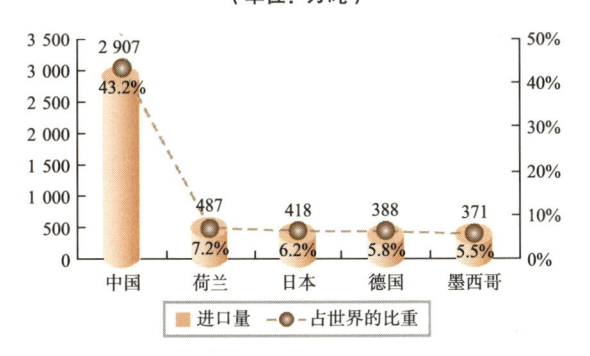

国家	进口量	占世界的比重
中国	2 907	43.2%
荷兰	487	7.2%
日本	418	6.2%
德国	388	5.8%
墨西哥	371	5.5%

2005年世界主要国家大豆出口量概况（单位：万吨）

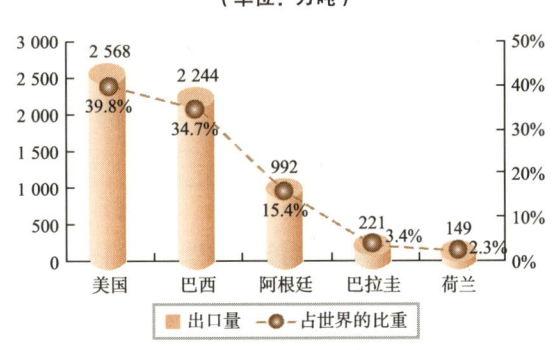

国家	出口量	占世界的比重
美国	2 568	39.8%
巴西	2 244	34.7%
阿根廷	992	15.4%
巴拉圭	221	3.4%
荷兰	149	2.3%

数读 中国30年

2005年世界主要国家玉米进口量概况（单位：万吨）

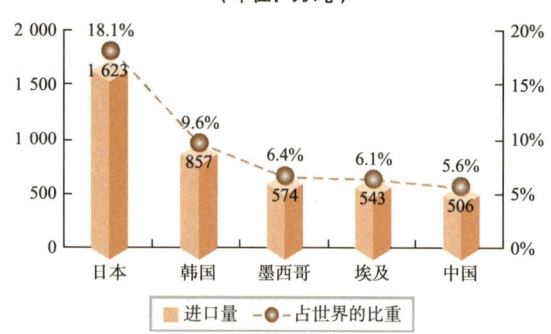

国家	进口量	占世界的比重
日本	1 623	18.1%
韩国	857	9.6%
墨西哥	574	6.4%
埃及	543	6.1%
中国	506	5.6%

2005年世界主要国家玉米出口量概况（单位：万吨）

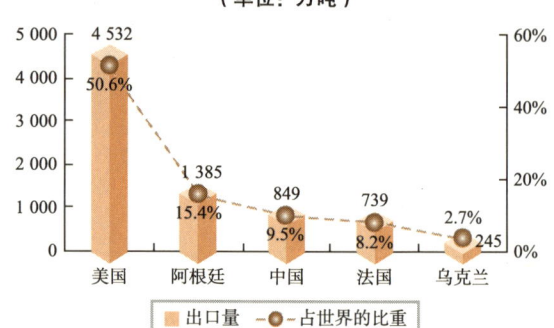

国家	出口量	占世界的比重
美国	4 532	50.6%
阿根廷	1 385	15.4%
中国	849	9.5%
法国	739	8.2%
乌克兰	245	2.7%

5. 中国农业问题

（1）耕地面积减少

中国是一个农业大国，人口多、人均耕地少、后备耕地资源有限、人地矛盾突出是中国耕地资源的基本国情。耕地资源关系到国家经济发展、社会稳定和粮食安全。土地问题，特别是耕地问题，直接关系到国家的粮食安全保障，已成为制约中国农业和整个国民经济发展的一个瓶颈。

1996—2007年中国耕地面积概况（单位：亿亩）

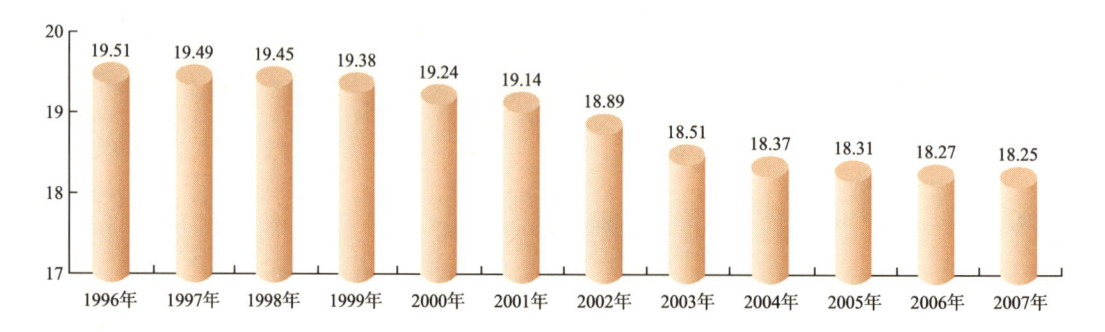

年份	耕地面积
1996年	19.51
1997年	19.49
1998年	19.45
1999年	19.38
2000年	19.24
2001年	19.14
2002年	18.89
2003年	18.51
2004年	18.37
2005年	18.31
2006年	18.27
2007年	18.25

小链接　中国耕地面积减少因素简析

中国耕地面积从1996年的19.51亿亩，下降到2007年的18.25亿亩，守住了国家提出的18亿亩耕地红线（1公顷约等于15亩）；人均耕地面积从1996年的1.6亩，下降到2006年的1.4亩。在耕地面积减少的各种因素中，近年来建设占用耕地所占比重逐渐增加，特别是2007年，建设占用耕地占耕地面积减少总额的79%。

1998年中国耕地面积减少因素概况

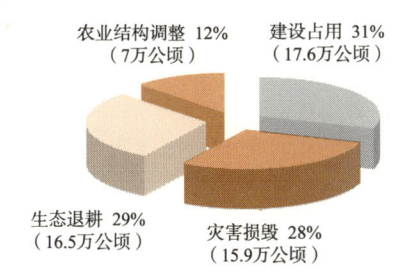

- 农业结构调整 12%（7万公顷）
- 建设占用 31%（17.6万公顷）
- 生态退耕 29%（16.5万公顷）
- 灾害损毁 28%（15.9万公顷）

2007年中国耕地面积减少因素概况

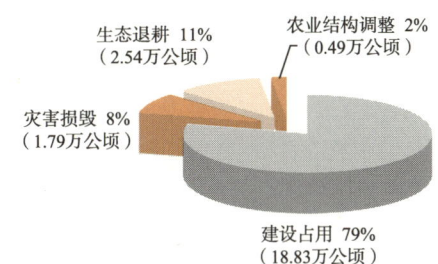

- 生态退耕 11%（2.54万公顷）
- 农业结构调整 2%（0.49万公顷）
- 灾害损毁 8%（1.79万公顷）
- 建设占用 79%（18.83万公顷）

（2）农村人口脱贫

改革开放以来，中国政府为解决农村贫困人口问题作出了不懈努力，1980—2007年间，中央财政累计安排扶贫资金1 600多亿元，再加上地方财政和各种捐献等其他资金，为农村人口脱贫作出了较大贡献并取得可喜成绩。农村贫困人口规模大幅下降，居民可支配收入逐年增加，农民生活水平日益提高。

改革开放30年来中国农村贫困人口规模和贫困发生率概况（单位：万人）

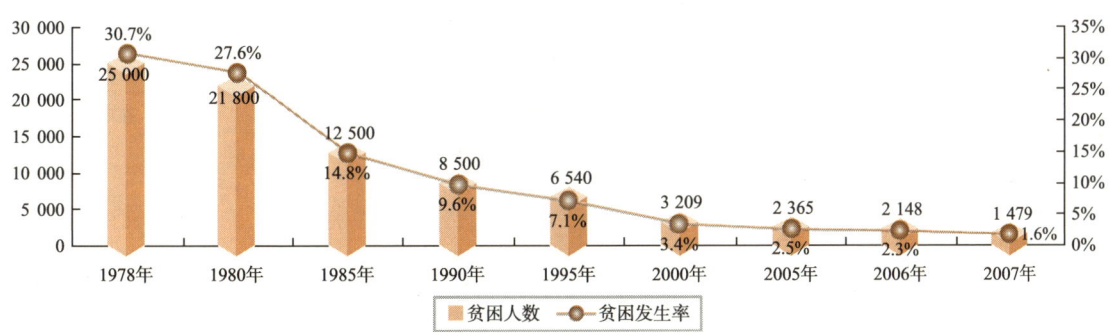

年份	贫困人数	贫困发生率
1978年	25 000	30.7%
1980年	21 800	27.6%
1985年	12 500	14.8%
1990年	8 500	9.6%
1995年	6 540	7.1%
2000年	3 209	3.4%
2005年	2 365	2.5%
2006年	2 148	2.3%
2007年	1 479	1.6%

小链接 中国贫困人口收入及扶贫区域分布

根据世界银行《2005年世界发展报告》中按照贫困线每人每天生活费不足1美元计算，中国2003年的贫困人口为21 400万人，占全国总人口的16.6%。联合国2006年按同样的贫困线计算，中国的贫困人口为23 500万人，占全国总人口的18%，中国消除贫困的任务还很艰巨。

改革开放30年来中国农村贫困线和居民可支配收入概况（单位：元）

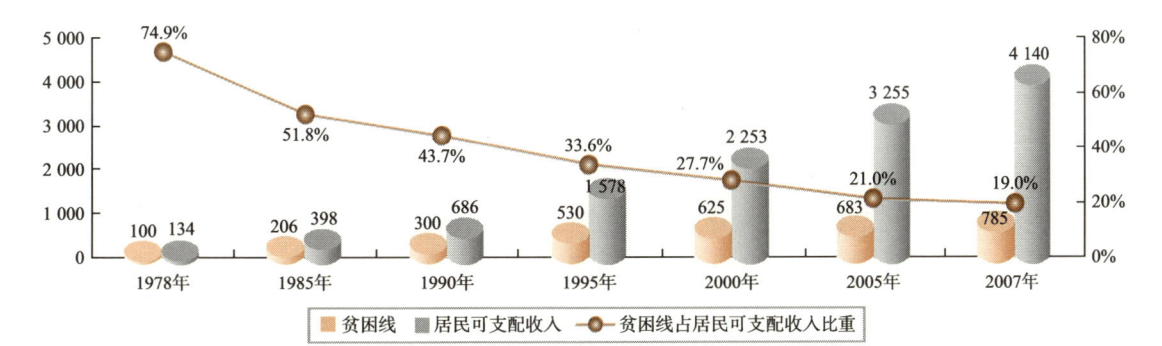

年份	贫困线	居民可支配收入	贫困线占居民可支配收入比重
1978年	100	134	74.9%
1985年	206	398	51.8%
1990年	300	686	43.7%
1995年	530	1 578	33.6%
2000年	625	2 253	27.7%
2005年	683	3 255	21.0%
2007年	785	4 140	19.0%

数读中国30年

> 根据2007年数据显示，农村居民人均可支配收入为4140元，全国城乡居民人均可支配收入比扩大到了3.33:1，绝对差距达到9646元，是改革开放以来差距最大的一年，如果剔除农民工工资收入，纯粹从事农业生产的农民收入将更低。农产品收购价格长期处于低位，严重影响农民生产积极性，进而影响到粮食安全问题，农村人口脱贫任务也更加艰巨。

中国592个国家扶贫重点县区域分布概览

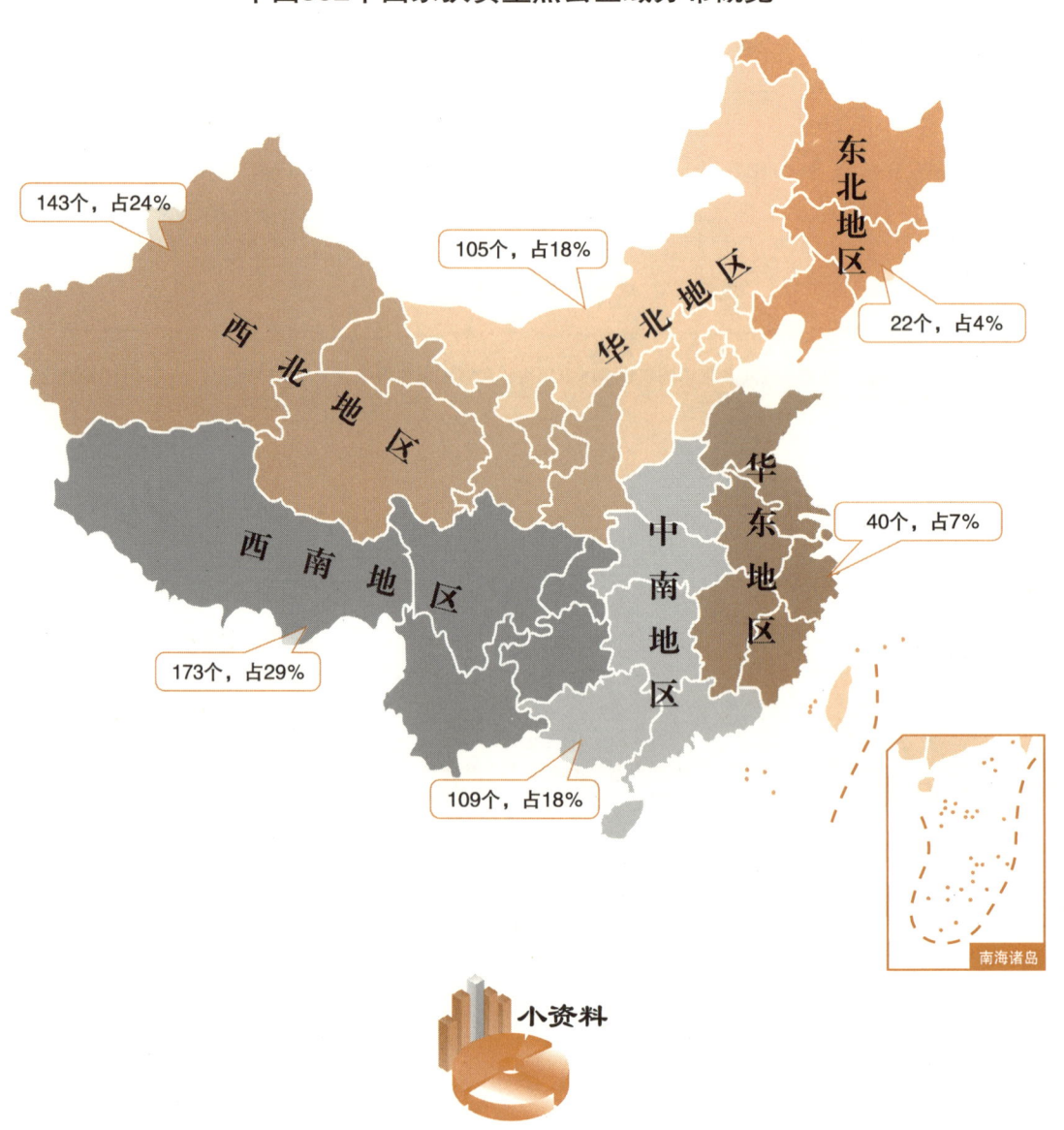

- 西北地区：143个，占24%
- 华北地区：105个，占18%
- 东北地区：22个，占4%
- 华东地区：40个，占7%
- 西南地区：173个，占29%
- 中南地区：109个，占18%

南海诸岛

小资料

（1）第一产业内部结构的变化

改革开放30年来，农、林、牧、渔业生产总值逐年增长，但各自占第一产业比重却出现不同变化，农业在第一产业中比重逐渐下降，而畜牧业和渔业则得到较快发展，生产总值占第一产业比重呈上升趋势。

1978年中国第一产业生产总值内部构成

牧业 15%（209亿元）
渔业 2%（22亿元）
林业 3%（48亿元）
农业 80%（1 118亿元）

2007年中国第一产业生产总值内部构成*

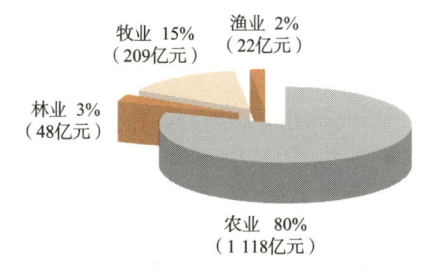

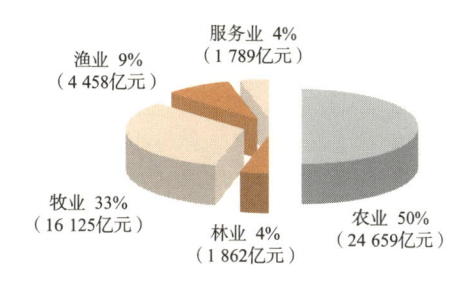

渔业 9%（4 458亿元）
服务业 4%（1 789亿元）
牧业 33%（16 125亿元）
林业 4%（1 862亿元）
农业 50%（24 659亿元）

*从2003年起执行新国民经济行业分类标准,总产值包括农林牧渔服务业产值。

（2）农产品基地

为了充分发挥地区优势,大力改善粮食作物生产条件,保证经济作物生产和林牧副渔各业的全面发展,中国加强商品粮基地的建设,大力实施农业生产社会化、专业化和商品化。中国根据国情规划了9大商品粮基地,它们分别是：太湖平原、鄱阳湖平原、洞庭湖平原、江汉平原、珠江三角洲、江淮地区、成都平原、松嫩平原和三江平原。

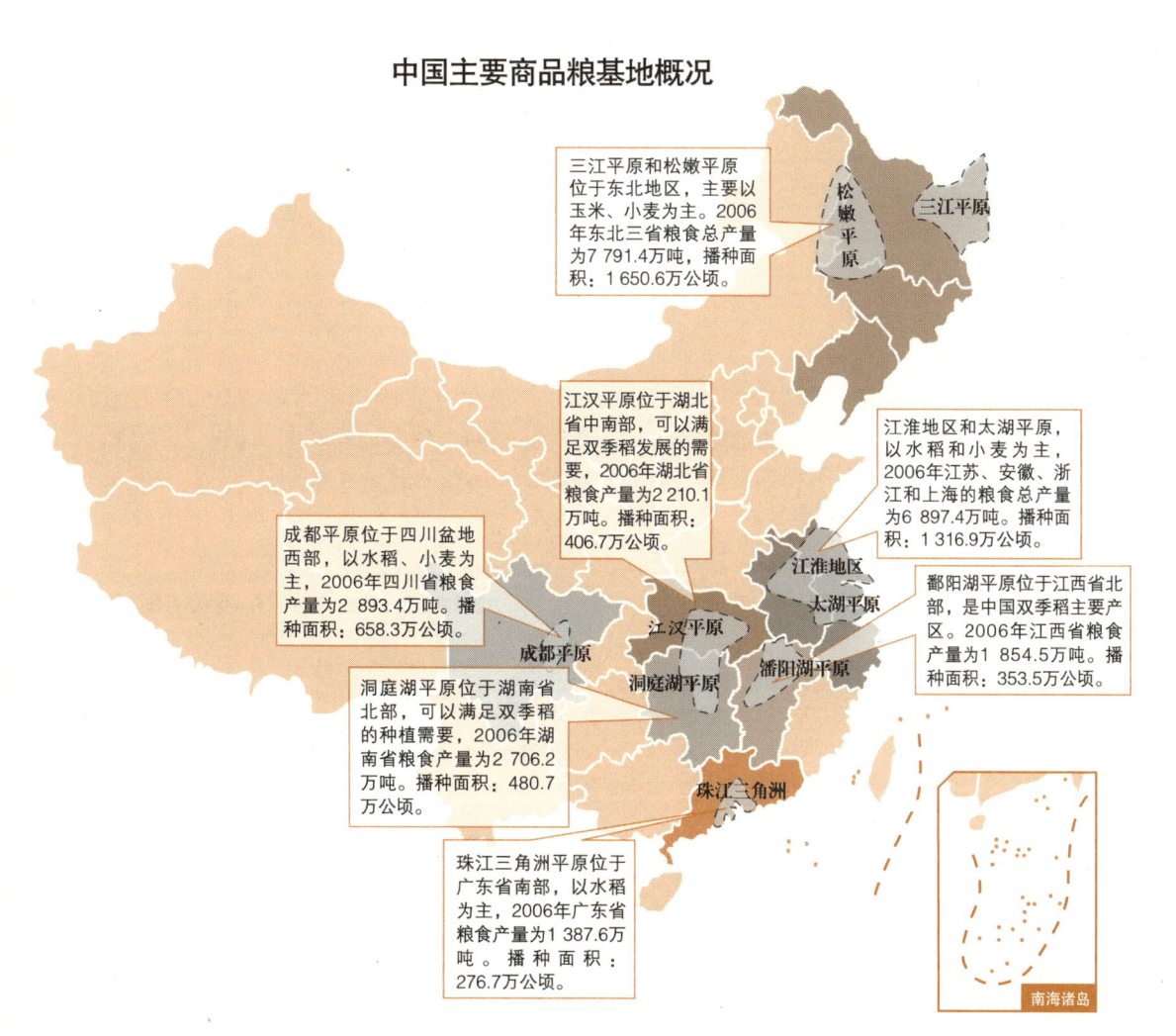

中国主要商品粮基地概况

三江平原和松嫩平原位于东北地区,主要以玉米、小麦为主。2006年东北三省粮食总产量为7 791.4万吨,播种面积：1 650.6万公顷。

江汉平原位于湖北省中南部,可以满足双季稻发展的需要,2006年湖北省粮食产量为2 210.1万吨。播种面积：406.7万公顷。

江淮地区和太湖平原,以水稻和小麦为主,2006年江苏、安徽、浙江和上海的粮食总产量为6 897.4万吨。播种面积：1 316.9万公顷。

成都平原位于四川盆地西部,以水稻、小麦为主,2006年四川省粮食产量为2 893.4万吨。播种面积：658.3万公顷。

鄱阳湖平原位于江西省北部,是中国双季稻主要产区。2006年江西省粮食产量为1 854.5万吨。播种面积：353.5万公顷。

洞庭湖平原位于湖南省北部,可以满足双季稻的种植需要,2006年湖南省粮食产量为2 706.2万吨。播种面积：480.5万公顷。

珠江三角洲平原位于广东省南部,以水稻为主,2006年广东省粮食产量为1 387.6万吨。播种面积：276.7万公顷。

南海诸岛

中国商品性农业生产基地概况

基地类型		分布地区
木材生产基地		主要分布在东北大、小兴安岭和长白山区，云贵高原南部，西藏高原东南部和江南丘陵山区
商品棉基地		五大基地：江汉平原；冀中南、鲁西北、豫北平原；长江下游滨海、沿江平原；黄淮平原；新疆南部
油料作物基地	花生	重要性居于首位；主要分布在温带、亚热带的沙土和丘陵地区；山东产量最多
	油菜	中国播种面积最大的油料作物，主要分布在长江流域。有"北移南迁"的趋向，如黄淮海平原、辽、黑及华南地区
	芝麻	主要在河南、西北内陆地区
糖料作物	甘蔗	生长习性：喜高温，需水肥量大，生长期长。台湾、广东、福建、四川、云南、海南是主要产区（热带、亚热带）
	甜菜	生长习性：喜温凉、耐盐碱、干旱，生长期短。黑龙江、吉林、内蒙古、新疆4个省区（中温带）
出口商品基地		以进入国际市场为目标：太湖平原、闽南三角洲地带、珠江三角洲；种植花卉、蔬菜、水果，发展塘鱼、禽畜生产

（3）农业现代化

自1978年以来，农业现代化水平不断提高，农业机械总动力从1978年的11 750万千瓦，逐年增加到2005年的68 398万千瓦；农村化肥施用量从1978年的884万吨增加到2005年的4 766万吨；农村用电量从1978年的253亿千瓦时增加到2005年的4 376亿千瓦时；农村有效灌溉面积从1978年的4 497万公顷增加到2005年的5 503万公顷。

改革开放30年来中国农业机械总动力概况（单位：万千瓦）

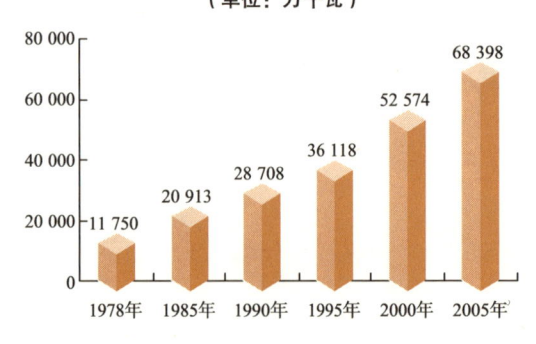

年份	1978	1985	1990	1995	2000	2005
数值	11 750	20 913	28 708	36 118	52 574	68 398

改革开放30年来中国农村化肥施用量概况（单位：万吨）

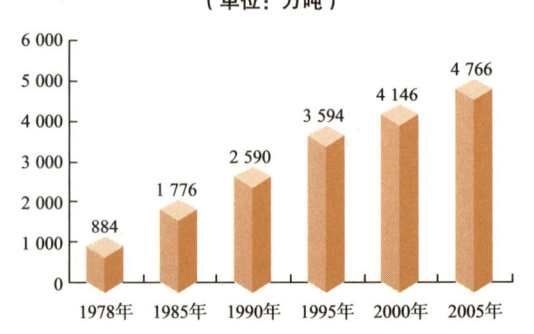

年份	1978	1985	1990	1995	2000	2005
数值	884	1 776	2 590	3 594	4 146	4 766

改革开放30年来中国农村用电量概况
（单位：亿千瓦时）

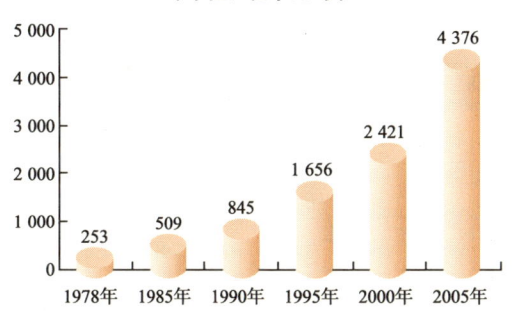

年份	用电量
1978年	253
1985年	509
1990年	845
1995年	1 656
2000年	2 421
2005年	4 376

改革开放30年来中国农村有效灌溉面积概况
（单位：万公顷）

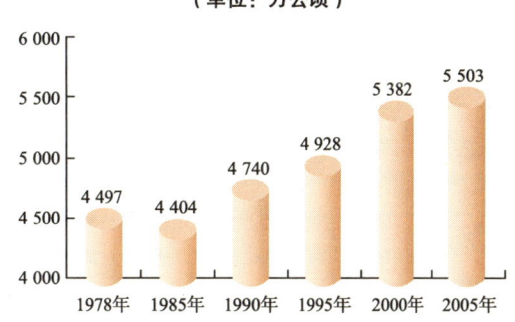

1978年	4 497
1985年	4 404
1990年	4 740
1995年	4 928
2000年	5 382
2005年	5 503

（4）农产品人均占有量

改革开放30年来，主要农产品人均占有量都有不同程度的增加。其中，肉类、牛奶和水产品的人均占有量增幅较大。

改革开放30年来中国人均粮食占有量概况（单位：公斤/人）

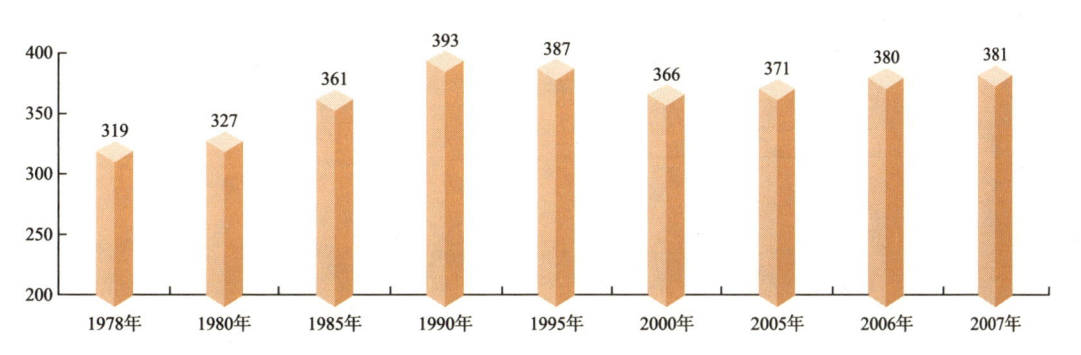

年份	占有量
1978年	319
1980年	327
1985年	361
1990年	393
1995年	387
2000年	366
2005年	371
2006年	380
2007年	381

改革开放30年来中国人均油料占有量概况（单位：公斤/人）

1978年	5.5
1980年	7.8
1985年	15.0
1990年	14.2
1995年	18.7
2000年	23.4
2005年	23.6
2006年	20.1
2007年	19.3

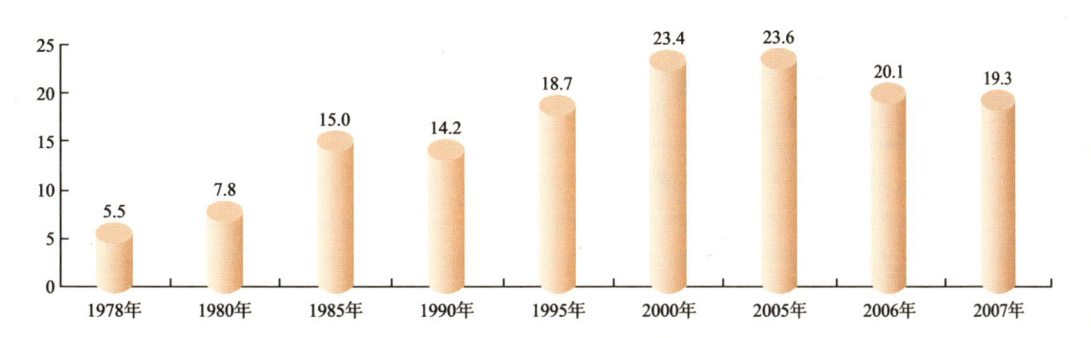

数读 中国30年

改革开放30年来中国人均肉类占有量概况（单位：公斤/人）

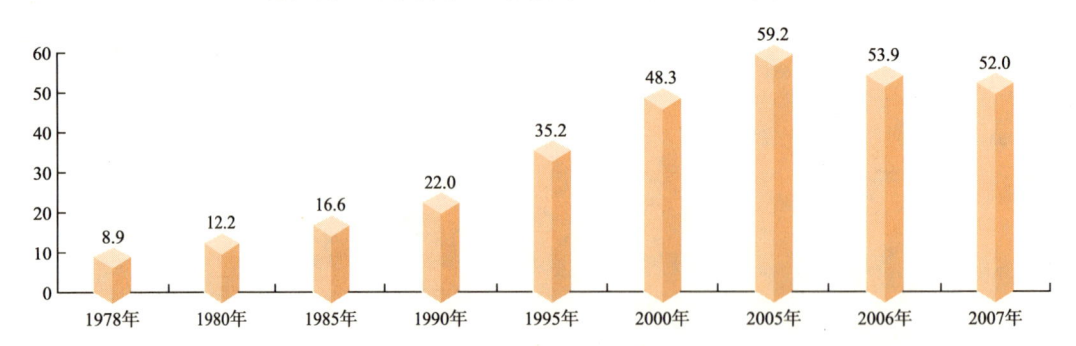

年份	1978年	1980年	1985年	1990年	1995年	2000年	2005年	2006年	2007年
数值	8.9	12.2	16.6	22.0	35.2	48.3	59.2	53.9	52.0

改革开放30年来中国人均牛奶占有量概况（单位：公斤/人）

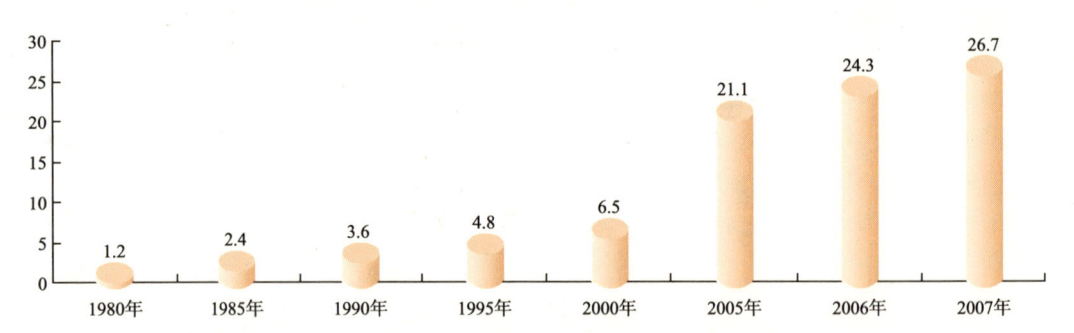

年份	1980年	1985年	1990年	1995年	2000年	2005年	2006年	2007年
数值	1.2	2.4	3.6	4.8	6.5	21.1	24.3	26.7

改革开放30年来中国水产品人均占有量概况（单位：公斤/人）

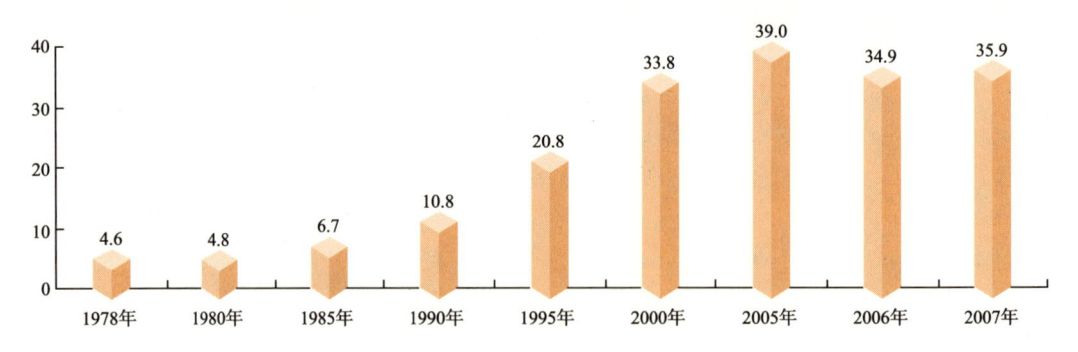

年份	1978年	1980年	1985年	1990年	1995年	2000年	2005年	2006年	2007年
数值	4.6	4.8	6.7	10.8	20.8	33.8	39.0	34.9	35.9

第五章 改革开放30年来中国农业发展变化

小链接：世界主要国家人均水产和糖消费量比较

改革开放以来，虽然中国农产品人均消费量有了较大增长，但与世界主要国家相比还有不小差距，人均农产品消费量仍然偏低，中国仍然面临着农产品增产和人口增加赛跑的问题。

2003年世界主要国家每年人均水产品消费量概况（单位：公斤/人/年）

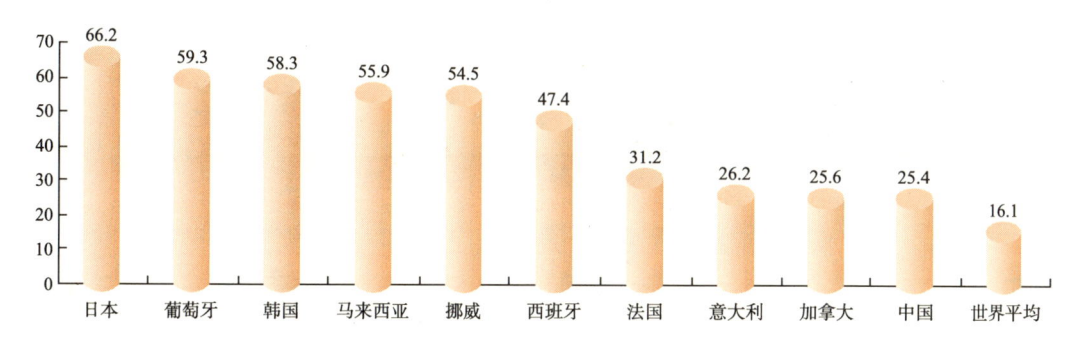

国家	日本	葡萄牙	韩国	马来西亚	挪威	西班牙	法国	意大利	加拿大	中国	世界平均
消费量	66.2	59.3	58.3	55.9	54.5	47.4	31.2	26.2	25.6	25.4	16.1

2004年世界主要国家人均糖消费量概况（单位：公斤/人）

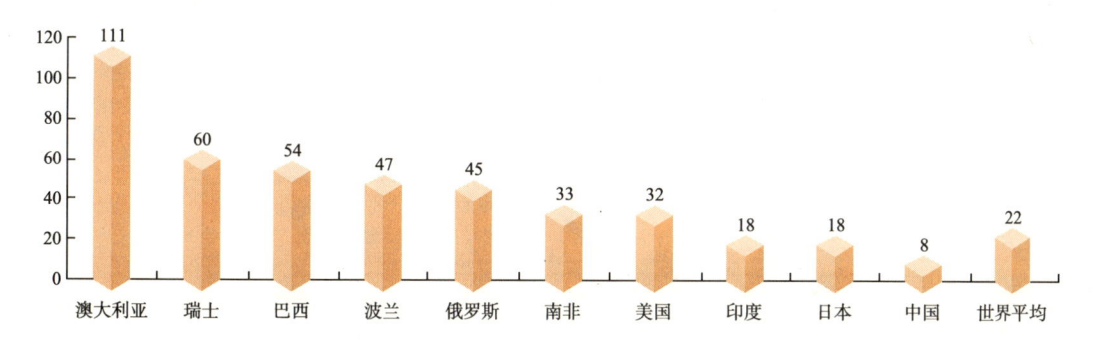

国家	澳大利亚	瑞士	巴西	波兰	俄罗斯	南非	美国	印度	日本	中国	世界平均
消费量	111	60	54	47	45	33	32	18	18	8	22

（5）主要农产品单位面积产量

改革开放以来，中国主要农产品单位面积产量不断提高，在一定程度上缓解了人民物质生活需求迅速增长与农作物播种面积基本没有增加之间的矛盾。

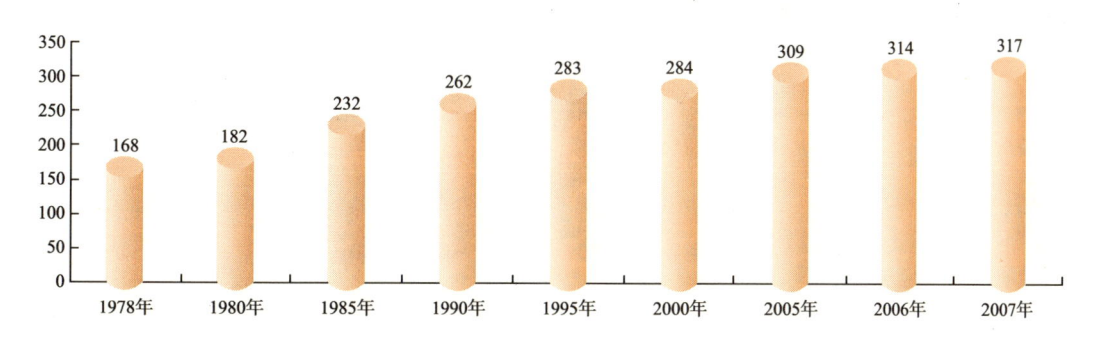

改革开放30年来中国粮食单位面积产量概况（单位：公斤/亩）

年份	1978年	1980年	1985年	1990年	1995年	2000年	2005年	2006年	2007年
产量	168	182	232	262	283	284	309	314	317

75

小链接

中国农作物总播种面积和世界主要大米、小麦单位面积产量比较

中国农作物总播种面积30年来只增长了2.3%。

改革开放30年来中国农作物总播种面积（单位：万公顷）

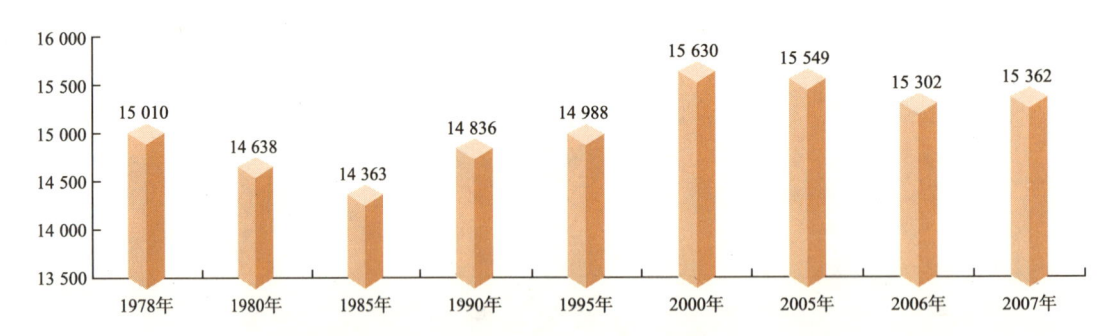

年份	面积
1978年	15 010
1980年	14 638
1985年	14 363
1990年	14 836
1995年	14 988
2000年	15 630
2005年	15 549
2006年	15 302
2007年	15 362

2006年世界大米单位面积产量排名前10位国家概况（单位：公斤/亩）

国家	产量
埃及	707
美国	513
韩国	440
日本	423
中国	418
越南	326
印度尼西亚	318
孟加拉国	260
巴西	258
菲律宾	245

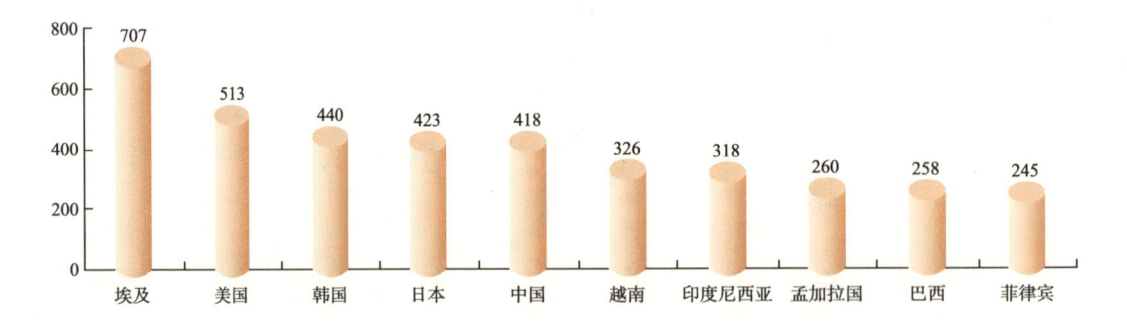

2006年世界小麦单位面积产量排名前10位国家概况（单位：公斤/亩）

国家	产量
英国	536
德国	480
法国	449
中国	297
美国	189
印度	175
加拿大	173
阿根廷	170
巴基斯坦	168
伊朗	161

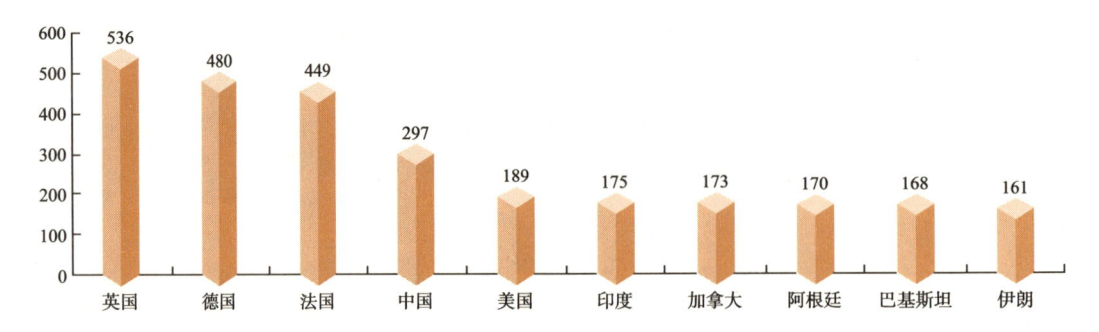

改革开放30年来中国油料单位面积产量概况（单位：公斤/亩）

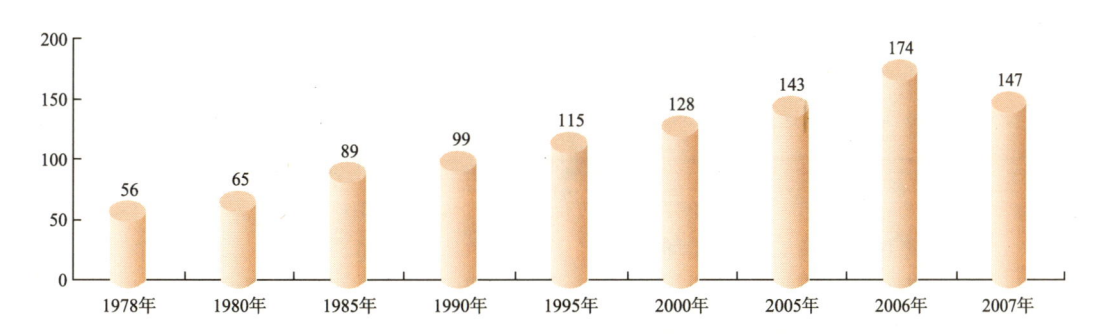

年份	1978年	1980年	1985年	1990年	1995年	2000年	2005年	2006年	2007年
产量	56	65	89	99	115	128	143	174	147

改革开放30年来中国棉花单位面积产量概况（单位：公斤/亩）

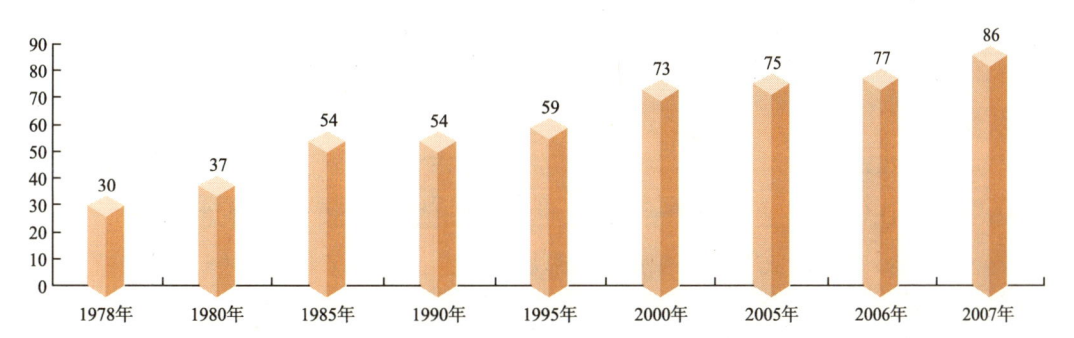

年份	1978年	1980年	1985年	1990年	1995年	2000年	2005年	2006年	2007年
产量	30	37	54	54	59	73	75	77	86

第六章
改革开放30年来中国工业与企业发展变化

改革开放以来，中国工业在所有产业中发展最快和规模最大，许多子行业从无到有、从小到大，形成了门类齐全的工业体系，为中国经济的发展和人民生活水平的提高作出了重要贡献。主要工业产品产量位居世界前列，"中国制造"遍布世界各地，中国已然承担起了"世界工厂"的角色。然而，中国还只是工业大国，却并非工业强国，发展到今天的中国工业面临着诸如资源、环境和劳动力成本等诸多压力，存在着自主创新能力不强、工业内部结构不合理和产业组织结构不合理等诸多问题。中国工业还处于国际分工体系的最底层，低技术含量、低附加值普遍存在于中国产品之中，中国工业应如何发展已经成为中国政府亟须解决的重大经济问题。为此，中国政府提出以信息化带动工业化，以工业化促进信息化，以高新技术改造传统产业，加快转变经济增长方式，加强自主创新能力，推动产业结构升级，走出一条经济效益好、资源消耗低、环境污染少、人力资源优势得到充分发挥的新型工业化路子。本章将通过以下5个部分来反映改革开放30年来中国工业的发展历程：

1. 30年来主要工业产品及行业的增加值、金额与世界地位

改革开放30年来，中国工业增加值绝对值增长了约65.8倍，年均增幅近15.6%，但占GDP的比重变化不大。

改革开放30年来中国工业增加值概况（单位：亿元）

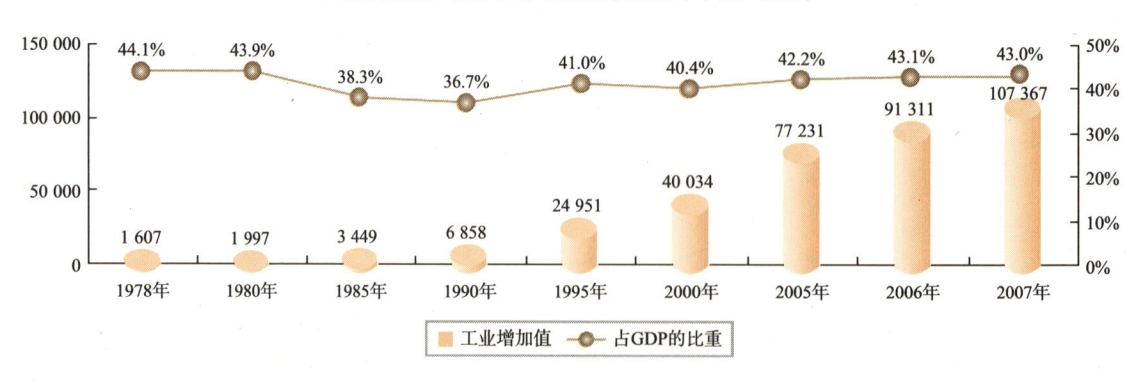

年份	工业增加值	占GDP的比重
1978年	1 607	44.1%
1980年	1 997	43.9%
1985年	3 449	38.3%
1990年	6 858	36.7%
1995年	24 951	41.0%
2000年	40 034	40.4%
2005年	77 231	42.2%
2006年	91 311	43.1%
2007年	107 367	43.0%

主要工业行业得到快速发展，其中交通运输设备制造业和电气机械及器材制造业工业总产值增长较快，年均增幅分别为20.88%和20.61%，分别高于同期全国工业总产值年均增幅的2.01%和1.73%。

1985年以来中国化学原料及化学制品制造业工业总产值概况
（单位：亿元）

1985年	565
1990年	1 492
1995年	3 820
2000年	5 749
2005年	14 028
2006年	20 449

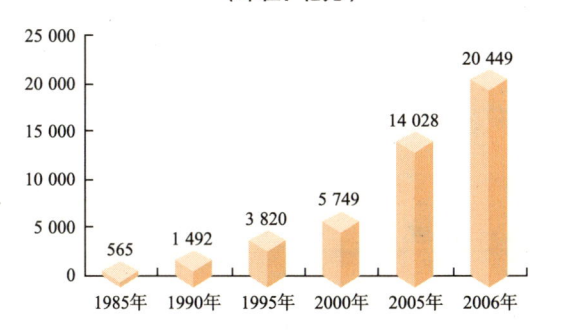

1985年以来中国交通运输设备制造业工业总产值概况
（单位：亿元）

1985年	380
1990年	714
1995年	3 303
2000年	5 365
2005年	14 538
2006年	20 383

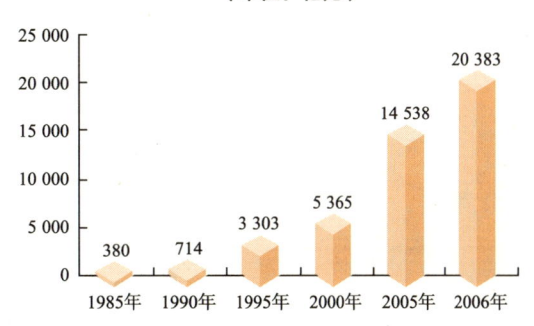

1985年以来中国电气机械及器材制造业工业总产值概况
（单位：亿元）

1985年	355
1990年	797
1995年	2 594
2000年	4 835
2005年	12 037
2006年	18 166

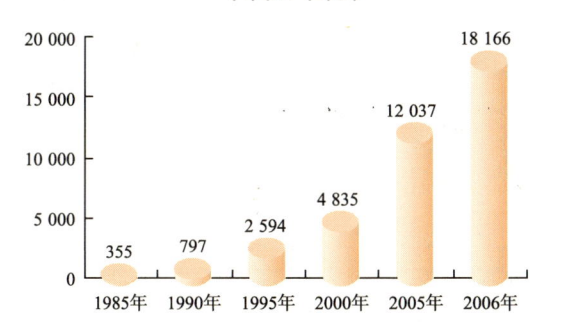

1985年以来中国有色金属冶炼及延压加工业工业总产值概况
（单位：亿元）

1985年	197
1990年	509
1995年	1 372
2000年	2 180
2005年	6 244
2006年	12 936

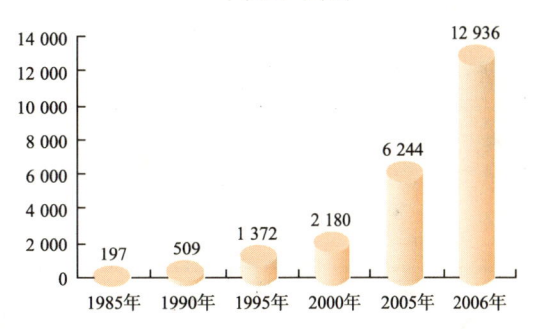

1985年以来中国金属制品业工业总产值概况
（单位：亿元）

1985年	234
1990年	523
1995年	1 651
2000年	2 540
2005年	6 360
2006年	8 529

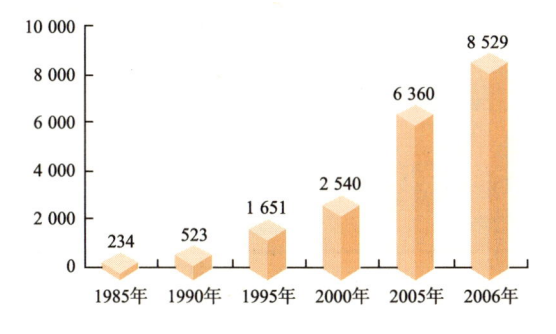

1985年以来中国塑料制品业工业总产值概况
（单位：亿元）

1985年	141
1990年	350
1995年	1 128
2000年	1 900
2005年	5 253
2006年	6 381

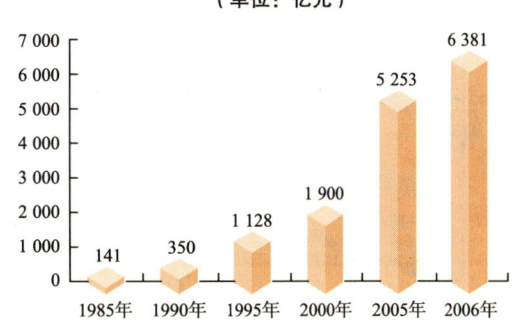

数读 中国30年

1985年以来中国造纸及纸制品业工业总产值概况（单位：亿元）

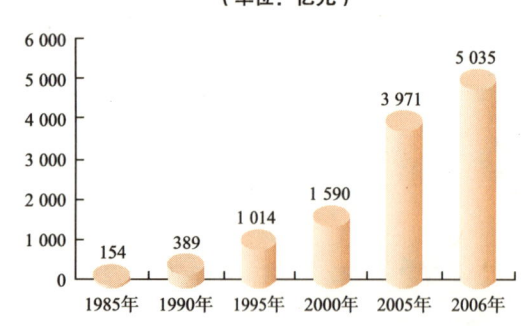

年份	产值
1985年	154
1990年	389
1995年	1 014
2000年	1 590
2005年	3 971
2006年	5 035

1985年以来中国医药制造业工业总产值概况（单位：亿元）

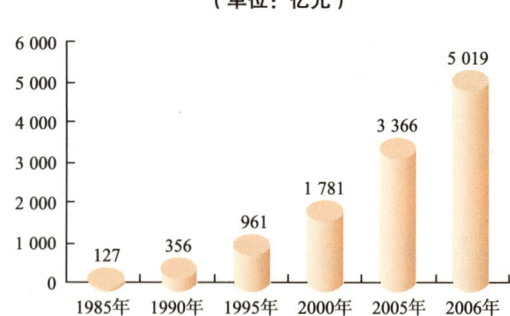

1985年	127
1990年	356
1995年	961
2000年	1 781
2005年	3 366
2006年	5 019

改革开放30年来中国化学纤维产量概况（单位：万吨）

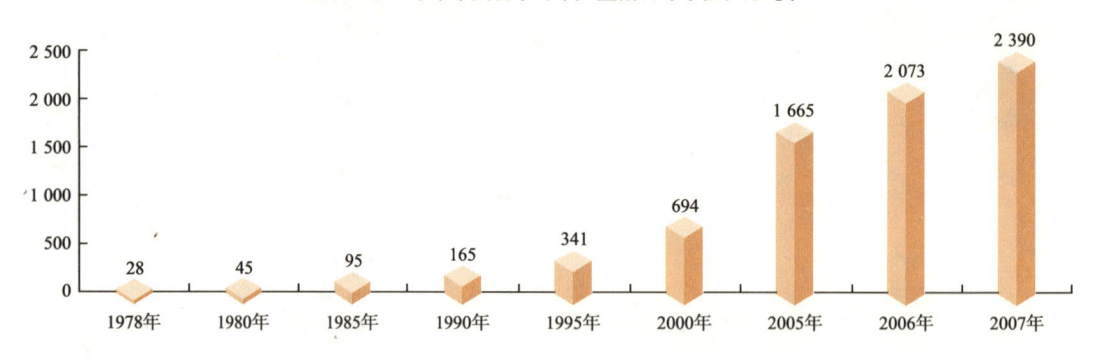

年份	产量
1978年	28
1980年	45
1985年	95
1990年	165
1995年	341
2000年	694
2005年	1 665
2006年	2 073
2007年	2 390

改革开放30年来中国机制纸及纸板产量概况（单位：万吨）

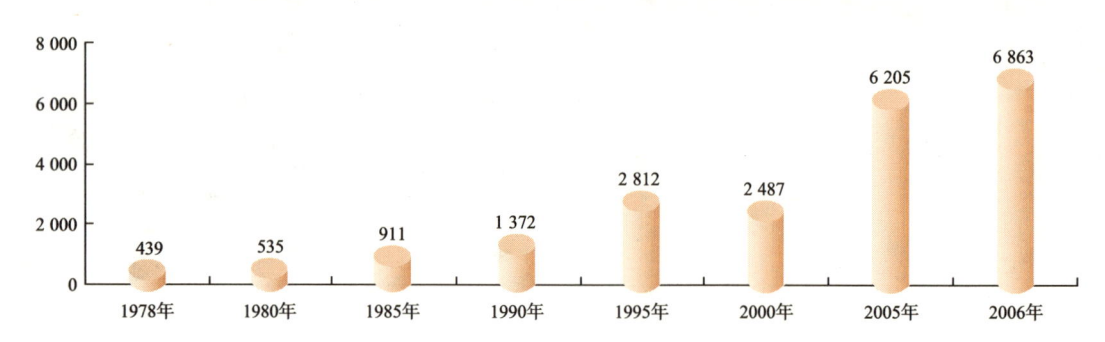

年份	产量
1978年	439
1980年	535
1985年	911
1990年	1 372
1995年	2 812
2000年	2 487
2005年	6 205
2006年	6 863

第六章
改革开放30年来中国工业与企业发展变化

改革开放30年来中国水泥产量概况（单位：万吨）

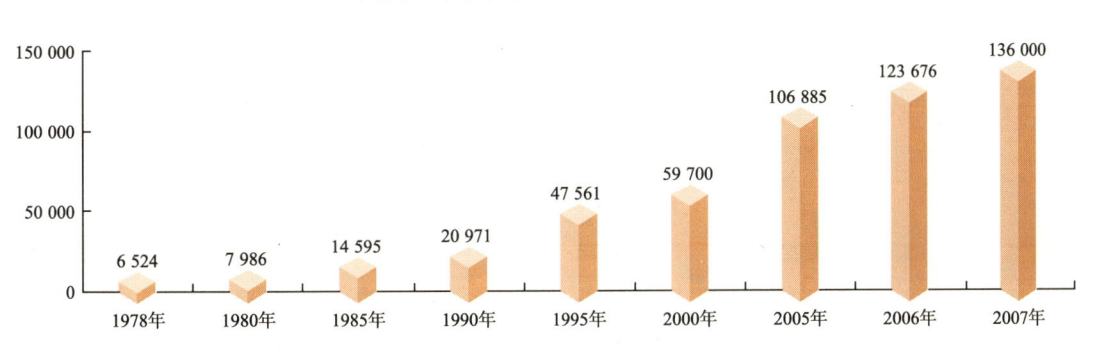

年份	产量
1978年	6 524
1980年	7 986
1985年	14 595
1990年	20 971
1995年	47 561
2000年	59 700
2005年	106 885
2006年	123 676
2007年	136 000

改革开放30年来中国平板玻璃产量概况（单位：万重量箱）

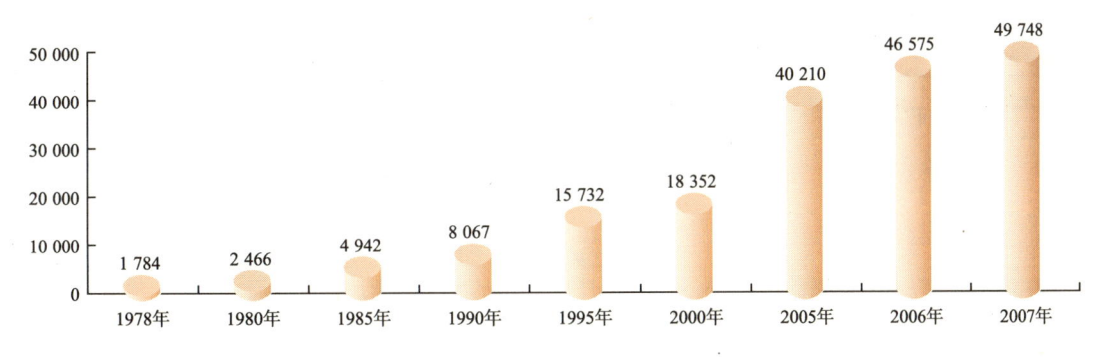

年份	产量
1978年	1 784
1980年	2 466
1985年	4 942
1990年	8 067
1995年	15 732
2000年	18 352
2005年	40 210
2006年	46 575
2007年	49 748

改革开放30年来中国彩色电视机产量概况（单位：万台）

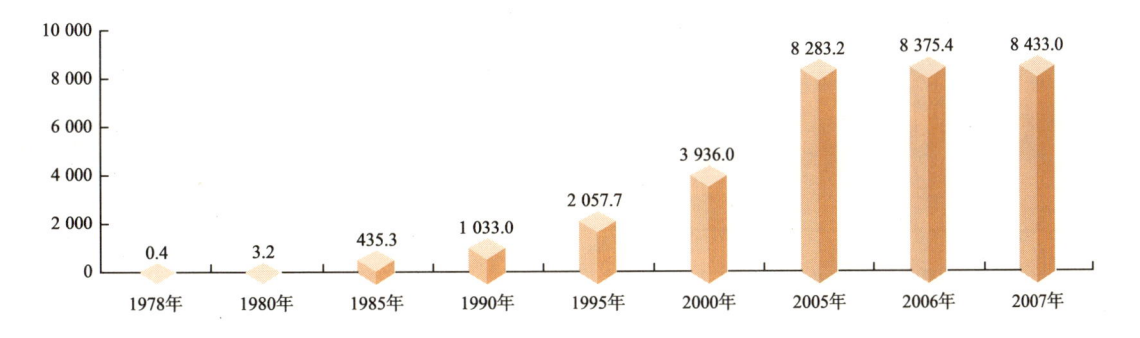

年份	产量
1978年	0.4
1980年	3.2
1985年	435.3
1990年	1 033.0
1995年	2 057.7
2000年	3 936.0
2005年	8 283.2
2006年	8 375.4
2007年	8 433.0

数读
中国30年

改革开放30年来中国冰箱产量概况（单位：万台）

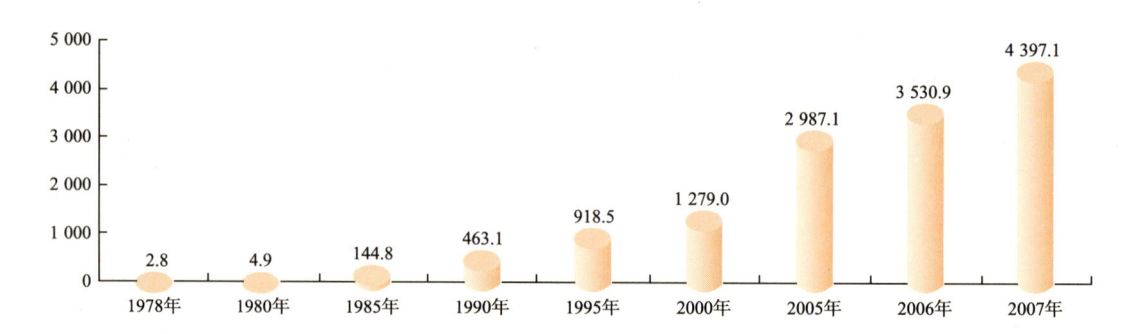

年份	产量
1978年	2.8
1980年	4.9
1985年	144.8
1990年	463.1
1995年	918.5
2000年	1 279.0
2005年	2 987.1
2006年	3 530.9
2007年	4 397.1

改革开放30年来中国乙烯产量概况（单位：万吨）

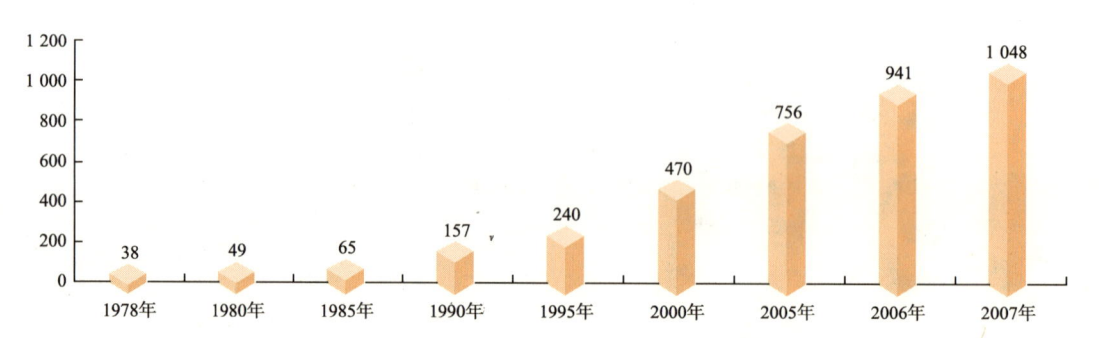

年份	产量
1978年	38
1980年	49
1985年	65
1990年	157
1995年	240
2000年	470
2005年	756
2006年	941
2007年	1 048

改革开放30年来中国塑料产量概况（单位：万吨）

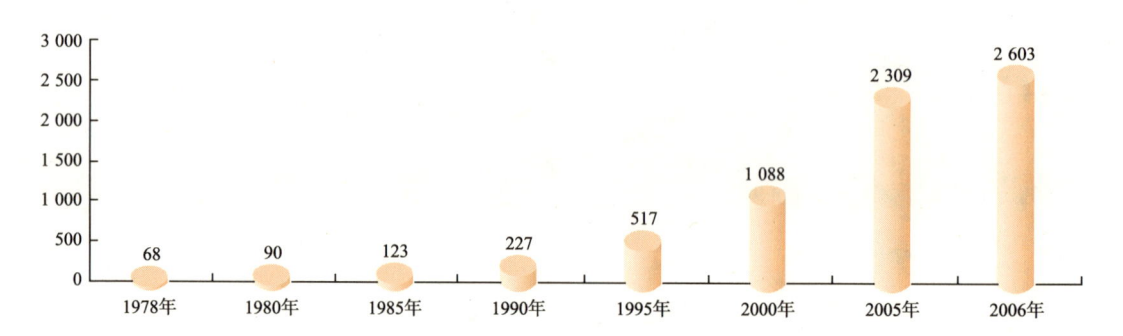

年份	产量
1978年	68
1980年	90
1985年	123
1990年	227
1995年	517
2000年	1 088
2005年	2 309
2006年	2 603

改革开放30年来中国电解铝产量概况（单位：万吨）

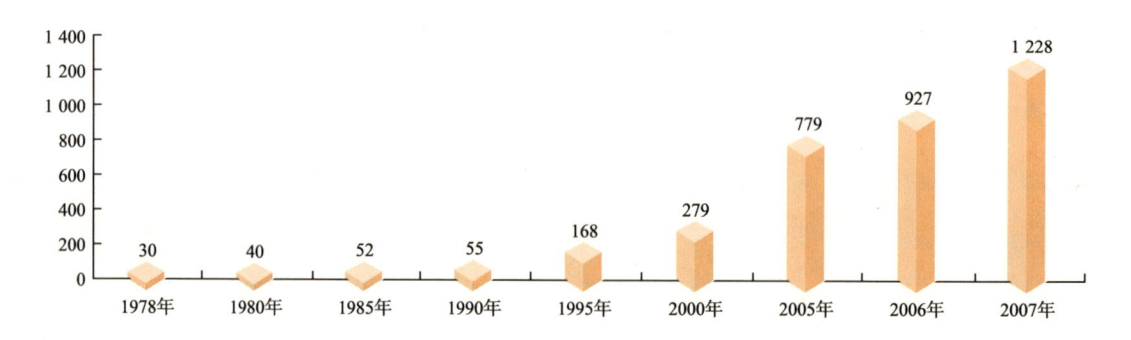

年份	产量
1978年	30
1980年	40
1985年	52
1990年	55
1995年	168
2000年	279
2005年	779
2006年	927
2007年	1 228

第六章 改革开放30年来中国工业与企业发展变化

1978—2005年中国民用钢质船舶产量概况*（单位：万综合吨）

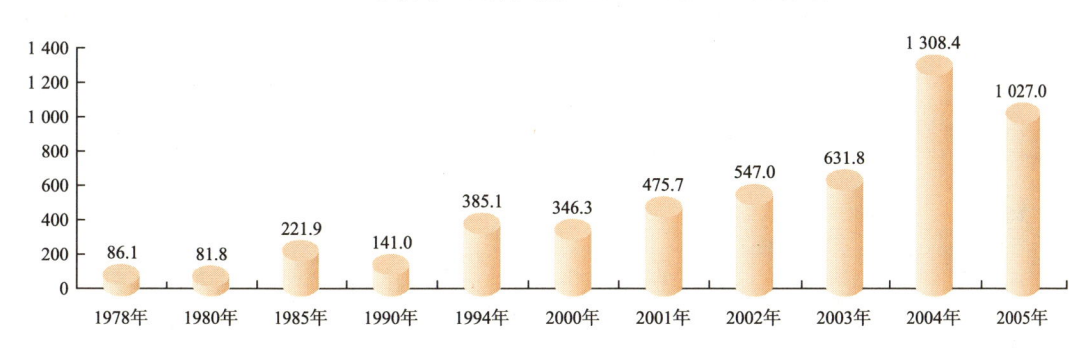

年份	产量
1978年	86.1
1980年	81.8
1985年	221.9
1990年	141.0
1994年	385.1
2000年	346.3
2001年	475.7
2002年	547.0
2003年	631.8
2004年	1 308.4
2005年	1 027.0

*2004年和2005年数据单位为万载重吨。

小链接：改革开放以来中国化学纤维等部分工业品产量及占世界比重

1980年，中国化学纤维产量为45万吨，占世界总产量的4%、排名第七位；到2006年占世界的54%、排名第一。

1980年世界主要化学纤维生产国产量概况
- 美国 33%（405万吨）
- 其他 27%（320万吨）
- 韩国 6%（69万吨）
- 联邦德国 8%（92万吨）
- 苏联 10%（118万吨）
- 日本 16%（198万吨）

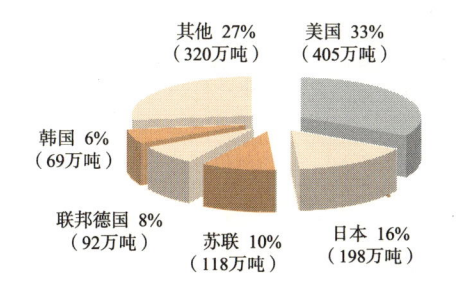

2006年世界主要化学纤维生产国或地区产量概况
- 中国 54%（2 073万吨）
- 其他 21%（768万吨）
- 中国台湾 7%（253万吨）
- 韩国 4%（150万吨）
- 印度 7%（247万吨）
- 美国 7%（251万吨）

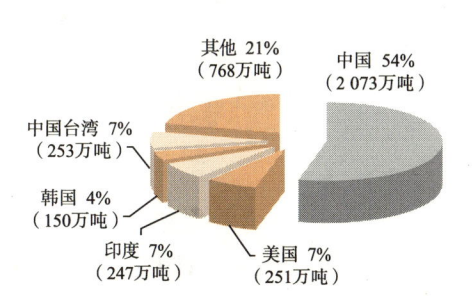

1980年，中国机制纸及纸板产量为535万吨，占世界总产量的3%、排名第六位；到2006年占世界的18%、排名第二。

1980年世界主要机制纸及纸板生产国产量概况
- 美国 33%（5 684万吨）
- 其他 39%（6 604万吨）
- 加拿大 8%（1 339万吨）
- 联邦德国 4%（758万吨）
- 苏联 5%（873万吨）
- 日本 11%（1 809万吨）

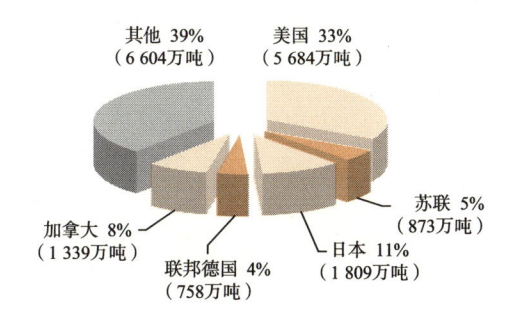

2006年世界主要机制纸及纸板生产国产量概况
- 中国 18%（6 863万吨）
- 其他 41%（15 807万吨）
- 美国 22%（8 407万吨）
- 加拿大 5%（1 817万吨）
- 德国 6%（2 266万吨）
- 日本 8%（3 111万吨）

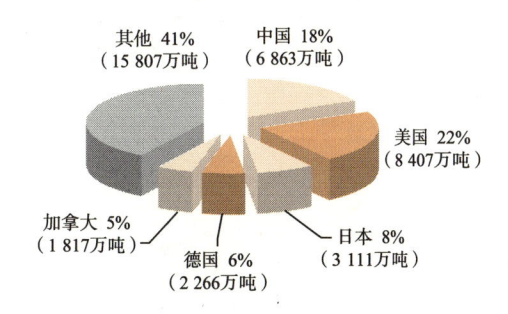

数读中国30年

中国水泥产量占世界总产量的比重从1980年的9%、排名第三,上升到2005年的59%、排名第一。

1980年世界主要水泥生产国产量概况
- 其他 54%（46 964万吨）
- 中国 9%（7 986万吨）
- 美国 8%（6 788万吨）
- 苏联 14%（12 480万吨）
- 日本 10%（8 796万吨）
- 意大利 5%（4 186万吨）

2005年世界主要水泥生产国产量概况
- 其他 21%（37 463万吨）
- 中国 59%（106 885万吨）
- 韩国 3%（5 139万吨）
- 印度 8%（13 676万吨）
- 日本 4%（6 963万吨）
- 美国 5%（9 594万吨）

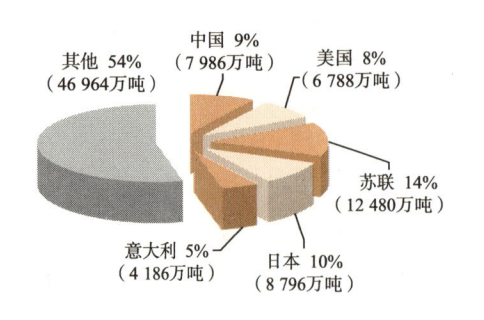

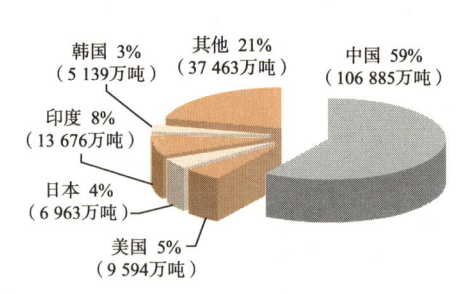

1980年中国啤酒产量为69万吨,约占世界总产量的1%;到2006年所占比重上升到21%,排名第一位。

1980年世界主要啤酒生产国产量概况
- 其他 46%（4 307万吨）
- 美国 25%（2 278万吨）
- 日本 5%（456万吨）
- 英国 7%（648万吨）
- 苏联 7%（613万吨）
- 联邦德国 10%（893万吨）

2006年世界主要啤酒生产国产量概况
- 其他 47%（8 120万吨）
- 中国 21%（3 544万吨）
- 美国 14%（2 318万吨）
- 巴西 6%（936万吨）
- 俄罗斯 6%（999万吨）
- 德国 6%（1 072万吨）

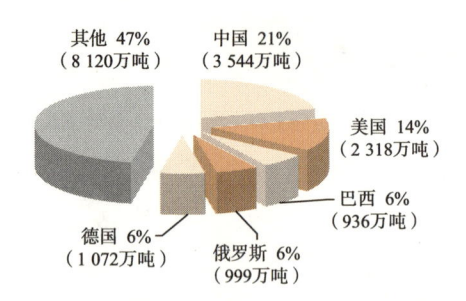

2. 30年来中国第二产业与第三产业结构变迁

从第二产业内部构成看,工业占第二产业比重较大,历年所占比重都在85%以上,但所占比重呈下降趋势。

1978年中国第二产业内部构成
- 建筑业 8%（138亿元）
- 工业 92%（1 607亿元）

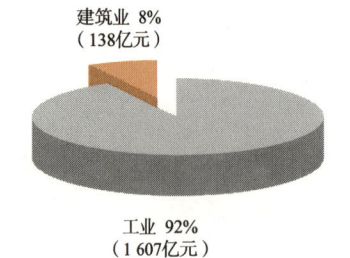

2007年中国第二产业内部结构
- 建筑业 12%（14 014亿元）
- 工业 88%（107 367亿元）

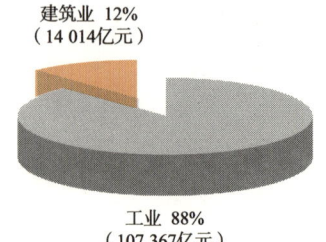

第六章　改革开放30年来中国工业与企业发展变化

从工业内部的轻、重比例关系来看，改革开放初期，为矫正长期以来重工业倾斜发展战略，解决轻、重工业结构失衡问题，采取扶持轻工业发展的方针，轻工业占工业总产值的比重从1978年的43.1%上升到1990年的49.4%。近年来，重工业则呈现快速增长势头，到2006年重工业占工业总产值的比重达到70%，重工业化趋势日益显著。

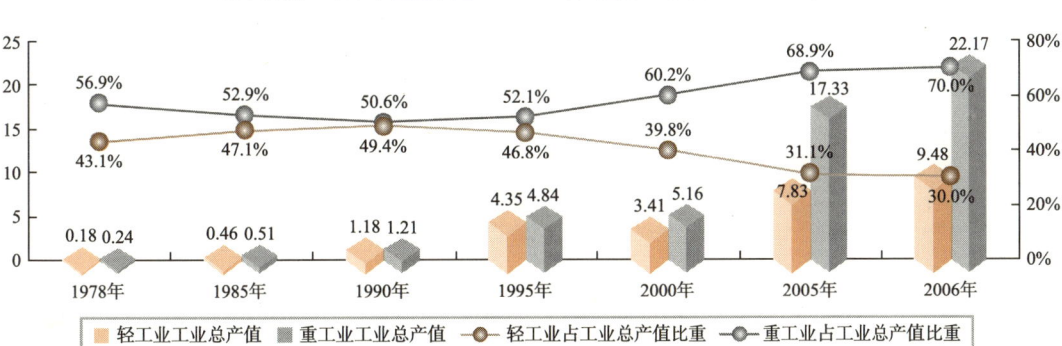

改革开放30年来中国轻、重工业工业总产值概况（单位：万亿元）

改革开放以来，第三产业发展迅速，内部结构也在不断发生变化。传统服务业如交通运输、仓储和邮政业以及批发和零售业所占比重有所下降；新兴服务业如房地产业、金融业和其他服务业（主要是旅游、信息、咨询和科技服务等行业）得到了较快发展。

1978年中国第三产业内部构成

- 其他服务业 29%（256亿元）
- 交通运输、仓储和邮政业 21%（182亿元）
- 房地产业 9%（80亿元）
- 金融业 8%（68亿元）
- 住宿和餐饮业 5%（45亿元）
- 批发和零售业 28%（242亿元）

2007年中国第三产业内部构成

- 其他服务业 38%（38 663亿元）
- 交通运输、仓储和邮政业 15%（14 604亿元）
- 批发和零售业 18%（18 170亿元）
- 住宿和餐饮业 6%（5 705亿元）
- 金融业 11%（11 057亿元）
- 房地产业 12%（11 854亿元）

小链接

中国与世界部分国家1980年、2006年产业结构比较

与世界部分国家的产业结构相比，中国第二产业所占比重偏高，第三产业尽管经过改革开放以来的快速发展，所占比重仍然较低。2006年中国的产业结构与1980年的韩国、巴西和俄罗斯3个国家相似。

1980年世界部分国家产业结构概况

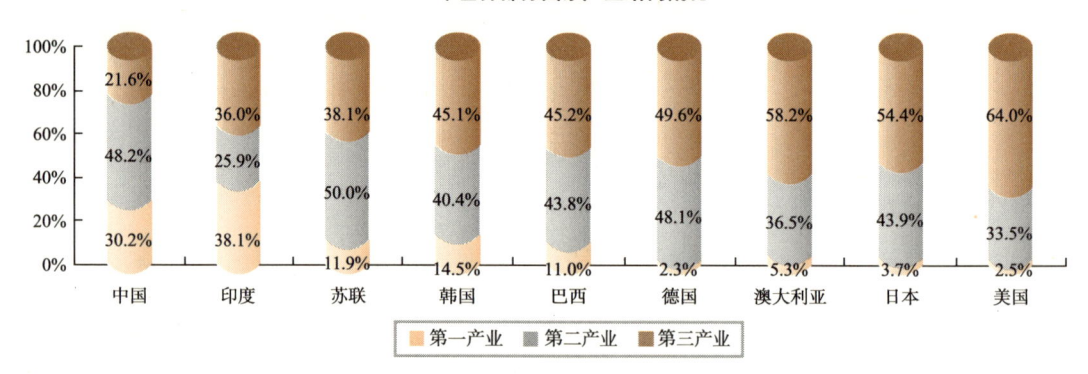

国家	第一产业	第二产业	第三产业
中国	30.2%	48.2%	21.6%
印度	38.1%	25.9%	36.0%
苏联	11.9%	50.0%	38.1%
韩国	14.5%	40.4%	45.1%
巴西	11.0%	43.8%	45.2%
德国	2.3%	48.1%	49.6%
澳大利亚	5.3%	36.5%	58.2%
日本	3.7%	43.9%	54.4%
美国	2.5%	33.5%	64.0%

2006年世界部分国家产业结构概况*

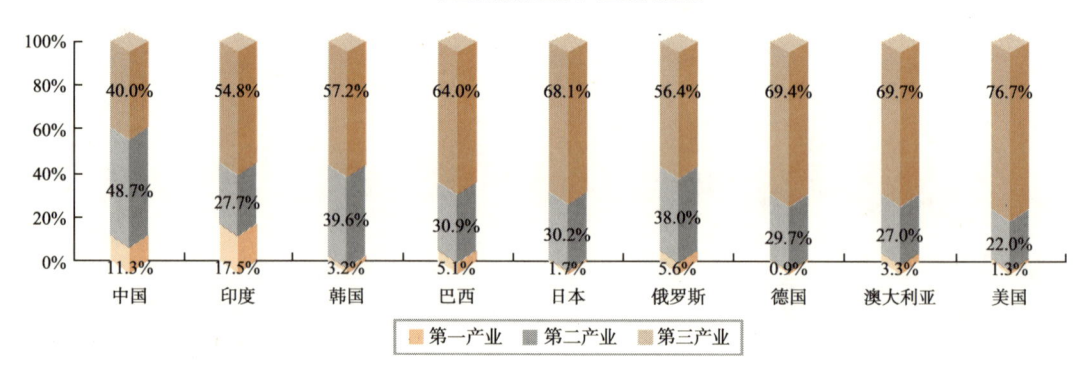

国家	第一产业	第二产业	第三产业
中国	11.3%	48.7%	40.0%
印度	17.5%	27.7%	54.8%
韩国	3.2%	39.6%	57.2%
巴西	5.1%	30.9%	64.0%
日本	1.7%	30.2%	68.1%
俄罗斯	5.6%	38.0%	56.4%
德国	0.9%	29.7%	69.4%
澳大利亚	3.3%	27.0%	69.7%
美国	1.3%	22.0%	76.7%

*澳大利亚为2004年数据；俄罗斯为2005年数据。

3. 30年来中国区域经济**和产业分布

改革开放初期，中国政府实行的非均衡发展策略，允许一部分人、一部分地区先富起来，"六五"计划中明确提出要利用东部地区的区位优势，并开始采取一系列政策措施向东部地区倾斜。东部地区快速发展起来，国内生产总值占全国的比重从1978年的43%，上升到2007年的55%。随着区域差距的日益扩大，中国政府逐渐提出统筹区域发展的区域经济协调发展的政策方针。并于2000开始，先后提出西部大开发战略、振兴东北老工业基地战略和促进中部崛起战略，这才控制了区域经济不平衡发展扩大的态势，2000-2007年间，中国国内生产总值的区域构成基本保持不变。

** 下页图中区域划分范围是：东北包括辽宁、吉林、黑龙江3省；
东部包括北京、天津、河北、上海、江苏、浙江、福建、山东、广东和海南10省、市；
中部包括山西、河南、湖北、湖南、江西、安徽6省；
西部包括陕西、内蒙古、云南、贵州、四川、重庆、广西、云南、贵州、四川、重庆、广西12省、市、自治区。

1978年中国国内生产总值区域构成

东北地区 486亿元，占14%

722亿元，占21%

西部地区

中部地区 750亿元，占22%

东部地区 1 498亿元，占43%

南海诸岛

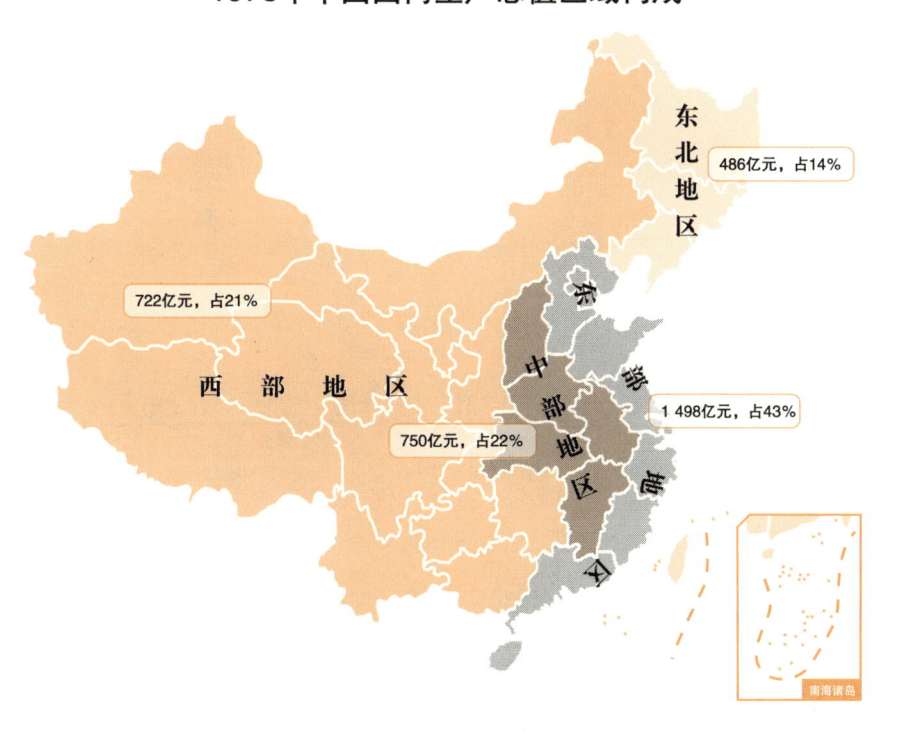

1990年中国国内生产总值区域构成

东北地区 2 203亿元，占12%

3 742亿元，占21%

西部地区

中部地区 4 019亿元，占22%

东部地区 7 984亿元，占45%

南海诸岛

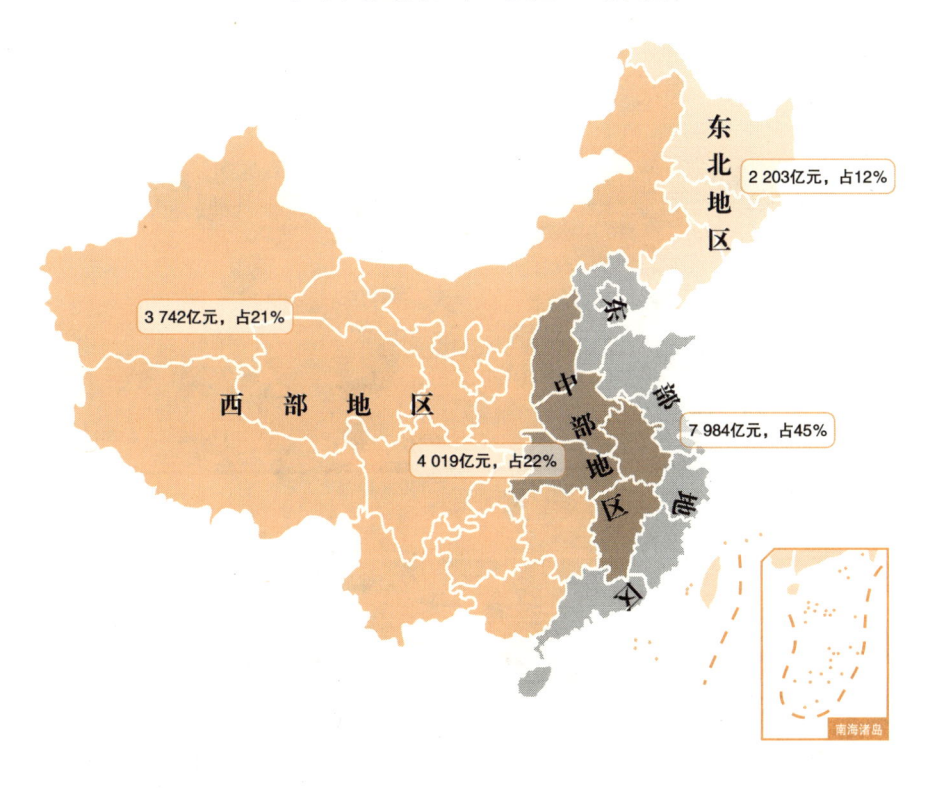

2000年中国国内生产总值区域构成

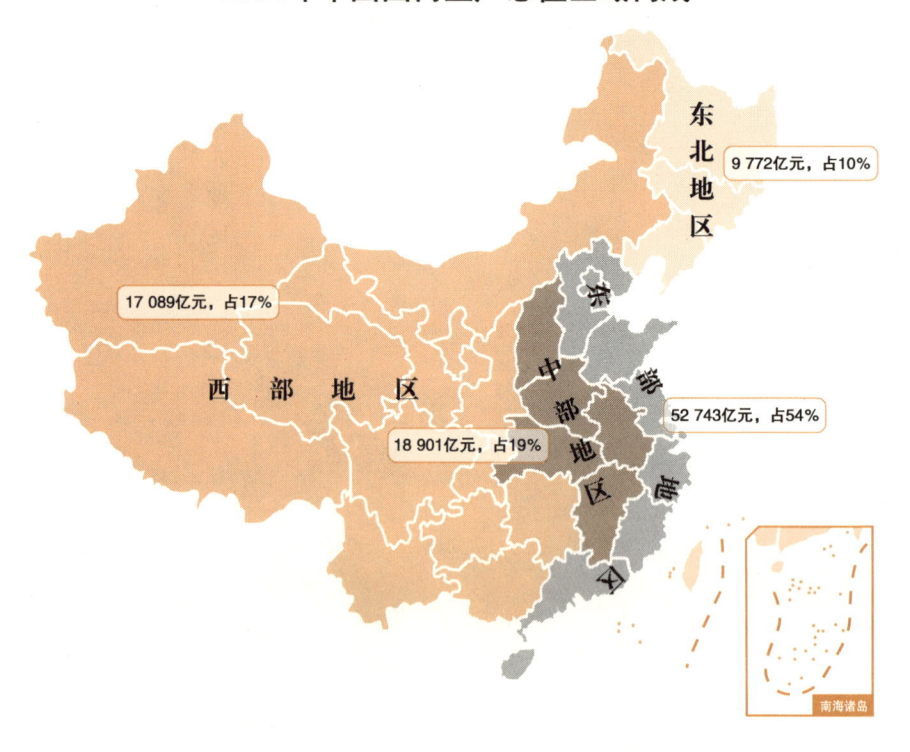

- 东北地区：9 772亿元，占10%
- 西部地区：17 089亿元，占17%
- 中部地区：18 901亿元，占19%
- 东部地区：52 743亿元，占54%

2007年中国国内生产总值区域构成

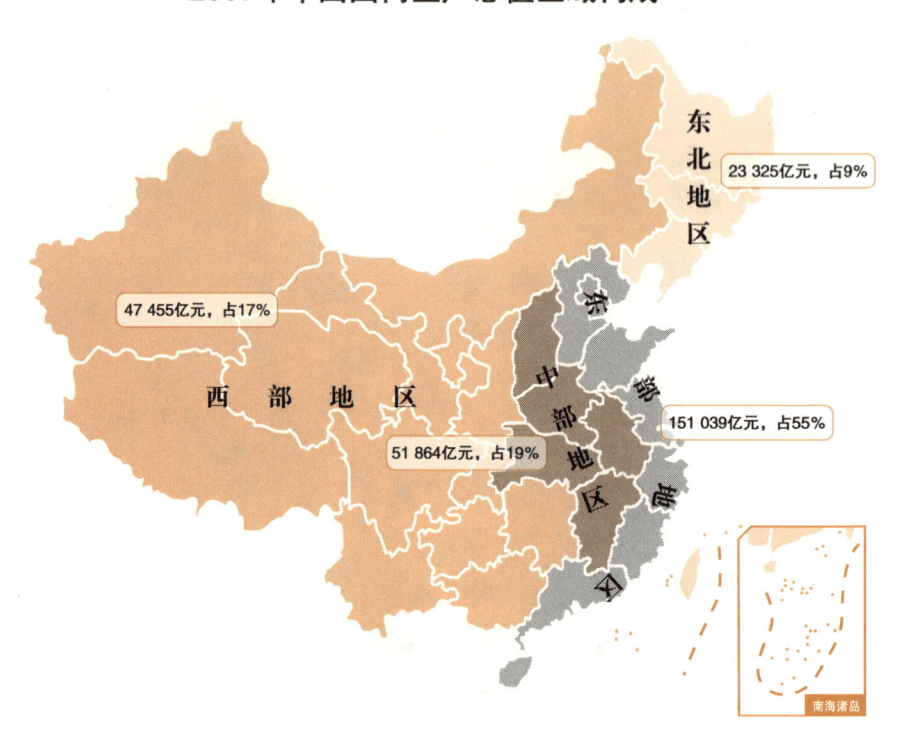

- 东北地区：23 325亿元，占9%
- 西部地区：47 455亿元，占17%
- 中部地区：51 864亿元，占19%
- 东部地区：151 039亿元，占55%

1981年中国全社会固定资产投资区域构成

- 不分地区 5%（19.69亿元）
- 东部 40%（174.99亿元）
- 西部 22%（92.59亿元）
- 中部 19%（80.85亿元）
- 东北 14%（59.77亿元）

2007年中国全社会固定资产投资区域构成

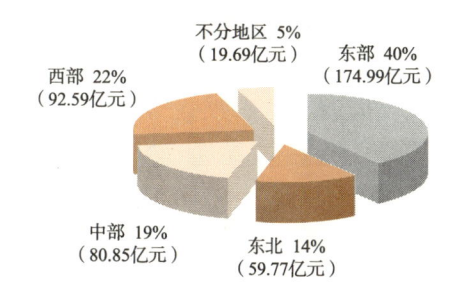

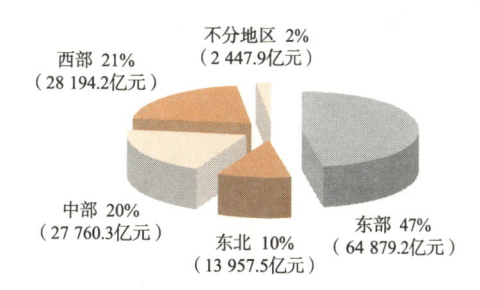

- 不分地区 2%（2 447.9亿元）
- 西部 21%（28 194.2亿元）
- 中部 20%（27 760.3亿元）
- 东北 10%（13 957.5亿元）
- 东部 47%（64 879.2亿元）

从各区域内部产业结构来看，东部地区第三产业发展较快，所占比重最大；第一产业所占比重最小，到2007年，只占7.1%。东北地区作为中国的老工业基地，改革开放初期第二产业所占比重达到64.3%；近年随着第三产业的发展，第二产业比重也逐渐下降，到2007年，第二产业所占比重为51.4%。

改革开放30年来中国东部地区产业结构概况

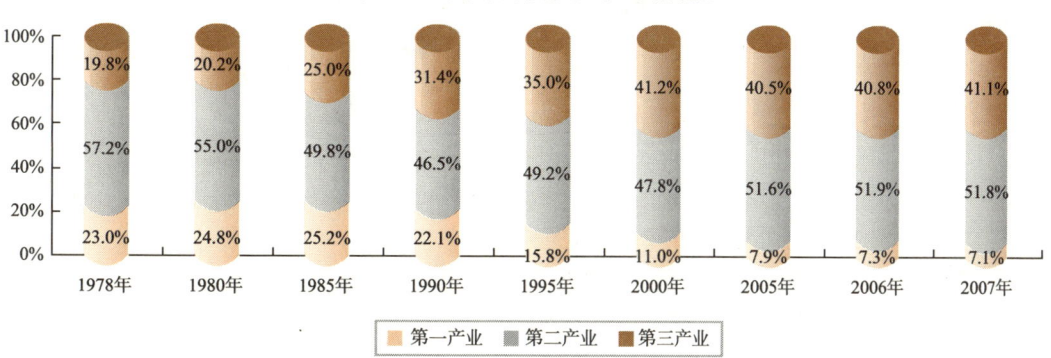

年份	第一产业	第二产业	第三产业
1978年	23.0%	57.2%	19.8%
1980年	24.8%	55.0%	20.2%
1985年	25.2%	49.8%	25.0%
1990年	22.1%	46.5%	31.4%
1995年	15.8%	49.2%	35.0%
2000年	11.0%	47.8%	41.2%
2005年	7.9%	51.6%	40.5%
2006年	7.3%	51.9%	40.8%
2007年	7.1%	51.8%	41.1%

改革开放30年来中国中部地区产业结构概况

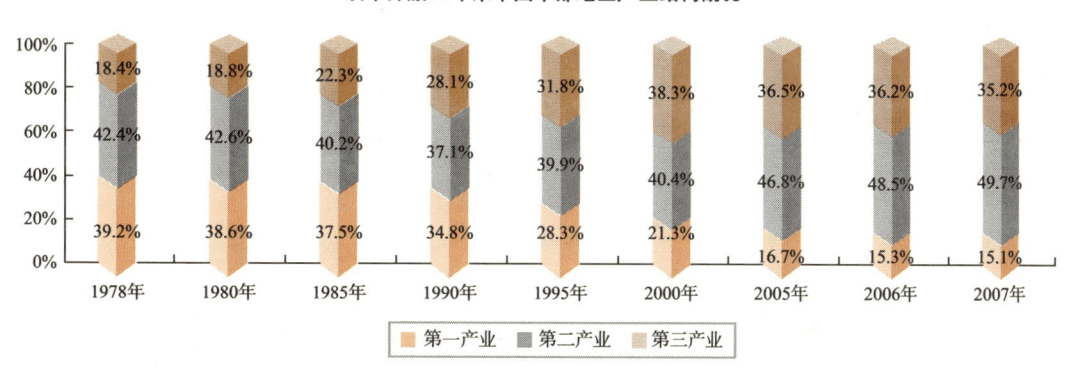

年份	第一产业	第二产业	第三产业
1978年	39.2%	42.4%	18.4%
1980年	38.6%	42.6%	18.8%
1985年	37.5%	40.2%	22.3%
1990年	34.8%	37.1%	28.1%
1995年	28.3%	39.9%	31.8%
2000年	21.3%	40.4%	38.3%
2005年	16.7%	46.8%	36.5%
2006年	15.3%	48.5%	36.2%
2007年	15.1%	49.7%	35.2%

数读
中国30年

改革开放30年来中国西部地区产业结构概况

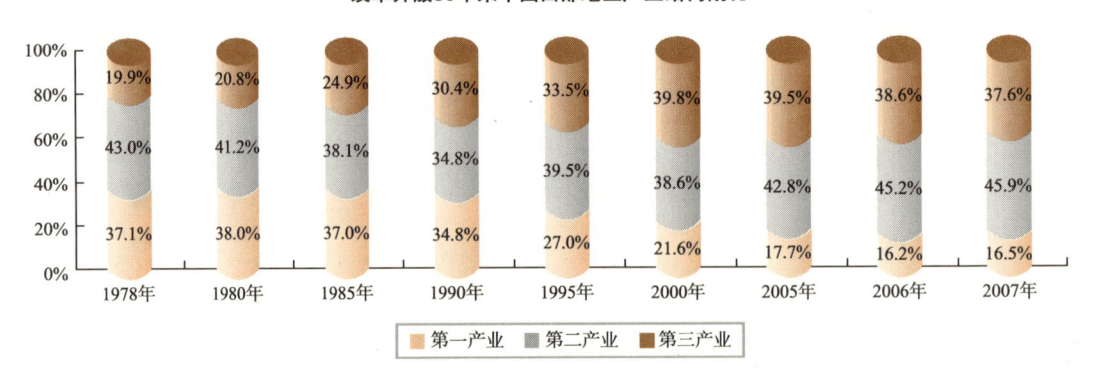

年份	第一产业	第二产业	第三产业
1978年	37.1%	43.0%	19.9%
1980年	38.0%	41.2%	20.8%
1985年	37.0%	38.1%	24.9%
1990年	34.8%	34.8%	30.4%
1995年	27.0%	39.5%	33.5%
2000年	21.6%	38.6%	39.8%
2005年	17.7%	42.8%	39.5%
2006年	16.2%	45.2%	38.6%
2007年	16.5%	45.9%	37.6%

改革开放30年来中国东北地区产业结构概况

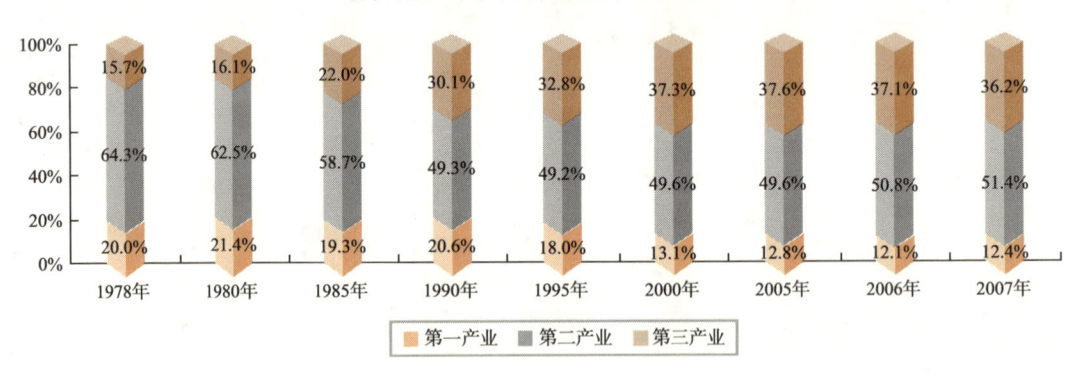

年份	第一产业	第二产业	第三产业
1978年	20.0%	64.3%	15.7%
1980年	21.4%	62.5%	16.1%
1985年	19.3%	58.7%	22.0%
1990年	20.6%	49.3%	30.1%
1995年	18.0%	49.2%	32.8%
2000年	13.1%	49.6%	37.3%
2005年	12.8%	49.6%	37.6%
2006年	12.1%	50.8%	37.1%
2007年	12.4%	51.4%	36.2%

八大综合经济区产业分布概况

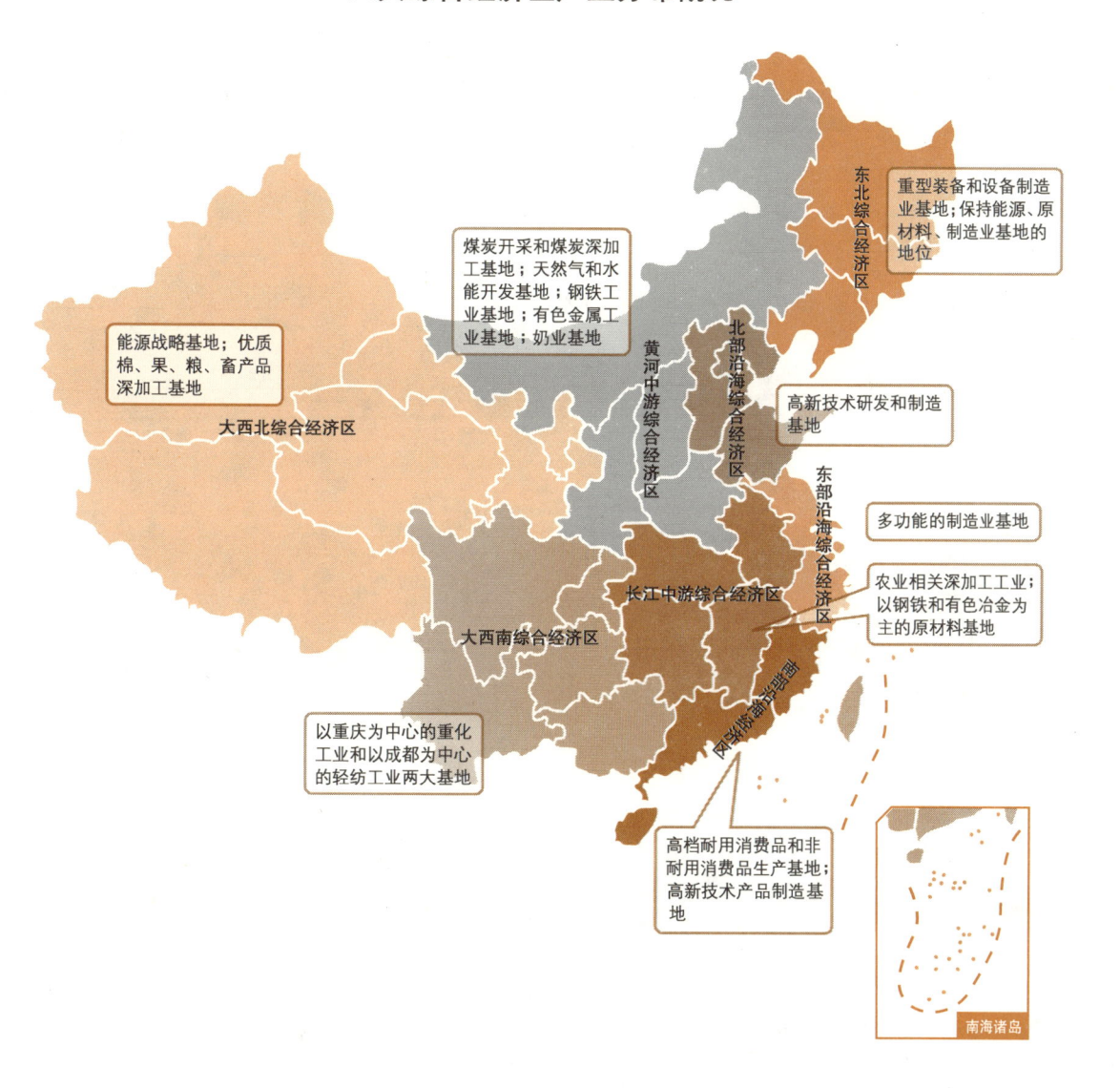

- 东北综合经济区：重型装备和设备制造业基地；保持能源、原材料、制造业基地的地位
- 大西北综合经济区：能源战略基地；优质棉、果、粮、畜产品深加工基地
- 黄河中游综合经济区：煤炭开采和煤炭深加工基地；天然气和水能开发基地；钢铁工业基地；有色金属工业基地；奶业基地
- 北部沿海综合经济区：高新技术研发和制造基地
- 东部沿海综合经济区：多功能的制造业基地
- 长江中游综合经济区：农业相关深加工工业；以钢铁和有色冶金为主的原材料基地
- 大西南综合经济区：以重庆为中心的重化工业和以成都为中心的轻纺工业两大基地
- 东南沿海综合经济区：高档耐用消费品和非耐用消费品生产基地；高新技术产品制造基地

南海诸岛

4. 30年来中国劳动生产率的变化

改革开放以来，中国劳动生产率得到了巨大的提高，1978-2007年间年均增幅13.12%，与世界主要发达国家，甚至是大多数发展中国家相比仍有较大差距。

数读中国30年

改革开放30年来中国全员劳动生产率概况（单位：元/人）

年份	1978年	1980年	1985年	1990年	1995年	2000年	2005年	2006年	2007年
劳动生产率	908	1 073	1 808	2 883	8 932	13 764	24 163	27 739	32 411

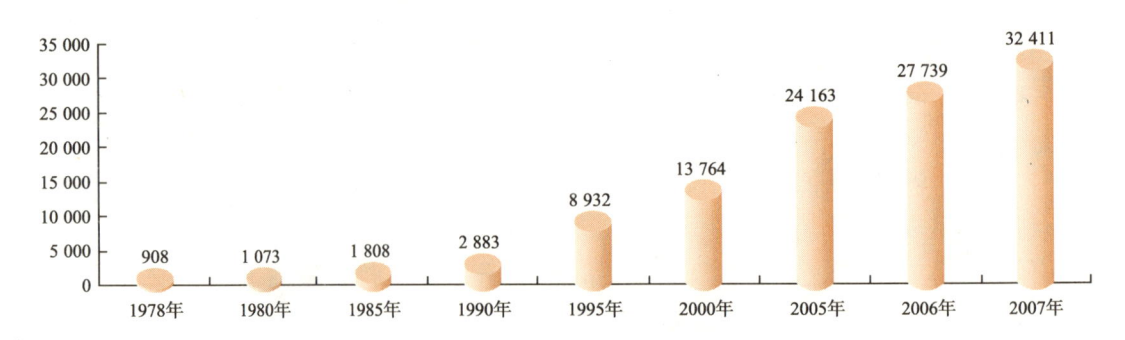

2006年世界主要国家全员劳动生产率概况（单位：美元/人）

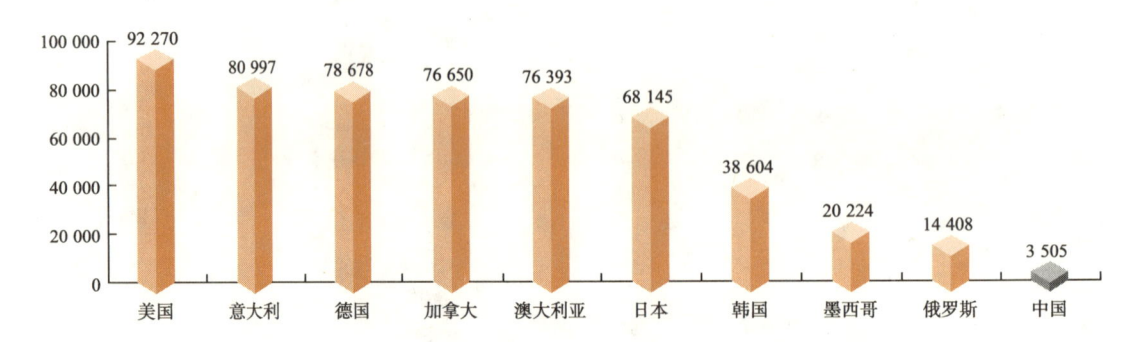

国家	美国	意大利	德国	加拿大	澳大利亚	日本	韩国	墨西哥	俄罗斯	中国
劳动生产率	92 270	80 997	78 678	76 650	76 393	68 145	38 604	20 224	14 408	3 505

小链接：1985年以来中国部分行业全员劳动生产率概况

1985年以来中国石油和天然气开采业全员劳动生产率概况（单位：元/人）

年份	1985年	1990年	1995年	2000年	2006年
劳动生产率	23 153	29 821	65 023	382 545	641 451

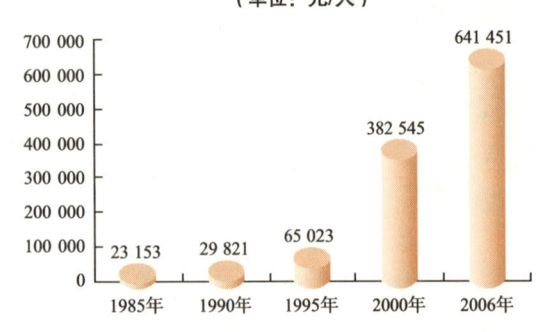

1985年以来中国化学原料及化学制品制造业全员劳动生产率概况（单位：元/人）

年份	1985年	1990年	1995年	2000年	2006年
劳动生产率	4 880	9 248	19 716	40 847	150 897

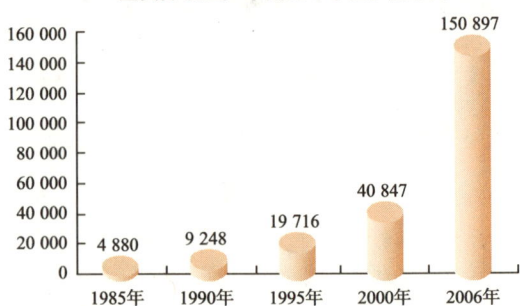

1985年以来中国医药制造业全员劳动生产率概况
（单位：元/人）

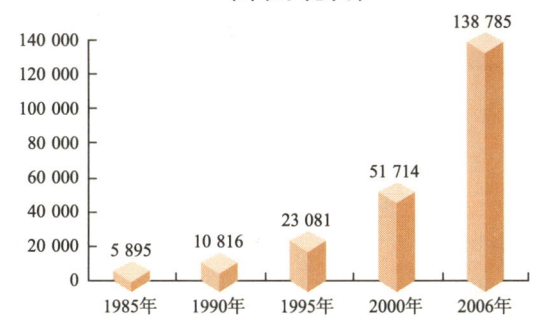

1985年	5 895
1990年	10 816
1995年	23 081
2000年	51 714
2006年	138 785

1985年以来中国交通运输设备制造业全员劳动生产率概况
（单位：元/人）

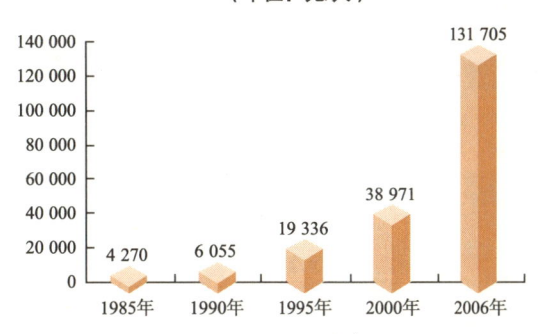

1985年	4 270
1990年	6 055
1995年	19 336
2000年	38 971
2006年	131 705

1985年以来中国电气机械及器材制造业全员劳动生产率概况
（单位：元/人）

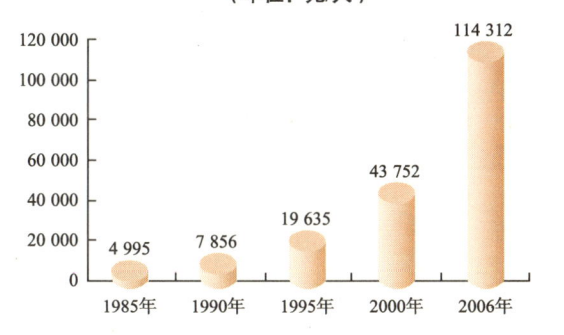

1985年	4 995
1990年	7 856
1995年	19 635
2000年	43 752
2006年	114 312

1985年以来中国纺织业全员劳动生产率概况
（单位：元/人）

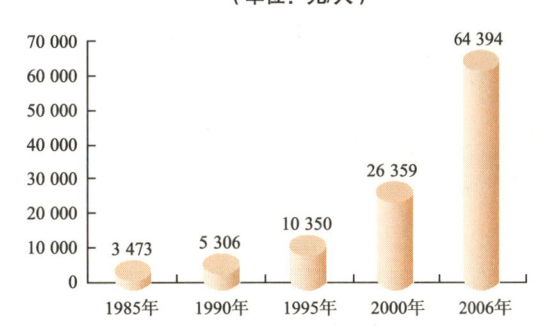

1985年	3 473
1990年	5 306
1995年	10 350
2000年	26 359
2006年	64 394

5. 中国产业发展制约因素

（1）研发投入

中国企业技术落后、自主创新能力差、产品国产化率低、缺少自主品牌和处于产业价值链的最低端是中国工业企业长期存在的问题，归根结底是研发投入的不足。近年来，中国政府逐渐认识到研发投入的重要性，并把"提高自主创新能力，建设创新型国家"作为国家发展战略的核心和提高综合国力的关键，R&D投入和从事科技活动的人员逐年增加，但与世界主要发达国家相比，仍存在不小差距。

数读 中国30年

1990年以来中国R&D投入概况（单位：亿元）

年份	R&D投入	R&D投入占国内生产总值的比重
1990年	125	0.71%
1995年	349	0.57%
2000年	896	0.90%
2001年	1 043	1.07%
2002年	1 288	1.23%
2003年	1 540	1.31%
2004年	1 967	1.44%
2005年	2 450	1.33%
2006年	3 003	1.42%
2007年	3 664	1.49%

2004年世界主要国家R&D投入占国内生产总值比重概况

日本	3.15%
美国	2.68%
德国	2.49%
法国	2.16%
加拿大	1.93%
英国	1.89%
中国	1.44%
俄罗斯	1.17%
意大利	1.14%
巴西	0.98%

小链接：中国与世界主要国家R&D投入构成概况

从中国R&D投入研究类型看，试验发展研究投入比例偏大，基础研究投入严重偏低。

1995年中国R&D投入构成
- 基础研究 5%（18.1亿元）
- 应用研究 26%（92.0亿元）
- 试验发展 69%（238.6亿元）

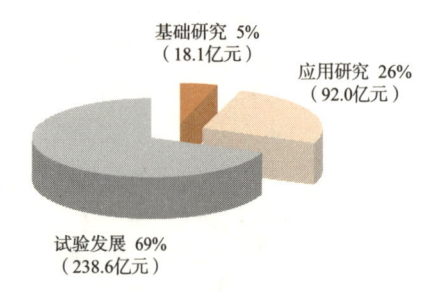

2006年中国R&D投入构成
- 基础研究 5%（155.8亿元）
- 应用研究 17%（504.5亿元）
- 试验发展 78%（2 342.8亿元）

第六章 改革开放30年来中国工业与企业发展变化

近年来世界部分国家R&D投入研究类型构成概况

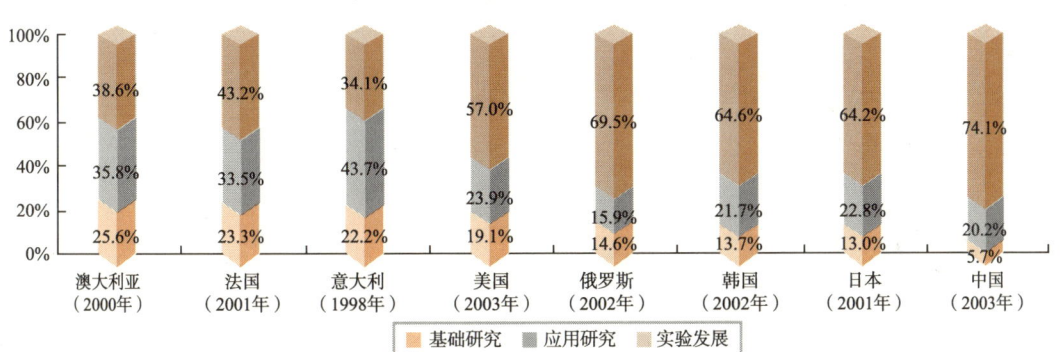

国家（年份）	基础研究	应用研究	实验发展
澳大利亚（2000年）	25.6%	35.8%	38.6%
法国（2001年）	23.3%	33.5%	43.2%
意大利（1998年）	22.2%	43.7%	34.1%
美国（2003年）	19.1%	23.9%	57.0%
俄罗斯（2002年）	14.6%	15.9%	69.5%
韩国（2002年）	13.7%	21.7%	64.6%
日本（2001年）	13.0%	22.8%	64.2%
中国（2003年）	5.7%	20.2%	74.1%

小链接

世界主要国家科研人员数及技术专利申请市场成交概况

1995—2006年中国从事科技活动人员数量概况（单位：万人）

年份	科技活动人员数量	占全社会就业人员比重
1995年	263	0.39%
1996年	290	0.42%
1997年	289	0.41%
1998年	281	0.40%
1999年	291	0.41%
2000年	319	0.44%
2001年	314	0.43%
2002年	322	0.44%
2003年	328	0.44%
2004年	348	0.46%
2005年	382	0.50%
2006年	413	0.54%

2003年世界主要国家从事研究与开发的研究人员数量概况（单位：人/百万人）

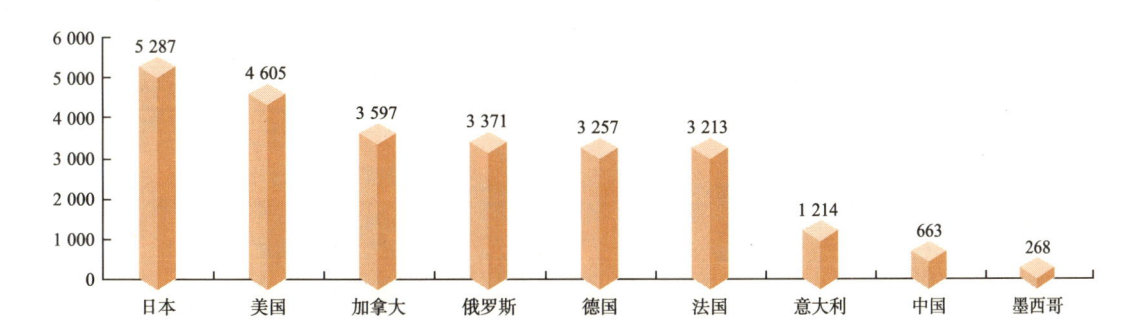

国家	数量
日本	5 287
美国	4 605
加拿大	3 597
俄罗斯	3 371
德国	3 257
法国	3 213
意大利	1 214
中国	663
墨西哥	268

数读中国30年

1990年以来中国技术市场成交金额概况（单位：亿元）

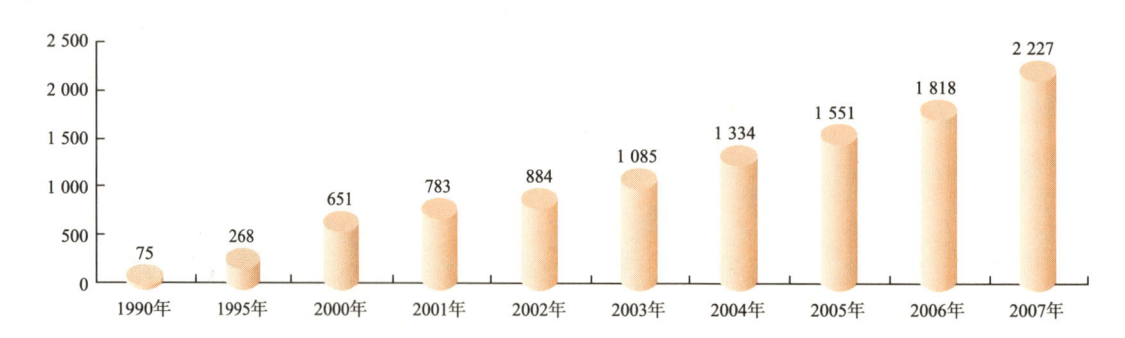

年份	金额
1990年	75
1995年	268
2000年	651
2001年	783
2002年	884
2003年	1 085
2004年	1 334
2005年	1 551
2006年	1 818
2007年	2 227

2004年世界主要国家居民专利申请文件数概况

- 美国 21%（185 008件）
- 日本 41%（362 342件）
- 德国 6%（48 329件）
- 中国 8%（65 586件）
- 韩国 12%（105 027件）
- 其他 12%（105 986件）

2004年世界主要国家非居民专利申请文件数概况

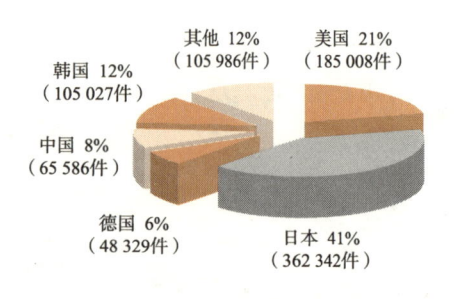

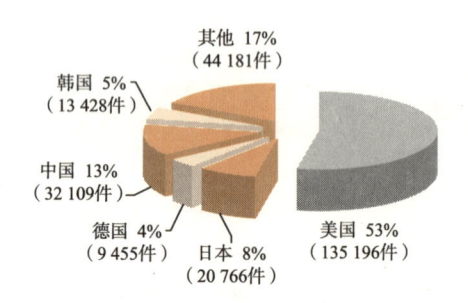

- 美国 53%（135 196件）
- 日本 8%（20 766件）
- 德国 4%（9 455件）
- 中国 13%（32 109件）
- 韩国 5%（13 428件）
- 其他 17%（44 181件）

（2）单位能耗

转变经济增长方式，实现可持续发展战略是中国政府近年来针对中国工业高能耗问题提出的政策措施。改革开放以来，中国主要高能耗产业的单位产值能耗明显降低，但距世界水平还有不少差距。

1985年以来中国石油加工、炼焦及核燃料加工业单位产值能耗概况（单位：吨标准煤/万元）

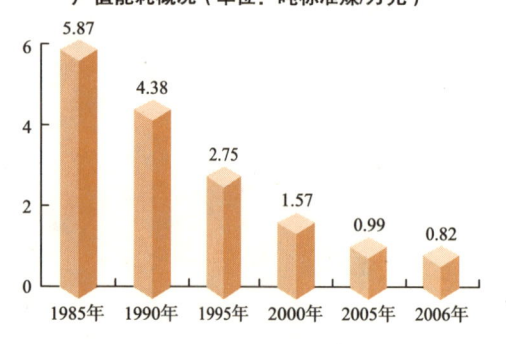

年份	能耗
1985年	5.87
1990年	4.38
1995年	2.75
2000年	1.57
2005年	0.99
2006年	0.82

1985年以来中国化学原料及化学制品制造业单位产值能耗概况（单位：吨标准煤/万元）

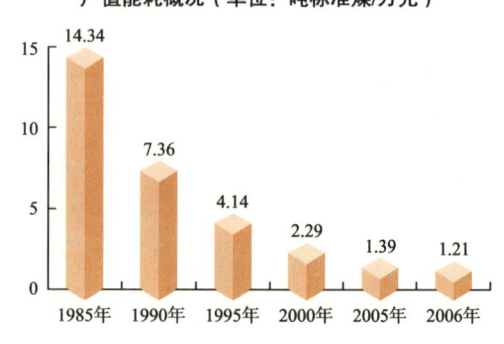

年份	能耗
1985年	14.34
1990年	7.36
1995年	4.14
2000年	2.29
2005年	1.39
2006年	1.21

1985年以来中国非金属矿物制品业单位产值能耗概况（单位：吨标准煤/万元）

- 1985年：18.97
- 1990年：10.92
- 1995年：4.33
- 2000年：3.17
- 2005年：2.07
- 2006年：1.70

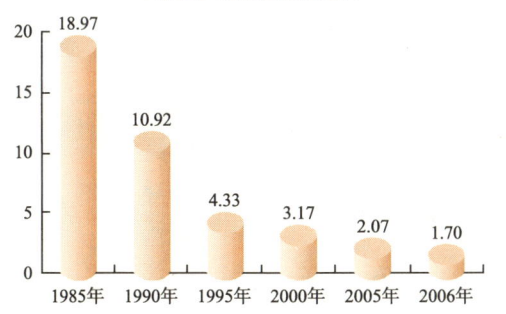

1985年以来中国黑色金属冶炼及压延加工业单位产值能耗概况（单位：吨标准煤/万元）

- 1985年：14.08
- 1990年：8.13
- 1995年：5.06
- 2000年：3.77
- 2005年：1.73
- 2006年：1.69

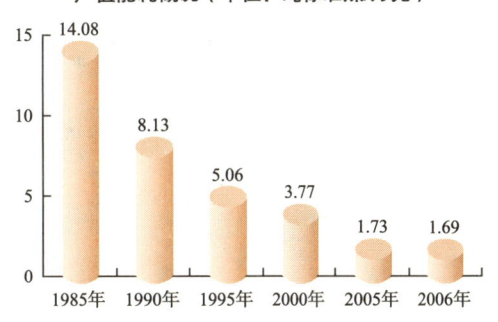

1985年以来中国有色金属冶炼及压延加工业单位产值能耗概况（单位：吨标准煤/万元）

- 1985年：6.97
- 1990年：3.71
- 1995年：2.07
- 2000年：1.76
- 2005年：0.91
- 2006年：0.67

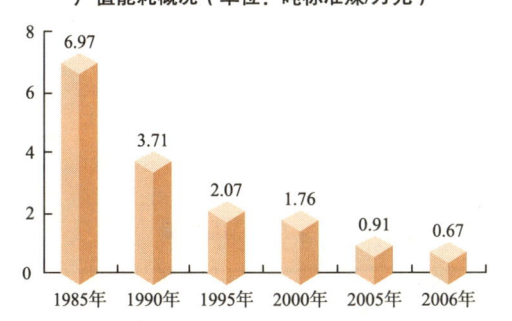

1995年以来中国电力、热力的生产及供应业单位产值能耗概况（单位：吨标准煤/万元）

- 1995年：3.23
- 2000年：2.21
- 2004年：1.95
- 2005年：0.89
- 2006年：0.81

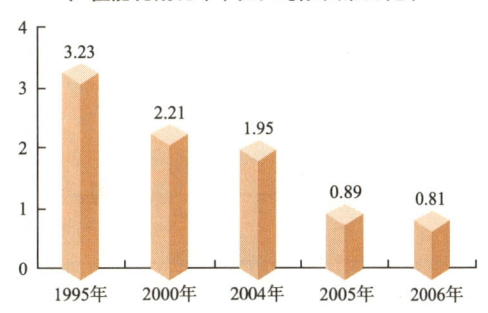

（3）产品质量

假冒伪劣产品严重损害了消费者利益，也降低了国外消费者对中国产品的认可度，中国政府和部分行业协会先后推出一系列政策措施和活动提高产品质量，严厉打击假冒伪劣产品，但从抽查产品的合格率来看，产品质量仍有待提高。

1988—2006年中国监督抽查产品质量合格率概况

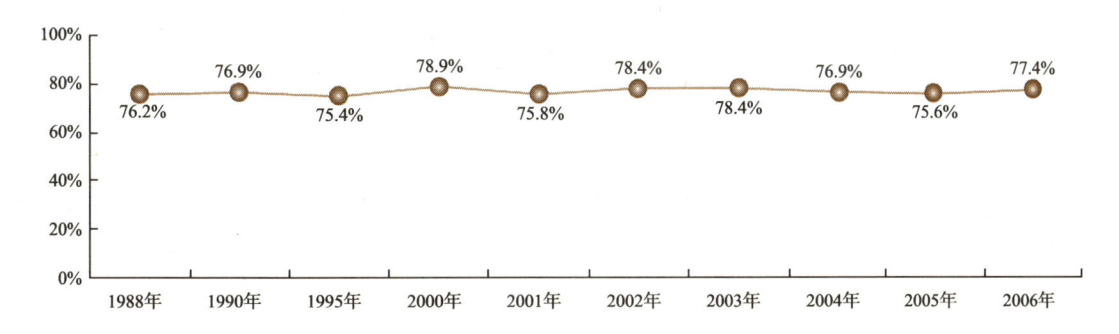

- 1988年：76.2%
- 1990年：76.9%
- 1995年：75.4%
- 2000年：78.9%
- 2001年：75.8%
- 2002年：78.4%
- 2003年：78.4%
- 2004年：76.9%
- 2005年：75.6%
- 2006年：77.4%

数读中国30年

1995年与2006年中国抽查产品分类别批次合格率比较

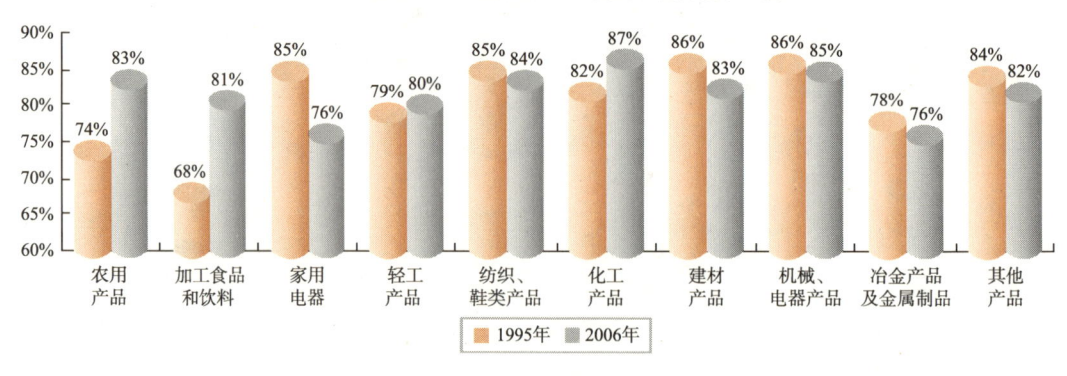

产品类别	1995年	2006年
农用产品	74%	83%
加工食品和饮料	68%	81%
家用电器	85%	76%
轻工产品	79%	80%
纺织、鞋类产品	85%	84%
化工产品	82%	87%
建材产品	86%	83%
机械、电器产品	86%	85%
冶金产品及金属制品	78%	76%
其他产品	84%	82%

小链接 中国高技术产业发展

近年来，中国高技术产业发展迅速，工业总产值逐年增加，高技术产品出口额占制成品出口额的比重与世界主要国家相比处于比较高的水平。但是在中国高技术产业中三资企业占主体地位，大多高技术产品是应用其他国家的技术与品牌，国产技术与品牌发展仍然滞后。

1995—2006年中国高技术产业工业总产值概况（单位：亿元）

年份	高技术产业工业总产值	占工业总产值的比重
1995年	4 098	7.5%
1996年	4 909	7.8%
1997年	5 972	8.7%
1998年	7 111	10.5%
1999年	8 217	11.3%
2000年	10 411	12.2%
2001年	12 263	12.8%
2002年	15 099	13.6%
2003年	20 556	14.4%
2004年	27 769	13.8%
2005年	34 367	13.7%
2006年	34 991	11.1%

1990年以来中国高技术产业出口额占制成品出口额的比重

年份	比重
1990年	6.11%
2000年	18.58%
2001年	20.57%
2002年	23.31%
2003年	27.10%
2004年	29.81%
2005年	30.60%

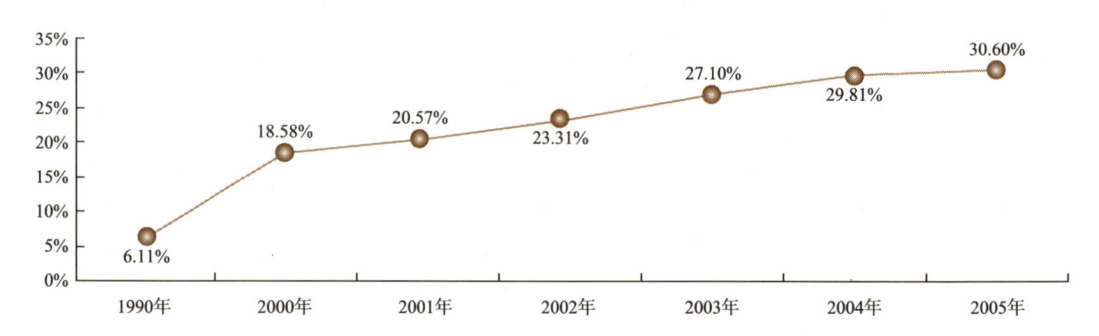

第六章 改革开放30年来中国工业与企业发展变化

2005年世界主要国家高技术产品出口额占制成品出口额的比重

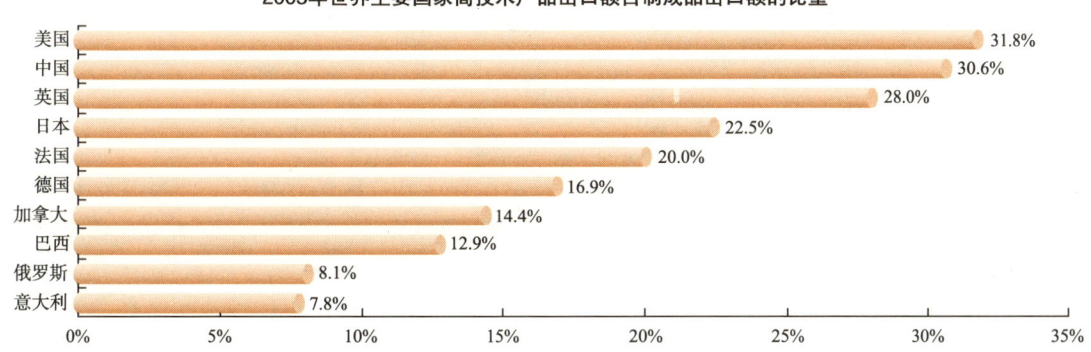

美国	31.8%
中国	30.6%
英国	28.0%
日本	22.5%
法国	20.0%
德国	16.9%
加拿大	14.4%
巴西	12.9%
俄罗斯	8.1%
意大利	7.8%

1995—2004年中国高技术产业中三资企业工业总产值概况（单位：亿元）

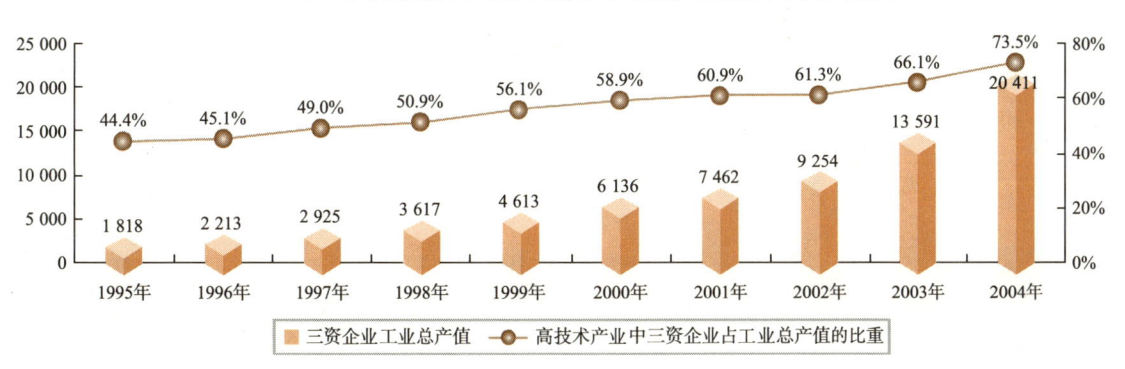

年份	三资企业工业总产值	高技术产业中三资企业占工业总产值的比重
1995年	1 818	44.4%
1996年	2 213	45.1%
1997年	2 925	49.0%
1998年	3 617	50.9%
1999年	4 613	56.1%
2000年	6 136	58.9%
2001年	7 462	60.9%
2002年	9 254	61.3%
2003年	13 591	66.1%
2004年	20 411	73.5%

99

第七章
改革开放30年来中国贸易与国际收支发展变化

一. 改革开放30年来中国进出口贸易的变迁

1978年,中国开始实行全方位的对外开放政策,确立了出口导向型的经济大发展模式,形成了经济特区——沿海开放城市——沿海经济开放区——内地,这样一个多层次、有重点,点、线、面相结合的对外开放新格局。在这个基础上,中国对外贸易蓬勃发展。1978年,中国进出口总额仅为206.4亿美元,2007年则达到了21 738.3亿美元,年均增幅为17.42%。随着对外贸易的不断发展,中国经济的对外依存度也不断提高,1978年中国经济对外依存度为9.74%,2007年上升到了66.91%。

改革开放30年来中国对外贸易进出口总额及经济对外依存度状况*(单位:亿美元)

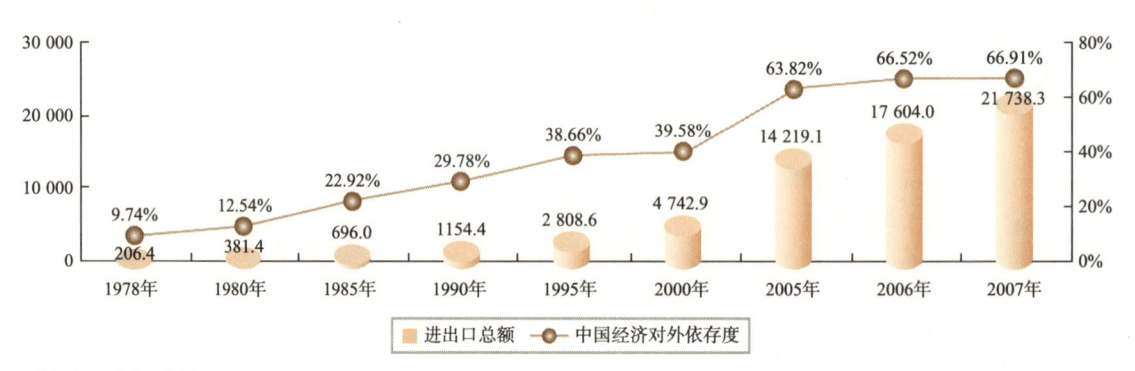

年份	进出口总额	对外依存度
1978年	206.4	9.74%
1980年	381.4	12.54%
1985年	696.0	22.92%
1990年	1154.4	29.78%
1995年	2808.6	38.66%
2000年	4742.9	39.58%
2005年	14219.1	63.82%
2006年	17604.0	66.52%
2007年	21738.3	66.91%

*对外依存度=进出口总额/GDP。

改革开放30年来中国货物进出口额状况(单位:亿美元)

年份	出口额	进口额	贸易差额
1978年	97.5	108.9	-11.4
1980年	181.2	200.2	-19.0
1985年	273.5	422.5	-149.0
1990年	620.9	533.5	87.4
1995年	1487.8	1320.8	167.0
2000年	2492.0	2250.9	241.1
2005年	7619.5	6599.5	1020.0
2006年	9689.4	7914.6	1774.8
2007年	12180.1	9558.2	2621.9

初级产品进出口

改革开放以来,随着中国经济增长不断加快,能源消耗量也不断增加,而中国资源匮乏,很多物资要依赖进口。从1995年开始中国初级产品进出口一直存在贸易逆差,而这逆差主要是由矿物燃料、润滑油、非食用燃料等基础工业原料不足造成的。

1980年以来中国初级产品进出口状况(单位:亿美元)

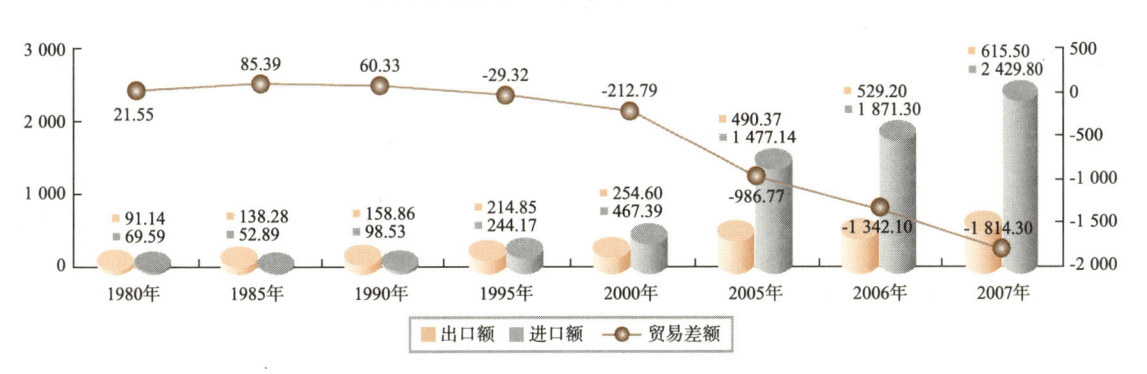

年份	出口额	进口额	贸易差额
1980年	91.14	69.59	21.55
1985年	138.28	52.89	85.39
1990年	158.86	98.53	60.33
1995年	214.85	244.17	-29.32
2000年	254.60	467.39	-212.79
2005年	490.37	1 477.14	-986.77
2006年	529.20	1 871.30	-1 342.10
2007年	615.50	2 429.80	-1 814.30

1980年以来中国食品及主要供食用的活动物进出口额状况(单位:亿美元)

年份	出口额	进口额	贸易差额
1980年	29.85	29.27	0.58
1985年	38.03	15.53	22.50
1990年	66.09	32.74	33.35
1995年	99.54	38.22	61.32
2000年	122.82	47.58	75.24
2005年	224.80	93.88	130.92
2006年	257.20	99.90	157.30
2007年	307.50	115.00	192.50

1980年以来中国饮料及烟草类商品进出口额状况(单位:亿美元)

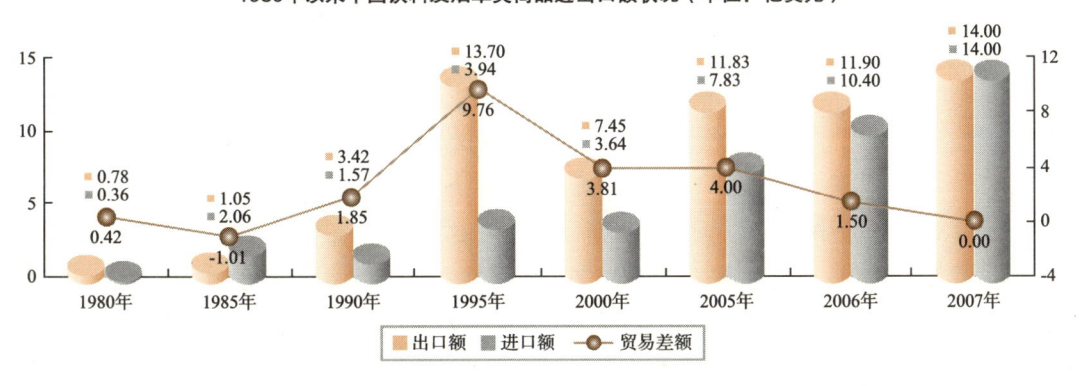

年份	出口额	进口额	贸易差额
1980年	0.78	0.36	0.42
1985年	1.05	2.06	-1.01
1990年	3.42	1.57	1.85
1995年	13.70	3.94	9.76
2000年	7.45	3.64	3.81
2005年	11.83	7.83	4.00
2006年	11.90	10.40	1.50
2007年	14.00	14.00	0.00

1980年以来中国非食用原料（燃料除外）进出口额状况（单位：亿美元）

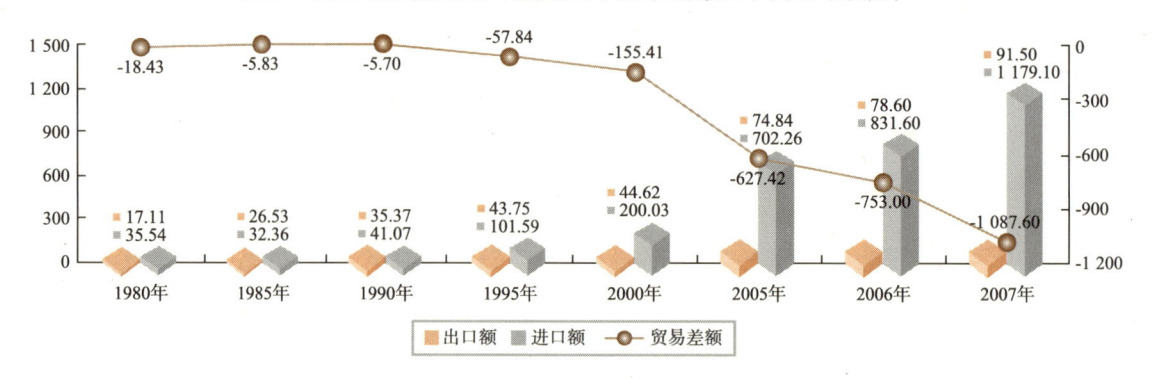

年份	出口额	进口额	贸易差额
1980年	17.11	35.54	-18.43
1985年	26.53	32.36	-5.83
1990年	35.37	41.07	-5.70
1995年	43.75	101.59	-57.84
2000年	44.62	200.03	-155.41
2005年	74.84	702.26	-627.42
2006年	78.60	831.60	-753.00
2007年	91.50	1 179.10	-1 087.60

1980年以来中国矿物燃料、润滑油及有关原料进出口额状况（单位：亿美元）

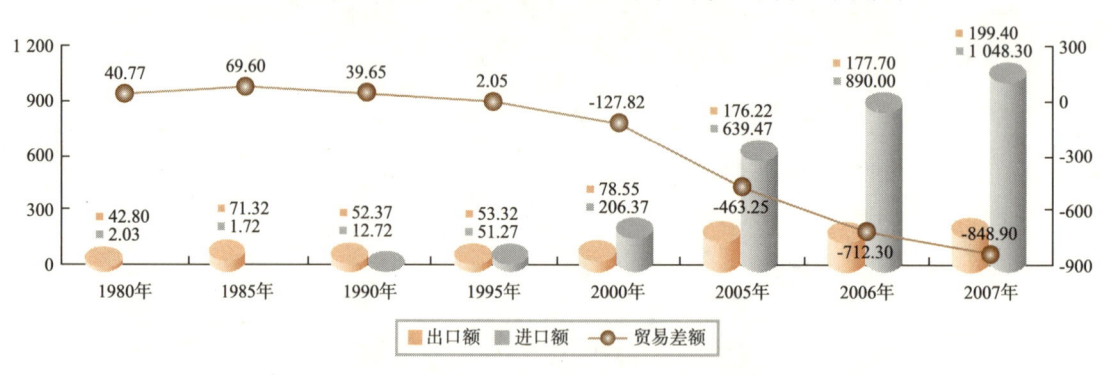

年份	出口额	进口额	贸易差额
1980年	42.80	2.03	40.77
1985年	71.32	1.72	69.60
1990年	52.37	12.72	39.65
1995年	53.32	51.27	2.05
2000年	78.55	206.37	-127.82
2005年	176.22	639.47	-463.25
2006年	177.70	890.00	-712.30
2007年	199.40	1 048.30	-848.90

1980年以来中国动、植物油脂及蜡进出口额状况（单位：亿美元）

年份	出口额	进口额	贸易差额
1980年	1.35	2.39	-1.79
1985年	0.60	1.22	0.13
1990年	1.61	9.82	-8.21
1995年	4.54	26.05	-21.51
2000年	1.16	9.77	-8.61
2005年	2.68	33.70	-31.02
2006年	3.70	39.40	-35.70
2007年	3.00	73.40	-70.40

工业制成品进出口

改革开放以来,中国制造业迅速发展,国家通过出口退税等一系列优惠措施鼓励企业出口,工业制成品的出口不断壮大。在工业制成品的进出口中,除了化学产品一直存在贸易逆差,其余的工业产品均存在着贸易顺差。

1980年以来中国工业制成品进出口额状况(单位:亿美元)

年份	出口额	进口额	贸易差额
1980年	90.05	130.58	-40.53
1985年	135.22	369.63	-234.41
1990年	462.05	434.92	27.13
1995年	1 272.95	1 076.67	196.28
2000年	2 237.43	1 783.55	453.88
2005年	7 129.16	5 122.39	2 006.77
2006年	9 160.20	6 043.30	3 116.90
2007年	11 564.70	7 128.40	4 436.30

1980年以来中国化学成品及有关产品进出口额状况(单位:亿美元)

年份	出口额	进口额	贸易差额
1980年	11.20	29.09	-17.89
1985年	13.58	44.69	-31.11
1990年	37.30	66.48	-29.18
1995年	90.94	172.99	-82.05
2000年	120.98	302.13	-181.15
2005年	357.72	777.34	-419.62
2006年	445.30	870.50	-425.20
2007年	603.60	1 075.00	-471.40

1980年以来中国轻纺产品、橡胶制品、矿冶产品及其制品进出口额状况(单位:亿美元)

年份	出口额	进口额	贸易差额
1980年	39.99	41.54	-1.55
1985年	44.93	118.98	-74.05
1990年	125.76	89.06	36.70
1995年	322.40	287.72	34.68
2000年	425.46	418.07	7.39
2005年	1 291.21	479.64	811.57
2006年	1 748.20	879.00	869.20
2007年	2 198.90	1 170.20	1 028.70

数读 中国30年

1980年以来中国机械及运输设备进出口额状况（单位：亿美元）

年份	出口额	进口额	贸易差额
1980年	8.43	51.19	-42.76
1985年	7.72	162.39	-154.67
1990年	55.88	168.45	-112.57
1995年	314.07	526.42	-212.35
2000年	826.00	919.31	-93.31
2005年	3 522.34	2 904.78	617.56
2006年	4 563.40	3 570.20	993.20
2007年	5 771.90	4 125.10	1646.80

二、改革开放30年来中国进出口商品的结构变迁

1978年以来，随着改革开放政策的不断推行，经济增长的加快，中国进出口商品结构也发生了很大的变化。1980年在中国外贸出口额构成中，工业制成品和初级产品所占的比重大体相同，而到了2007年，初级产品仅占出口额的5.05%，工业制成品的份额达到了94.95%。

1980年中国外贸出口额构成
- 初级产品 50.30%（91.14亿美元）
- 工业制成品 49.70%（90.06亿美元）

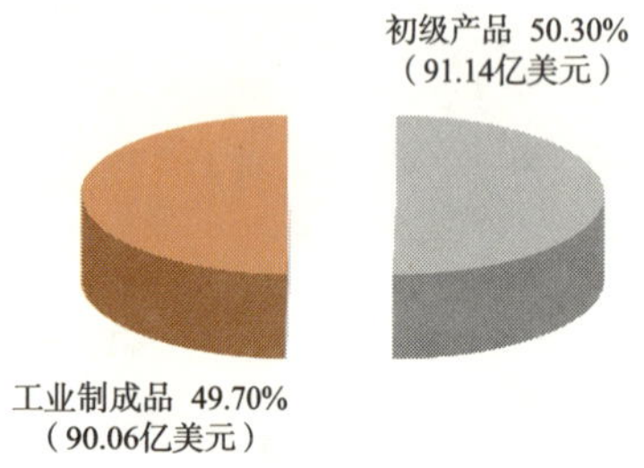

2007年中国外贸出口额构成
- 初级产品 5.05%（615.5亿美元）
- 工业制成品 94.95%（11 564.7亿美元）

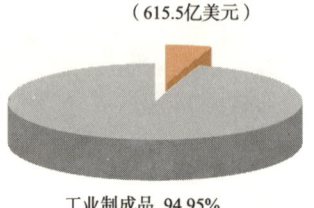

1980年中国外贸进口额构成
- 初级产品 34.77%（69.59亿美元）
- 工业制成品 65.23%（130.58亿美元）

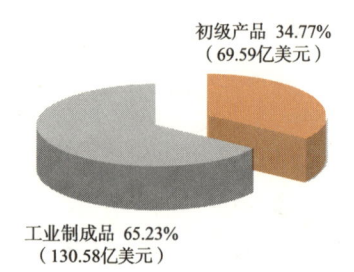

2007年中国外贸进口额构成
- 初级产品 25.42%（2 429.8亿美元）
- 工业制成品 74.58%（7 128.4亿美元）

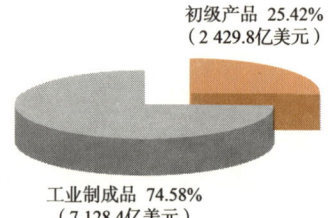

第七章 改革开放30年来中国贸易与国际收支发展变化

改革开放以来,中国初级产品进出口额结构都有了一些变化,主要表现在矿物燃料、润滑油等原料的出口额比重下降,而进口额比重上升。和1980年相比,2007年中国矿物燃料、润滑油出口额占初级产品出口额的比重下降了14.56%,而进口额比重上升了40.22%。

1980年中国初级产品出口额构成情况

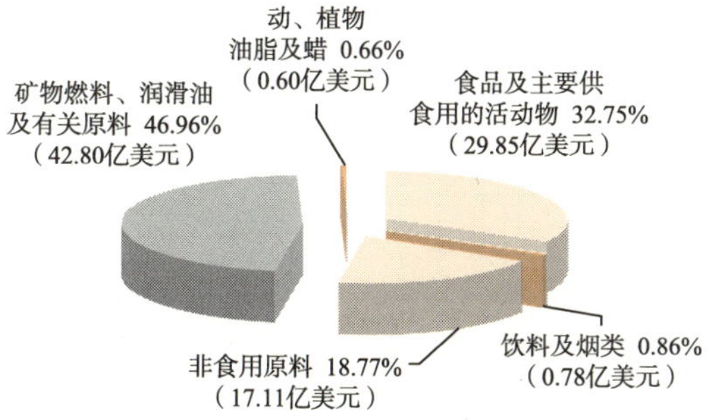

- 动、植物油脂及蜡 0.66%（0.60亿美元）
- 食品及主要供食用的活动物 32.75%（29.85亿美元）
- 矿物燃料、润滑油及有关原料 46.96%（42.80亿美元）
- 非食用原料 18.77%（17.11亿美元）
- 饮料及烟类 0.86%（0.78亿美元）

2007年中国初级产品出口额构成情况

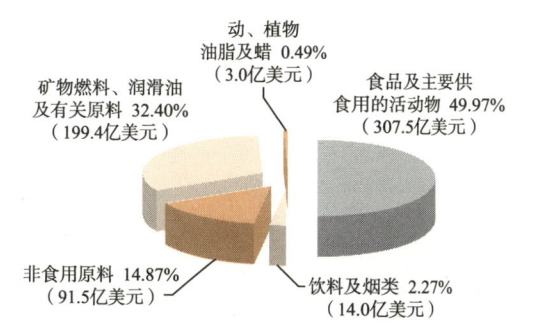

- 动、植物油脂及蜡 0.49%（3.0亿美元）
- 食品及主要供食用的活动物 49.97%（307.5亿美元）
- 矿物燃料、润滑油及有关原料 32.40%（199.4亿美元）
- 非食用原料 14.87%（91.5亿美元）
- 饮料及烟类 2.27%（14.0亿美元）

1980年中国初级产品进口额构成情况

- 动、植物油脂及蜡 3.43%（2.39亿美元）
- 食品及主要供食用的活动物 42.06%（29.27亿美元）
- 矿物燃料、润滑油及有关原料 2.92%（2.03亿美元）
- 非食用原料 51.07%（35.54亿美元）
- 饮料及烟类 0.52%（0.36亿美元）

2007年中国初级产品进口额构成情况

- 食品及主要供食用的活动物 4.73%（115.00亿美元）
- 动、植物油脂及蜡 3.02%（73.40亿美元）
- 饮料及烟类 0.58%（14.00亿美元）
- 矿物燃料、润滑油及有关原料 43.14%（1 048.30亿美元）
- 非食用原料 48.53%（1 179.10亿美元）

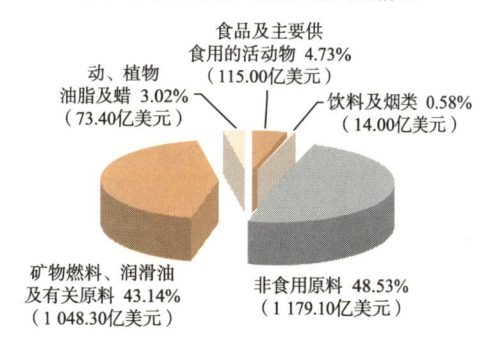

在改革开放30年中,中国工业制成品的进出口结构也发生了一些变化,主要体现在轻纺产品、矿冶产品的出口额和进口额比重的下降,而机械及运输设备的出口额和进口额比重都呈上升趋势。

1980年中国工业制成品出口额构成情况

- 未分类的其他商品 2.30%（2.07亿美元）
- 杂项制品 31.49%（28.36亿美元）
- 化学品及有关产品 12.44%（11.20亿美元）
- 机械及运输设备 9.36%（8.43亿美元）
- 轻纺产品、橡胶制品、矿冶产品及其制品 44.41%（39.99亿美元）

2007年中国工业制成品出口额构成情况

- 未分类的其他商品 0.19%（21.8亿美元）
- 杂项制品 25.67%（2 968.5亿美元）
- 化学品及有关产品 5.22%（603.6亿美元）
- 轻纺产品、橡胶制品、矿冶产品及其制品 19.01%（2 198.9亿美元）
- 机械及运输设备 49.91%（5 771.9亿美元）

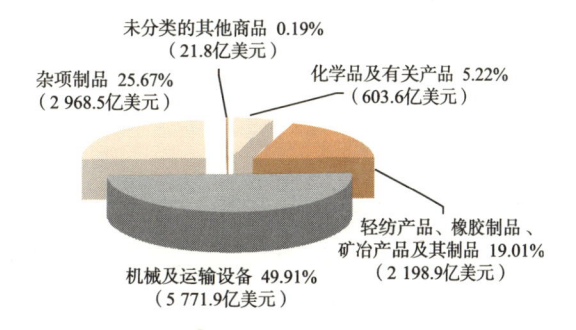

1980年中国工业制成品进口额构成情况

- 未分类的其他商品 2.56%（3.34亿美元）
- 杂项制品 4.15%（5.42亿美元）
- 机械及运输设备 39.20%（51.19亿美元）
- 化学品及有关产品 22.28%（29.09亿美元）
- 轻纺产品、橡胶制品、矿冶产品及其制品 31.81%（41.54亿美元）

2007年中国工业制成品进口额构成情况

- 未分类的其他商品 0.35%（24.60亿美元）
- 杂项制品 12.27%（875.00亿美元）
- 化学品及有关产品 15.08%（1 075.00亿美元）
- 机械及运输设备 57.87%（4 125.10亿美元）
- 轻纺产品、橡胶制品、矿冶产品及其制品 14.43%（1 028.70亿美元）

三、改革开放30年来中国国际收支状况和外汇储备走势

改革开放30年来，随着中国对外贸易的不断发展，鼓励出口政策的推行，中国国际收支不平衡现象也越来越严重，对外贸易顺差不断扩大。1983年，中国经常项目差额为42.4亿美元，2007年则达到了3 718.33亿美元。贸易顺差的不断扩大，使得中国外汇储备也不断增加，1978年中国外汇储备为1.67亿美元，2007年则达到了15 282.49美元，增速惊人。

改革开放30年来中国外汇储备走势（单位：亿美元）

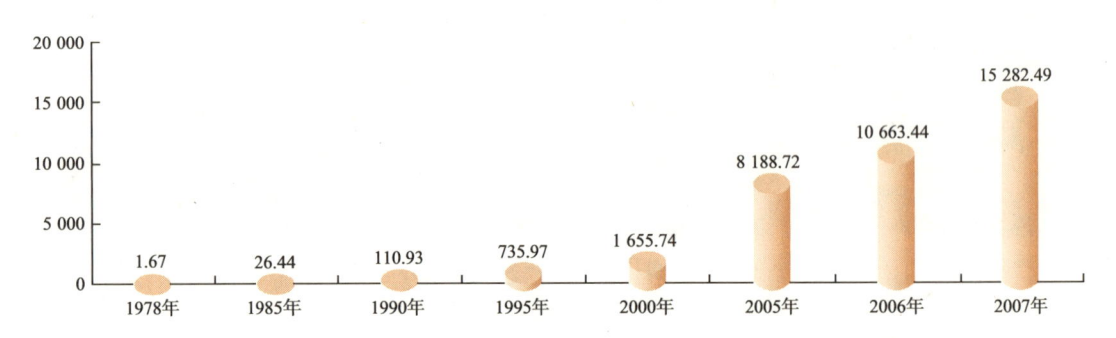

1978年	1.67
1985年	26.44
1990年	110.93
1995年	735.97
2000年	1 655.74
2005年	8 188.72
2006年	10 663.44
2007年	15 282.49

1983年以来中国国际收支概况（单位：亿美元）

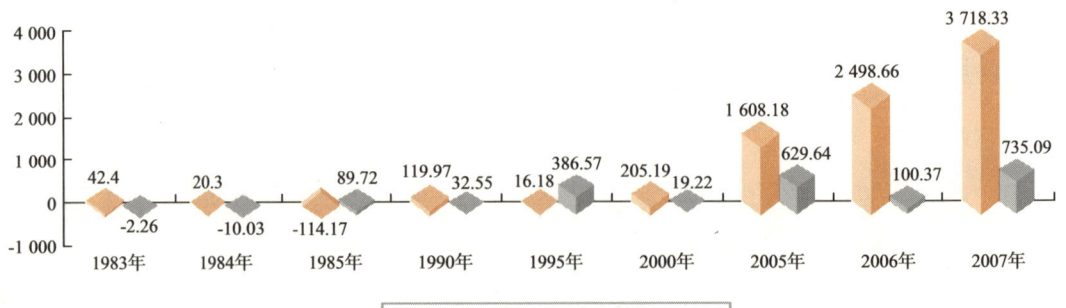

年份	经常项目差额	资本和金融项目差额
1983年	42.4	-2.26
1984年	20.3	-10.03
1985年	-114.17	89.72
1990年	119.97	32.55
1995年	16.18	386.57
2000年	205.19	19.22
2005年	1 608.18	629.64
2006年	2 498.66	100.37
2007年	3 718.33	735.09

第七章
改革开放30年来中国贸易与国际收支发展变化

经常项目:指本国与外国进行经济交易而经常发生的项目,是国际收支平衡表中最主要的项目。包括对外贸易收支(本国海关进出口货物而发生的外汇收支)、非贸易往来(又称劳务收支或无形贸易收支,包括货运、港口供应与劳务、旅游收支、投资收支和其他非贸易往来收支)和无偿转让(本国与国际组织、外国政府之间相互的无偿援助和捐赠,以及私人的侨汇和居民的其他收入)三个项目;资本项目:指资本的输出输入,所反映的是本国和外国之间以货币表示的债权债务的变动,在国际收支平衡表中,是与经常项目并列的两个主要项目之一,用于统计资本国际收支的项目,主要包括资本(直接投资、证券投资等)和储备(货币黄金储备、外汇储备、国际货币基金组织的特别提款权和国际货币基金组织成员国在基金组织的储备头寸、外汇)两项内容。

1983年中国经常项目差额构成
- 经常转移 12.05%(5.11亿美元)
- 收益 27.31%(11.58亿美元)
- 货物和服务 60.64%(25.71亿美元)

2007年中国经常项目差额构成
- 经常转移 10.40%(386.68亿美元)
- 收益 6.91%(256.88亿美元)
- 货物和服务 82.69%(3 074.77亿美元)

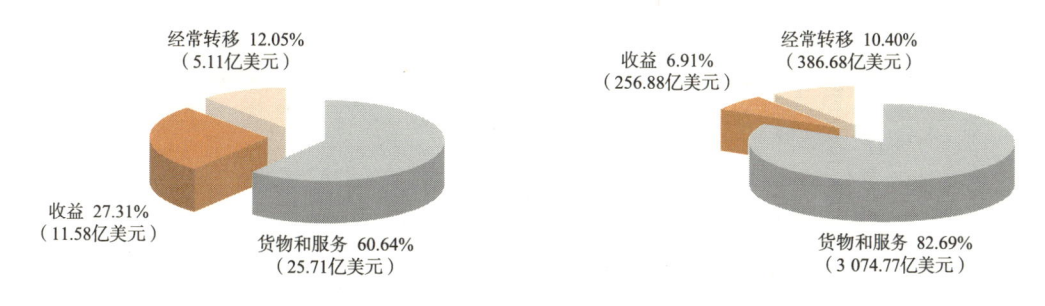

1983年,中国经常项目差额中货物和服务占60.64%,随着鼓励出口政策的实施,货物和服务贸易占经常项目差额的比重不断加大,2007年达到了82.69%。

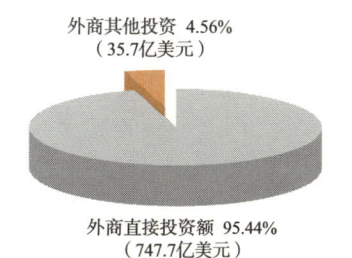

1983年以来中国实际使用外资额走势*(单位:亿美元)

1983年	22.6
1984年	28.7
1985年	47.6
1990年	102.9
1995年	481.3
2000年	593.6
2005年	638.1
2006年	670.8
2007年	783.4

*实际使用外资不包括银行、证券、保险部门数据。

1983年中国实际使用外资额构成
- 外商其他投资 12.33%(2.8亿美元)
- 外商直接投资额 40.53%(9.2亿美元)
- 对外借款 47.14%(10.7亿美元)

2007年中国实际使用外资额构成
- 外商其他投资 4.56%(35.7亿美元)
- 外商直接投资额 95.44%(747.7亿美元)

数读 中国30年

1983年以来外商直接投资额状况*（单位：亿美元）

年份	外商直接投资额	占GDP比重
1983年	9.2	0.5%
1984年	14.2	0.3%
1985年	19.6	0.6%
1990年	34.9	0.9%
1995年	375.2	5.2%
2000年	407.2	3.4%
2005年	603.3	2.7%
2006年	630.2	2.6%
2007年	747.7	2.5%

*实际使用外资不包括银行、证券、保险部门数据。

小资料

2006年对外贸易出口额排名前10位国家比较（单位：亿美元）

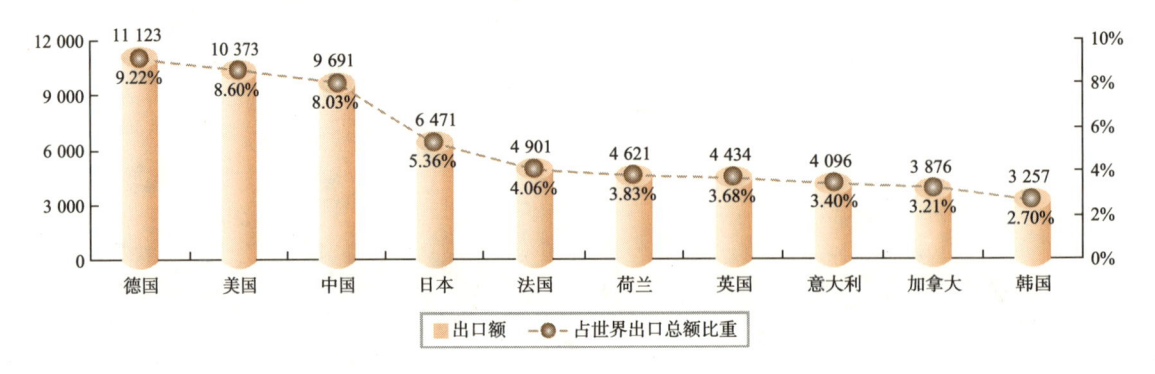

国家	出口额	占世界出口总额比重
德国	11 123	9.22%
美国	10 373	8.60%
中国	9 691	8.03%
日本	6 471	5.36%
法国	4 901	4.06%
荷兰	4 621	3.83%
英国	4 434	3.68%
意大利	4 096	3.40%
加拿大	3 876	3.21%
韩国	3 257	2.70%

2005年世界主要国家对外贸易依存度比较

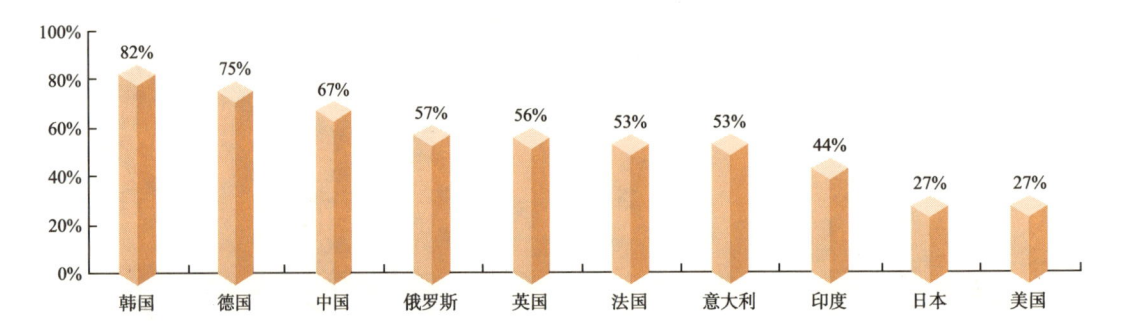

国家	依存度
韩国	82%
德国	75%
中国	67%
俄罗斯	57%
英国	56%
法国	53%
意大利	53%
印度	44%
日本	27%
美国	27%

第八章
改革开放 30 年来中国财政与金融发展变化

一. 改革开放 30 年来中国财政收支的变化

伴随着中国经济的快速发展和国家财政体制的改革，中国的财政收支一直呈稳步上升趋势，2007年财政总收入51 304亿元，比1978年的1 122.09亿元，增长了44.3倍，年平均增长速度达到14.05%；2007年财政支出49 565.40元，是1978年的44.2倍，年平均增长速度达到13.95%，均超过GDP的平均增长速度。

改革开放30年来中国国家财政收支状况（单位：亿元）

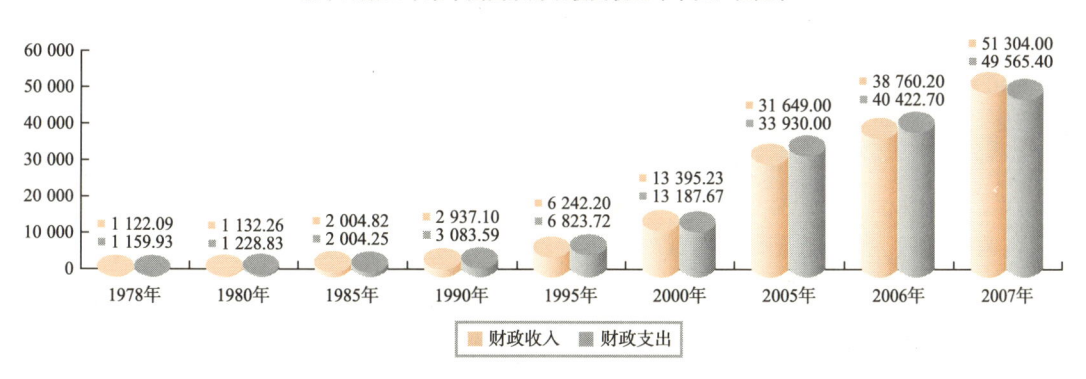

年份	财政收入	财政支出
1978年	1 122.09	1 159.93
1980年	1 132.26	1 228.83
1985年	2 004.82	2 004.25
1990年	2 937.10	3 083.59
1995年	6 242.20	6 823.72
2000年	13 395.23	13 187.67
2005年	31 649.00	33 930.00
2006年	38 760.20	40 422.70
2007年	51 304.00	49 565.40

改革开放30年来中国税收总额增长状况（单位：亿元）

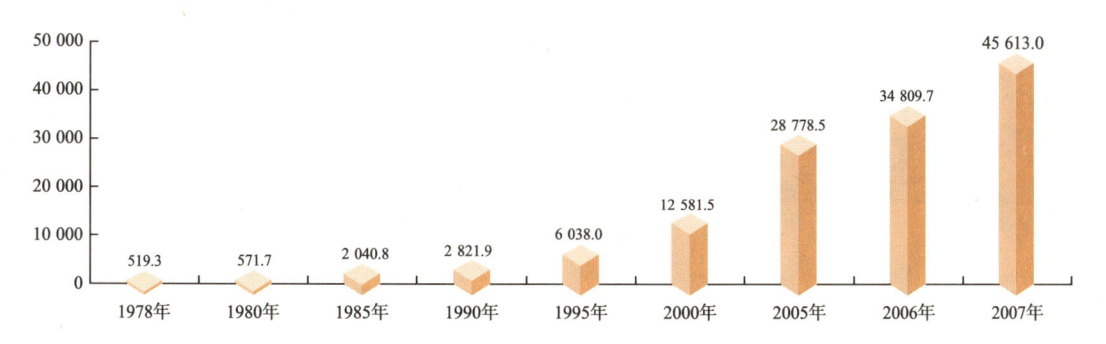

年份	税收总额
1978年	519.3
1980年	571.7
1985年	2 040.8
1990年	2 821.9
1995年	6 038.0
2000年	12 581.5
2005年	28 778.5
2006年	34 809.7
2007年	45 613.0

小链接 土地出让金和地方财政

1997—2006年中国土地出让金及其占地方财政收入比例状况（单位：亿元）

年份	中国地方财政收入	土地出让金	占地方财政收入比例
1997年	4 424.2	247.6	5.60%
1998年	4 984.0	375.4	7.53%
1999年	5 594.9	500.0	8.94%
2000年	6406.1	733.9	11.46%
2001年	7 803.3	1 038.8	13.31%
2002年	8 515.0	1 445.8	16.98%
2003年	9 850.0	2 055.2	20.86%
2004年	11 893.4	5 894.0	49.56%
2005年	15 100.8	5 505.0	36.46%
2006年	18 303.6	7 676.9	41.94%

自1993年的分税制改革后，中央把土地出让金全部划归地方政府。由于种种原因，土地出让金始终不是财政预算内的收入，这就给地方政府的财政收入留下了巨大的操作空间。2005年，即使在国家收紧"地根"的情况下，土地出让金总额仍有5 505亿元；2006年，全国土地出让金总额则达到了7 000多亿元；2007年，全国土地出让金收入约1.2万亿元，再创历史新高。包括土地出让金和相关税费在内的土地收入，已经成为地方政府的主要经济来源，在东部沿海发达地区，有的县市土地出让金收入占到了其地方财政收入的一半以上，许多地方财政因此便成为事实上的"土地财政"。

改革开放30年来国家财政收支占国内生产总值的比重

年份	财政收入占GDP比重	财政支出占GDP比重
1978年	31.1%	30.8%
1980年	25.5%	27.0%
1985年	22.2%	22.2%
1990年	15.7%	16.5%
1995年	10.3%	11.2%
2000年	13.5%	16.0%
2005年	17.2%	18.5%
2006年	18.3%	19.1%
2007年	20.6%	19.9%

1978年中国国家财政按功能性质分类支出结构

- 行政管理费 4.71%（52.9亿元）
- 其他支出 3.15%（35.4亿元）
- 国防费 14.96%（167.8亿元）
- 社会文教费 13.10%（147.0亿元）
- 经济建设费 64.08%（719.0亿元）

2006年中国国家财政按功能性质分类支出结构

- 其他支出 17.21%（6 959.4亿元）
- 经济建设费 26.56%（10 734.6亿元）
- 行政管理费 7.37%（2 979.4亿元）
- 国防费 22.03%（903.1亿元）
- 社会文教费 26.83%（10 846.2亿元）

1978年以来中国财政支出中基本建设支出情况（单位：亿元）

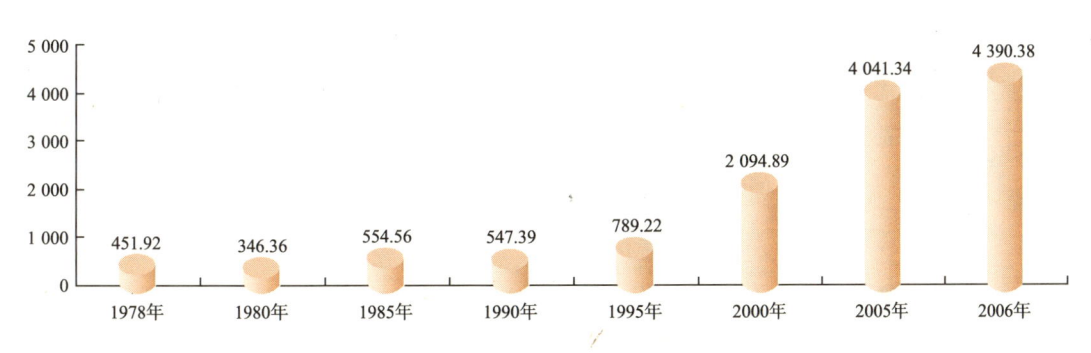

1978年	451.92
1980年	346.36
1985年	554.56
1990年	547.39
1995年	789.22
2000年	2 094.89
2005年	4 041.34
2006年	4 390.38

1978年以来中国财政支出中支农支出情况（单位：亿元）

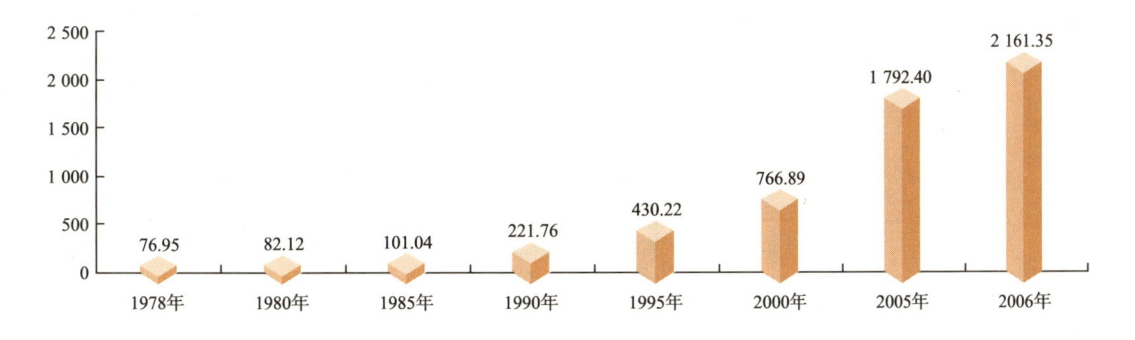

1978年	76.95
1980年	82.12
1985年	101.04
1990年	221.76
1995年	430.22
2000年	766.89
2005年	1 792.40
2006年	2 161.35

数读 中国30年

1978年以来中国财政支出中挖潜改造资金和科技三项费用支出情况（单位：亿元）

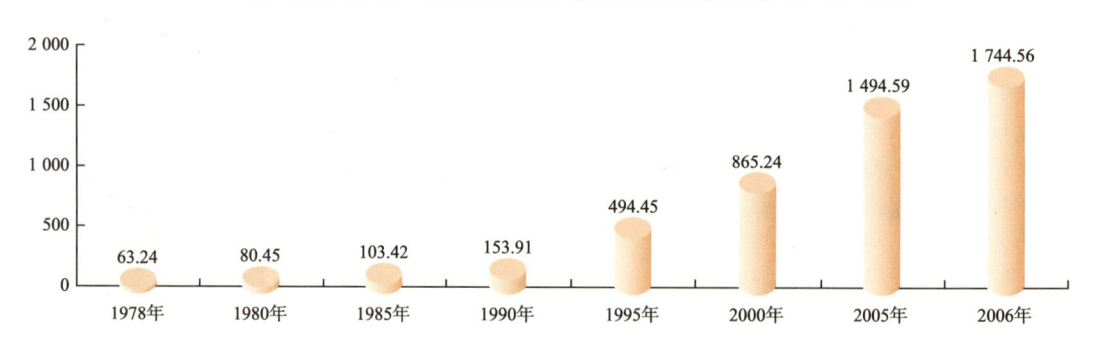

1978年	63.24
1980年	80.45
1985年	103.42
1990年	153.91
1995年	494.45
2000年	865.24
2005年	1 494.59
2006年	1 744.56

1978年以来中国财政支出中文教、科学、卫生支出情况（单位：亿元）

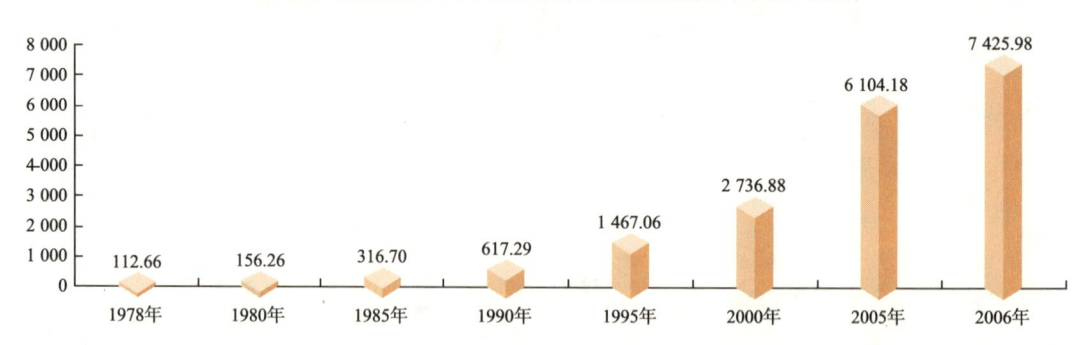

1978年	112.66
1980年	156.26
1985年	316.70
1990年	617.29
1995年	1 467.06
2000年	2 736.88
2005年	6 104.18
2006年	7 425.98

1978年以来中国财政支出中国防支出情况（单位：亿元）

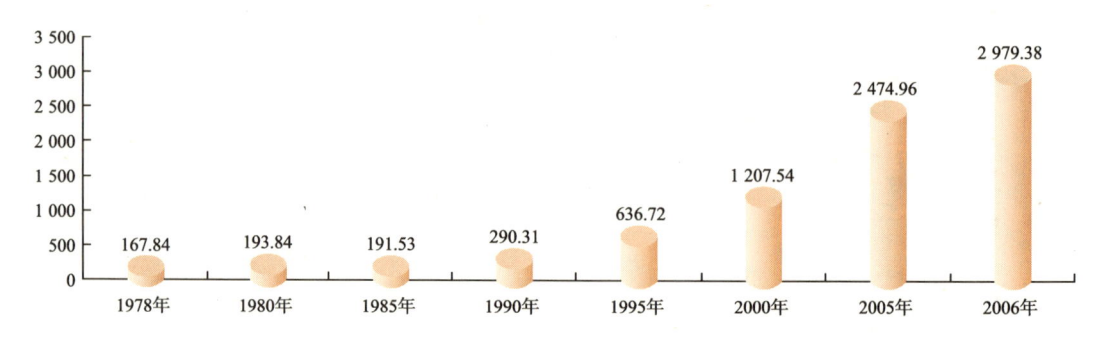

1978年	167.84
1980年	193.84
1985年	191.53
1990年	290.31
1995年	636.72
2000年	1 207.54
2005年	2 474.96
2006年	2 979.38

第八章
改革开放30年来中国财政与金融发展变化

1978年以来中国财政支出中行政管理费支出情况（单位：亿元）

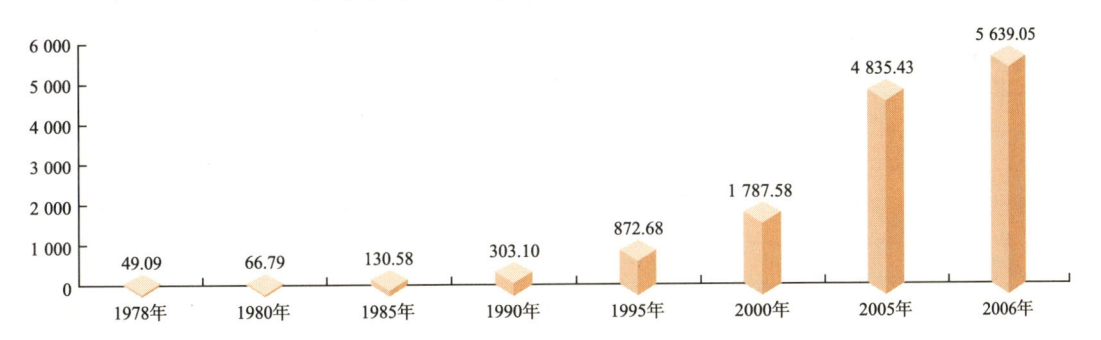

1978年	49.09
1980年	66.79
1985年	130.58
1990年	303.10
1995年	872.68
2000年	1 787.58
2005年	4 835.43
2006年	5 639.05

1978年以来中国财政支出中社会保障支出情况（单位：亿元）

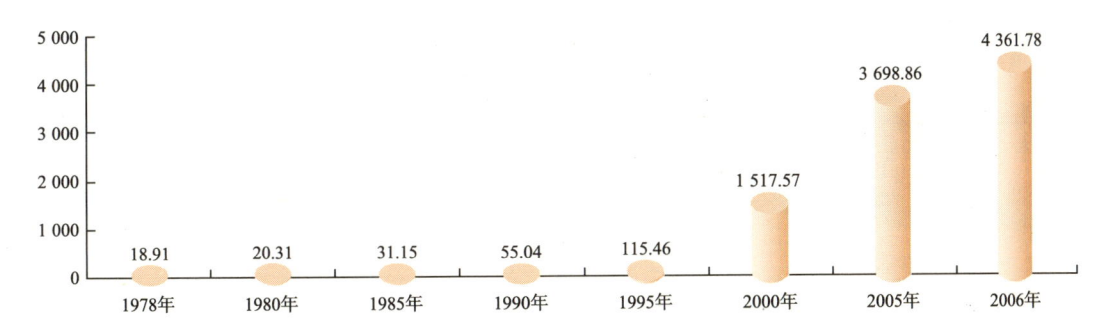

1978年	18.91
1980年	20.31
1985年	31.15
1990年	55.04
1995年	115.46
2000年	1 517.57
2005年	3 698.86
2006年	4 361.78

1978年以来中国财政支出中政策性补贴支出情况（单位：亿元）

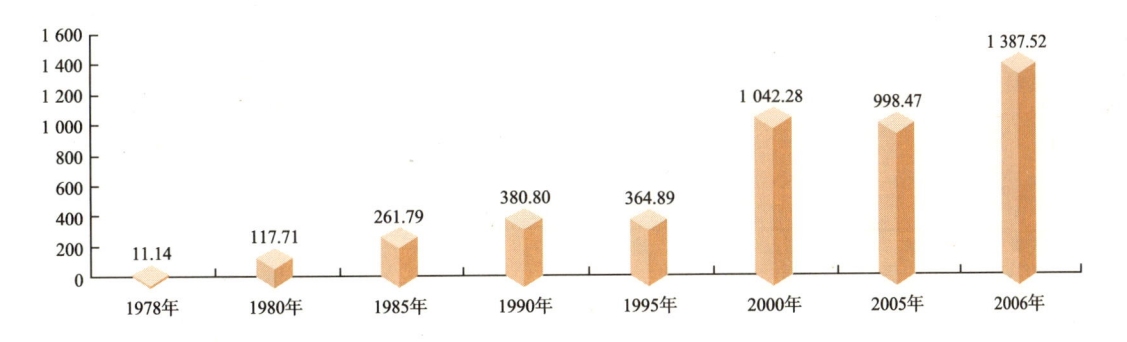

1978年	11.14
1980年	117.71
1985年	261.79
1990年	380.80
1995年	364.89
2000年	1 042.28
2005年	998.47
2006年	1 387.52

财政支出结构综合反映一国政府活动的范围和方向。改革开放以来，尤其是社会主义市场经济体制的确立，使中国的财政模式发生了根本性的变化，财政支出结构已作了相应的调整。其中经济建设费所占比重有所下降，但仍占财政支出的较大比重；行政管理费支出增长过快，占财政支出的比重逐年上升，根本的原因是机构和人员编制急剧膨胀，导致财政支出结构不合理，加重了财政负担；科教文化卫生事业投入比重有了明显提高，但仍不能满足"科教兴国"战略的需要；国防费明显偏低，阻碍了国防现代化建设的进程；社会保障支出偏低，影响了经济的市场化进程。

小资料

中央和地方税收收入的划分

中央固定收入	消费税（含进口环节海关代征的部分），车辆购置税，关税，海关代征的进口环节增值税，中央企业所得税，地方银行和外资银行及非银行金融企业所得税，铁道部门、各银行总行、各保险总公司等集中缴纳的收入（包括营业税、所得税、利润和城市维护建设税），中央企业上缴利润等。
地方固定收入	营业税（不含铁道部门、各银行总行、各保险总公司集中缴纳的营业税），地方企业所得税（不含地方银行和外资银行及非银行金融企业所得税），地方企业上缴利润，个人所得税，城镇土地使用税，固定资产投资方向调节税，城市维护建设税（不含铁道部门、各银行总行、各保险总公司集中缴纳的部分），房产税，车船使用税，印花税，屠宰税，农牧业税，对农业特产收入征收的农业税，耕地占用税，契税，遗产和赠与税，土地增值税，国有土地有偿使用收入等。
中央与地方共享收入	增值税（不含进口环节由海关代征的部分）：中央分享75%，地方分享25%； 营业税：铁道部门、各银行总行、各保险总公司集中缴纳的部分归中央，其余归地方； 企业所得税：铁道部门、各银行总行及海洋石油企业缴纳的部分归中央，其余中央分享60%，地方分享40%； 个人所得税：除储蓄存款利息所得的个人所得税外，其余中央分享60%，地方分享40%； 资源税：海洋石油企业缴纳的部分归中央政府，其余部分归地方； 城市维护建设税：铁道部门、各银行总行、各保险总公司集中缴纳的部分归中央，其余归地方； 印花税：证券交易印花税收入的94%归中央，其余6%和其他印花税收入归地方。

第八章
改革开放30年来中国财政与金融发展变化

小链接：世界主要国家中央政府财政收支比较

2005年世界主要国家中央政府财政收入比较

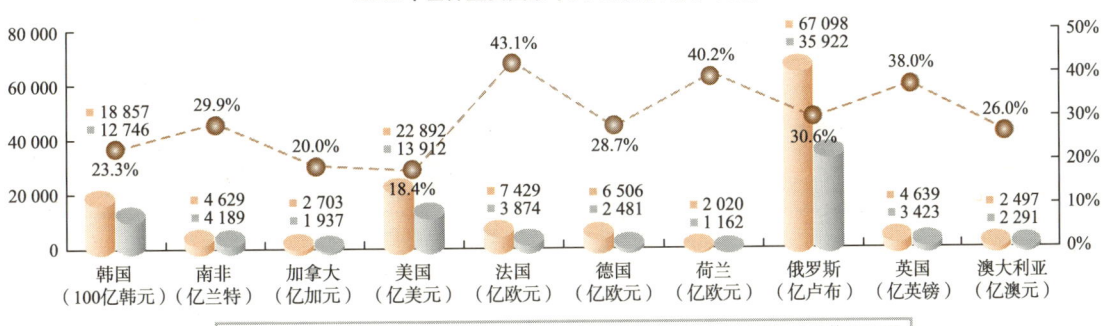

国家	中央政府财政收入	税收收入	占GDP比重
韩国（100亿韩元）	18 857	12 746	23.3%
南非（亿兰特）	4 629	4 189	29.9%
加拿大（亿加元）	2 703	1 937	20.0%
美国（亿美元）	22 892	13 912	18.4%
法国（亿欧元）	7 429	3 874	43.1%
德国（亿欧元）	6 506	2 481	28.7%
荷兰（亿欧元）	2 020	1 162	40.2%
俄罗斯（亿卢布）	67 098	35 922	30.6%
英国（亿英镑）	4 639	3 423	38.0%
澳大利亚（亿澳元）	2 497	2 291	26.0%

2005年世界主要国家中央政府财政总支出情况*

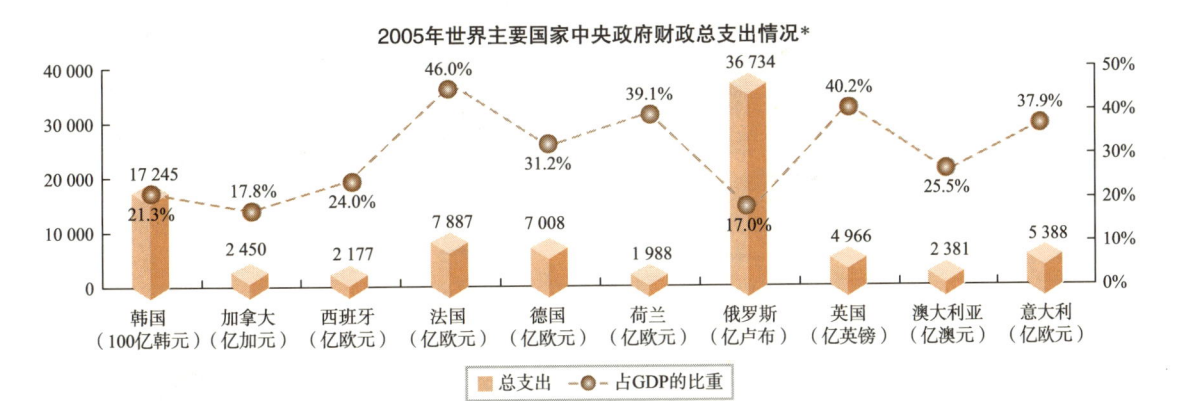

国家	总支出	占GDP的比重
韩国（100亿韩元）	17 245	21.3%
加拿大（亿加元）	2 450	17.8%
西班牙（亿欧元）	2 177	24.0%
法国（亿欧元）	7 887	46.0%
德国（亿欧元）	7 008	31.2%
荷兰（亿欧元）	1 988	39.1%
俄罗斯（亿卢布）	36 734	17.0%
英国（亿英镑）	4 966	40.2%
澳大利亚（亿澳元）	2 381	25.5%
意大利（亿欧元）	5 388	37.9%

* 西班牙、荷兰、意大利和俄罗斯为2004年数据。

2005年世界主要国家财政支出占国内生产总值的比重

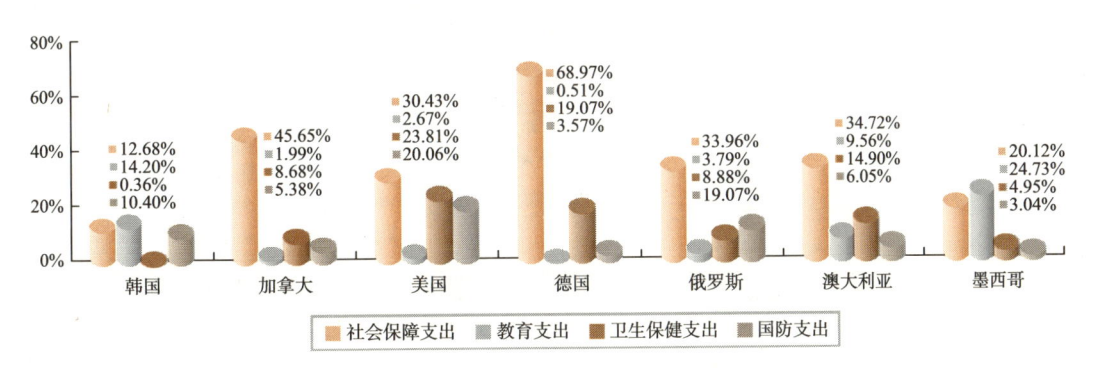

国家	社会保障支出	教育支出	卫生保健支出	国防支出
韩国	12.68%	14.20%	0.36%	10.40%
加拿大	45.65%	1.99%	8.68%	5.38%
美国	30.43%	2.67%	23.81%	20.06%
德国	68.97%	0.51%	19.07%	3.57%
俄罗斯	33.96%	3.79%	8.88%	19.07%
澳大利亚	34.72%	9.56%	14.90%	6.05%
墨西哥	20.12%	24.73%	4.95%	3.04%

115

二. 改革开放30年来中国金融体制的变化

在金融领域，30年的改革开放同样卓有成效，打破了传统的计划金融体制模式，同时基本建立起符合现代市场经济要求的市场金融体制模式。中央银行制度的确立、资本市场的建立、银行商业化进程、银行业的对外开放以及外汇管理体制改革、保险市场的壮大，都推动着中国金融业以崭新的姿态，充满信心地迎接新的机遇和挑战。30年的发展，中国基本形成了以间接调控手段为主的金融宏观调控体系，银行业、证券业和保险业分业经营、分业管理的监管体系，国有控股金融机构为主的多种股权结构，涵盖银行、证券、保险和其他非银行金融业务的金融机构组织体系；以信贷市场为主，涵盖货币、资本、外汇、黄金等业务的多层次、多功能的金融市场体系。

1. 中国人民银行的演变

1983年
9月，颁布《关于中国人民银行专门行使中央银行职能的决定》，确立了中国人民银行的性质与地位，即：发行的银行、政府的银行、银行的银行。

1984年
1月1日起，中国人民银行开始专门行使中央银行的职能，研究和实施全国金融的宏观决策，加强信贷总量的控制和金融机构的资金调节；人民银行分支行的业务实行垂直领导；设立中国人民银行理事会，作为协调决策机构；建立存款准备金制度和中央银行对专业银行的贷款制度，初步确定了中央银行制度的基本框架。

1993年
按照国务院《关于金融体制改革的决定》，中国人民银行进一步强化金融调控、金融监管和金融服务职责，划转政策性业务和商业银行业务。

1995年
颁布《中华人民共和国中国人民银行法》，首次以国家立法形式确立了中国人民银行作为中央银行的地位，中央银行体制开始走向了法制化、规范化的轨道。

1998年
按照中央金融工作会议的部署，改革人民银行管理体制，撤销省级分行，设立9大省区分行。

2003年
审议通过了《中华人民共和国中国人民银行法（修正案）》，中国人民银行的职责被调整为制定和执行货币政策、维护金融稳定和提供金融服务三个方面。

2、金融调控政策

金融调控机制的变迁

- **1984-1993年 直接调控、行政性调控**
  1979年开始，试行"统一计划，分级管理，存贷挂钩，差额包干"的信贷资金管理办法

- **1994-1997年 向间接调控过渡**
  逐步形成以货币政策最终目标、中介目标、货币政策工具构成的货币政策框架体系
  1997年4月，颁布《中国人民银行货币政策委员会条例》；成立货币政策委员会，专司货币政策职责

- **1998年以后 以间接调控为主**
  中央银行运用资产负债比例管理取代信贷规模控制

中央银行三大政策工具运用

◆ **公开市场业务**

外汇公开市场操作：1994年3月启动

人民币公开市场操作：1998年5月26日恢复交易。

（1）从1998年开始，建立公开市场业务一级交易商制度；目前一级交易商共包括40家商业银行。

（2）交易品种：主要以发行中央银行票据为主，回购交易和现券交易为辅。

◆ **法定准备金**

1998~2008年央行法定准备金的调整

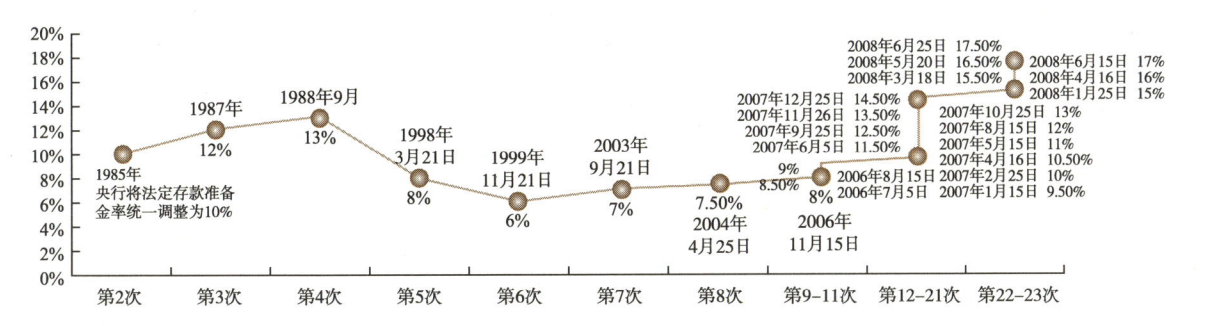

时间	比率
1985年 央行将法定存款准备金率统一调整为10%	10%
1987年	12%
1988年9月	13%
1998年3月21日	8%
1999年11月21日	6%
2003年9月21日	7%
2004年4月25日	7.50%
2006年7月5日	8%
2006年8月15日	8.50%
2006年11月15日	9%
2007年1月15日	9.50%
2007年2月25日	10%
2007年4月16日	10.50%
2007年5月15日	11%
2007年6月5日	11.50%
2007年8月15日	12%
2007年9月25日	12.50%
2007年10月25日	13%
2007年11月26日	13.50%
2007年12月25日	14.50%
2008年1月25日	15%
2008年3月18日	15.50%
2008年4月16日	16%
2008年5月20日	16.50%
2008年6月15日	17%
2008年6月25日	17.50%

◆ **利率**

利率工具主要有：①调整中央银行基准利率，包括再贷款利率、再贴现利率、存款准备金利率、超额存款准备金利率；②调整金融机构法定存贷款利率；③制定金融机构存贷款利率的浮动范围；④制定相关政策对各类利率结构和档次进行调整等。

1990-2007年人民币一年期存贷款利率走势

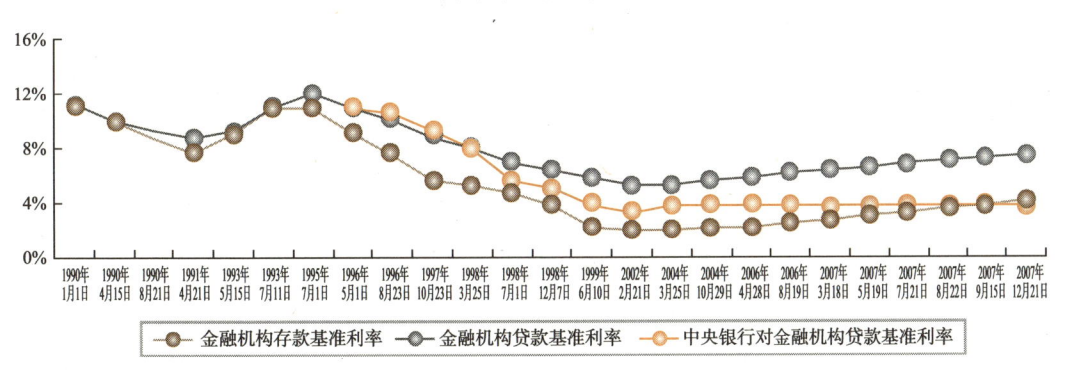

图例：金融机构存款基准利率 — 金融机构贷款基准利率 — 中央银行对金融机构贷款基准利率

中国利率市场化进程

1996年	6月放开银行间同业拆借市场利率
1997年	6月放开银行间债券市场、债券回购和现券交易利率
1998年	3月改革再贴现利率及贴现利率的生成机制；9月放开政策性银行发行金融债券的利率；10月扩大了金融机构对小企业贷款利率的最高上浮幅度
1999年	9月实现国债在银行间债券市场利率招标发行；10月实行保险公司与商业银行双方协商利率
2000年	9月进一步放开了外币贷款利率
2002年	3月农村信用社进行利率市场化改革试点；9月利率市场化改革试点进一步扩大到直辖市以外的每个省、自治区
2004年	3月央行统一了外币利率管理政策；10月放开金融机构贷款利率的上限、存款利率的下限
2006年	1月对商业银行、政策性银行和非银行金融机构实行再贷浮息制度
2007年	1月上海银行间同业拆借利率（SHIBOR）运行

3. 金融监管

改革开放以来，中国金融监管的历史沿革大体经历了三个阶段：

20世纪90年代前的"大一统阶段"，即由中国人民银行承担中央银行职能和对银行、证券、保险业的统一监管职能；

20世纪90年代初到2003年的"大分化阶段"，证监会、保监会、中央金融工委等部门从原有的央行监管体制中独立出来；

2003年成立银监会，自此形成了"一行三会"的分业监管格局并延续至今，银行业、证券业、保险业的监管职能统一划归为银监会、证监会和保监会，中国人民银行作为国务院组成部门，主要职能转变为制定和执行货币政策，不断完善有关金融机构的运行规则，更好地发挥作为中央银行在宏观经济调控和防范与化解系统性金融风险中的作用。

4. 现代金融体系的建立

从1979年起，中国开始对金融业进行体制改革，中国人民银行摆脱了具体的工商信贷业务，开始行使中央银行的职能；国家专业银行逐一成立；保险公司重新成立并大力发展国内外业务；股份制综合性银行和地区性银行开始建立；信托投资机构大量发展；租赁公司、财务公司、城市信用合作社、合作银行、证券公司、证券交易所、资信评估公司、中外合资银行和外资银行等都得到一定程度的发展，形成了以专业银行为主体，中央银行为核心，各种银行和非银行金融机构并存的多元化的现代金融体系。

2007年底中国银行业金融机构体系

政策性银行	国有商业银行	股份制商业银行	城市商业银行	农村商业银行	城市信用社
3家	5家	12家	113家	15家	78家

农村信用社	农村合作银行	村镇银行	贷款公司	农村资金互助社	金融资产管理公司
19348家	101家	19家	4家	8家	4家

邮政储蓄银行	信托公司	企业集团财务公司	金融租赁公司	货币经纪公司	汽车金融公司
1家	54家	70家	6家	1家	9家

2007年中国银行业金融机构资产分布

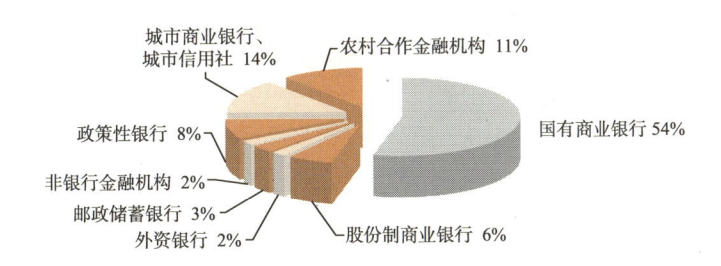

- 城市商业银行、城市信用社 14%
- 农村合作金融机构 11%
- 政策性银行 8%
- 非银行金融机构 2%
- 邮政储蓄银行 3%
- 外资银行 2%
- 股份制商业银行 6%
- 国有商业银行 54%

小链接 农村金融改革

中国农村金融改革的目标是要逐步建立一个以商业金融、政策金融和合作金融并存的农村金融服务体系。1979年中国农业银行成立后,农村信用社交由中国农业银行管理;1984年,国务院批准了《中国农业银行关于农村信用社管理体制改革的通知》,1996年8月22日,国务院发布了《国务院关于农村金融体制改革的决定》。改革的重点是要把农村信用社逐步改为由"农民自愿入股、社员民主管理、主要为入股社员服务"的合作金融组织;截至2007年末,已核准31家新型农村金融机构开业,其中村镇银行19家,贷款公司4家,农村资金互助社8家。

专题 改革开放以来中国银行业的发展

改革开放30年来中国银行业市场结构的变迁

1978年	中国人民银行从财政部独立
1979年至1984年	1979年1月中国农业银行；1979年3月中国银行；1979年8月中国建设银行；1984年1月中国工商银行
1986年	陆续建立了一批新型商业银行
1994年	三家政策性银行成立：国家开发银行、中国进出口银行、中国农业发展银行
1995年	颁布《商业银行法》
1998年	国有商业银行改革进一步深化
1999年	四大资产管理公司：中国信达资产管理公司、中国东方资产管理公司、中国华融资产管理公司、中国长城资产管理公司
2002年	商业银行整体改制,择机上市
2007年	启动政策性银行商业化改革

数读中国30年

◆ 银行业存贷款规模不断扩大

改革开放30年来中国人民币存贷款余额与存贷比（单位：亿元）

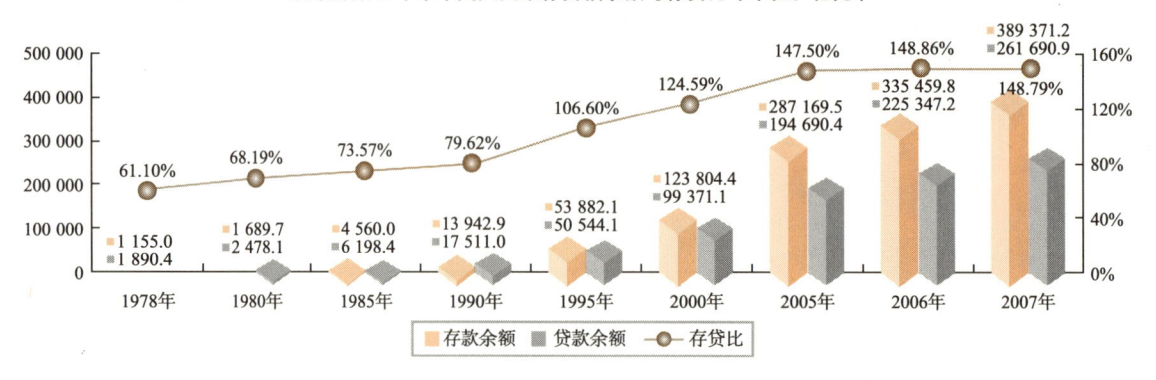

年份	存款余额	贷款余额	存贷比
1978年	1 155.0	1 890.4	61.10%
1980年	1 689.7	2 478.1	68.19%
1985年	4 560.0	6 198.4	73.57%
1990年	13 942.9	17 511.0	79.62%
1995年	53 882.1	50 544.1	106.60%
2000年	123 804.4	99 371.1	124.59%
2005年	287 169.5	194 690.4	147.50%
2006年	335 459.8	225 347.2	148.86%
2007年	389 371.2	261 690.9	148.79%

◆ 资本充足率稳步提高

从资本充足情况看，中国银行业从改革开放初期资本严重不足，甚至为负值，发展到2007年8.4%的资本充足率平均水平，其中已股改的国有银行的资本充足率平均达到了12%。尤其是2004年以来，通过剥离不良资产、注入资本、引进战略投资、境内外上市、增发配股、发行次级债务工具等方式，主要商业银行的资本充足率大幅上升。

2003-2007年商业银行资本充足率达标情况

	2003年	2004年	2005年	2006年	2007年
达标银行数	8家	30家	53家	100家	161家
达标资产所占比重	0.6%	47.5%	75.1%	77.4%	79.0%

◆ 资产质量持续改善

伴随着银行业金融机构改革力度不断加大，不良贷款核销力度加快，资产质量明显改善，中国银行业不良贷款率已从原先的30%左右下降到目前的8%，其中已股改国有商业银行平均不良贷款率仅为2%左右，已经达到或接近国际先进银行的平均水平。

2003-2007年中国国有银行不良贷款余额走势（单位：亿元）

年份	不良贷款余额	不良贷款率
2003年	19 168	20.36%
2004年	15 751	15.62%
2005年	10 724.8	7.84%
2006年	10 534.9	9.22%
2007年	11 149.5	8.05%

2003-2007年中国股份制银行不良贷款余额走势（单位：亿元）

年份	不良贷款余额	不良贷款率
2003年	1 877	7.92%
2004年	1 425	5.01%
2005年	1 471.8	1.00%
2006年	1 168.1	2.81%
2007年	860.4	2.15%

第八章 改革开放30年来中国财政与金融发展变化

◆ 收入结构逐步优化

商业银行利息收入与中间业务收入的比值由2003年的6.8降低到2006年的5.7，主要商业银行中间业务收入所占比重达到17.5%，盈利手段和盈利渠道进一步增加。但与国外零售银行的中间业务收入所占比重达到50%相比，国内商业银行收入结构优化还存在不确定性。

◆ 金融产品与服务方式的多样化

业务品种从传统的表内业务（资产业务如贷款，负债业务如存款）到表外业务（一般代收代付等收费性业务、理财业务、金融衍生产品等）；

服务方式从直接银行服务（柜台面对面服务）到间接银行服务（银行卡、自动柜员机、电话银行、网上银行等）的延伸；

营销方式从产品为中心到以客户为中心的转变。

专题 中国金融市场的发展状况

改革开放以来，中国货币市场、资本市场、债券市场、基金市场、外汇市场、期货市场和黄金市场全面启动，市场交易规模逐年迅速扩大，2007年累计成交160.46万亿元。

◆ 货币市场

货币市场主要是指金融机构间进行短期金融工具交易，以实现短期融资和流动性管理的市场，中国的货币市场主要由银行间拆借市场和债券回购市场构成。

同业拆借市场是中国货币市场中产生最早、发展最快、最具代表性的市场。1985年"实贷实存"的信贷资金管理体制的实行，允许并提倡金融机构之间以有偿方式相互融通资金；1986年在《银行管理暂行条例》中明确规定"专业银行之间的资金可以互相拆借"。1996年，全国统一的银行间同业拆借市场开始形成，中国同业拆借市场进入了一个新的发展时期，交易成员快速增长，2007年达到717家，是市场成立之初参与者的14倍。其中银行类金融机构609家，非银行类金融机构108家，交易量增长迅猛。

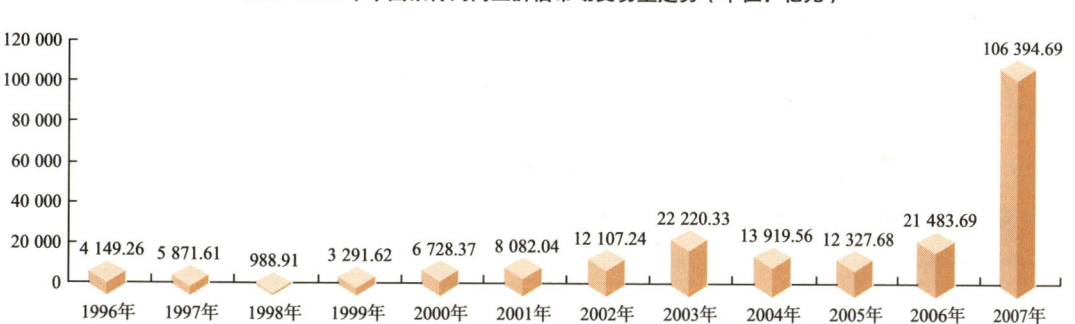

1996-2007年中国银行间同业拆借市场交易量走势（单位：亿元）

年份	交易量
1996年	4 149.26
1997年	5 871.61
1998年	988.91
1999年	3 291.62
2000年	6 728.37
2001年	8 082.04
2002年	12 107.24
2003年	22 220.33
2004年	13 919.56
2005年	12 327.68
2006年	21 483.69
2007年	106 394.69

数读 中国30年

◆ 资本市场

中国证券市场的发展历程

1981年	1984年	1990年	1991年	1992年	1999年	2003年	2005年
财政部首次发行国库券	国内首次股票发行：上海飞乐音响	上交所成立	深交所成立	上交所实行全面竞价交易	《中华人民共和国证券法》正式实行	QFII（合格的境外机构投资者）正式登陆中国证券市场	国务院发布《关于上市公司股权分置改革试点有关问题的通知》，股改正式启动

1991—2007年中国沪深两市股指走势（单位：点）

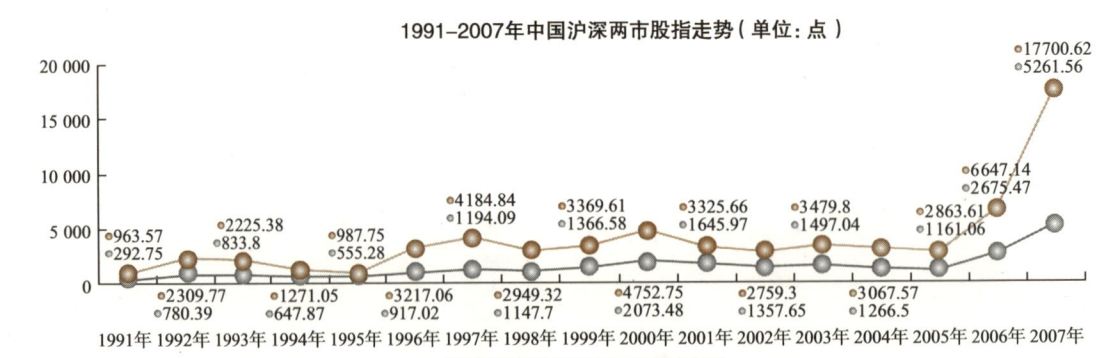

上证综指 / 深圳成指

年份	上证综指	深圳成指
1991	292.75	—
1992	780.39	963.57
1993	833.8	2225.38
1994	647.87	1271.05
1995	555.28	987.75
1996	3217.06	4184.84 / 1194.09
1997	1366.58	3369.61
1998	2073.48	2949.32 / 1147.7
1999	1645.97	3325.66
2000	4752.75	3479.8 / 1497.04
2001	2759.3	—
2002	1357.65	1161.06
2003	3067.57	2863.61
2004	1266.5	2675.47
2005	—	6647.14
2006	—	5261.56
2007	17700.62	5261.56

1991—2007年中国境内上市公司数量走势（单位：家）

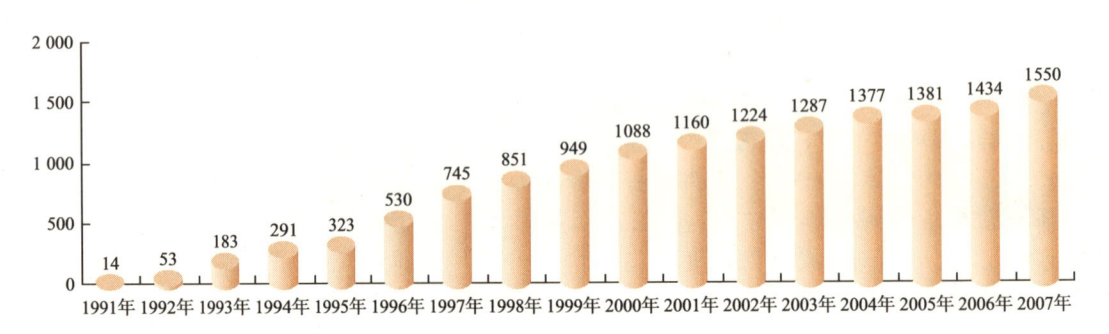

年份	数量
1991	14
1992	53
1993	183
1994	291
1995	323
1996	530
1997	745
1998	851
1999	949
2000	1088
2001	1160
2002	1224
2003	1287
2004	1377
2005	1381
2006	1434
2007	1550

1992—2007年中国股票市价总值及证券化率走势*（单位：亿元）

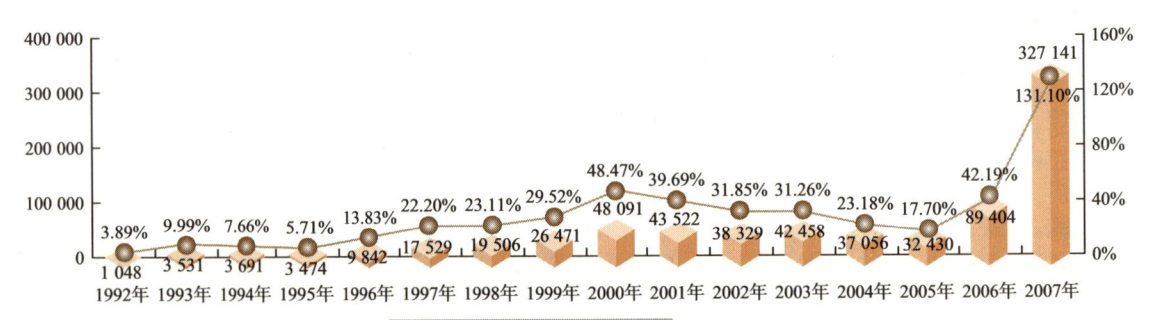

年份	股票市价总值	证券化率
1992	1 048	3.89%
1993	3 531	9.99%
1994	3 691	7.66%
1995	3 474	5.71%
1996	9 842	13.83%
1997	17 529	22.20%
1998	19 506	23.11%
1999	26 471	29.52%
2000	48 091	48.47%
2001	43 522	39.69%
2002	38 329	31.85%
2003	42 458	31.26%
2004	37 056	23.18%
2005	32 430	17.70%
2006	89 404	42.19%
2007	327 141	131.10%

*证券化率=股票市价总值/GDP。

第八章 改革开放30年来中国财政与金融发展变化

小链接

中国与世界主要国家的股票交易额占GDP比重的比较

国家	2000年	2005年
中国	60.2	26.1
印度	110.8	55.0
日本	57.9	110.2
韩国	208.7	152.0
新加坡	98.7	102.7
加拿大	88.8	75.9
美国	326.3	173.2
法国	81.6	69.4
德国	56.3	63.1
英国	127.2	189.3
澳大利亚	56.6	84.1

1992—2007年中国证券投资者账户数量走势（单位：万户）

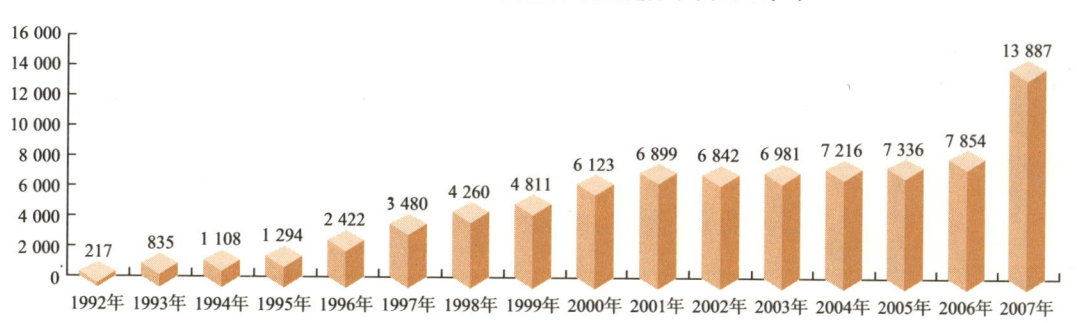

年份	数量
1992年	217
1993年	835
1994年	1 108
1995年	1 294
1996年	2 422
1997年	3 480
1998年	4 260
1999年	4 811
2000年	6 123
2001年	6 899
2002年	6 842
2003年	6 981
2004年	7 216
2005年	7 336
2006年	7 854
2007年	13 887

小链接 世界主要证券市场概况

2007年世界主要证券市场总市值和上市公司数比较

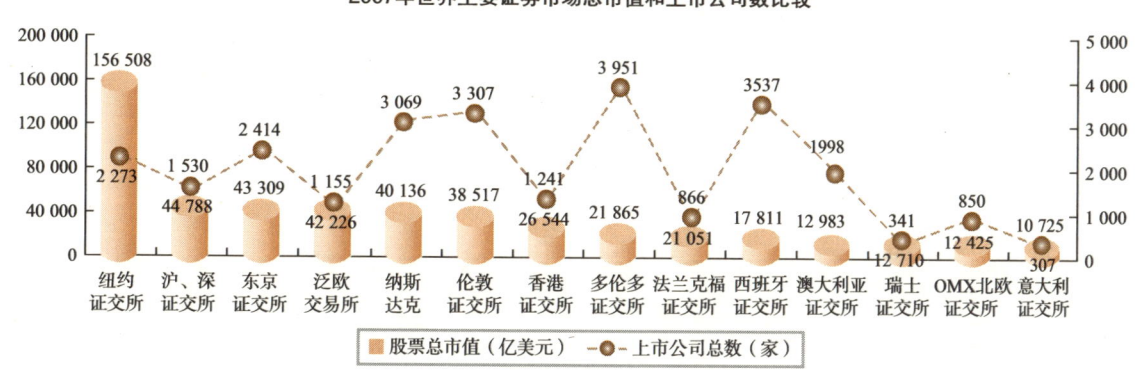

证券市场	股票总市值（亿美元）	上市公司总数（家）
纽约证交所	156 508	2 273
沪、深证交所	44 788	1 530
东京证交所	43 309	2 414
泛欧交易所	42 226	1 155
纳斯达克	40 136	3 069
伦敦证交所	38 517	3 307
香港证交所	26 544	1 241
多伦多证交所	21 865	3 951
法兰克福证交所	21 051	866
西班牙证交所	17 811	3 537
澳大利亚证交所	12 983	1 998
瑞士证交所	12 710	341
OMX北欧证交所	12 425	850
意大利证交所	10 725	307

123

数读中国30年

2007年世界主要新兴证券市场总市值和上市公司数比较

证交所	股票总市值（亿美元）	上市公司总数（家）
印度国家证交所	16 600	1 330
巴西圣保罗证交所	13 697	404
俄罗斯RTS证交所	13 288	1 217
韩国证交所	11 226	1 757
南非约翰内斯堡证交所	8 281	411
中国台湾证交所	6 637	703
新加坡证交所	5 391	762
墨西哥证交所	3 977	367
马来西亚证交所	3 252	986

小链接 机构投资者

稳步发展股票市场，必须以培育价值投资理念为核心。近年来，中国证券市场的改革发展工作不断向纵深推进，机构投资者发展的市场环境逐步改善，初步形成了以证券投资基金为主，合格境外机构投资者、保险基金、社保基金和企业年金等其他机构投资者相结合的多元化发展格局。但从国际比较来看，目前中国大型机构投资者的发展水平和规模仍然较小。

中国与世界主要发达国家机构投资者占GDP比重的比较

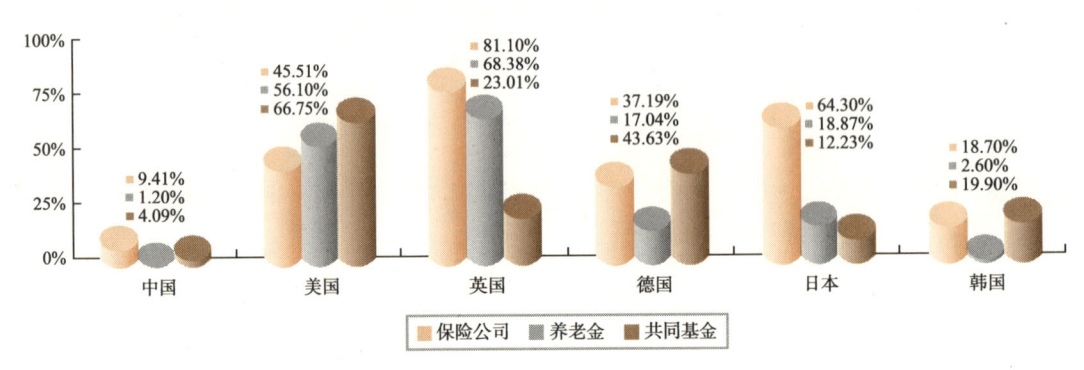

国家	保险公司	养老金	共同基金
中国	9.41%	1.20%	4.09%
美国	45.51%	56.10%	66.75%
英国	81.10%	68.38%	23.01%
德国	37.19%	17.04%	43.63%
日本	64.30%	18.87%	12.23%
韩国	18.70%	2.60%	19.90%

2007年中国股票市场机构投资者市场份额（单位：亿元）

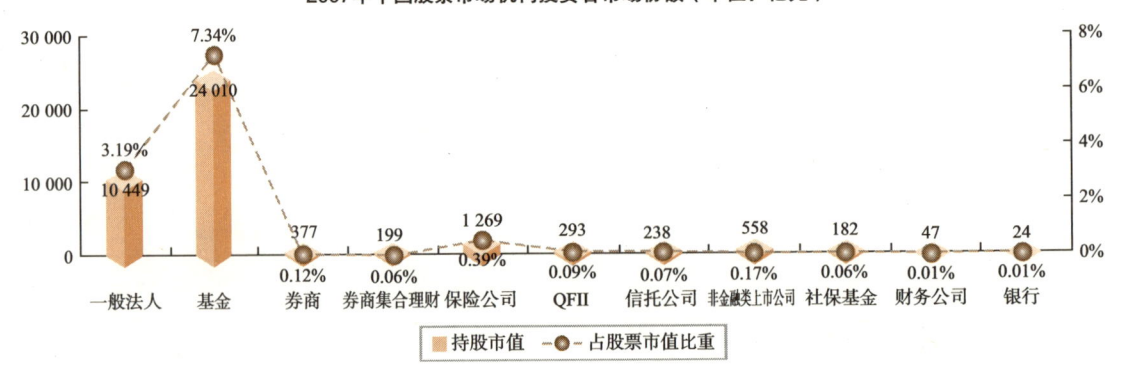

机构	持股市值	占股票市值比重
一般法人	10 449	3.19%
基金	24 010	7.34%
券商	377	0.12%
券商集合理财	199	0.06%
保险公司	1 269	0.39%
QFII	293	0.09%
信托公司	238	0.07%
非金融类上市公司	558	0.17%
社保基金	182	0.06%
财务公司	47	0.01%
银行	24	0.01%

◆ 债券市场

中国债券市场由银行间市场、交易所市场和银行柜台市场构成。其中,以银行间市场为核心,经过1997年至2000年发行市场化改革,得到迅猛发展,到2007年10月银行间债券市场发行所占比重达到99.7%,债券余额达到88.8%。

1992—2007年中国债券的发行量走势(单位：亿元)

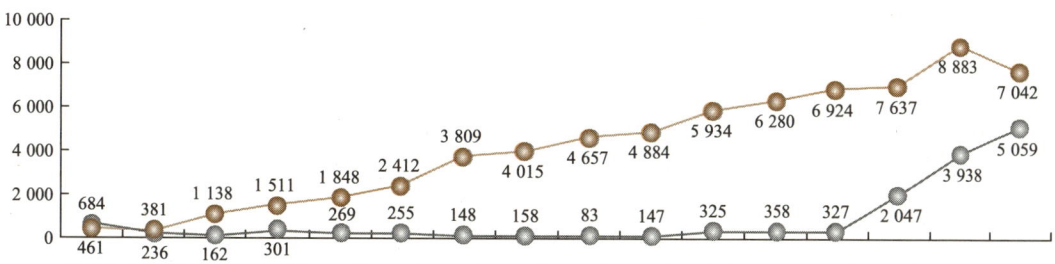

年份	国债发行额	企业债发行额
1992年	684	461
1993年	381	236
1994年	1 138	162
1995年	1 511	301
1996年	1 848	269
1997年	2 412	255
1998年	3 809	148
1999年	4 015	158
2000年	4 657	83
2001年	4 884	147
2002年	5 934	325
2003年	6 280	358
2004年	6 924	327
2005年	7 637	2 047
2006年	8 883	3 938
2007年	7 042	5 059

2007年底中国银行间债券市场余额结构

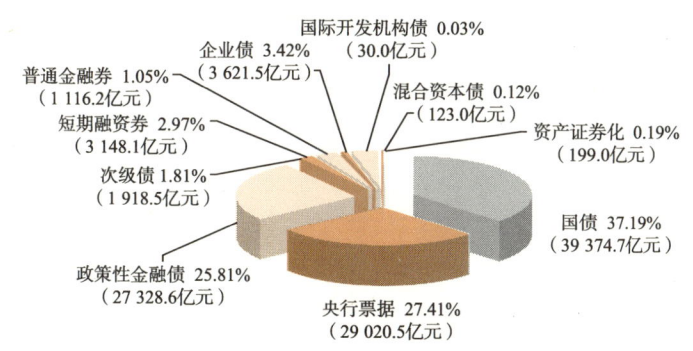

- 国际开发机构债 0.03%（30.0亿元）
- 企业债 3.42%（3 621.5亿元）
- 普通金融券 1.05%（1 116.2亿元）
- 混合资本债 0.12%（123.0亿元）
- 短期融资券 2.97%（3 148.1亿元）
- 资产证券化 0.19%（199.0亿元）
- 次级债 1.81%（1 918.5亿元）
- 国债 37.19%（39 374.7亿元）
- 政策性金融债 25.81%（27 328.6亿元）
- 央行票据 27.41%（29 020.5亿元）

◆ 外汇市场

1978—2007年中国外汇储备走势(单位：亿美元)

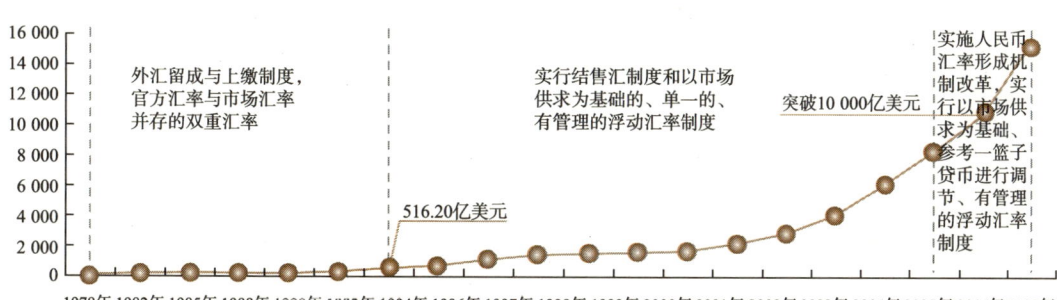

- 1978—1993年：外汇留成与上缴制度,官方汇率与市场汇率并存的双重汇率
- 1994年：516.20亿美元
- 1994—2004年：实行结售汇制度和以市场供求为基础的、单一的、有管理的浮动汇率制度
- 2005年：突破10 000亿美元
- 2005—2007年：实施人民币汇率形成机制改革,实行以市场供求为基础、参考一篮子货币进行调节、有管理的浮动汇率制度

汇率改制后美元兑人民币中间价走势

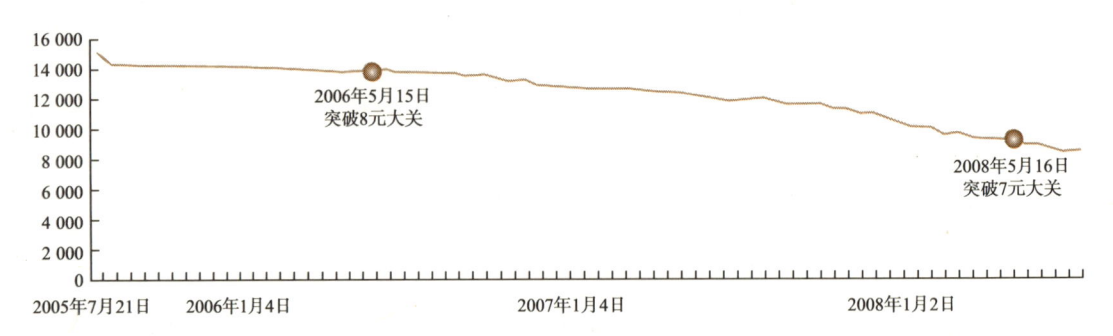

| 2006年5月15日
突破8元大关 | 2008年5月16日
突破7元大关 |

在人民币汇率浮动幅度加大的背景下，为了满足企业和金融机构对冲人民币汇率风险的需求，银行间外汇市场开始陆续推出人民币汇率衍生产品。2005年8月，首先推出人民币外汇远期交易；2006年4月，推出人民币外汇掉期交易；2007年8月，再推出外汇货币互换交易。

◆ 保险市场

改革开放30年来中国保险市场发展历程

1979年	1988年	1991年	1992年	1994~1995年	1996年
2月，中国人民保险公司，全面展开以财产保险为主的各项保险业务	3月，成立中国第一家股份制保险公司：中国平安保险公司	4月，成立第二家全国综合性保险公司：中国太平洋保险公司	9月，改革开放后外资保险企业国际集团及其属下的美亚友邦保险公司进入中国	由企业合资组建的股份制保险公司天安及大众保险股份有限公司相继成立	中国人民保险公司机构体制发生重大改革，成立中保集团，下设中保财产保险有限公司、中保人寿保险有限公司、中保再保险有限公司

改革开放以来，中国保险市场得到了长足的发展，其中寿险市场已初步形成了以国有保险公司为主体，中、外资公司并存，多家公司竞争发展的新格局，目前共有29家人寿保险公司；产险市场也形成了寡头垄断与垄断竞争共存的格局，中国人保、太平洋保险、平安保险三足鼎立，占据主要的市场份额。

第九章
改革开放30年来中国运输和通信及媒体发展变化

一. 改革开放30年来中国交通建设基本情况

1. 中国交通运输线路里程概况

改革开放30年来，中国不断加大交通基础设施建设力度，在"十一五"规划中，中国用于交通基础设施扩建的金额达到了3 500亿欧元，比上一个五年计划翻了一番，而德国同期用于交通建设的资金仅为560亿欧元。巨额的资金投入，使得中国交通基础设施建设取得了巨大的成就，铁路、公路、水运和航空通航里程都实现了快速的增长。

改革开放30年来中国铁路营业里程状况（单位：万公里）

年份	铁路营业里程	电气化里程	电气化率
1978年	5.17	0.10	1.93%
1980年	5.33	0.17	3.19%
1985年	5.50	0.42	7.64%
1990年	5.78	0.69	11.94%
1995年	5.97	0.97	16.25%
2000年	6.87	1.49	21.69%
2005年	7.54	1.94	25.73%
2006年	7.71	2.34	30.35%
2007年	7.80	2.55	32.69%

改革开放30年来，中国铁路建设取得了巨大的成就。2007年，中国铁路营业里程达到了7.8万公里，位居亚洲第一，世界第三。2006年7月1日，青藏铁路全线通车；2007年4月18日，中国铁路开始第六次大提速，并开通了140对时速可达200公里以上的"和谐号"国产化动车组列车。

改革开放30年来中国公路里程状况*（单位：万公里）

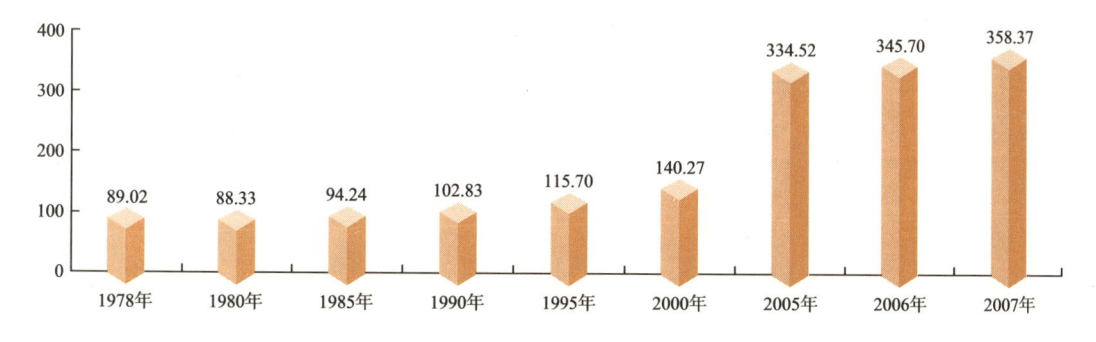

年份	公路里程
1978年	89.02
1980年	88.33
1985年	94.24
1990年	102.83
1995年	115.70
2000年	140.27
2005年	334.52
2006年	345.70
2007年	358.37

*2006年起，村道正式纳入公路里程统计；2005年为可比数据。

数读中国30年

1988年以来中国高速公路里程状况（单位：万公里）

年份	1988	1990	1995	2000	2001	2002	2003	2004	2005	2006	2007
高速公路里程	0.01	0.05	0.21	1.63	1.94	2.51	2.97	3.43	4.10	4.53	5.39
占公路总里程比重	0.01%	0.05%	0.18%	1.16%	1.14%	1.42%	1.64%	1.83%	1.23%	1.31%	1.50%

1988年，中国大陆第一条高速公路——沪嘉高速公路全线通车，实现了中国大陆高速公路零的突破。经过短短20年时间的建设，到2007年中国高速公路里程达到了5.39万公里，位居世界第二。

改革开放30年来中国内河航道里程状况（单位：万公里）

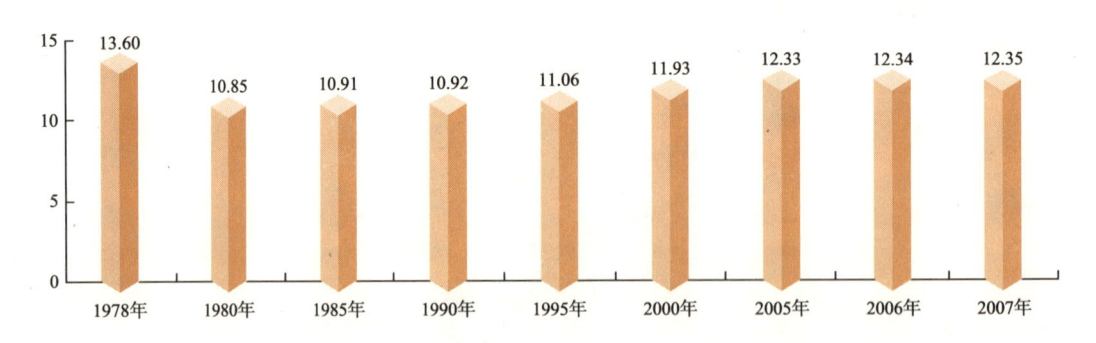

年份	1978	1980	1985	1990	1995	2000	2005	2006	2007
里程	13.60	10.85	10.91	10.92	11.06	11.93	12.33	12.34	12.35

改革开放30年来中国民用航空航线里程状况（单位：万公里）

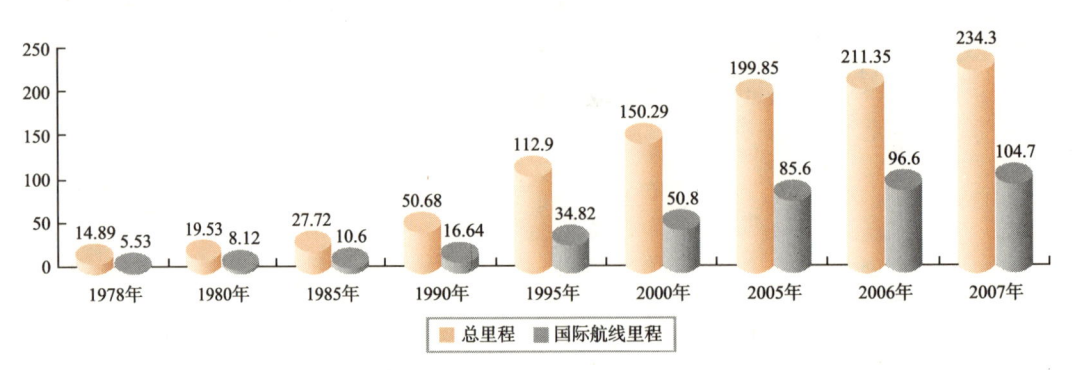

年份	1978	1980	1985	1990	1995	2000	2005	2006	2007
总里程	14.89	19.53	27.72	50.68	112.9	150.29	199.85	211.35	234.3
国际航线里程	5.53	8.12	10.6	16.64	34.82	50.8	85.6	96.6	104.7

第九章
改革开放30年来中国运输和通信及媒体发展变化

1980年以来中国民用航空航线数状况*（单位：条）

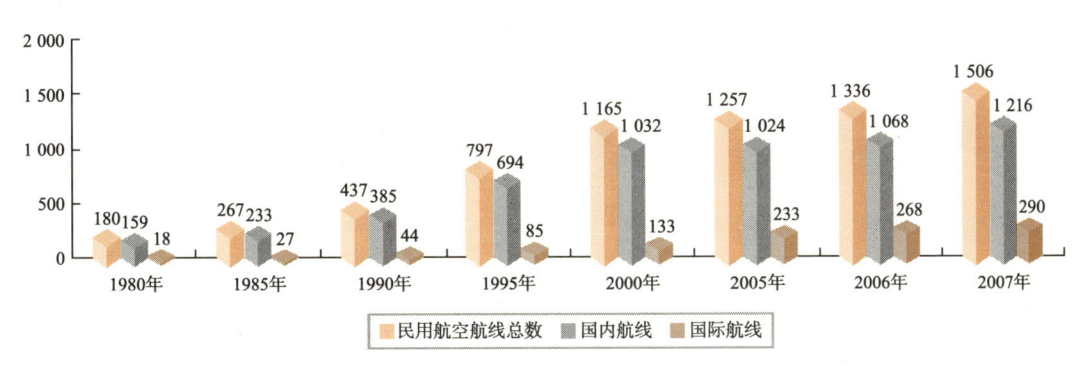

年份	民用航空航线总数	国内航线	国际航线
1980年	180	159	18
1985年	267	233	27
1990年	437	385	44
1995年	797	694	85
2000年	1 165	1 032	133
2005年	1 257	1 024	233
2006年	1 336	1 068	268
2007年	1 506	1 216	290

*2000年以前国内航线中未包含港澳地区航线。

1980年以来中国民航国内通航机场数概况（单位：个）

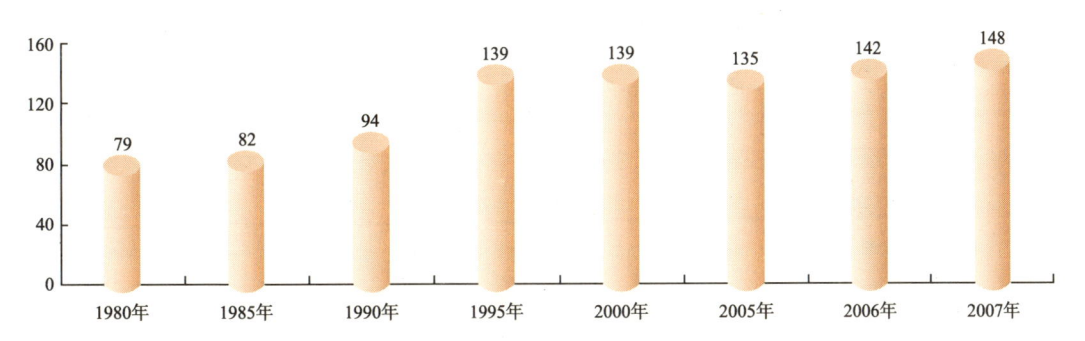

年份	机场数
1980年	79
1985年	82
1990年	94
1995年	139
2000年	139
2005年	135
2006年	142
2007年	148

2. 中国交通运输工具发展概况

改革开放30年来，随着经济的快速增长，中国交通运输工具的增长也越来越快。其中，汽车拥有量的增长速度最快，这在很大程度上得益于中国公路网络的不断完善以及人民生活水平的提高。

改革开放30年来中国铁路机车拥有量状况*（单位：台）

年份	机车拥有量	电力机车拥有量	电气化比率
1978年	9 854	221	2.24%
1980年	10 278	287	2.79%
1985年	11 772	587	4.99%
1990年	13 592	1 633	12.01%
1995年	15 146	2 517	16.62%
2000年	15 253	3 516	23.05%
2005年	17 473	5 166	29.57%
2006年	17 799	5 518	31.00%
2007年	18 300		

*2007年电力机车拥有量数据暂无。

改革开放30年来,中国铁路机车拥有量的增长不仅仅体现在量上,也体现在质的提高。1978年,中国铁路机车的电气化率为2.24%,经过近30年的发展,2006年电气化率达到了31%。

改革开放30年来中国铁路客货车拥有量状况（单位：辆）

年份	货车数量	客车数量
1978年	250 138	14 844
1980年	266 376	16 157
1985年	300 886	20 872
1990年	368 561	27 526
1995年	436 414	32 663
2000年	443 902	37 249
2005年	541 824	40 328
2006年	564 899	42 659
2007年	577 521	44 243

改革开放30年来中国民用汽车拥有量状况（单位：万辆）

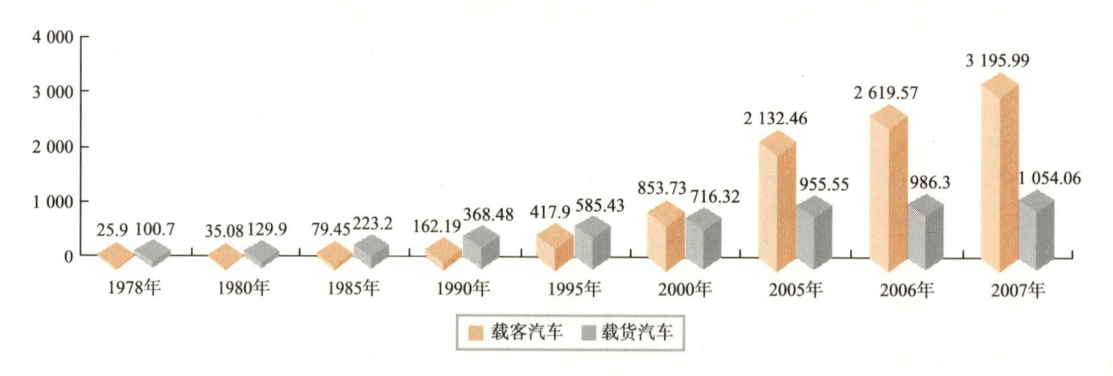

年份	载客汽车	载货汽车
1978年	25.9	100.7
1980年	35.08	129.9
1985年	79.45	223.2
1990年	162.19	368.48
1995年	417.9	585.43
2000年	853.73	716.32
2005年	2 132.46	955.55
2006年	2 619.57	986.3
2007年	3 195.99	1 054.06

1985年以来中国私人汽车拥有量状况（单位：万辆）

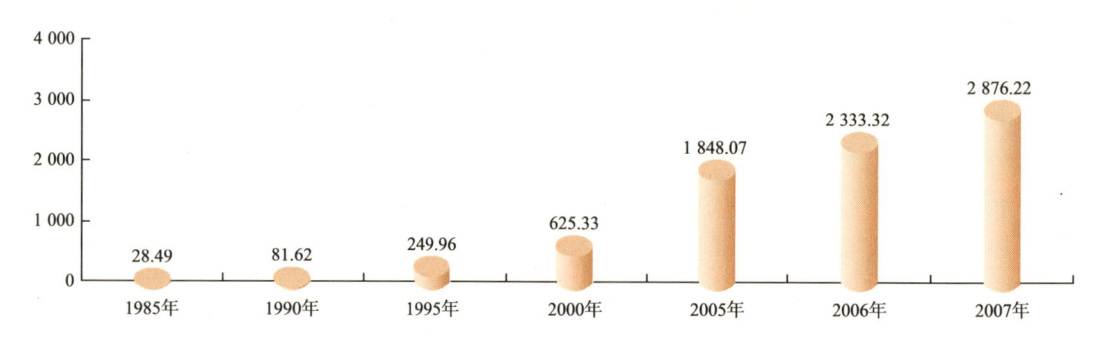

年份	拥有量
1985年	28.49
1990年	81.62
1995年	249.96
2000年	625.33
2005年	1 848.07
2006年	2 333.32
2007年	2 876.22

1985~2007年，中国私人汽车拥有量年均增长速度达到了23.34%，大大高于经济增长速度。私用汽车拥有量的不断增加，体现出人民生活水平的提高，但同时也增加了交通基础设施建设的压力和环保及能源供给的压力。

改革开放30年来中国民用船舶拥有量状况（单位：艘）

年份	民用船舶拥有量	机动船比重
1978年	102 824	72.44%
1980年	183 771	32.82%
1985年	392 978	66.24%
1990年	408 370	79.80%
1995年	357 715	83.79%
2000年	229 676	80.56%
2005年	207 294	80.03%
2006年	194 360	81.19%
2007年	191 771	82.15%

1980年以来中国民用飞机架数状况（单位：架）

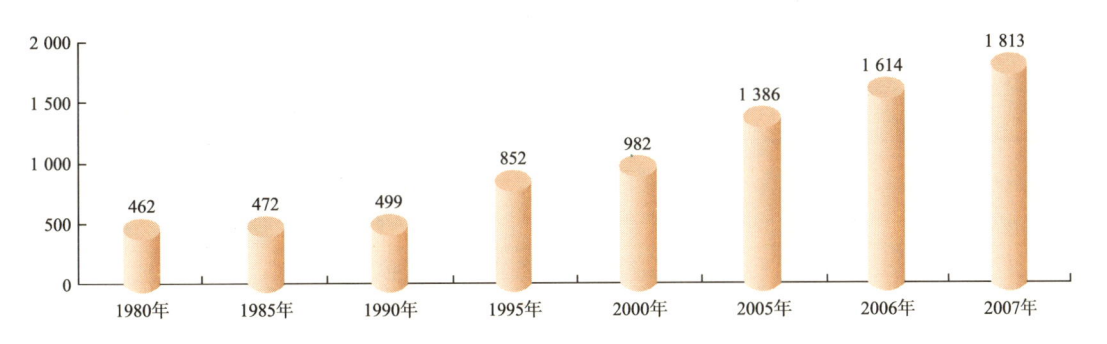

年份	架数
1980年	462
1985年	472
1990年	499
1995年	852
2000年	982
2005年	1 386
2006年	1 614
2007年	1 813

小链接

2006年世界主要国家铁路密度（单位：米/平方千米）

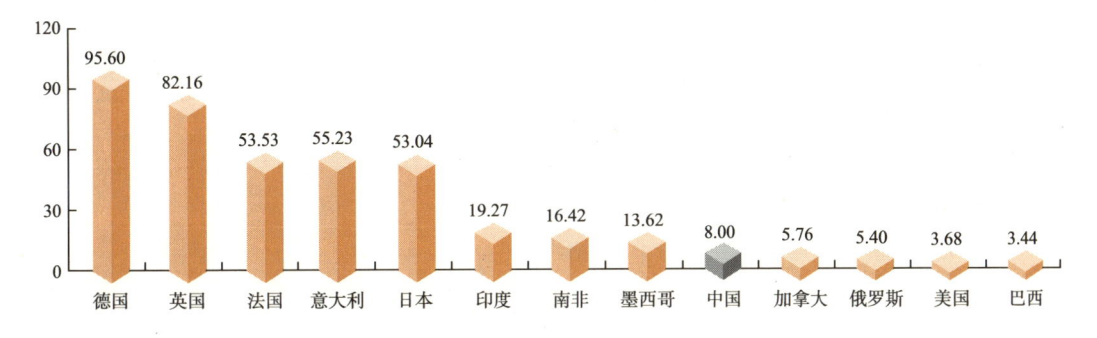

国家	密度
德国	95.60
英国	82.16
法国	53.53
意大利	55.23
日本	53.04
印度	19.27
南非	16.42
墨西哥	13.62
中国	8.00
加拿大	5.76
俄罗斯	5.40
美国	3.68
巴西	3.44

2006年世界主要国家和地区船舶保有量状况（单位：艘）

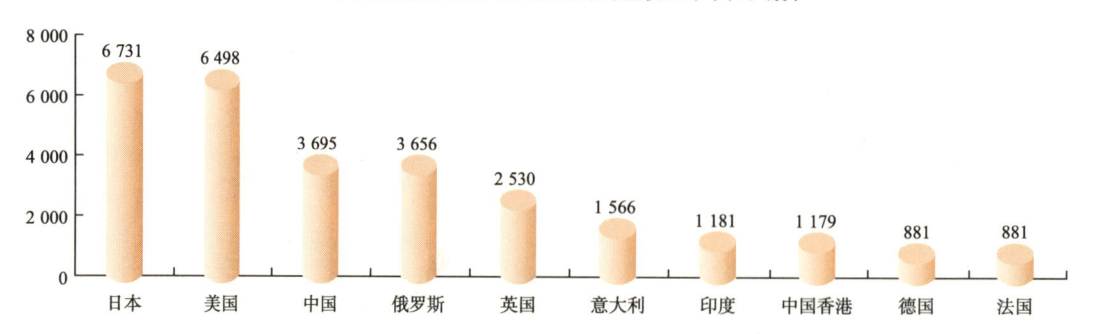

日本	6 731
美国	6 498
中国	3 695
俄罗斯	3 656
英国	2 530
意大利	1 566
印度	1 181
中国香港	1 179
德国	881
法国	881

2006年世界主要国家和地区船舶总吨位保有量状况（单位：千总吨）

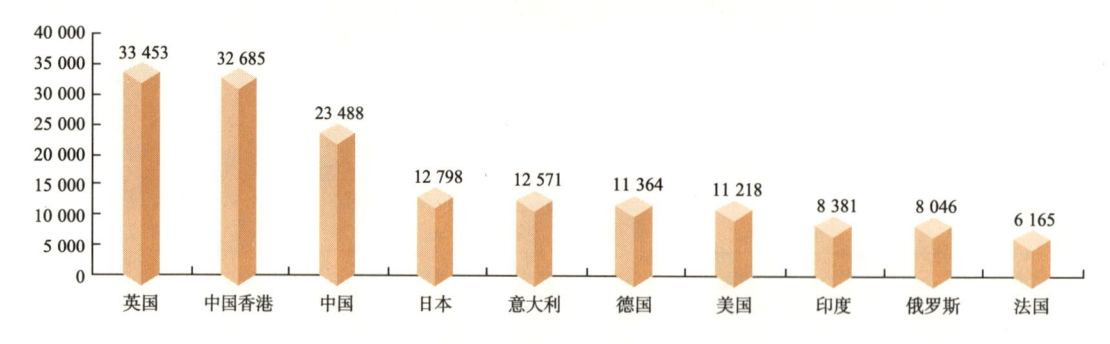

英国	33 453
中国香港	32 685
中国	23 488
日本	12 798
意大利	12 571
德国	11 364
美国	11 218
印度	8 381
俄罗斯	8 046
法国	6 165

2006年世界主要国家和地区集装箱装卸量状况（单位：千标准箱）

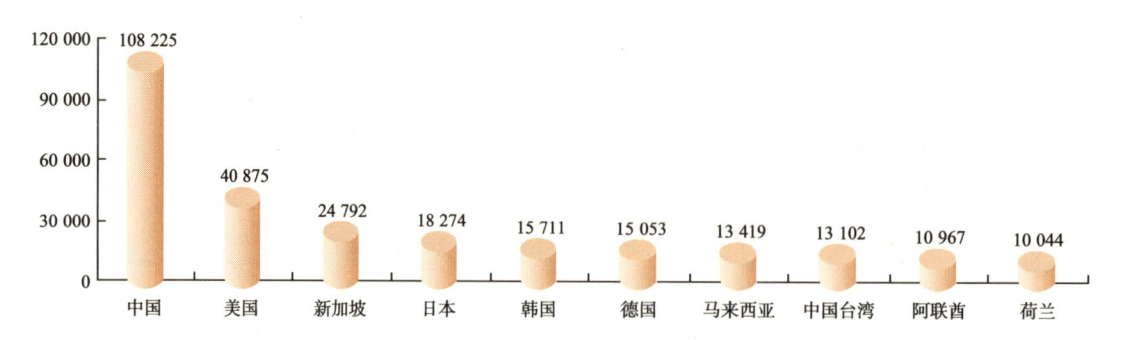

中国	108 225
美国	40 875
新加坡	24 792
日本	18 274
韩国	15 711
德国	15 053
马来西亚	13 419
中国台湾	13 102
阿联酋	10 967
荷兰	10 044

二. 改革开放30年来中国交通运输业经营情况

> 改革开放30年来，随着经济增长和交通基础设施的不断完善，交通运输业整体呈现较好的发展态势。在30年中，交通运输业总旅客周转量增长了10.39倍，总货物周转量增长了7.14倍。而且，经过30年的调整和优化，运输结构也发生了改变，从以铁路运输为主转向公路、水运、民航各种运输方式协调发展。

改革开放30年来中国交通运输业完成旅客运输状况

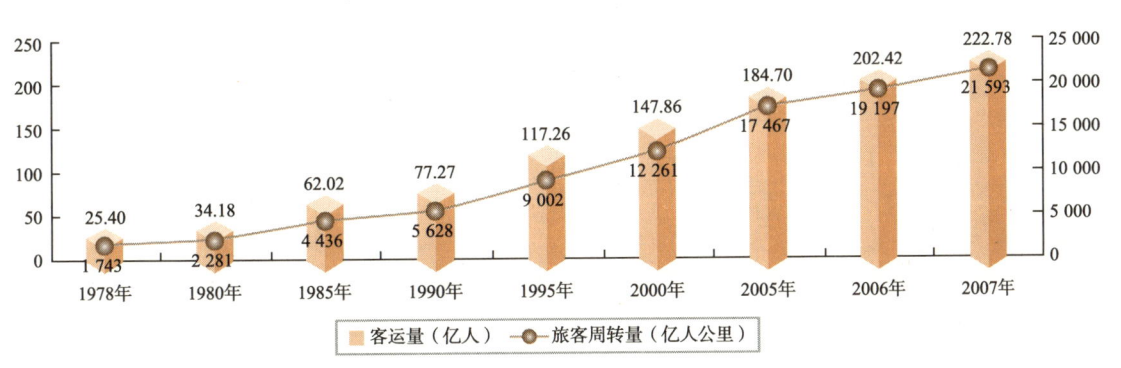

年份	客运量（亿人）	旅客周转量（亿人公里）
1978年	25.40	1 743
1980年	34.18	2 281
1985年	62.02	4 436
1990年	77.27	5 628
1995年	117.26	9 002
2000年	147.86	12 261
2005年	184.70	17 467
2006年	202.42	19 197
2007年	222.78	21 593

1978年中国总客运周转量构成
- 水运 5.79%（101亿人公里）
- 民航 1.61%（28亿人公里）
- 公路 29.89%（521亿人公里）
- 铁路 62.71%（1 093亿人公里）

2007年中国总客运周转量构成
- 民航 12.93%（2 792亿人公里）
- 铁路 33.42%（7 216亿人公里）
- 水运 0.36%（78亿人公里）
- 公路 53.29%（11 507亿人公里）

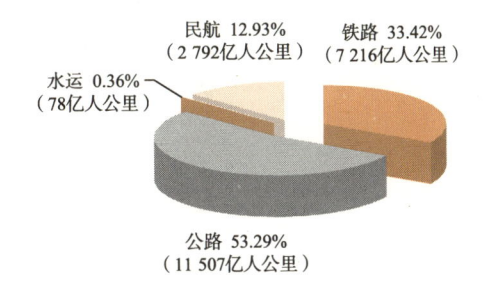

改革开放30年来中国交通运输业完成货物运输状况

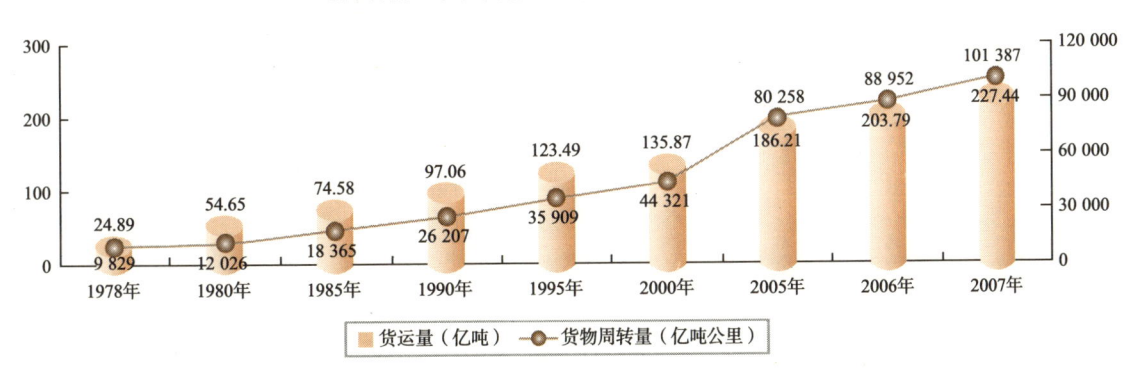

年份	货运量（亿吨）	货物周转量（亿吨公里）
1978年	24.89	9 829
1980年	54.65	12 026
1985年	74.58	18 365
1990年	97.06	26 207
1995年	123.49	35 909
2000年	135.87	44 321
2005年	186.21	80 258
2006年	203.79	88 952
2007年	227.44	101 387

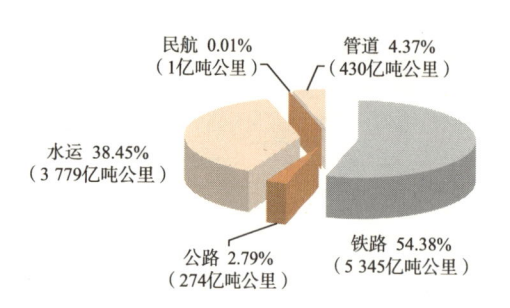

数读 中国30年

1978年中国总货运周转量构成

- 民航 0.01%（1亿吨公里）
- 管道 4.37%（430亿吨公里）
- 水运 38.45%（3 779亿吨公里）
- 公路 2.79%（274亿吨公里）
- 铁路 54.38%（5 345亿吨公里）

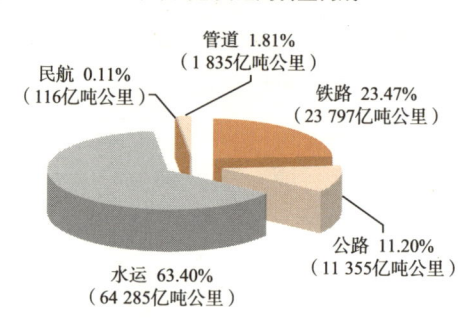

2007年中国总货运周转量构成

- 民航 0.11%（116亿吨公里）
- 管道 1.81%（1 835亿吨公里）
- 铁路 23.47%（23 797亿吨公里）
- 公路 11.20%（11 355亿吨公里）
- 水运 63.40%（64 285亿吨公里）

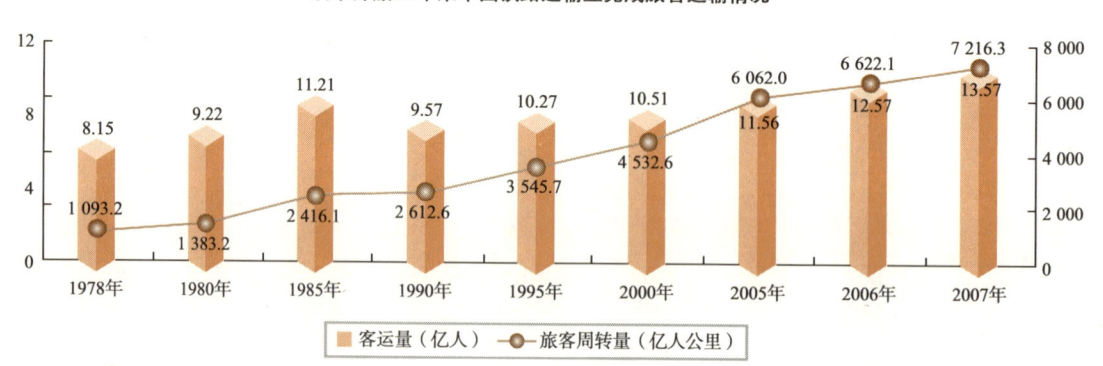

改革开放30年来中国铁路运输业完成旅客运输情况

年份	客运量（亿人）	旅客周转量（亿人公里）
1978年	8.15	1 093.2
1980年	9.22	1 383.2
1985年	11.21	2 416.1
1990年	9.57	2 612.6
1995年	10.27	3 545.7
2000年	10.51	4 532.6
2005年	11.56	6 062.0
2006年	12.57	6 622.1
2007年	13.57	7 216.3

改革开放30年来中国铁路运输业完成货物运输情况

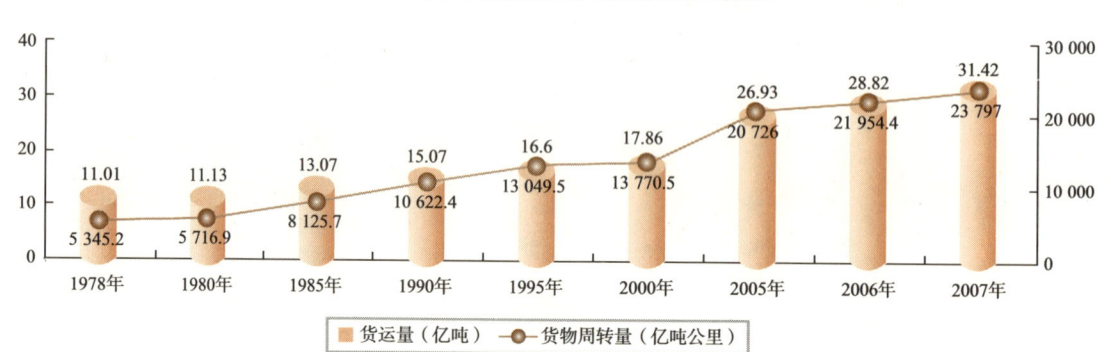

年份	货运量（亿吨）	货物周转量（亿吨公里）
1978年	11.01	5 345.2
1980年	11.13	5 716.9
1985年	13.07	8 125.7
1990年	15.07	10 622.4
1995年	16.6	13 049.5
2000年	17.86	13 770.5
2005年	26.93	20 726
2006年	28.82	21 954.4
2007年	31.42	23 797

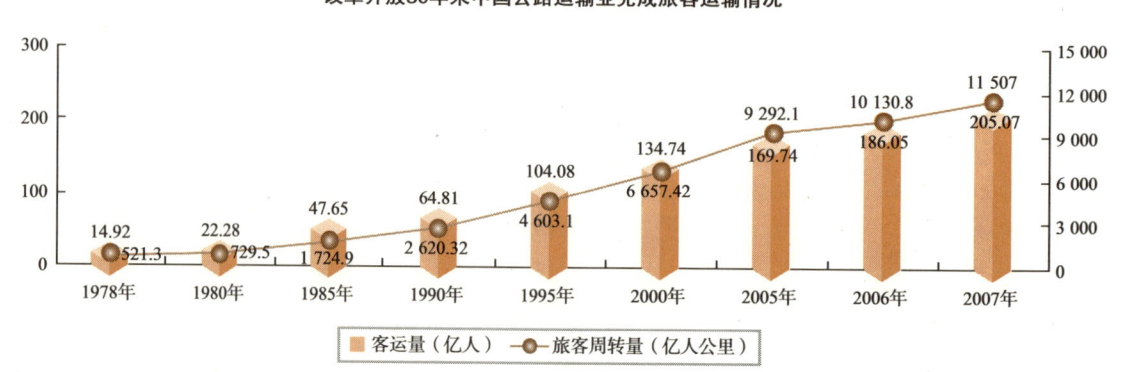

改革开放30年来中国公路运输业完成旅客运输情况

年份	客运量（亿人）	旅客周转量（亿人公里）
1978年	14.92	521.3
1980年	22.28	729.5
1985年	47.65	1 724.9
1990年	64.81	2 620.32
1995年	104.08	4 603.1
2000年	134.74	6 657.42
2005年	169.74	9 292.1
2006年	186.05	10 130.8
2007年	205.07	11 507

第九章
改革开放30年来中国运输和通信及媒体发展变化

改革开放30年来中国公路运输业完成货物运输情况

年份	货运量（亿吨）	货物周转量（亿吨公里）
1978年	8.52	274.1
1980年	38.20	764.0
1985年	53.81	1 903.2
1990年	72.40	3 358.1
1995年	94.04	4 694.9
2000年	103.88	6 129.4
2005年	134.18	8 693.2
2006年	146.63	9 754.2
2007年	163.94	11 355.0

改革开放30年来中国水路运输业完成旅客运输情况

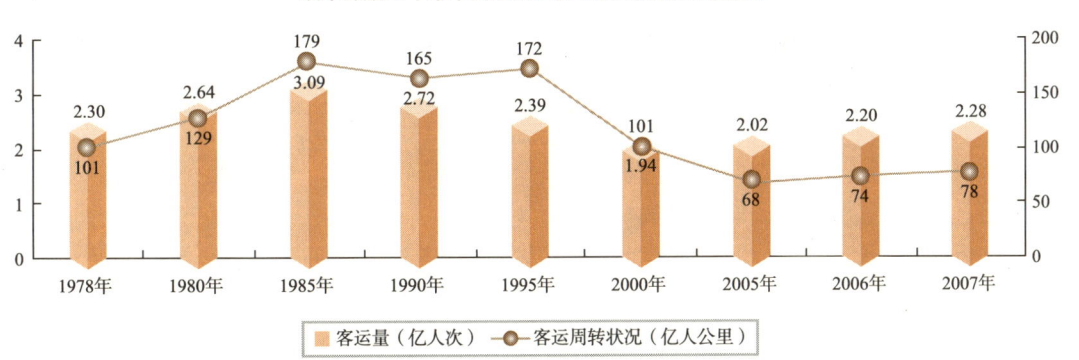

年份	客运量（亿人次）	客运周转状况（亿人公里）
1978年	2.30	101
1980年	2.64	129
1985年	3.09	179
1990年	2.72	165
1995年	2.39	172
2000年	1.94	101
2005年	2.02	68
2006年	2.20	74
2007年	2.28	78

改革开放30年来中国水路运输业完成货物运输情况

年份	货运量（亿吨）	货运周转量（亿吨公里）
1978年	4.33	3 779
1980年	4.27	5 053
1985年	6.33	7 729
1990年	8.01	11 592
1995年	11.32	11 938
2000年	12.24	23 734
2005年	21.96	49 672
2006年	24.87	55 486
2007年	28.12	64 285

改革开放30年来中国民航运输业完成旅客运输情况

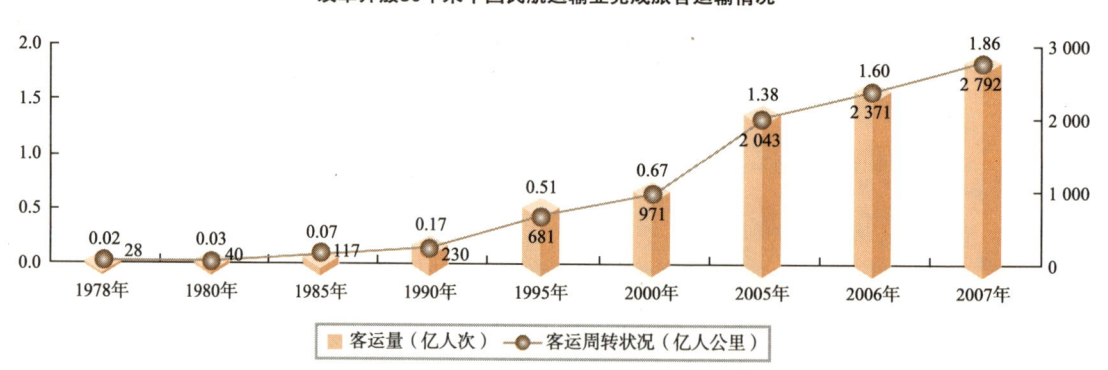

年份	客运量（亿人次）	客运周转状况（亿人公里）
1978年	0.02	28
1980年	0.03	40
1985年	0.07	117
1990年	0.17	230
1995年	0.51	681
2000年	0.67	971
2005年	1.38	2 043
2006年	1.60	2 371
2007年	1.86	2 792

改革开放30年来中国民航运输业完成货物运输情况

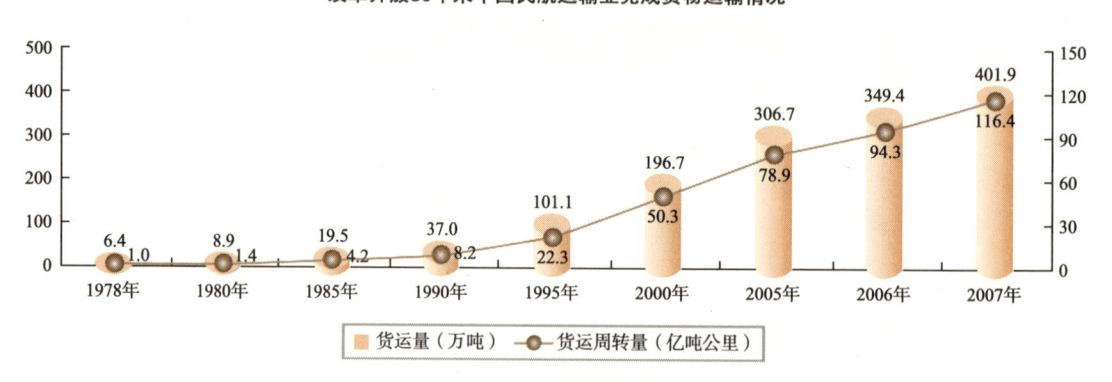

年份	货运量（万吨）	货运周转量（亿吨公里）
1978年	6.4	1.0
1980年	8.9	1.4
1985年	19.5	4.2
1990年	37.0	8.2
1995年	101.1	22.3
2000年	196.7	50.3
2005年	306.7	78.9
2006年	349.4	94.3
2007年	401.9	116.4

改革开放30年来中国沿海主要港口货物吞吐量状况（单位：万吨）

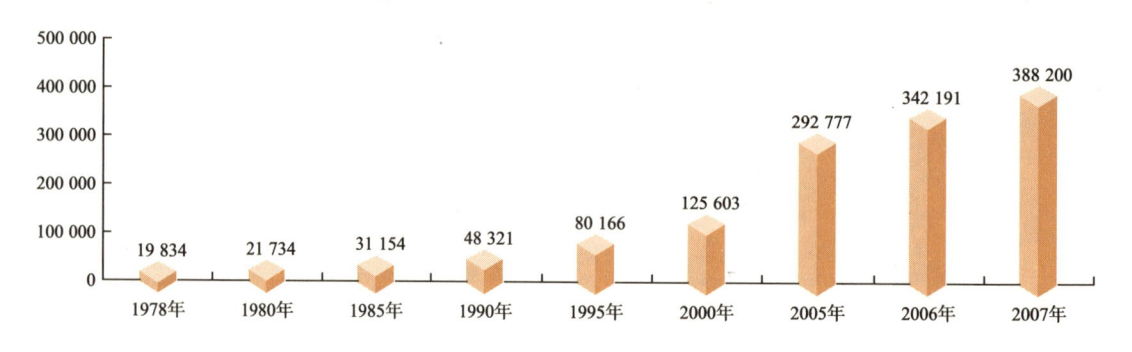

年份	吞吐量
1978年	19 834
1980年	21 734
1985年	31 154
1990年	48 321
1995年	80 166
2000年	125 603
2005年	292 777
2006年	342 191
2007年	388 200

　　从2003年以来，中国港口货物吞吐量与集装箱吞吐量连续5年位居世界首位。上海港的货物吞吐量位居全球各大港口首位，集装箱吞吐量则位居世界第二。截至2007年底，中国亿吨级港口增至14个。

第九章
改革开放30年来中国运输和通信及媒体发展变化

小链接

中国铁路6次提速情况概览

历次提速	时间	具体内容
第一次大提速	1997年4月1日	京广、京沪、京哈三大干线全面提速。以沈阳、北京、上海、广州、武汉等大城市为中心，开行了最高时速达140公里、平均旅行时速90公里的40对快速列车和64列夕发朝至列车。
第二次大提速	1998年10月1日	京广、京沪、京哈三大干线的提速区段最高时速达到140公里至160公里，广深线采用摆式列车最高时速达到200公里。全路旅客列车平均速度达到55.16公里/小时。
第三次大提速	2000年10月21日	重点是亚欧大陆桥陇海、兰新线、京九线和浙赣线。在前两次大面积提速的基础上，初步形成了中国铁路提速网络。京广、京沪、京哈、京九线四条纵贯南北的大动脉和陇海、兰新线，浙赣线两条横跨东西的大干线，全面实现了提速，全国铁路提速线路延展里程接近1万公里。
第四次大提速	2001年11月21日	提速的重点区段为京九线、武昌—成都（汉丹、襄渝、达成）、京广线南段、浙赣线和哈大线。经过这次提速后，中国铁路提速网络进一步完善，提速范围进一步扩大，铁路提速延展里程达到13 000公里，提速范围基本覆盖全国较大城市和大部分地区。
第五次大提速	2004年4月18日	几大干线的部分地段线路基础达到时速200公里的要求，提速网络总里程16 500多公里，其中时速160公里及以上提速线路7 700多公里。直达特快列车时速119.2公里，特快列车时速92.8公里。主要城市间客车运行速度进一步提高，旅行时间大幅度压缩。 全国新增19趟"Z"字头列车，其中涉及上海铁路局的有11趟，仅京沪列车就占了5趟。"Z"字头列车是沿途不停、一路直达的"直通车"。
第六次大提速	2007年4月18日	提速在京哈、京沪、京广、京九、陇海、浙赣、兰新、广深、胶济等干线展开。时速达200公里线路，部分区段时速将达到250公里。这次提速最大的亮点是时速200公里及以上动车组投入使用，首次在中国铁路既有线上开行时速200公里的具有世界先进水平的国产化动车组。到2007年底，全国铁路已有480列时速200公里及以上的国产动车组上线运行，覆盖全国17个省、直辖市。

小链接

2007年客运量排名世界前10位的机场

伦敦机场　6806.83万人次
8 法兰克福机场　5416.19万人次
北京首都机场　5358.37万人次
2 芝加哥机场　7617.79万人次
6 巴黎机场　5992.23万人次
4 东京机场　6682.34万人次
1 亚特兰大机场　8937.93万人次
10 马德里机场　5212.27万人次
5 旧金山机场　6189.61万人次
7 达拉斯沃思堡机场　5978.65万人次

英国　德国　法国　西班牙　中国　日本　美国

旅客吞吐量

2007年中国主要机场客货运输量概况

北京首都机场
- 5 361.17万人次
- 141.65万吨

上海虹桥机场
- 2 263.30万人次
- 38.89万吨

西安机场
- 1 137.26万人次
- 11.21万吨

上海浦东机场
- 2 892.04万人次
- 255.92万吨

成都机场
- 1 857.43万人次
- 32.59万吨

杭州机场
- 1 173.00万人次
- 19.57万吨

重庆机场
- 1 035.57万人次
- 14.35万吨

厦门机场
- 868.47万人次
- 19.36万吨

昆明机场
- 1 572.58万人次
- 23.27万吨

广州机场
- 3 095.85万人次
- 69.51万吨

深圳机场
- 2 061.92万人次
- 61.62万吨

旅客吞吐量
货邮吞吐量

2007年世界港口集装箱吞吐量排名前10位*

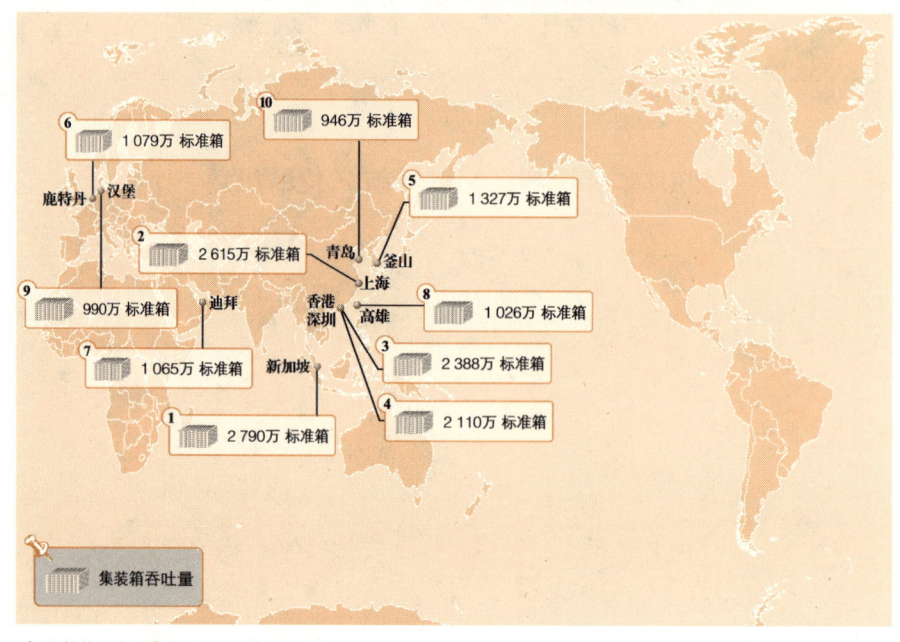

1. 2 790万 标准箱
2. 2 615万 标准箱
3. 2 388万 标准箱
4. 2 110万 标准箱（新加坡）
5. 1 327万 标准箱（釜山）
6. 1 079万 标准箱（鹿特丹)
7. 1 065万 标准箱（迪拜）
8. 1 026万 标准箱（高雄）
9. 990万 标准箱
10. 946万 标准箱（汉堡）

青岛、上海、香港深圳

集装箱吞吐量

*标准箱指一个长度规格为20英尺的集装箱，英文简称TEU。

第九章

改革开放30年来中国运输和通信及媒体发展变化

2007年中国沿海主要港口货物吞吐量

港口	吞吐量
营口	12 207万吨
秦皇岛	24 893万吨
大连	22 286万吨
天津	30 946万吨
烟台	10 192万吨
青岛	26 502万吨
日照	13 063万吨
连云港	8 507万吨
上海	49 227万吨
宁波-舟山	47 336万吨
广州	34 325万吨
厦门	8 117万吨
深圳	19 994万吨

南海诸岛

中国卫星发射基地概览

1995年以来中国成功发射卫星次数状况（单位：次）

年份	次数
1995年	2
2000年	6
2006年	6
2007年	10

太原卫星发射中心
中国试验卫星、应用卫星和运载火箭发射试验基地之一。

遥感卫星三号
2007年11月12日6时48分成功发射

海洋一号B
2007年4月11日11时27分成功发射

酒泉卫星发射中心
是科学卫星、技术试验卫星和运载火箭的发射试验基地之一，是中国创建最早、规模最大的综合型导弹、卫星发射中心，也是中国唯一的载人航天发射场。

西昌卫星发射中心
主要承担地球同步轨道卫星发射任务的航天发射基地，担负通信、广播、气象卫星等试验发射和应用发射任务。

北斗导航试验卫星
2007年2月3日0时28分成功发射

北斗导航卫星
2007年4月14日4时11分成功发射

尼日利亚通信卫星一号
2007年5月14日0时1分成功发射

通信广播卫星中星6B（China Sat-6B）卫星
2007年7月5日北京时间20时8分成功发射

嫦娥一号
2007年10月24日18时5分成功发射

文昌卫星发射中心（筹）
主要承担地球同步轨道卫星、大质量极轨卫星、大吨位空间站和深空探测卫星等航天器的发射任务。

南海诸岛

139

三. 改革开放30年来中国邮电和通信市场的发展

改革开放30年中,中国邮电和通信市场发展迅速。在改革开放之初,中国邮政业务和电信业务平分秋色;之后在通信技术不断发展下,电信业务迅速增长,2007年电信业务量占据了邮电业务总量的93.86%。随着农村通话工程的开展,中国电信覆盖率不断提高,2007年已通电话的行政村比重达到了99.5%。2007年,中国电话普及率达到了69.4部/百人,其中移动电话占据了59.94%,而1979年仅为0.38部/百人。

改革开放30年来中国邮政电信业务总量状况(单位:亿元)

年份	电信业务总量	邮政业务总量
1978年	19.2	14.9
1980年	22.0	17.0
1985年	36.5	25.7
1990年	109.6	46.0
1995年	875.5	113.3
2000年	4 559.9	232.8
2005年	11 403.0	625.5
2006年	14 595.0	730.5
2007年	18 545.4	1 213.3

1978年中国邮电业务总量构成
- 邮政业务总量 43.70%(14.9亿元)
- 电信业务总量 56.30%(19.2亿元)

2007年中国邮电业务总量构成
- 邮政业务总量 6.14%(1 213.3亿元)
- 电信业务总量 93.86%(18 545.4亿元)

改革开放30年来中国固定电话用户数情况(单位:万部)

年份	城市固定电话用户数	农村固定电话用户数
1978年	119.2	73.4
1980年	134.2	79.9
1985年	219.0	93.1
1990年	538.4	146.6
1995年	3 263.6	807.0
2000年	9 311.6	5 171.3
2005年	23 975.3	11 069.2
2006年	25 132.9	11 645.6
2007年	24 859.4	11 685.5

第九章
改革开放30年来中国运输和通信及媒体发展变化

改革开放30年来中国电话普及率状况*（单位：部/百人）

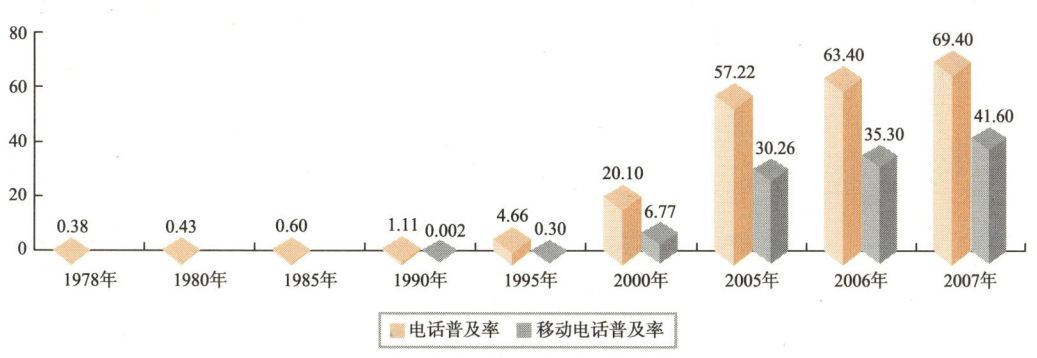

年份	电话普及率	移动电话普及率
1978年	0.38	
1980年	0.43	
1985年	0.60	
1990年	1.11	0.002
1995年	4.66	0.30
2000年	20.10	6.77
2005年	57.22	30.26
2006年	63.40	35.30
2007年	69.40	41.60

*1990年以前中国没有移动电话统计数据。

1997年以来中国互联网用户发展状况（单位：万户）

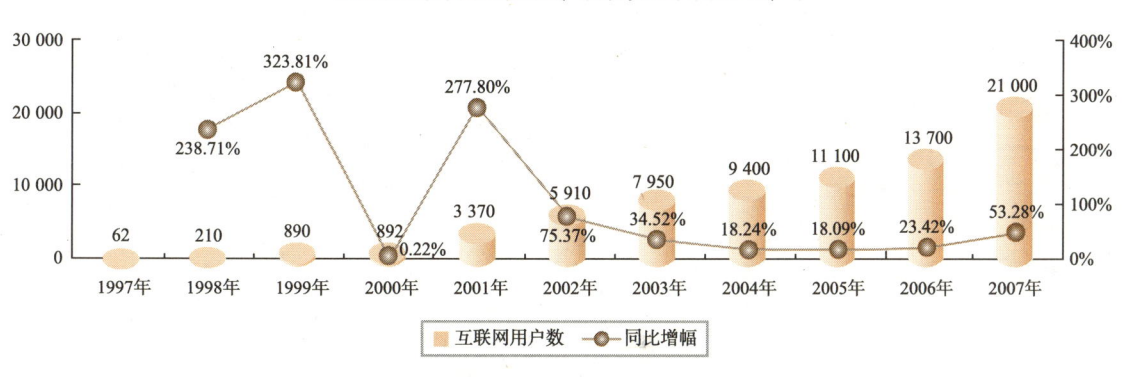

年份	互联网用户数	同比增幅
1997年	62	
1998年	210	238.71%
1999年	890	323.81%
2000年	892	0.22%
2001年	3 370	277.80%
2002年	5 910	75.37%
2003年	7 950	34.52%
2004年	9 400	18.24%
2005年	11 100	18.09%
2006年	13 700	23.42%
2007年	21 000	53.28%

1997年以来中国互联网普及率走势

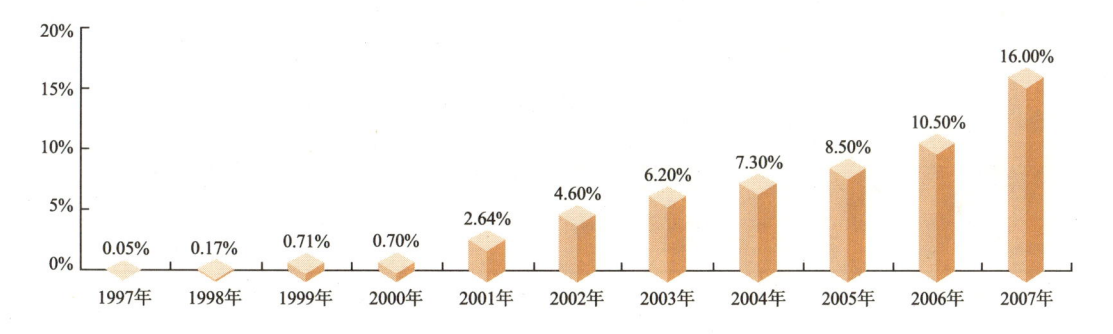

年份	普及率
1997年	0.05%
1998年	0.17%
1999年	0.71%
2000年	0.70%
2001年	2.64%
2002年	4.60%
2003年	6.20%
2004年	7.30%
2005年	8.50%
2006年	10.50%
2007年	16.00%

中国互联网起步的时间较晚，1994年建设的CERNET示范网工程是中国第一个全国性TCP/IP互联网。但在之后的十几年中，中国互联网发展的速度惊人。2007年，中国互联网用户数达到了2.1亿人，略低于美国的2.15亿人，位居世界第二位，互联网的普及率达到了16%，而1997年仅为0.05%。

2007年底中国和世界部分国家互联网普及率比较

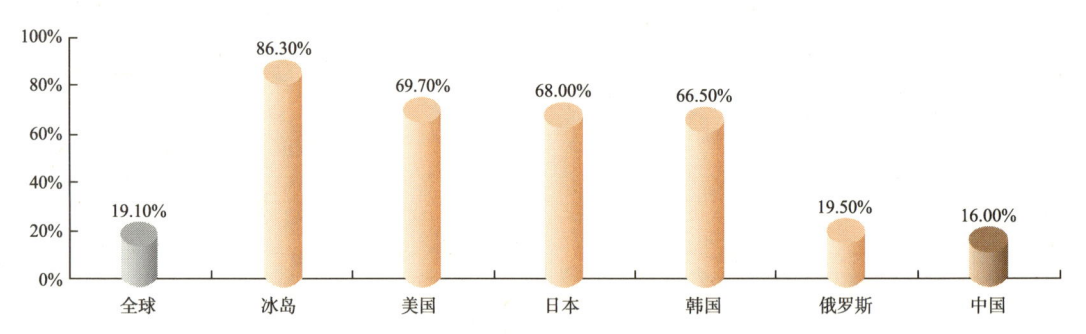

全球	冰岛	美国	日本	韩国	俄罗斯	中国
19.10%	86.30%	69.70%	68.00%	66.50%	19.50%	16.00%

四. 改革开放30年来中国各类媒体发展概况

改革开放以来，中国各类媒体发展迅速，出现了百花齐放、百家争鸣的局面。2007年，中国广播电台和电视台分别达到了263个和287个，比1979年增长了1.83倍和7.97倍。图书、期刊和报纸的发行数量也有较大幅度的增长，但随着网络媒体的不断介入，报纸这一传统媒介也面临着巨大的挑战。

改革开放30年来中国广播电台和电视台发展概况（单位：个）

年份	广播电台	电视台
1978年	93	32
1980年	106	38
1985年	168	143
1990年	239	282
1995年	312	336
2000年	304	354
2005年	273	302
2006年	267	296
2007年	263	287

改革开放30年来中国图书发行概况

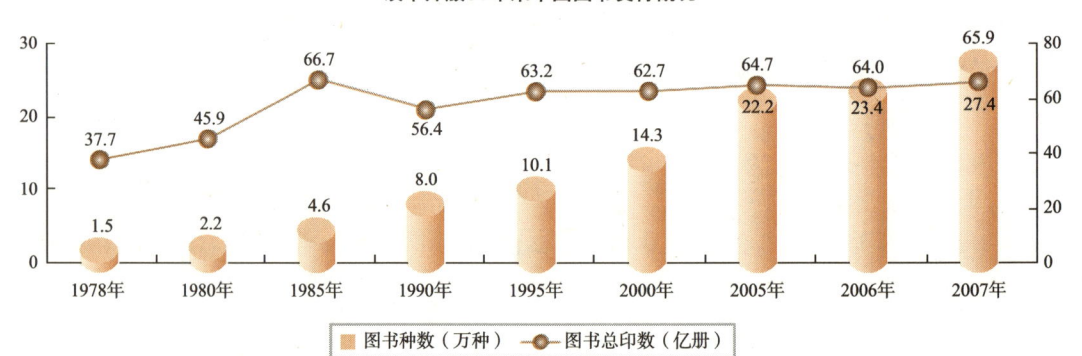

年份	图书种数（万种）	图书总印数（亿册）
1978年	1.5	37.7
1980年	2.2	45.9
1985年	4.6	66.7
1990年	8.0	56.4
1995年	10.1	63.2
2000年	14.3	62.7
2005年	22.2	64.7
2006年	23.4	64.0
2007年	27.4	65.9

第九章
改革开放30年来中国运输和通信及媒体发展变化

改革开放30年来中国期刊发行概况

年份	期刊种数（种）	期刊总印数（亿册）
1978年	930	8
1980年	2 191	11
1985年	4 705	26
1990年	5 751	18
1995年	7 583	23
2000年	8 725	29
2005年	9 468	28
2006年	9 468	29
2007年	9 363	29

改革开放30年来中国报纸发行概况

年份	报纸种数（种）	报纸总印数（亿份）
1978年	128	186
1980年	140	188
1985年	1 445	247
1990年	1 444	211
1995年	2 089	263
2000年	2 007	329
2005年	1 931	413
2006年	1 938	425
2007年	2 081	439

改革开放30年来中国每百人订有报刊数情况（单位：份）

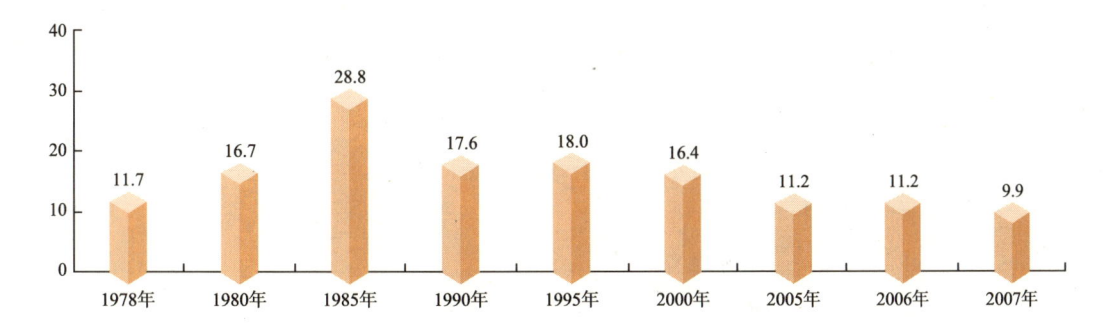

1978年	11.7
1980年	16.7
1985年	28.8
1990年	17.6
1995年	18.0
2000年	16.4
2005年	11.2
2006年	11.2
2007年	9.9

改革开放30来，中国报刊业的发展经历了起伏，在2000年之前，报刊业的发展总体是向上了，2000年之后则出现了回落。这主要是因为2000年后，随着互联网的推广，网络媒体以其快速、便捷和互动的优势越来越深入人心，使得很多人用网络媒体替代了传统媒体。

数读中国30年

第十章
改革开放30年来中国国民生活发展变化

伴随着改革开放30年来国民经济的飞速发展,人民生活发生了翻天覆地的变化,实现了由温饱不足到总体小康的历史性跨越。一方面,居民收入水平明显增加。1978-2007年,中国城镇居民家庭人均可支配收入和农村居民家庭人均纯收入分别增长近40倍和近30倍,达到13 785.8元和4 140.4元。尤其是进入21世纪,国家富民、惠民的民生意识增强,更多的社会经济发展成果惠及百姓,居民收入增长幅度明显提高。另一方面,居民消费结构以及消费观念也在发生深刻变化,生活质量显著提升。2007年,中国城市与农村居民食品支出占全部生活消费支出(恩格尔系数)的36.3%和43.1%,较1978年57.5%和67.7%的水平大幅下降,而同期医疗保健、交通通信和娱乐教育文化服务支出比重显著提高。同时,家庭耐用消费品也由改革开放初期的"洗衣机、缝纫机、照相机"向新世纪的"楼房、电脑、私家车"逐步转型。但是,由制度与政策原因所引发的城乡收入差距扩大化以及相对于经济快速发展而略显滞后的民生建设问题相继浮出,未来围绕着"住有所居、学有所教、劳有所得、病有所医、老有所养"的民生新蓝图,将在新的历史起点上,加速破解这一系列民生难题。

城乡居民收入◎收入与储蓄水平显著提高

1978年以来中国城乡居民家庭人均收入状况(单位:元)

年份	城镇居民家庭人均可支配收入	农村居民家庭人均纯收入
1978年	343.4	133.6
1980年	477.6	191.3
1985年	739.1	397.6
1990年	1510.2	686.3
1995年	4 283.0	1 577.7
2000年	6 280.0	2 253.4
2005年	10 493.0	3 254.9
2006年	11 759.5	3 587.0
2007年	13 785.8	4 140.4

1978年以来中国城乡居民储蓄存款情况

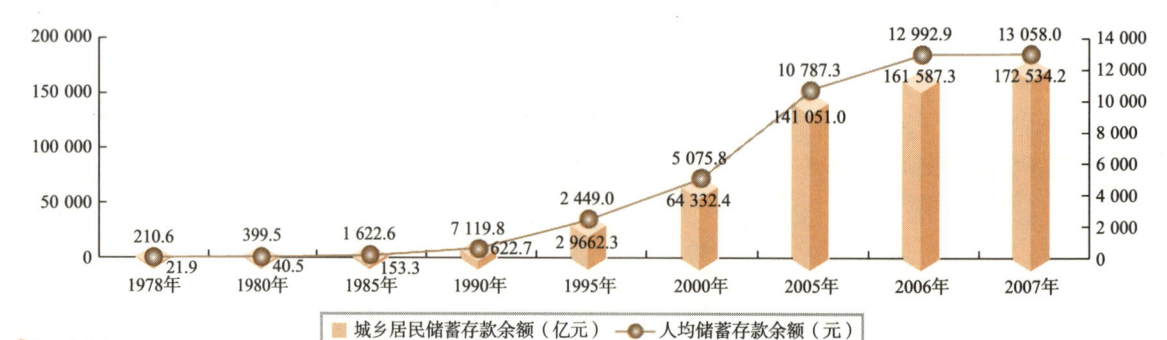

年份	城乡居民储蓄存款余额(亿元)	人均储蓄存款余额(元)
1978年	210.6	21.9
1980年	399.5	40.5
1985年	1 622.6	153.3
1990年	7 119.8	622.7
1995年	29 662.3	2 449.0
2000年	64 332.4	5 075.8
2005年	141 051.0	10 787.3
2006年	161 587.3	12 992.9
2007年	172 534.2	13 058.0

城乡居民收入 ◎ 城乡居民收入逐步呈现出多元化特点

1990年中国城镇居民家庭人均收入来源状况

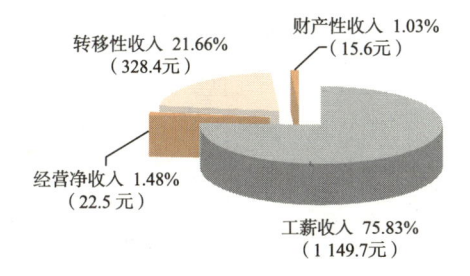

- 转移性收入 21.66%（328.4元）
- 财产性收入 1.03%（15.6元）
- 经营净收入 1.48%（22.5元）
- 工薪收入 75.83%（1 149.7元）

2007年中国城镇居民家庭人均收入来源状况

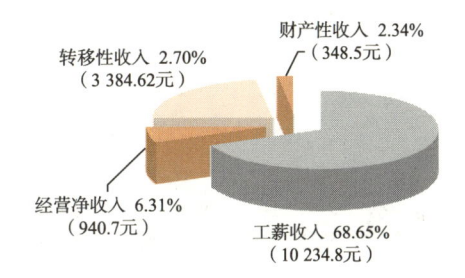

- 转移性收入 2.70%（3 384.62元）
- 财产性收入 2.34%（348.5元）
- 经营净收入 6.31%（940.7元）
- 工薪收入 68.65%（10 234.8元）

1990年中国农村家庭人均总收入来源状况

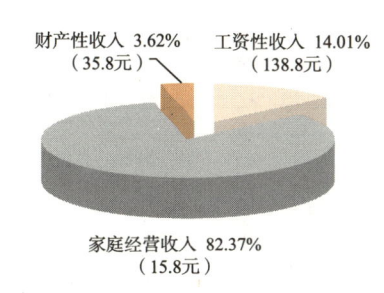

- 财产性收入 3.62%（35.8元）
- 工资性收入 14.01%（138.8元）
- 家庭经营收入 82.37%（15.8元）

2007年中国农村家庭人均总收入来源状况

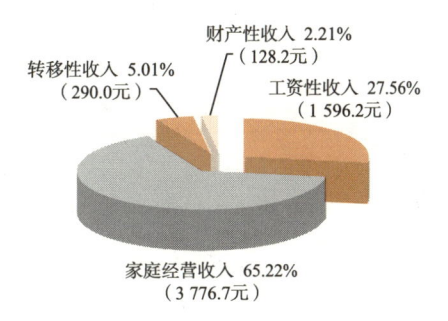

- 转移性收入 5.01%（290.0元）
- 财产性收入 2.21%（128.2元）
- 工资性收入 27.56%（1 596.2元）
- 家庭经营收入 65.22%（3 776.7元）

城乡居民收入 ◎ 城乡居民收入差距继续扩大

1978年以来中国城乡居民收入差距比较（单位：元）

年份	城乡居民收入差额	城乡居民收入比值
1978年	210	2.57
1980年	286	2.50
1985年	342	1.86
1990年	824	2.20
1995年	2 705	2.71
2000年	4 027	2.79
2005年	7 238	3.22
2006年	8 173	3.28
2007年	9 645	3.33

数读中国30年

城乡居民消费 ◎ 消费支出大幅增加，生活质量明显改善

1978年以来中国城乡居民家庭人均消费支出状况（单位：元）

年份	城镇居民	农村居民
1978年	311.16	116.06
1980年	412.44	162.21
1985年	673.20	317.42
1990年	1 278.89	584.63
1995年	3 537.57	1 310.36
2000年	4 998.00	1 670.13
2005年	7 942.90	2 555.40
2006年	8 696.55	2 829.02
2007年	9 997.47	3 223.85

1978年以来中国城乡居民恩格尔系数变化状况

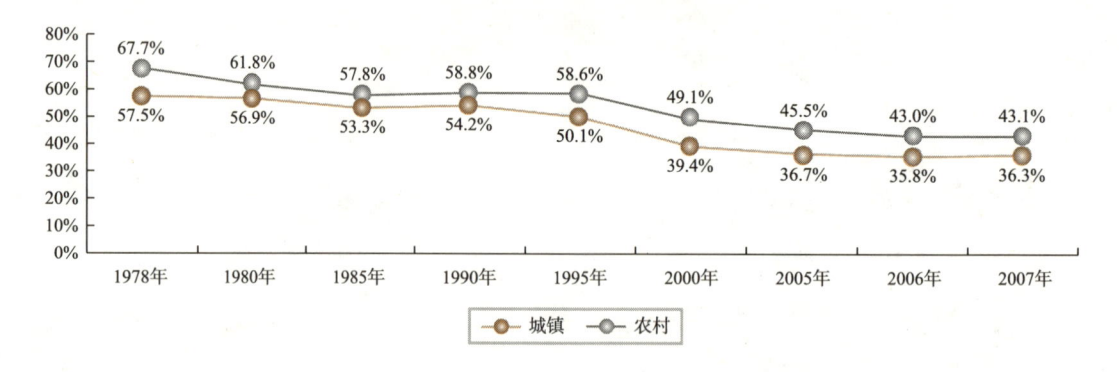

年份	城镇	农村
1978年	57.5%	67.7%
1980年	56.9%	61.8%
1985年	53.3%	57.8%
1990年	54.2%	58.8%
1995年	50.1%	58.6%
2000年	39.4%	49.1%
2005年	36.7%	45.5%
2006年	35.8%	43.0%
2007年	36.3%	43.1%

1981年中国城镇职工家庭人均生活费支出构成状况

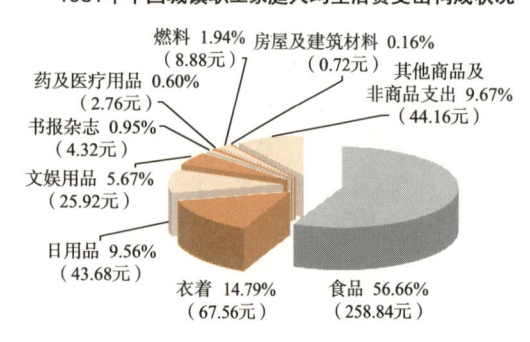

- 燃料 1.94%（8.88元）
- 房屋及建筑材料 0.16%（0.72元）
- 药及医疗用品 0.60%（2.76元）
- 其他商品及非商品支出 9.67%（44.16元）
- 书报杂志 0.95%（4.32元）
- 文娱用品 5.67%（25.92元）
- 日用品 9.56%（43.68元）
- 衣着 14.79%（67.56元）
- 食品 56.66%（258.84元）

2007年中国城镇居民家庭人均消费支出构成状况

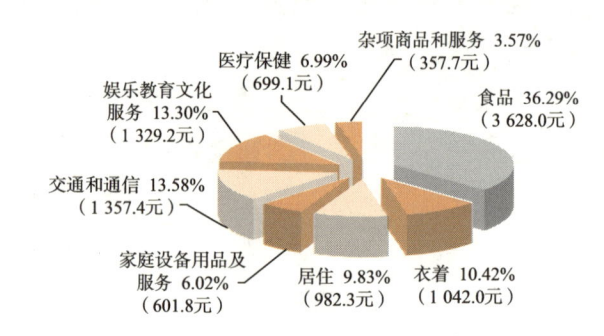

- 杂项商品和服务 3.57%（357.7元）
- 医疗保健 6.99%（699.1元）
- 娱乐教育文化服务 13.30%（1 329.2元）
- 交通和通信 13.58%（1 357.4元）
- 家庭设备用品及服务 6.02%（601.8元）
- 居住 9.83%（982.3元）
- 衣着 10.42%（1 042.0元）
- 食品 36.29%（3 628.0元）

1978年中国农村家庭人均生活费支出构成状况

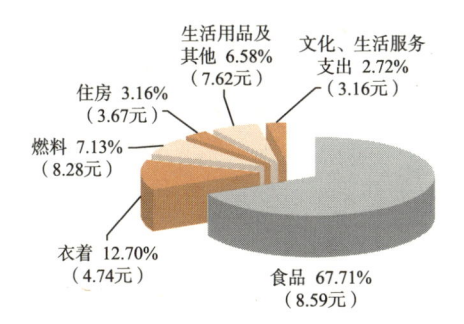

- 住房 3.16%（3.67元）
- 燃料 7.13%（8.28元）
- 衣着 12.70%（4.74元）
- 生活用品及其他 6.58%（7.62元）
- 文化、生活服务支出 2.72%（3.16元）
- 食品 67.71%（8.59元）

2007年中国农村家庭人均生活消费支出构成状况

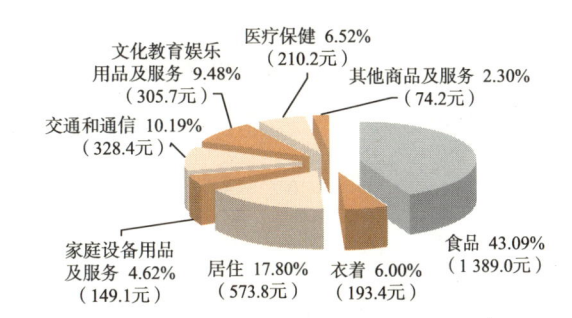

- 文化教育娱乐用品及服务 9.48%（305.7元）
- 医疗保健 6.52%（210.2元）
- 其他商品及服务 2.30%（74.2元）
- 交通和通信 10.19%（328.4元）
- 家庭设备用品及服务 4.62%（149.1元）
- 居住 17.80%（573.8元）
- 衣着 6.00%（193.4元）
- 食品 43.09%（1 389.0元）

城乡居民衣食住行 ◎ 食品品种更加丰富、膳食结构更加合理

1985年和2007年中国城镇居民家庭人均主要食品消费量比较（单位：千克）

食品	1985年	2007年
蔬菜	144.4	117.8
粮食	134.8	77.6
猪肉	16.7	18.2
水产品	7.1	14.2
鲜蛋	6.8	10.3
家禽	3.2	9.7
食用植物油	5.8	9.6
酒	7.8	9.1
牛羊肉	2.0	3.9

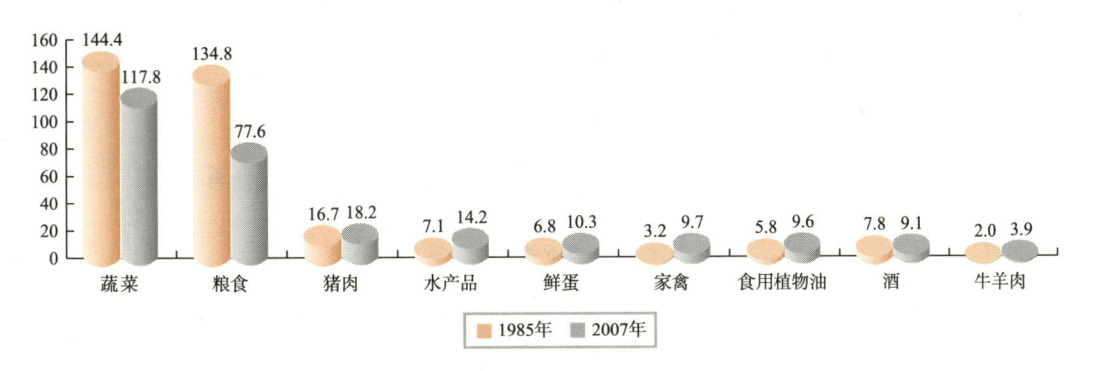

1978年和2007年中国农村家庭人均主要食品消费量比较（单位：千克）

食品	1978年	2007年
粮食(细粮)	122.5	173.8
蔬菜	141.5	99.0
猪牛羊肉	5.8	14.9
酒	1.2	10.2
食油	2.0	6.0
水产品	0.8	5.4
蛋及制品	0.8	4.7
家禽	0.7	3.9
食糖	0.3	1.1

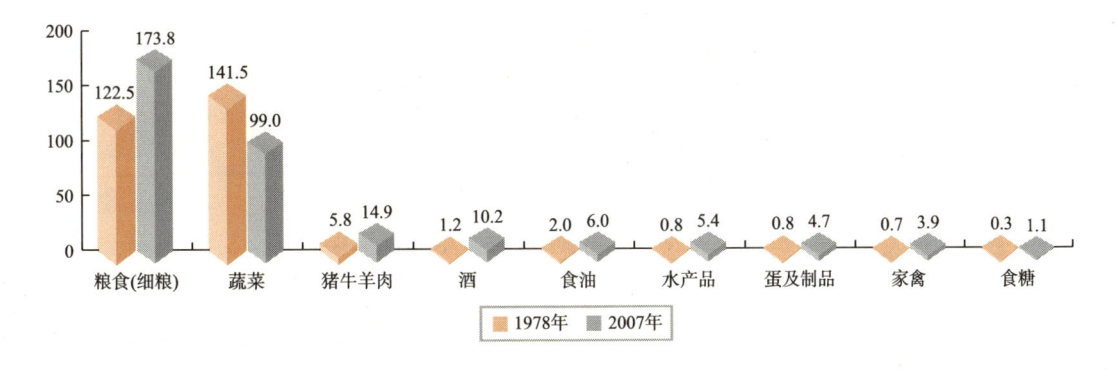

数读 中国30年

城乡居民衣食住行 ◎ 居住条件明显改善

1978年以来中国城乡新建住房建筑面积走势（单位：亿平方米）

年份	城镇新建住宅面积	农村新建住宅面积
1978年	0.38	1.00
1980年	0.92	5.00
1985年	1.88	7.22
1990年	1.73	6.91
1995年	3.75	6.99
2000年	5.49	7.97
2005年	6.61	6.67
2006年	6.30	6.84
2007年	6.61	7.77

1978年以来中国城乡居民居住条件走势（单位：平方米）

年份	城镇人均住宅建筑面积	农村人均住房面积
1978年	6.7	8.1
1980年	7.2	9.4
1985年	10.0	14.7
1990年	13.7	17.8
1995年	16.3	21.0
2000年	20.3	24.8
2005年	26.1	29.7
2006年	27.1	30.7
2007年	28.0	31.6

城乡居民衣食住行 ◎ 家庭耐用消费品更新换代

1985年中国城镇居民家庭平均每百户耐用消费品拥有量状况

耐用消费品	拥有量
自行车（辆）	152.27
电风扇（台）	73.91
缝纫机（台）	70.82
黑白电视机（台）	66.86
洗衣机（台）	48.29
普通收音机（台）	22.28
立体声收音机（台）	18.88
彩色电视机（台）	17.21
照相机（台）	8.52
电冰箱（台）	6.58

第十章 改革开放30年来中国国民生活发展变化

2007年中国城镇居民家庭平均每百户耐用消费品拥有量状况

移动电话（部）	165.2
彩色电视机（台）	137.8
洗衣机（台）	96.8
空调（台）	95.1
电冰箱（台）	95
普通电话（部）	90.5
淋浴热水器（台）	79.5
家用电脑（台）	53.8
微波炉（台）	53.4
照相机（台）	45.1
组合音响（台）	30.2
家用汽车（辆）	6.1

1978年中国农村家庭平均每百户耐用消费品拥有量状况

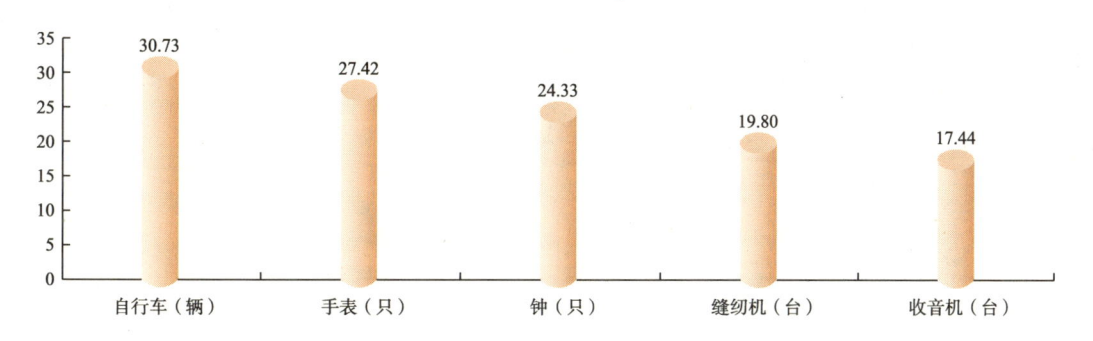

自行车（辆）	30.73
手表（只）	27.42
钟（只）	24.33
缝纫机（台）	19.80
收音机（台）	17.44

2007年中国农村家庭平均每百户耐用消费品拥有量状况

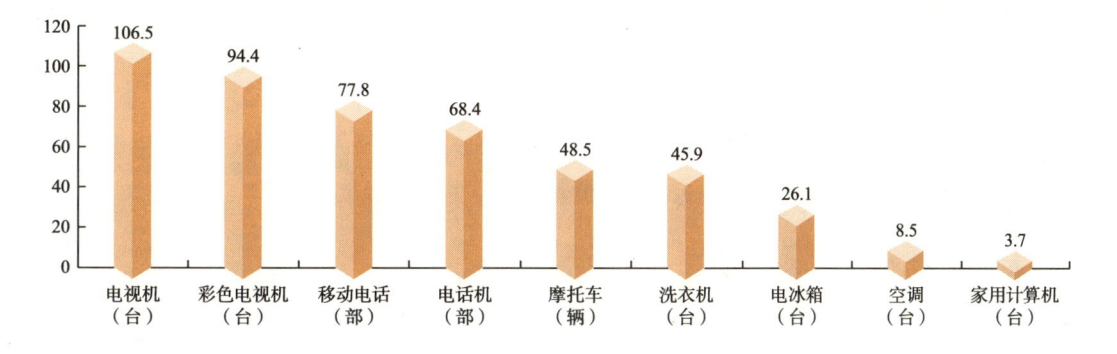

电视机（台）	106.5
彩色电视机（台）	94.4
移动电话（部）	77.8
电话机（部）	68.4
摩托车（辆）	48.5
洗衣机（台）	45.9
电冰箱（台）	26.1
空调（台）	8.5
家用计算机（台）	3.7

149

数读中国30年

城乡民生建设 ◎ 社会保障体系逐步建立

1990年以来中国参加基本养老保险人数状况（单位：万人）

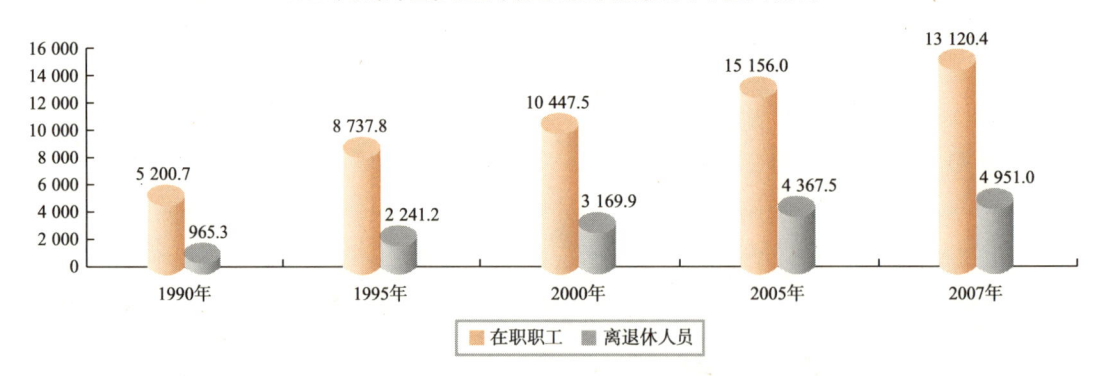

年份	在职职工	离退休人员
1990年	5 200.7	965.3
1995年	8 737.8	2 241.2
2000年	10 447.5	3 169.9
2005年	15 156.0	4 367.5
2007年	13 120.4	4 951.0

1990年以来中国参加城镇基本养老保险人口数量占城镇总人口数量比重走势

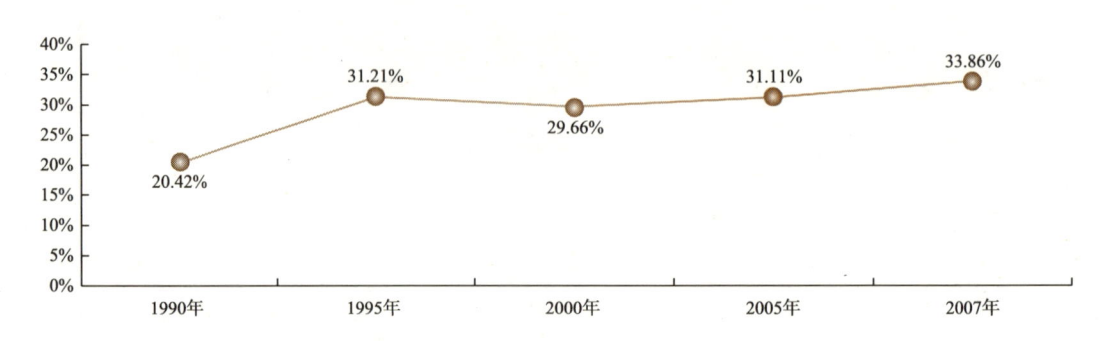

年份	比重
1990年	20.42%
1995年	31.21%
2000年	29.66%
2005年	31.11%
2007年	33.86%

小链接

2006年，中国农村参加社会养老保险人数达到5373.7万人，仅占农村人口的7.29%。

1995年以来中国城镇社会保险年底参保人数状况（单位：万人）

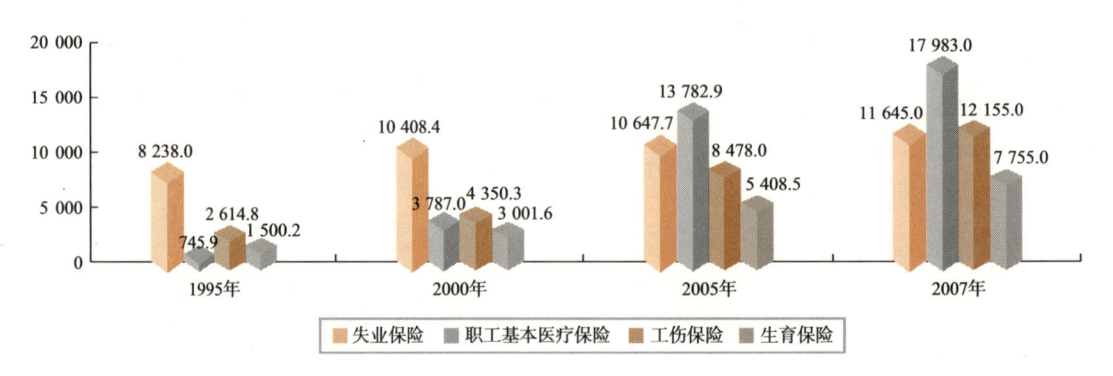

年份	失业保险	职工基本医疗保险	工伤保险	生育保险
1995年	8 238.0	745.9	2 614.8	1 500.2
2000年	10 408.4	3 787.0	4 350.3	3 001.6
2005年	10 647.7	13 782.9	8 478.0	5 408.5
2007年	11 645.0	17 983.0	12 155.0	7 755.0

1995年以来中国城镇社会保险参保人数占城镇总人口比重走势

险种	1995年	2000年	2005年	2007年
失业保险	23.42%	22.67%	18.94%	19.61%
职工基本医疗保险	—	2.12%	8.25%	24.52% / 30.29%
工伤保险	—	7.43%	9.48%	15.08% / 20.47%
生育保险	—	4.27%	6.54%	9.62% / 13.06%

1985年以来中国城乡居民医疗保健费用支出状况（单位：元）

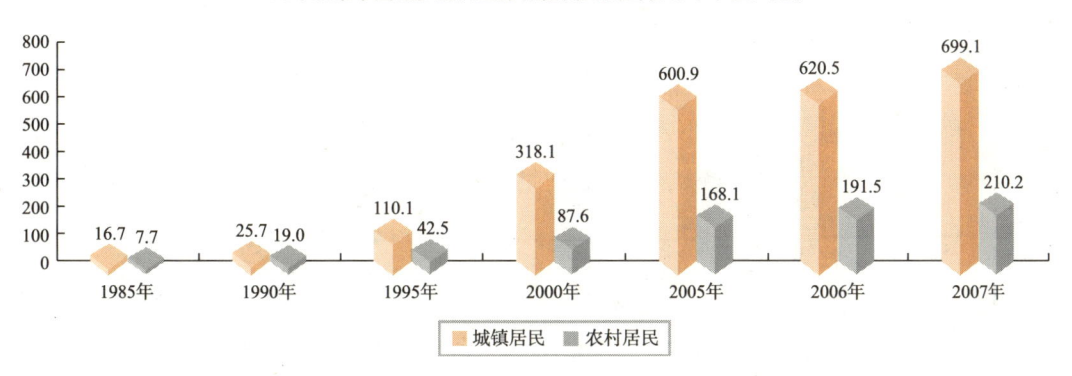

年份	城镇居民	农村居民
1985年	16.7	7.7
1990年	25.7	19.0
1995年	110.1	42.5
2000年	318.1	87.6
2005年	600.9	168.1
2006年	620.5	191.5
2007年	699.1	210.2

城乡民生建设 ◎ 全民受教育水平显著提高

1978年以来中国普通中学与普通小学数量走势（单位：所）

年份	普通中学	普通小学
1978年	162 345	949 323
1980年	118 377	917 316
1985年	93 221	832 309
1990年	87 631	766 072
1995年	81 020	668 685
2000年	77 268	553 622
2005年	77 977	366 213
2006年	76 703	341 639
2007年	74 790	320 061

数读 中国30年

1978年以来中国普通高等学校数量走势（单位：所）

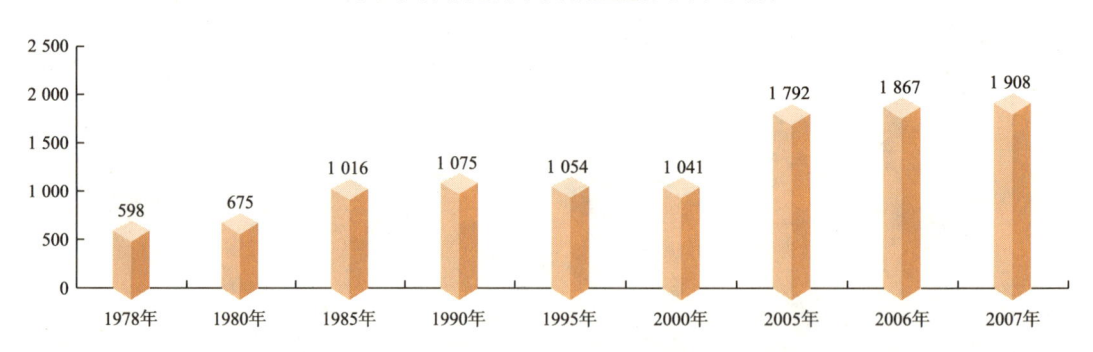

1978年	598
1980年	675
1985年	1 016
1990年	1 075
1995年	1 054
2000年	1 041
2005年	1 792
2006年	1 867
2007年	1 908

1978年以来中国普通中学与普通小学在校学生数量走势（单位：万人）

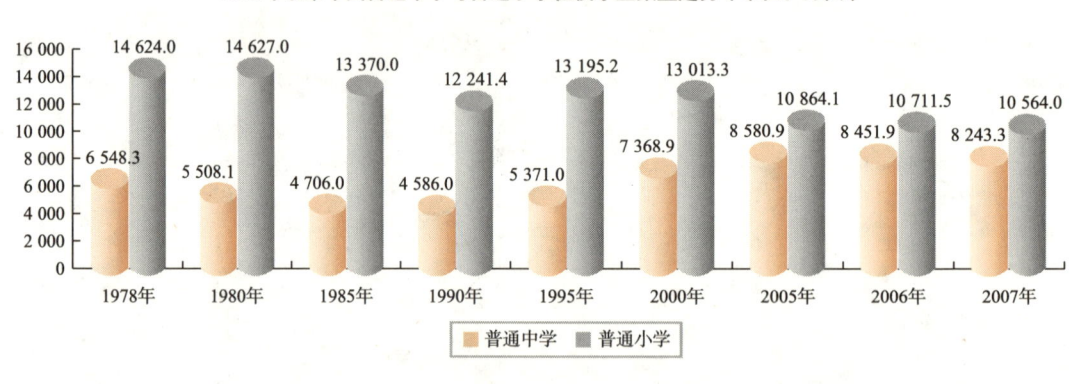

年份	普通中学	普通小学
1978年	6 548.3	14 624.0
1980年	5 508.1	14 627.0
1985年	4 706.0	13 370.0
1990年	4 586.0	12 241.4
1995年	5 371.0	13 195.2
2000年	7 368.9	13 013.3
2005年	8 580.9	10 864.1
2006年	8 451.9	10 711.5
2007年	8 243.3	10 564.0

1978年以来中国普通高等学校在校学生数量走势（单位：万人）

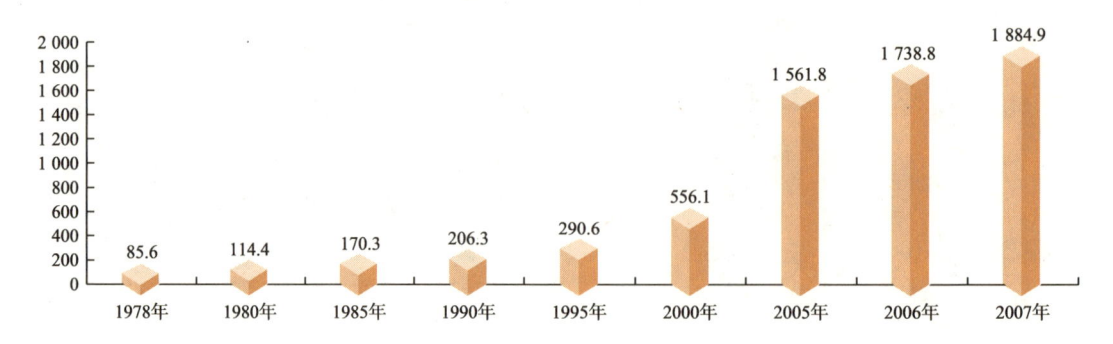

1978年	85.6
1980年	114.4
1985年	170.3
1990年	206.3
1995年	290.6
2000年	556.1
2005年	1 561.8
2006年	1 738.8
2007年	1 884.9

第十章 改革开放30年来中国国民生活发展变化

1978年以来中国各级普通学校毕业生升学率状况

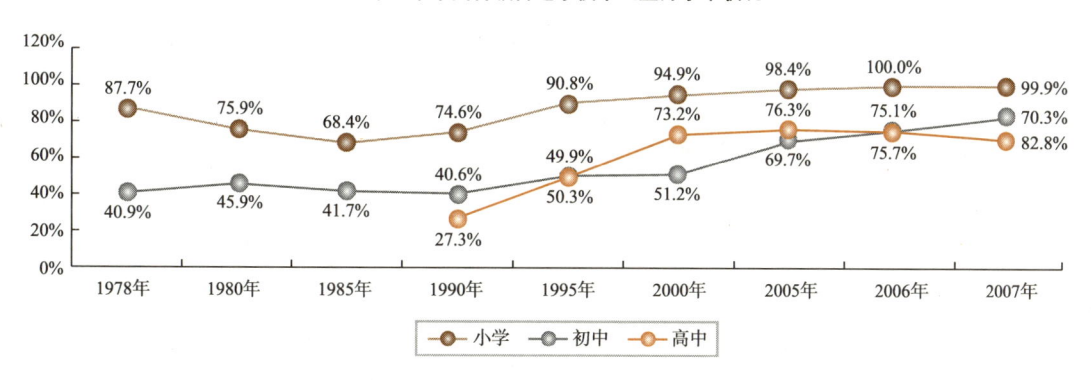

年份	小学	初中	高中
1978年	87.7%	40.9%	—
1980年	75.9%	45.9%	—
1985年	68.4%	41.7%	—
1990年	74.6%	40.6%	27.3%
1995年	90.8%	50.3%	49.9%
2000年	94.9%	51.2%	73.2%
2005年	98.4%	69.7%	76.3%
2006年	100.0%	75.7%	75.1%
2007年	99.9%	82.8%	70.3%

1978年以来中国公共图书馆与博物馆数量走势（单位：座）

年份	公共图书馆	博物馆
1978年	1 218	349
1980年	1 732	365
1985年	2 344	711
1990年	2 527	1 013
1995年	2 608	1 194
2000年	2 677	1 392
2005年	2 762	1 581
2006年	2 778	1 617
2007年	2 791	1 634

小资料
改革开放以来中国灾害、卫生等社会民政概况

1990年以来中国事故数量状况（单位：起）

年份	交通事故	火灾事故
1990年	250 244	57 302
1995年	271 843	37 136
2000年	616 971	189 185
2005年	450 254	235 941
2006年	378 781	222 702

1990年以来中国事故折损金额状况（单位：万元）

年份	交通事故	火灾事故
1990年	35 361.6	51 181.8
1995年	152 266.6	107 776.5
2000年	266 890.4	152 217.3
2005年	188 401.2	136 288.0
2006年	148 956.0	78 446.8

数读 中国30年

2003–2007年中国自然灾害致使农作物受损面积状况（单位：万公顷）

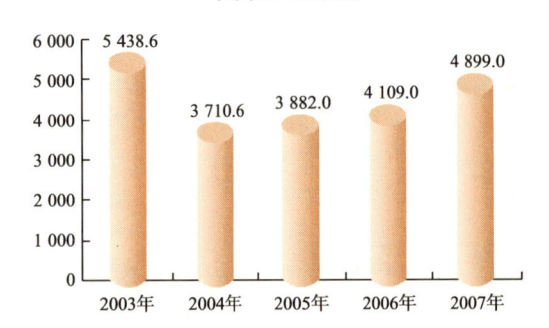

年份	受损面积
2003年	5 438.6
2004年	3 710.6
2005年	3 882.0
2006年	4 109.0
2007年	4 899.0

2003–2007年中国赤潮受损面积状况（单位：平方公里）

年份	受损面积
2003年	14 550
2004年	26 630
2005年	27 070
2006年	19 840
2007年	11 610

2003–2007年中国受海洋灾害和地震导致经济损失状况（单位：亿元）

年份	海洋灾害损失额	地震直接经济损失额
2003年	80.5	46.6
2004年	54.0	9.5
2005年	332.0	26.0
2006年	218.0	44.2
2007年	88.4	24.8

2005–2007年中国安全事故死亡人数状况（单位：人）

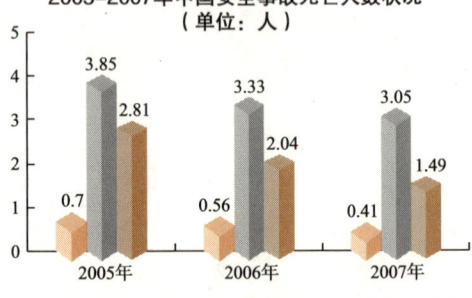

年份	亿元国内生产总值生产安全事故死亡人数	工矿商贸企业人员10万人生产安全事故死亡人数	煤矿百万吨死亡人数
2005年	0.7	3.85	2.81
2006年	0.56	3.33	2.04
2007年	0.41	3.05	1.49

1978年以来中国卫生机构数量状况（单位：万家）

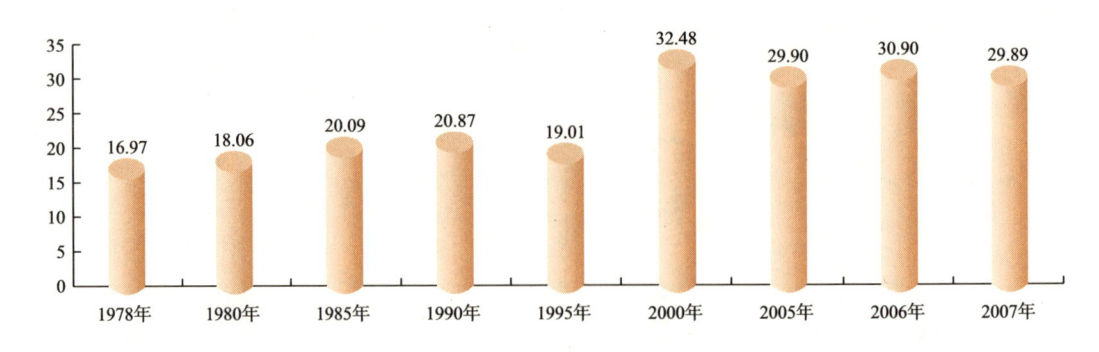

年份	数量
1978年	16.97
1980年	18.06
1985年	20.09
1990年	20.87
1995年	19.01
2000年	32.48
2005年	29.90
2006年	30.90
2007年	29.89

第十章
改革开放30年来中国国民生活发展变化

1978年以来中国卫生机构床位数状况（单位：万张）

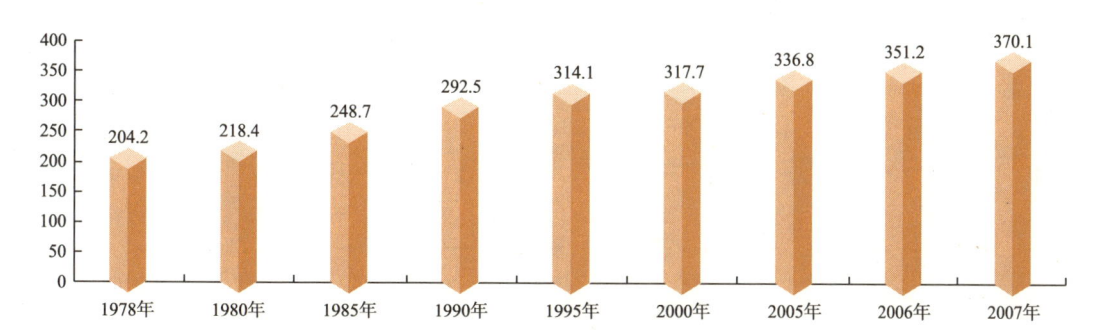

年份	1978年	1980年	1985年	1990年	1995年	2000年	2005年	2006年	2007年
床位数	204.2	218.4	248.7	292.5	314.1	317.7	336.8	351.2	370.1

1978年以来中国卫生机构人员数状况（单位：万人）

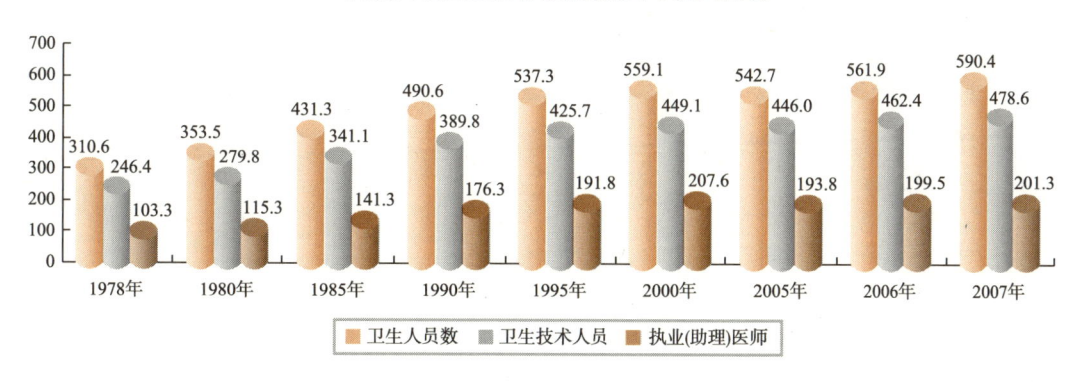

年份	卫生人员数	卫生技术人员	执业(助理)医师
1978年	310.6	246.4	103.3
1980年	353.5	279.8	115.3
1985年	431.3	341.1	141.3
1990年	490.6	389.8	176.3
1995年	537.3	425.7	191.8
2000年	559.1	449.1	207.6
2005年	542.7	446.0	193.8
2006年	561.9	462.4	199.5
2007年	590.4	478.6	201.3

1980年以来中国与美国及世界婴儿死亡率比较

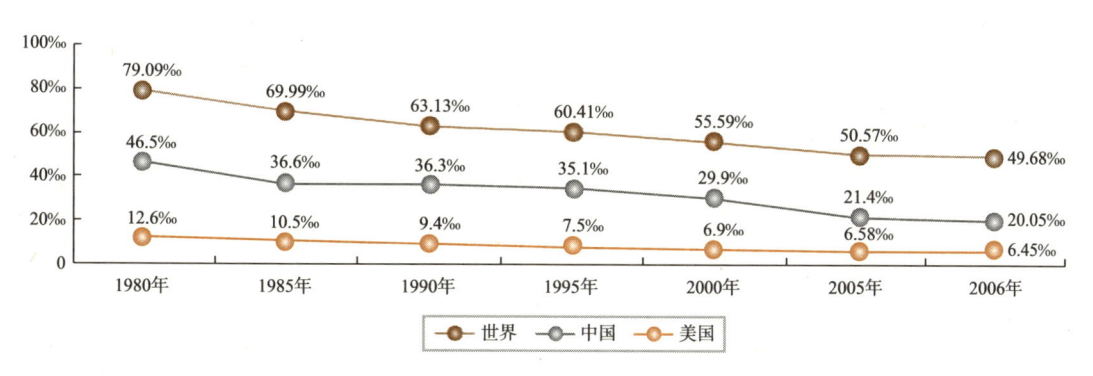

年份	世界	中国	美国
1980年	79.09‰	46.5‰	12.6‰
1985年	69.99‰	36.6‰	10.5‰
1990年	63.13‰	36.3‰	9.4‰
1995年	60.41‰	35.1‰	7.5‰
2000年	55.59‰	29.9‰	6.9‰
2005年	50.57‰	21.4‰	6.58‰
2006年	49.68‰	20.05‰	6.45‰

数读 中国30年

1980年以来中国居民出生时预期寿命状况（单位：岁）

年份	女性出生时预期寿命	男性出生时预期寿命
1980年	68.10	65.64
1985年	69.88	66.84
1990年	70.47	67.36
1995年	71.02	67.85
2000年	71.96	68.64
2005年	73.69	70.07
2006年	73.86	70.23

1978年以来中国结婚率和离婚率走势比较

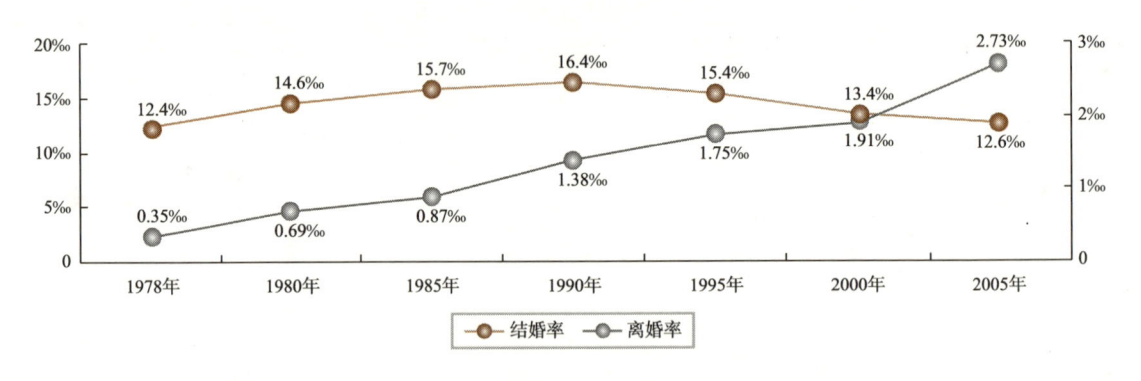

年份	结婚率	离婚率
1978年	12.4‰	0.35‰
1980年	14.6‰	0.69‰
1985年	15.7‰	0.87‰
1990年	16.4‰	1.38‰
1995年	15.4‰	1.75‰
2000年	13.4‰	1.91‰
2005年	12.6‰	2.73‰

2000-2007年中国粗结婚率和粗离婚率比较

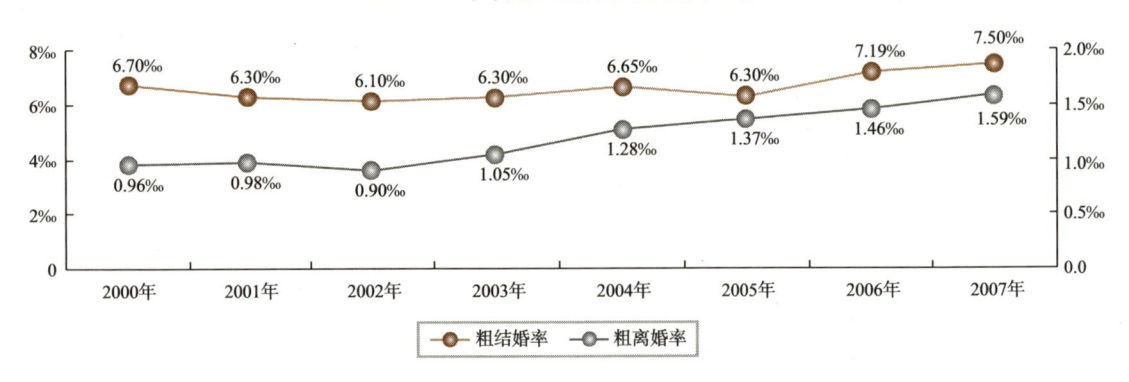

年份	粗结婚率	粗离婚率
2000年	6.70‰	0.96‰
2001年	6.30‰	0.98‰
2002年	6.10‰	0.90‰
2003年	6.30‰	1.05‰
2004年	6.65‰	1.28‰
2005年	6.30‰	1.37‰
2006年	7.19‰	1.46‰
2007年	7.50‰	1.59‰

第十章
改革开放30年来中国国民生活发展变化

1996—2007年中国城市最低生活保障情况（单位：万人）

年份	万人
1996年	84.9
1997年	87.9
1998年	184.1
1999年	256.9
2000年	402.6
2001年	1 170.7
2002年	2 064.7
2003年	2 246.8
2004年	2 205
2005年	2 234.2
2006年	2 240.1
2007年	2 272.1

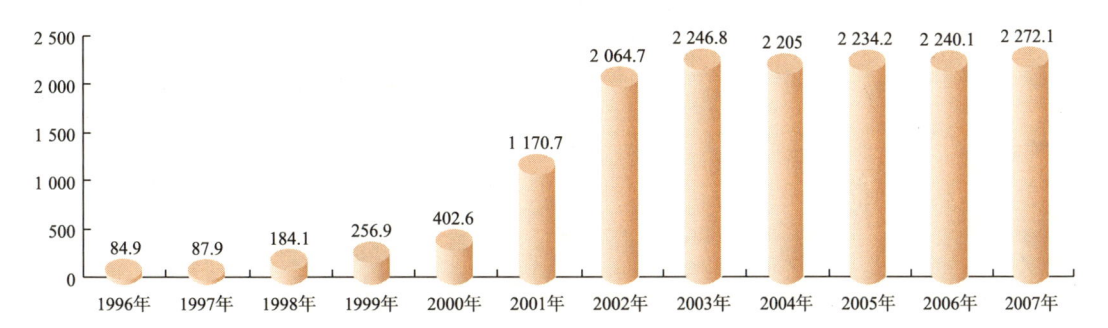

2002—2007年中国农村最低生活保障情况（单位：万人）

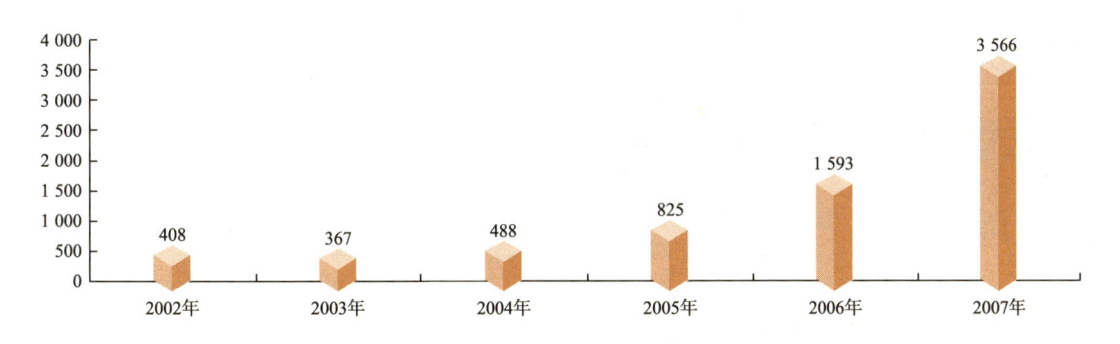

年份	万人
2002年	408
2003年	367
2004年	488
2005年	825
2006年	1 593
2007年	3 566

1990年与2006年中国城市居民主要疾病死亡率（单位：1/10万）

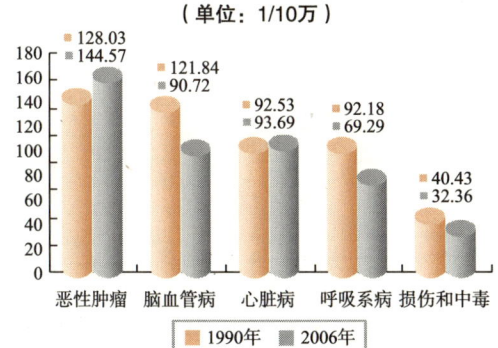

疾病	1990年	2006年
恶性肿瘤	128.03	144.57
脑血管病	121.84	90.72
心脏病	92.53	93.69
呼吸系病	92.18	69.29
损伤和中毒	40.43	32.36

1990年与2006年中国农村居民主要疾病死亡率（单位：1/10万）

疾病	1990年	2006年
呼吸系病	159.67	84.94
脑血管病	112.36	130.23
恶性肿瘤	103.93	105.48
心脏病	69.6	71.84
损伤和中毒	68.48	46.12

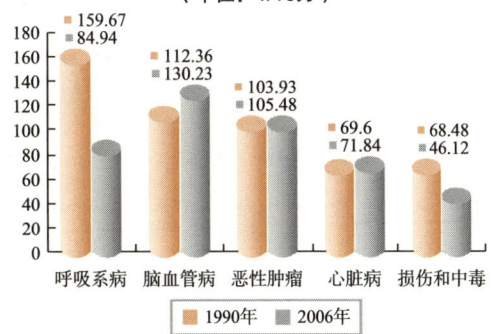

数读中国30年

1990年以来中国与世界主要国家人均教育、医疗数据及水资源比较

1990年与2002年中国与世界及世界主要国家大学生粗入学率比较状况

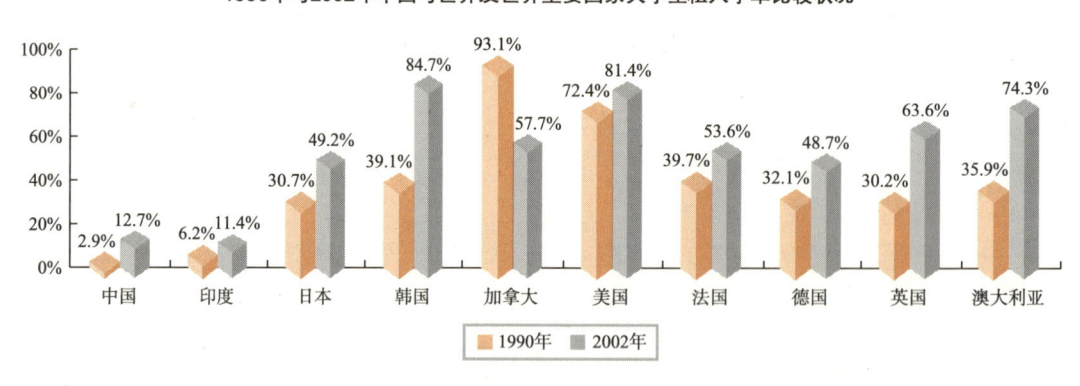

国家	1990年	2002年
中国	2.9%	12.7%
印度	6.2%	11.4%
日本	30.7%	49.2%
韩国	39.1%	84.7%
加拿大	93.1%	57.7%
美国	72.4%	81.4%
法国	39.7%	53.6%
德国	32.1%	48.7%
英国	30.2%	63.6%
澳大利亚	35.9%	74.3%

2000年中国与世界主要国家每个学生教育支出占人均国内生产总值比重状况

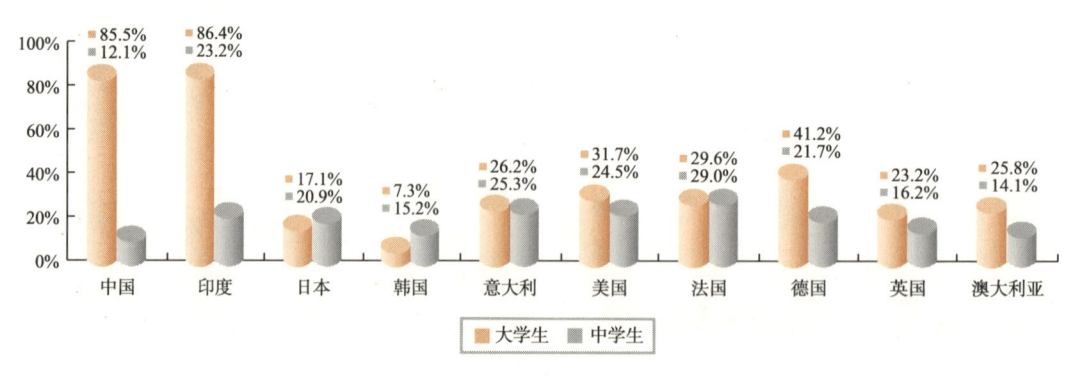

国家	大学生	中学生
中国	85.5%	12.1%
印度	86.4%	23.2%
日本	17.1%	20.9%
韩国	7.3%	15.2%
意大利	26.2%	25.3%
美国	31.7%	24.5%
法国	29.6%	29.0%
德国	41.2%	21.7%
英国	23.2%	16.2%
澳大利亚	25.8%	14.1%

2002年世界主要国家医疗支出占国内生产总值比重及人均医疗支出情况（单位：美元）

国家	人均医疗支出	医疗支出占国内生产总值的比重
中国	63	5.8%
印度	30	6.1%
日本	2 476	7.9%
韩国	577	5.0%
加拿大	2 222	9.6%
美国	5 274	14.6%
法国	2 348	9.7%
德国	2 631	10.9%
英国	2 031	7.7%
澳大利亚	1 995	9.5%

2000年世界主要国家每千人口拥有医生数和病床数

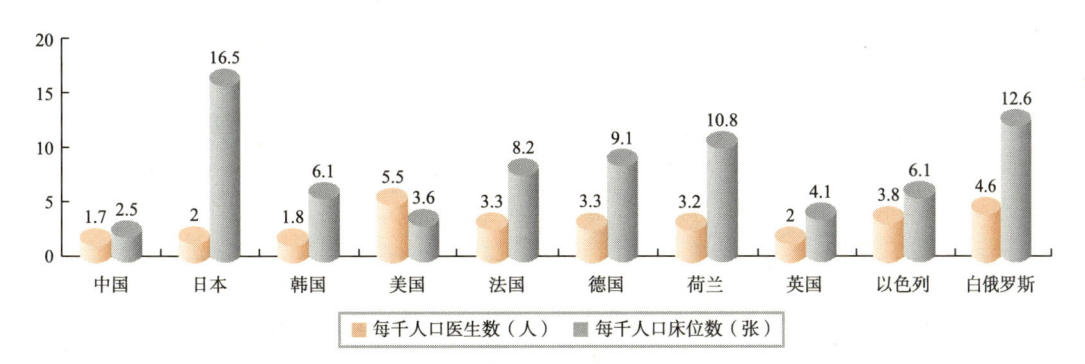

国家	每千人口医生数（人）	每千人口床位数（张）
中国	1.7	2.5
日本	2	16.5
韩国	1.8	6.1
美国	5.5	3.6
法国	3.3	8.2
德国	3.3	9.1
荷兰	3.2	10.8
英国	2	4.1
以色列	3.8	6.1
白俄罗斯	4.6	12.6

1980年与2003年中国与世界主要国家人口死亡率比较状况

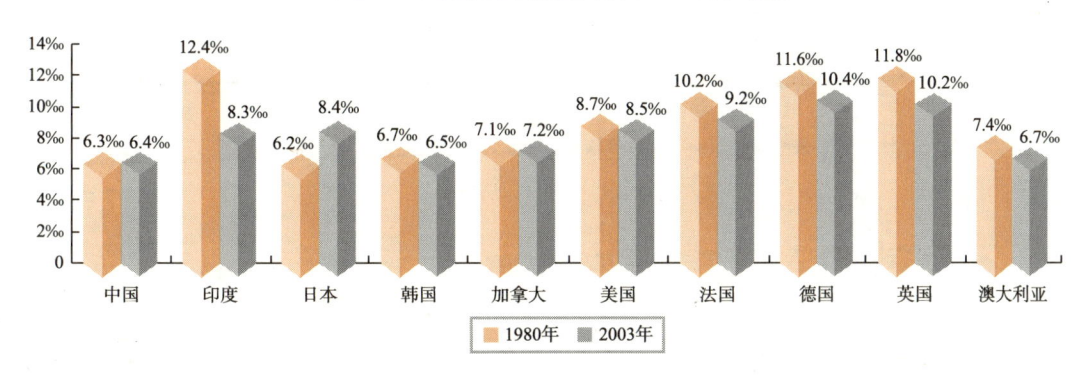

国家	1980年	2003年
中国	6.3‰	6.4‰
印度	12.4‰	8.3‰
日本	6.2‰	8.4‰
韩国	6.7‰	6.5‰
加拿大	7.1‰	7.2‰
美国	8.7‰	8.5‰
法国	10.2‰	9.2‰
德国	11.6‰	10.4‰
英国	11.8‰	10.2‰
澳大利亚	7.4‰	6.7‰

2003年世界主要国家人均淡水资源总量情况（单位：立方米）

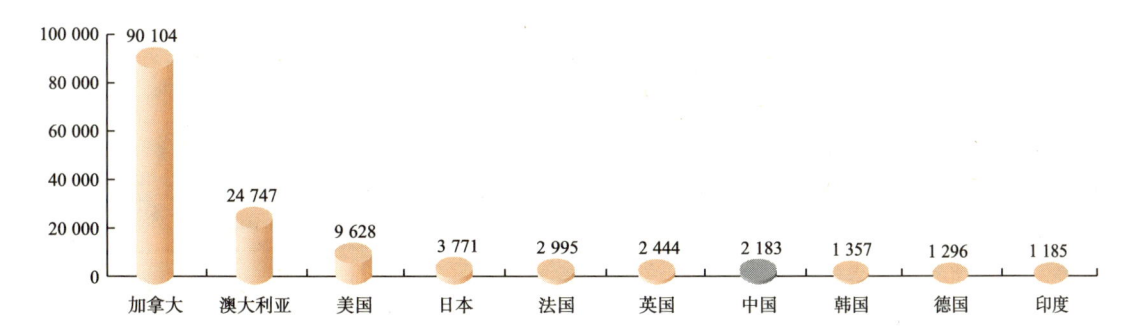

国家	人均淡水资源总量
加拿大	90 104
澳大利亚	24 747
美国	9 628
日本	3 771
法国	2 995
英国	2 444
中国	2 183
韩国	1 357
德国	1 296
印度	1 185

第十一章
改革开放30年来深刻影响中国经济的五大产业发展变化

第一节 改革开放30年来中国纺织服装业发展变化

一. 中国纺织服装业发展概况

1. 纺织服装业总体情况

中国纺织服装业是典型的劳动密集型传统轻纺工业。改革开放以来,生产总值始终保持在两位数以上的增速,经济运行质量和效益稳步提高,基本形成了上中下游相衔接、门类齐全的产业体系,对国民经济快速、稳定的发展起着非常重要的作用。2007年,纺织业和服装业工业总产值分别达到18 774.9亿元和7 599.2亿元,分别是1978年的35.5倍和83.7倍。

1978年以来中国纺织业工业总产值及其占国内生产总值的比重（单位：亿元）

年份	纺织业工业总产值	占国内生产总值比重
1978年	529.1	14.51%
1980年	735.5	16.18%
1985年	1 273.2	14.12%
1990年	2 291.1	12.27%
1995年	4 604.0	7.57%
2000年	5 149.3	5.19%
2005年	12 671.7	6.56%
2006年	15 315.5	7.23%
2007年	18 774.9	7.52%

1978年以来中国服装业工业总产值及其占国内生产总值的比重*（单位：亿元）

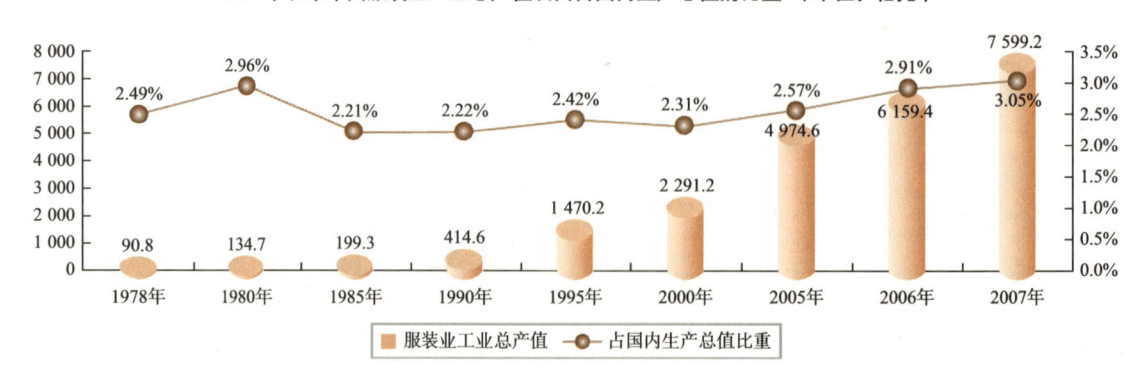

年份	服装业工业总产值	占国内生产总值比重
1978年	90.8	2.49%
1980年	134.7	2.96%
1985年	199.3	2.21%
1990年	414.6	2.22%
1995年	1 470.2	2.42%
2000年	2 291.2	2.31%
2005年	4 974.6	2.57%
2006年	6 159.4	2.91%
2007年	7 599.2	3.05%

*1978—1984年数据,纺织服装业的数据分别用纺织工业和缝纫工业代替,1985—1992年分别用纺织业和缝纫业数据代替,1993—2002年分别用纺织业和服装及其他纤维制品数据代替,2003—2007年分别用纺织业和纺织服装、鞋、帽制造业数据代替。

第十一章
改革开放30年来深刻影响中国经济的五大产业发展变化

1979年以来中国纺织服装业企业数量变化（单位：家）

年份	纺织业	服装业
1979年	11 946	17 546
1985年	18 846	18 196
1990年	24 584	17 241
1995年	25 686	20 007
2000年	10 968	7 064
2005年	22 135	11 737
2007年	27 770	14 604

2002-2007年中国纺织服装业不同规模企业生产总值情况（单位：亿元）

年份	大型企业	中型企业	小型企业
2002年	2 015.98	1 393.28	5 818.78
2003年	2 135.45	1 784.83	7 228.46
2004年	2 012.02	4 707.47	7 093.69
2005年	2 570.54	5 554.98	9 345.82
2006年	3 357.42	6 713.09	11 342.04
2007年	4 053.50	7 924.41	14 396.23

2007年中国纺织服装业不同规模企业生产总值分布

- 大型企业 15.37%（4 053.50亿元）
- 中型企业 30.05%（7 924.41亿元）
- 小型企业 54.58%（14 396.23亿元）

1991-2007年中国纺织服装业年平均从业人员数量状况（单位：万人）

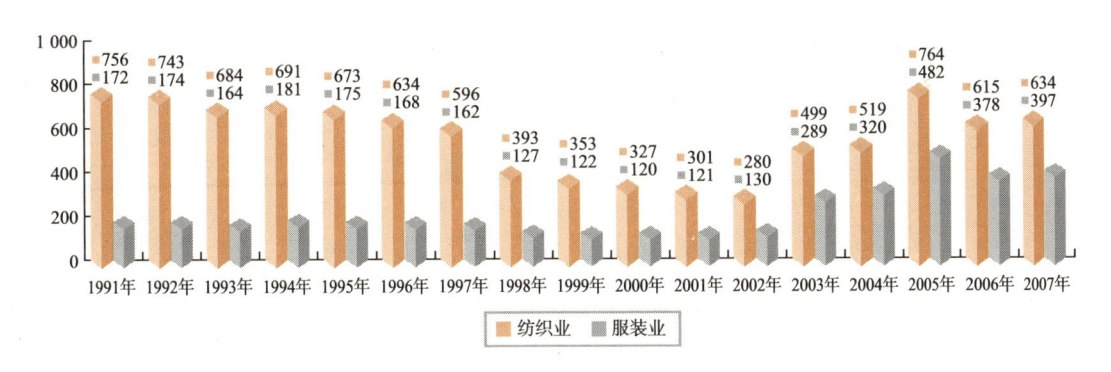

年份	纺织业	服装业
1991年	756	172
1992年	743	174
1993年	684	164
1994年	691	181
1995年	673	175
1996年	634	168
1997年	596	162
1998年	393	127
1999年	353	122
2000年	327	120
2001年	301	121
2002年	280	130
2003年	499	289
2004年	519	320
2005年	764	482
2006年	615	378
2007年	634	397

161

数读 中国30年

1985年以来中国纺织服装业销售收入情况（单位：亿元）

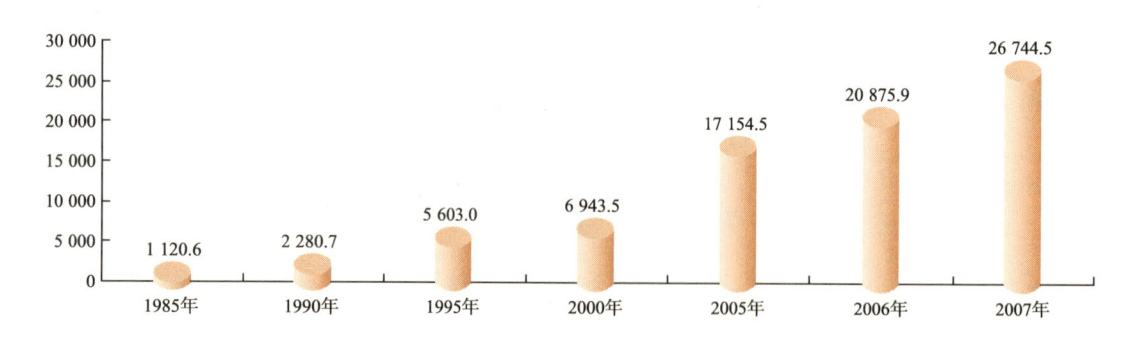

年份	销售收入
1985年	1 120.6
1990年	2 280.7
1995年	5 603.0
2000年	6 943.5
2005年	17 154.5
2006年	20 875.9
2007年	26 744.5

1978年以来中国纺织服装业利润总额状况（单位：亿元）

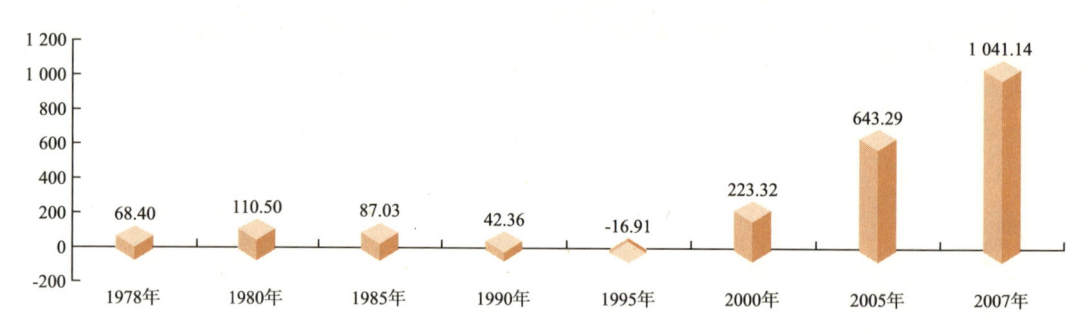

年份	利润总额
1978年	68.40
1980年	110.50
1985年	87.03
1990年	42.36
1995年	-16.91
2000年	223.32
2005年	643.29
2007年	1 041.14

2003-2006年中国纺织服装、鞋、帽制造业市场集中度情况

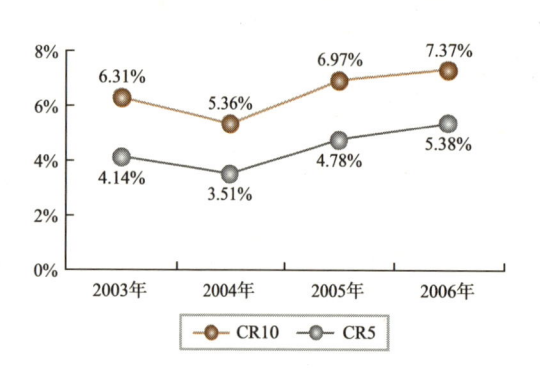

年份	CR10	CR5
2003年	6.31%	4.14%
2004年	5.36%	3.51%
2005年	6.97%	4.78%
2006年	7.37%	5.38%

2003-2006年中国纺织业市场集中度情况

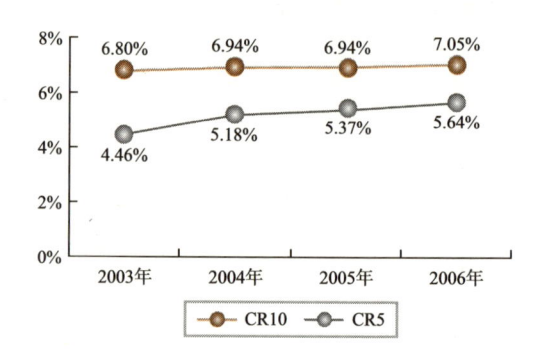

年份	CR10	CR5
2003年	6.80%	4.46%
2004年	6.94%	5.18%
2005年	6.94%	5.37%
2006年	7.05%	5.64%

第十一章
改革开放30年来深刻影响中国经济的五大产业发展变化

2003-2006年中国纺织服装、鞋、帽制造业利润集中度情况

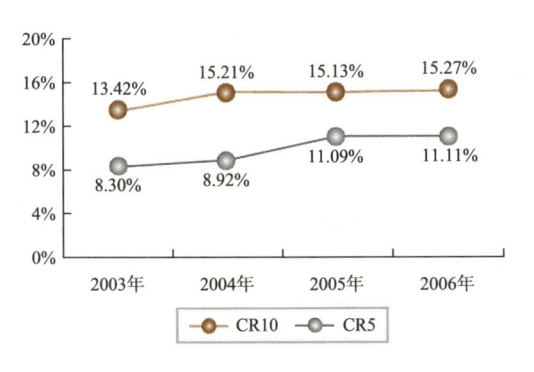

年份	CR10	CR5
2003年	13.42%	8.30%
2004年	15.21%	8.92%
2005年	15.13%	11.09%
2006年	15.27%	11.11%

2003年中国纺织业利润集中度情况

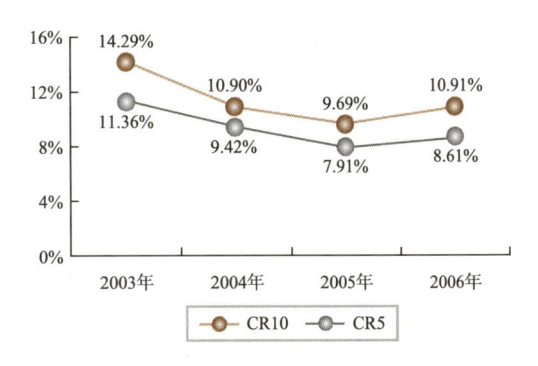

年份	CR10	CR5
2003年	14.29%	11.36%
2004年	10.90%	9.42%
2005年	9.69%	7.91%
2006年	10.91%	8.61%

纺织服装业向产业集群化发展,逐渐形成了围绕专业市场、出口优势的众多以某类产品为主的区域产业集群。中国纺织服装业已在59个市(县)、74个镇发展了133个地方产业集群。

中国主要纺织服装业省市分布概况

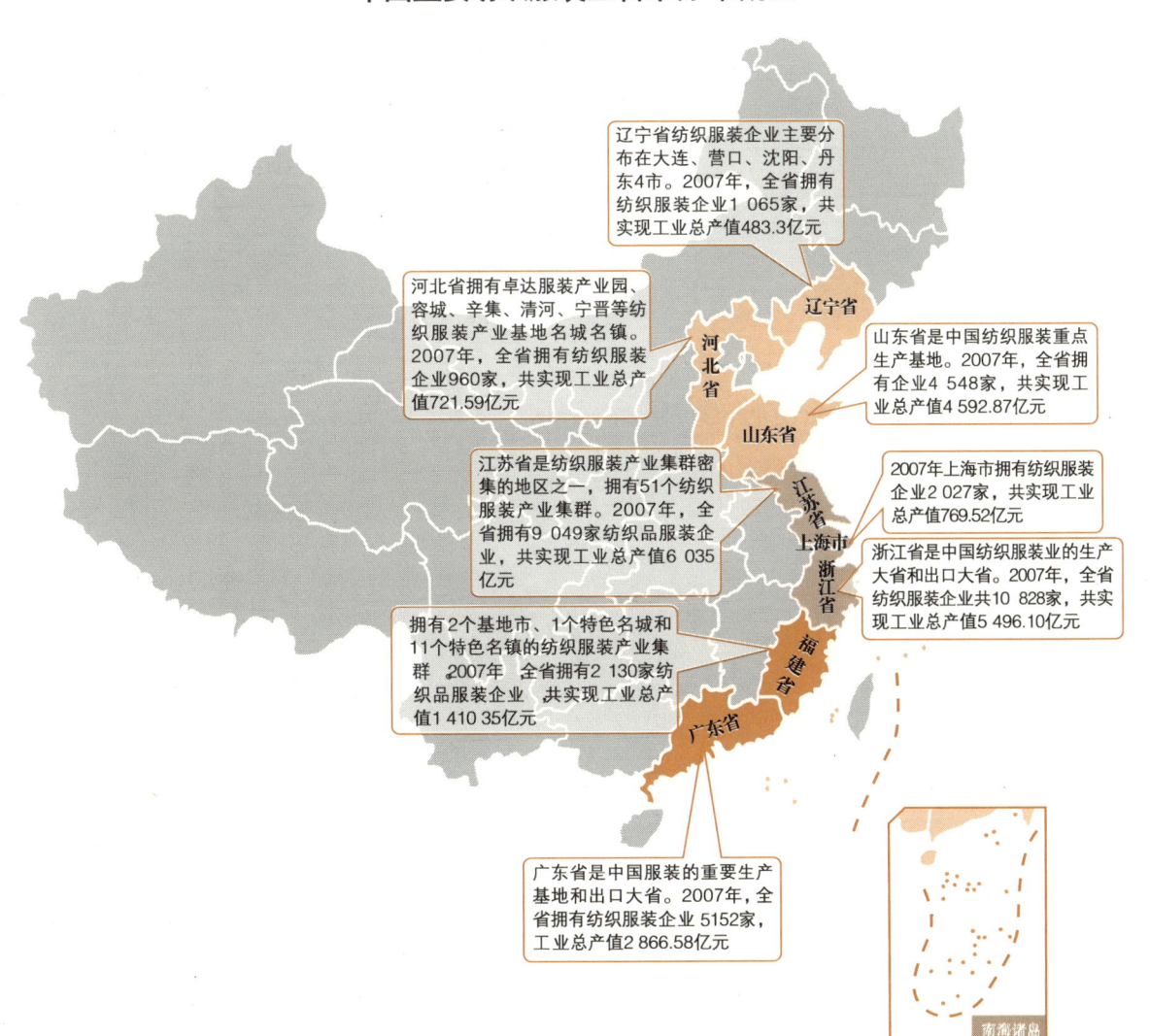

辽宁省纺织服装企业主要分布在大连、营口、沈阳、丹东4市。2007年,全省拥有纺织服装企业1 065家,共实现工业总产值483.3亿元

河北省拥有卓达服装产业园、容城、辛集、清河、宁晋等纺织服装产业基地名城名镇。2007年,全省拥有纺织服装企业960家,共实现工业总产值721.59亿元

山东省是中国纺织服装重点生产基地。2007年,全省拥有企业4 548家,共实现工业总产值4 592.87亿元

江苏省是纺织服装产业集群密集的地区之一,拥有51个纺织服装产业集群。2007年,全省拥有9 049家纺织品服装企业,共实现工业总产值6 035亿元

2007年上海市拥有纺织服装企业2 027家,共实现工业总产值769.52亿元

浙江省是中国纺织服装业的生产大省和出口大省。2007年,全省纺织服装企业共10 828家,共实现工业总产值5 496.10亿元

拥有2个基地市、1个特色名城和11个特色名镇的纺织服装产业集群。2007年,全省拥有2 130家纺织品服装企业,共实现工业总产值1 410.35亿元

广东省是中国服装的重要生产基地和出口大省。2007年,全省拥有纺织服装企业5152家,工业总产值2 866.58亿元

南海诸岛

2.主要产品产量

1978年以来中国实行改革开放,国家把纺织服装业作为重点发展产业,率先进行经济体制改革。经过30年的发展,中国纺织服装业生产能力得到大力发展,产品数量急剧增加,产品结构也进行了调整,形成衣着用、家用、产业用三大主力产品;同时,也形成了从天然纤维加工、纺纱、织布到面料、服装较为完善的产业链,其生产力的大发展带动了地方经济的发展。

1978年以来中国纺织服装业纱和化纤产量状况（单位：万吨）

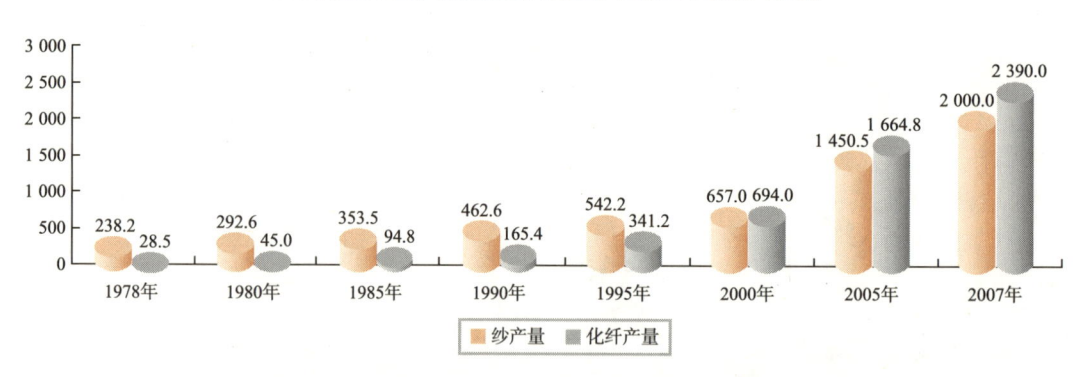

年份	纱产量	化纤产量
1978年	238.2	28.5
1980年	292.6	45.0
1985年	353.5	94.8
1990年	462.6	165.4
1995年	542.2	341.2
2000年	657.0	694.0
2005年	1450.5	1664.8
2007年	2000.0	2390.0

1978年以来中国纺织服装业布产量和印染布产量状况（单位：亿米）

年份	布产量	印染布产量
1978年	110.3	65
1980年	134.7	80.7
1985年	146.7	75.3
1990年	188.8	91.6
1995年	260.2	136.5
2000年	277.0	158.2
2005年	484.4	362.2
2007年	660.0	490.2

1978年以来中国纺织服装业毛线和丝产量状况（单位：万吨）

年份	毛线产量	丝产量
1978年	3.8	3.0
1980年	5.7	3.5
1985年	12.6	4.2
1990年	23.8	5.7
1995年	51.4	11.3
2000年	42.3	7.3
2005年	38.7	13.3
2006年	40.6	13.6
2007年	40.3	19.7

2003年和2004年，受到2005年1月1日将取消出口配额制度的影响，服装产量急剧增加，但不久受欧美制裁，纺织品服装出口受限，2005年服装产量大幅下降。

1978年以来中国纺织服装业服装产量状况（单位：亿件）

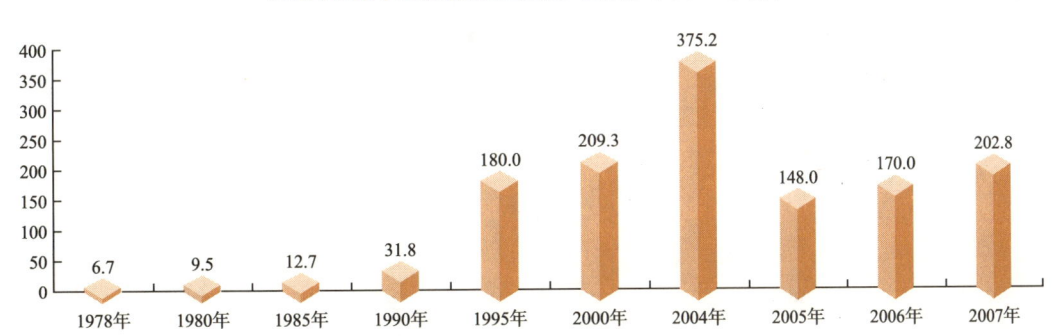

年份	服装产量
1978年	6.7
1980年	9.5
1985年	12.7
1990年	31.8
1995年	180.0
2000年	209.3
2004年	375.2
2005年	148.0
2006年	170.0
2007年	202.8

3. 纺织服装业进出口状况

改革开放30年来，中国已经成为世界上最大的纺织品服装生产国和出口国，纺织资源生产能力居世界前列，出口量排在世界第一位，出口产品结构不断优化，纺织服装业也转变成为一个名副其实的出口导向型产业。2006年，中国纺织品服装贸易额占世界贸易总额达到30.58%。近几年来，中国纺织品服装出口比重有所下降，这说明中国逐渐从过去过度依靠纺织品服装贸易结构向多元化贸易结构转变。

1992年以来中国纺织品服装进出口额及其占全国货物进出口额的比重（单位：亿美元）

年份	纺织品服装进出口额	占全国货物进出口额比重
1992年	347	20.97%
1995年	517	18.41%
2000年	614	12.95%
2001年	647	12.69%
2002年	766	12.34%
2003年	950	11.16%
2004年	1 120	9.70%
2005年	1 321	9.29%
2006年	1 621	9.21%
2007年	1 898	8.73%

1992年以来中国纺织品服装进出口额状况（单位：亿美元）

年份	纺织品服装出口额	纺织品服装进口额
1992年	246	101
1995年	359	158
2000年	485	129
2001年	519	128
2002年	622	144
2003年	793	157
2004年	951	169
2005年	1 150	171
2006年	1 440	181
2007年	1 712	186

1992年以来中国纺织品服装贸易差额及其占全国货物贸易差额比重（单位：亿美元）

年份	纺织品服装贸易顺差	占全国货物贸易差额比重
1992年	145	337.21%
1995年	201	120.36%
2000年	356	147.72%
2001年	391	173.01%
2002年	478	157.24%
2003年	636	248.44%
2004年	782	244.38%
2005年	979	96.07%
2006年	1 260	71.03%
2007年	1 526	58.20%

第十一章
改革开放30年来深刻影响中国经济的五大产业发展变化

1985年以来中国纺织品服装出口退税政策一览

1985年	4月1日起按照《关于批转财政部〈关于对进出口产品征、退产品税或增值税的规定〉的通知》实行对出口产品退税政策
1994年	1月1日开始实行的《中华人民共和国增值税暂行条例》规定，纳税人出口商品的增值税税率为零，实行以新税制为基础的免抵兑政策
1995年	7月纺织品服装出口退税率由13%下调至10%
1996年	12月纺织品出口退税率由10%下调至6%
1998年	1月纺织品出口退税率上调至11%
1999年	7月纺织品出口退税率由13%上调至15%，服装出口退税率上调至17%
2001年	7月棉纱、棉布、棉制产品出口退税率由15%调至17%
2004年	1月纺织品服装出口退税率下调至13%，超基数部分由中央和地方按75:25共同负担
2005年	1月超基数部分中央与地方按照92.5:7.5的比例共同负担
2006年	9月15日纺织品出口退税率由13%下调至11%
2007年	7月1日起服装出口退税率由13%下调至11%，粘胶纤维下调至5%
2008年	8月1日起部分纺织品、服装出口退税率上调至13%

2004-2007年中国服装业各类出口商品占纺织服装出口总额的比重情况

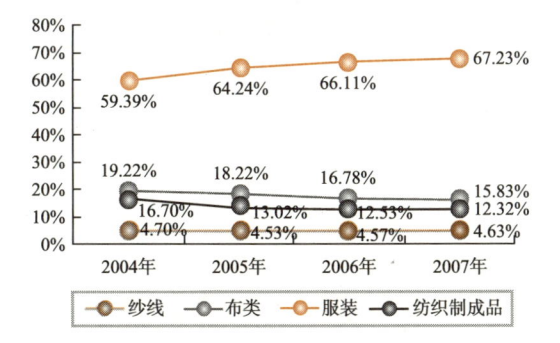

年份	纱线	布类	服装	纺织制成品
2004年	4.70%	19.22%	59.39%	16.70%
2005年	4.53%	18.22%	64.24%	13.02%
2006年	4.57%	16.78%	66.11%	12.53%
2007年	4.63%	15.83%	67.23%	12.32%

2004-2007年中国纺织服装业各类出口商品情况（单位：亿美元）

年份	纱线出口额	布类出口额	服装出口额	纺织制成品出口额
2004年	44.2	180.6	558.1	156.9
2005年	52.1	209.5	738.9	149.8
2006年	65.9	241.6	951.8	180.4
2007年	79.2	271.0	1 151.0	210.8

2004年中国纺织品服装不同性质企业进出口额构成

- 其他 0.01%（0.11亿美元）
- 民营企业 13.13%（122.65亿美元）
- 国有企业 39.29%（367.02亿美元）
- 三资企业 47.57%（444.38亿美元）

2007年中国纺织品服装不同性质企业进出口额构成

- 其他 0.29%（5.57亿美元）
- 国有及国有参股企业 19.75%（374.97亿美元）
- 民营企业 44.22%（839.44亿美元）
- 三资企业 35.74%（678.44亿美元）

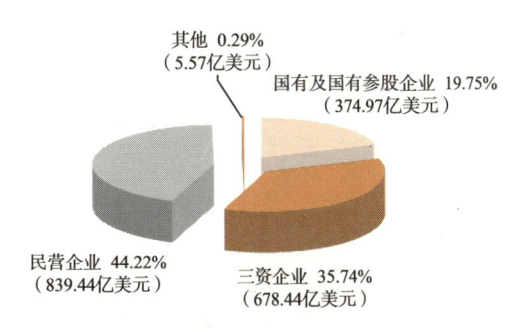

数读 中国30年

2004年中国纺织品服装进出口市场状况
- 其他 43.56%（487.77亿美元）
- 欧盟 11.17%（125.13亿美元）
- 中国香港 17.26%（193.22亿美元）
- 日本 17.96%（201.07亿美元）
- 美国 10.05%（112.55亿美元）

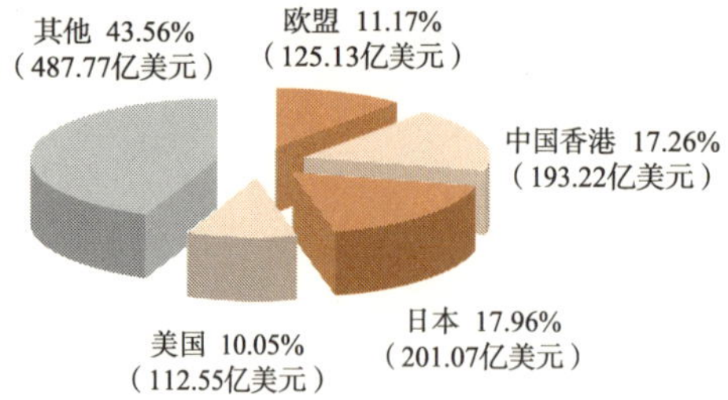

2007年中国纺织品服装进出口市场状况
- 其他 49.91%（947.42亿美元）
- 欧盟 15.63%（296.81亿美元）
- 中国香港 10.49%（199.10亿美元）
- 日本 12.11%（229.98亿美元）
- 美国 11.86%（225.11亿美元）

小链接：1990年以来世界及欧美服装进出口状况

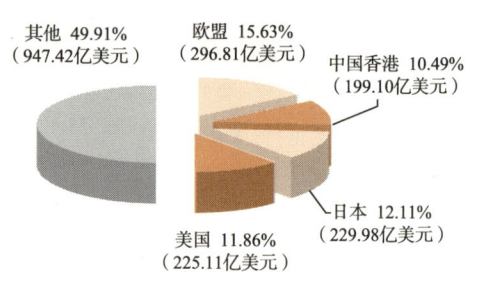

1990年以来世界纺织品服装进出口额状况（单位：亿美元）

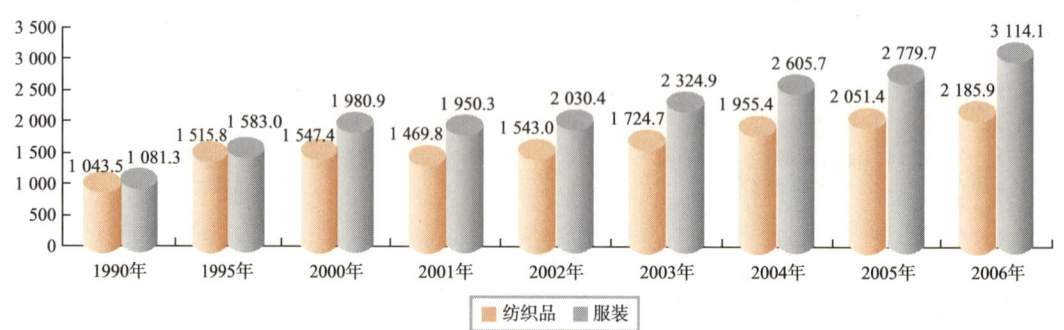

年份	纺织品	服装
1990年	1 043.5	1 081.3
1995年	1 515.8	1 583.0
2000年	1 547.4	1 980.9
2001年	1 469.8	1 950.3
2002年	1 543.0	2 030.4
2003年	1 724.7	2 324.9
2004年	1 955.4	2 605.7
2005年	2 051.4	2 779.7
2006年	2 185.9	3 114.1

2006年美国服装进口主要地区状况
- 其他 50.63%（420.02亿美元）
- 中国 29.41%（244.03亿美元）
- 墨西哥 6.72%（55.74亿美元）
- 印度尼西亚 4.82%（40.03亿美元）
- 印度 4.29%（35.6亿美元）
- 越南 4.13%（34.3亿美元）

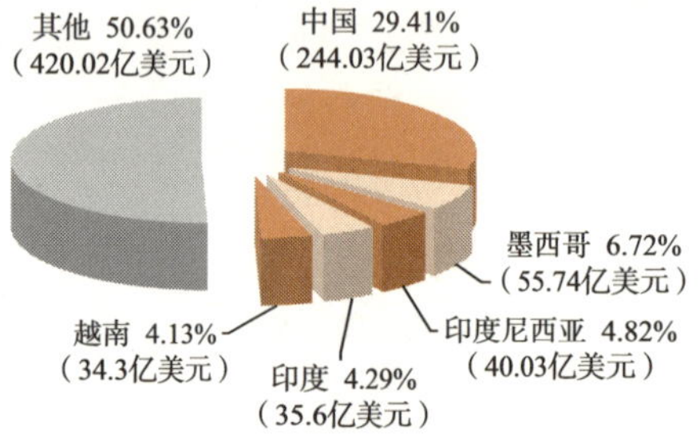

2006年美国纺织品进口主要地区状况
- 其他 31.06%（73.0亿美元）
- 中国 29.62%（69.6亿美元）
- 欧盟 13.26%（31.2亿美元）
- 印度 9.66%（22.7亿美元）
- 加拿大 8.31%（19.5亿美元）
- 巴基斯坦 8.09%（19.0亿美元）

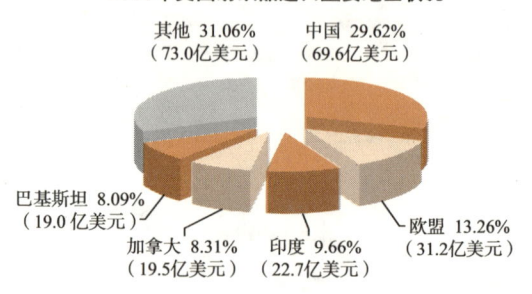

2006年欧盟服装进口主要地区状况
- 欧盟 43.58%（615.2亿美元）
- 其他 23.05%（325.2亿美元）
- 中国 18.26%（257.8亿美元）
- 土耳其 7.37%（104.1亿美元）
- 孟加拉国 4.09%（57.8亿美元）
- 印度 3.65%（51.5亿美元）

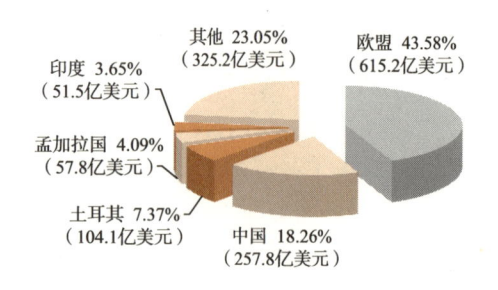

2006年欧盟纺织品进口主要地区状况
- 欧盟 66.18%（466.1亿美元）
- 其他 13.51%（95.2亿美元）
- 中国 8.47%（59.6亿美元）
- 土耳其 5.54%（39.0亿美元）
- 印度 3.85%（27.1亿美元）
- 巴基斯坦 2.45%（17.3亿美元）

二. 纺织服装业发展历程

1. 粗放型发展阶段（1978—1991年）

1978年以前中国纺织服装业归属于轻工业部进行管理。自1978年1月1日起，国务院决定将原轻工业部分为纺织工业部和轻工业部，从此纺织工业作为一个独立的产业，成为国民经济的重要工业部门之一。

1983年12月1日商业部发出通告，全国临时免收布票、絮棉票，对棉布、絮棉敞开供应；1984年不发布票和絮棉票。对絮棉、布料的供应开始依靠市场来进行调配，标志着中国纺织业市场化的正式运行。

1986年8月国务院召开第116次常务会议，会议明确提出：中国的对外贸易在一定时期内要靠纺织品出口。纺织工业部制定了"以扩大纺织品出口为重点"的战略转移，在北京、天津、大连等沿海12个重点出口城市设立出口基地。1986年底国家发展计划委员会等6部门在《关于扩大沿海地区纺织品出口有关政策措施的意见》中提出了一系列鼓励出口措施和优惠政策。在国务院的积极支持下，提出了"以扩大出口为突破口，带动纺织工业全面振兴"的战略决策。

2. 产业调整升级阶段（1992—2000年）

进入20世纪90年代后，由于纺织服装业的粗放型发展，过快的增长与市场需求发生矛盾。1991年12月25日，纺织工业部发出《关于下达压缩淘汰落后棉纺锭计划的通知》，决定1992年压缩淘汰100万枚，1993年、1994年每年将继续压缩淘汰100万枚。纺织服装业进入行业结构调整、产业升级阶段。

1997年，中国纺织总会、国家发展计划委员会、国家经济贸易委员会下发《关于认真做好棉纺压锭规划的通知》开始进行第二次大规模压锭措施。1999年，中国纺织业全行业扭转了亏损局面，2000年开始盈利，步入了一个缓慢的上升通道，行业景气日益回升。

3. 快速发展期（2001年开始至今）

2002年12月12日，中国纺织工业协会在京举行中国纺织服装行业社会责任年会，发布了中国纺织业以企业责任推动构建责任供应链的宣言。12月底，由中国纺织工业协会主办的"中国纺织产业基地市（县）、特色城（镇）产业集群发展研讨会"在京召开，公布了首批全国10个纺织基地市（县）、29个特色城（镇）名单，此次会议以全国性的权威行业组织的名义，揭示了近年来中国纺织服装业的一个重要发展趋势——形成产业集群。

2004年，中国纺织工业协会制定出台了《纺织工业科技进步发展纲要》，明确提出了纺织工业科技进步的指导方针和发展目标，并发布了28项重点突破的关键技术和10项新型成套关键装备。

2006年，国家发展和改革委员会会同有关部门和中国纺织工业协会发布了《纺织工业"十一五"发展纲要》，这是国家指导"十一五"纺织工业发展的纲领性文件，对纺织工业实现全面、协调和可持续发展，推动结构调整和产业升级具有重要意义；国家发展和改革委员会会同财政部、税务总局、中国人民银行等十部委联合下发了《关于加快纺织行业结构调整促进产业升级若干意见的通知》，明确提出了"十一五"纺织行业结构调整的思路、原则、目标、调整的重点以及有关政策措施。

第二节　改革开放30年来中国钢铁业发展变化

一. 钢铁工业发展概况

1. 钢铁工业总体情况

改革开放以来,钢铁工业经过多年的发展建设,已形成包括矿山、烧结、焦化、炼铁、炼钢、轧钢及相关的铁合金、耐火材料、碳素制品和地质勘探、工程设计、建筑施工、科学研究等部门组成的完整工业体系。1985-2006年,钢铁工业累计增加值达到34 785亿元,累计销售收入达到124 395亿元,实现利润6 282亿元。

1985年以来中国钢铁工业增加值概况（单位：亿元）

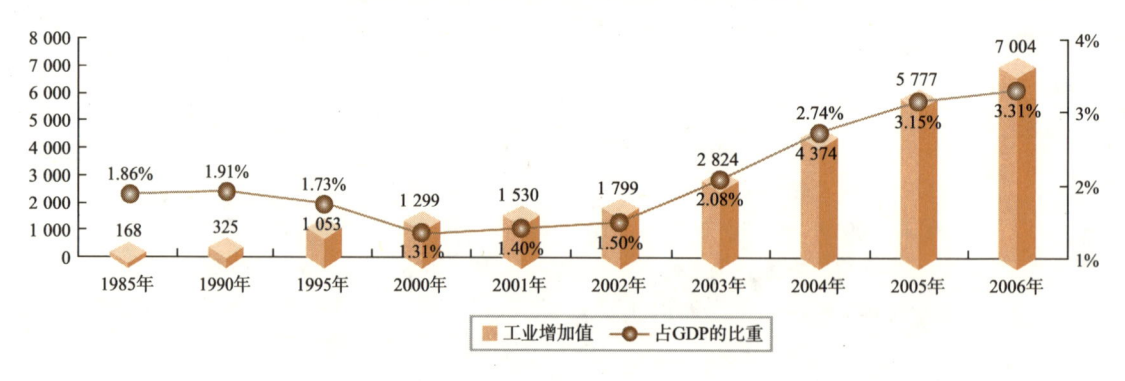

年份	工业增加值	占GDP的比重
1985年	168	1.86%
1990年	325	1.91%
1995年	1 053	1.73%
2000年	1 299	1.31%
2001年	1 530	1.40%
2002年	1 799	1.50%
2003年	2 824	2.08%
2004年	4 374	2.74%
2005年	5 777	3.15%
2006年	7 004	3.31%

1985年以来中国钢铁行业企业数概况（单位：家）

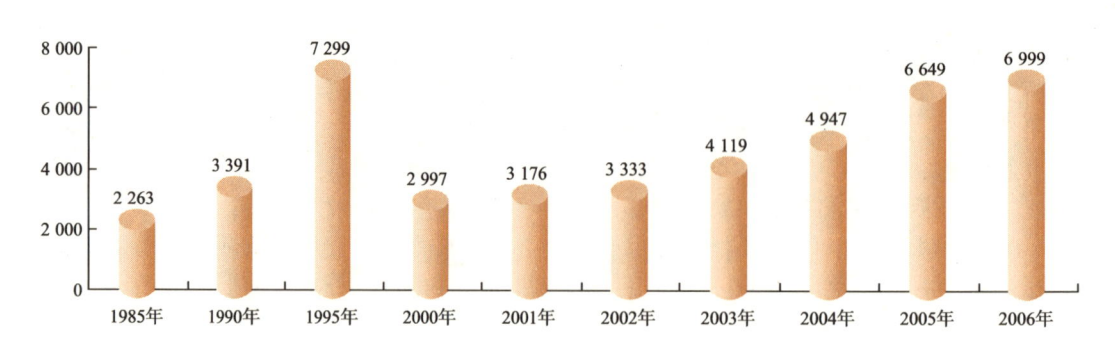

1985年	2 263
1990年	3 391
1995年	7 299
2000年	2 997
2001年	3 176
2002年	3 333
2003年	4 119
2004年	4 947
2005年	6 649
2006年	6 999

第十一章 改革开放30年来深刻影响中国经济的五大产业发展变化

1980年以来中国钢铁工业从业人员数及占全社会就业人员比重（单位：万人）

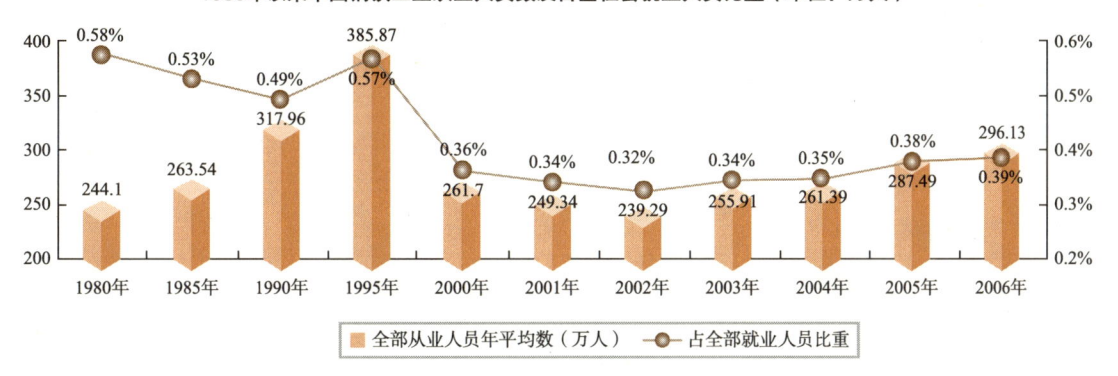

年份	全部从业人员年平均数（万人）	占全部就业人员比重
1980年	244.1	0.58%
1985年	263.54	0.53%
1990年	317.96	0.49%
1995年	385.87	0.57%
2000年	261.7	0.36%
2001年	249.34	0.34%
2002年	239.29	0.32%
2003年	255.91	0.34%
2004年	261.39	0.35%
2005年	287.49	0.38%
2006年	296.13	0.39%

1985年以来中国钢铁工业销售收入概况（单位：亿元）

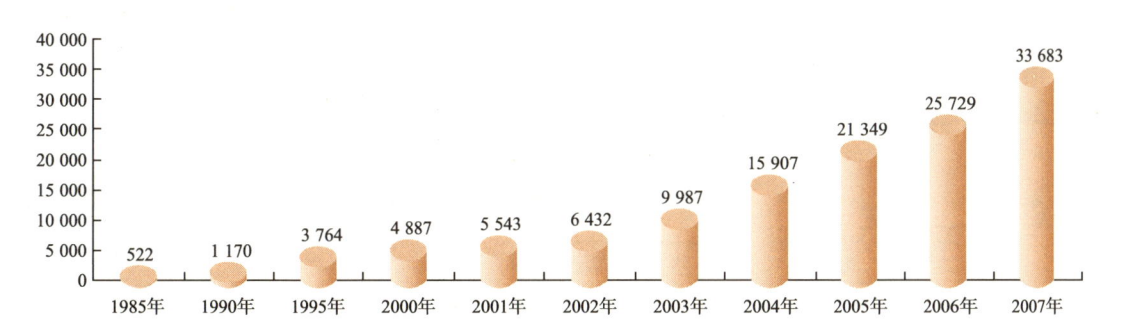

年份	销售收入
1985年	522
1990年	1 170
1995年	3 764
2000年	4 887
2001年	5 543
2002年	6 432
2003年	9 987
2004年	15 907
2005年	21 349
2006年	25 729
2007年	33 683

1985年以来中国钢铁工业利润概况（单位：亿元）

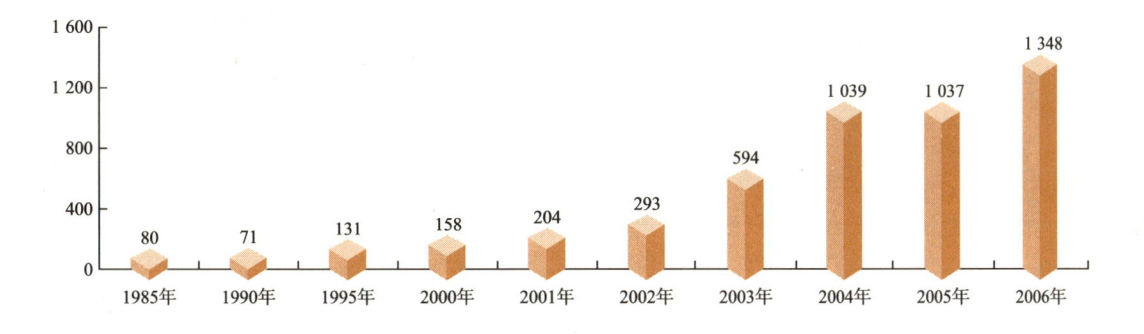

年份	利润
1985年	80
1990年	71
1995年	131
2000年	158
2001年	204
2002年	293
2003年	594
2004年	1 039
2005年	1 037
2006年	1 348

2000-2007年中国钢铁工业固定资产投资额概况（单位：亿元）

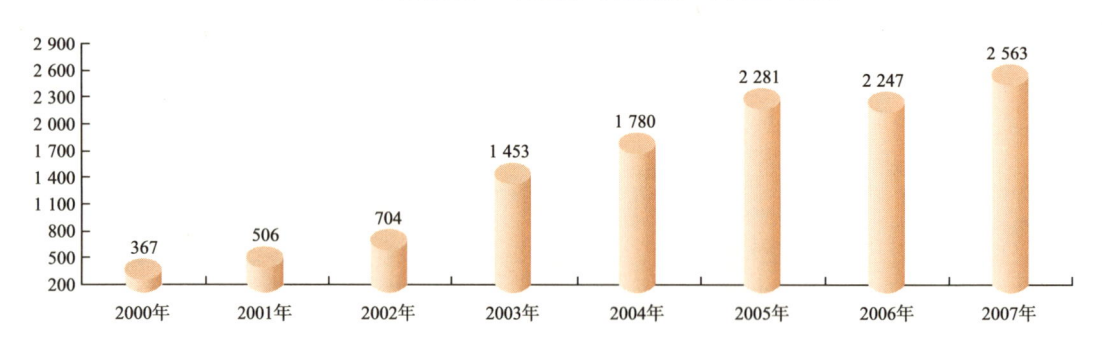

年份	投资额
2000年	367
2001年	506
2002年	704
2003年	1 453
2004年	1 780
2005年	2 281
2006年	2 247
2007年	2 563

1995-2006年中国钢铁工业集中度（CR10）值概况

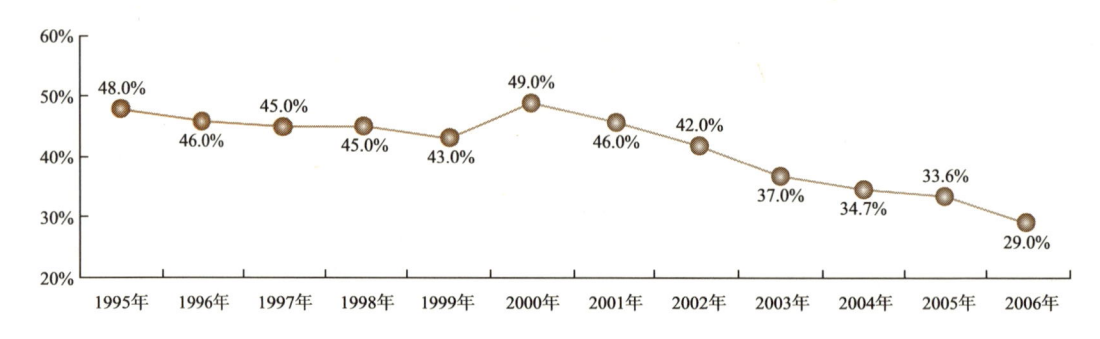

1995年	48.0%
1996年	46.0%
1997年	45.0%
1998年	45.0%
1999年	43.0%
2000年	49.0%
2001年	46.0%
2002年	42.0%
2003年	37.0%
2004年	34.7%
2005年	33.6%
2006年	29.0%

2003年世界主要国家钢铁工业产业集中度比较

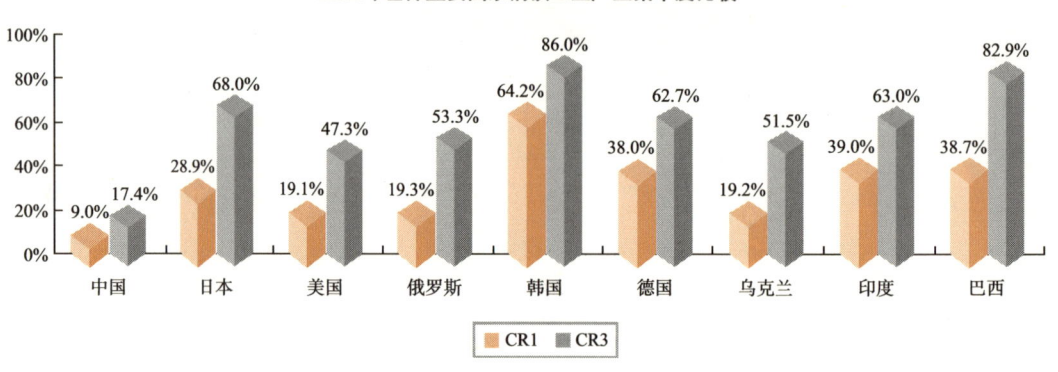

国家	CR1	CR3
中国	9.0%	17.4%
日本	28.9%	68.0%
美国	19.1%	47.3%
俄罗斯	19.3%	53.3%
韩国	64.2%	86.0%
德国	38.0%	62.7%
乌克兰	19.2%	51.5%
印度	39.0%	63.0%
巴西	38.7%	82.9%

小链接 1980年以来中国钢铁工业研发投入等指标

2003-2006年中国钢铁工业大中型企业R&D经费投入概况（单位：亿元）

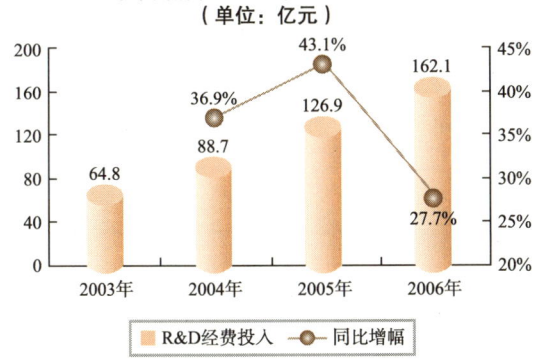

年份	R&D经费投入	同比增幅
2003年	64.8	
2004年	88.7	36.9%
2005年	126.9	43.1%
2006年	162.1	27.7%

1980-2005年中国钢铁工业吨钢可比能耗概况（单位：吨标准煤/吨）

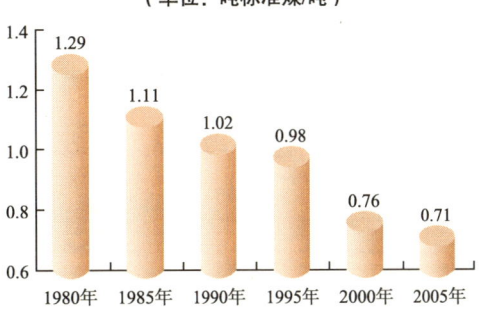

年份	吨钢可比能耗
1980年	1.29
1985年	1.11
1990年	1.02
1995年	0.98
2000年	0.76
2005年	0.71

1995-2004年中国钢铁工业科技人员占总从业人员比重

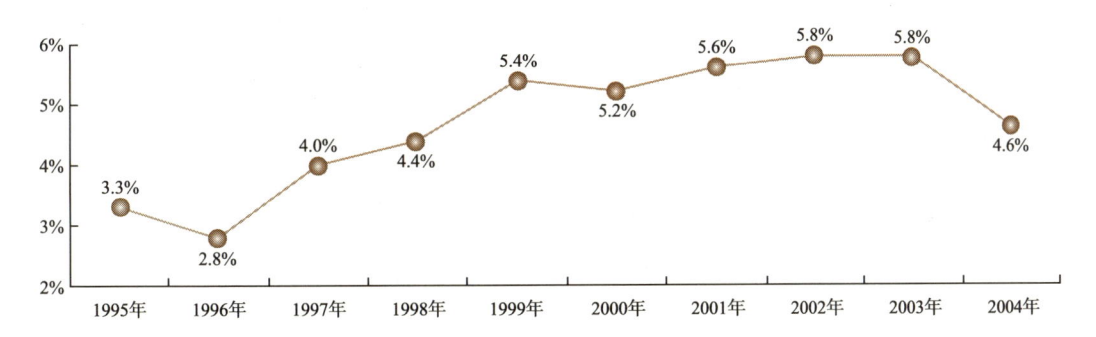

年份	比重
1995年	3.3%
1996年	2.8%
1997年	4.0%
1998年	4.4%
1999年	5.4%
2000年	5.2%
2001年	5.6%
2002年	5.8%
2003年	5.8%
2004年	4.6%

1980-2005年中国钢铁工业连铸比概况*

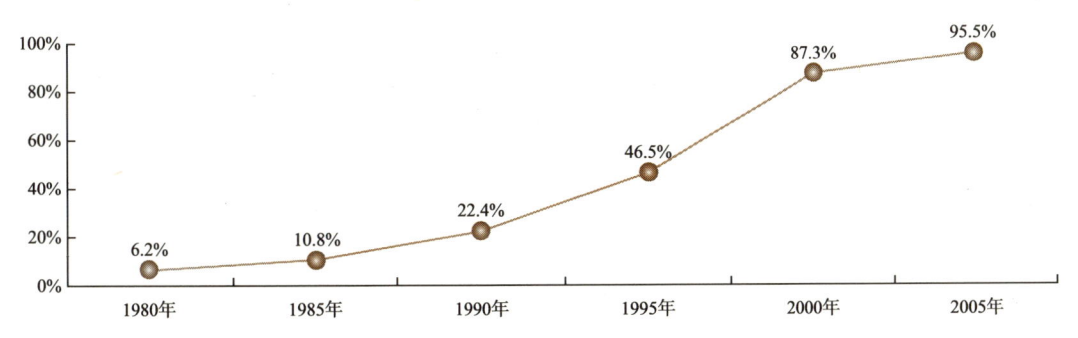

年份	连铸比
1980年	6.2%
1985年	10.8%
1990年	22.4%
1995年	46.5%
2000年	87.3%
2005年	95.5%

*连铸比是指连铸合格坯产量占钢总产量的百分比，是反映一个国家钢铁工业综合水平的主要指标之一。

1997-2005年中国钢铁工业三废综合利用产品价值概况（单位：亿元）

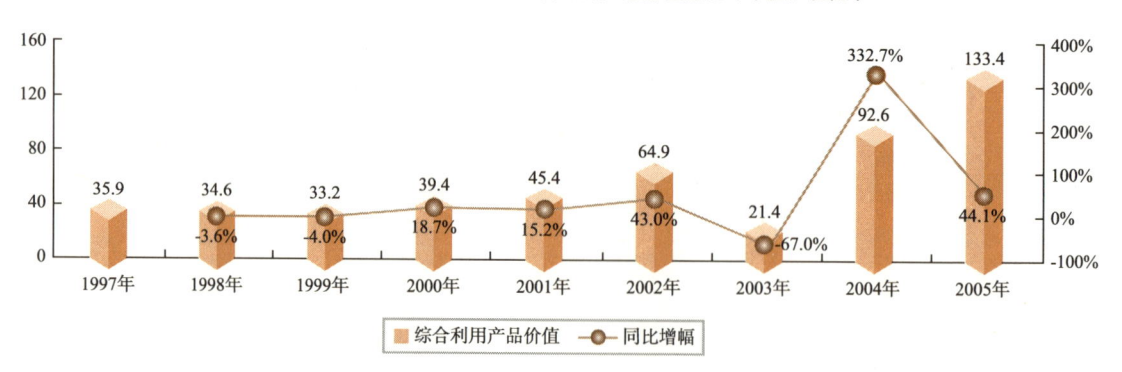

年份	综合利用产品价值	同比增幅
1997年	35.9	
1998年	34.6	-3.6%
1999年	33.2	-4.0%
2000年	39.4	18.7%
2001年	45.4	15.2%
2002年	64.9	43.0%
2003年	21.4	-67.0%
2004年	92.6	332.7%
2005年	133.4	44.1%

2.钢铁工业主要产品产量及产能

改革开放以来，中国钢铁工业生产技术和工艺得到显著提高，产品品种齐全，钢铁工业企业生产能力显著增强，主要产品产量保持较高的增幅。1978~2007年，中国钢铁工业累计生产粗钢371 157万吨，生铁366 856万吨，钢材372 006万吨。1978年，中国粗钢产量仅为3 178亿吨，2007年达到48 966亿吨，占世界粗钢总产量的比重达到36.43%，连续12年居世界第一位。

1990年以来中国钢铁工业重点工业企业粗钢产能概况（单位：万吨）

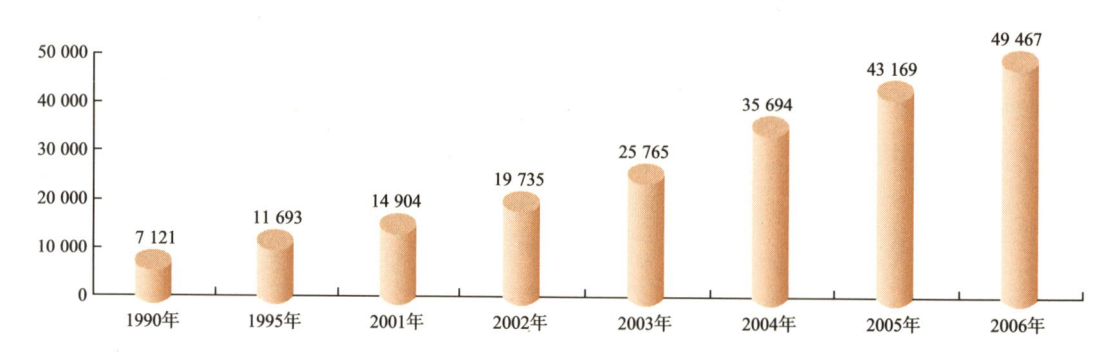

年份	粗钢产能
1990年	7 121
1995年	11 693
2001年	14 904
2002年	19 735
2003年	25 765
2004年	35 694
2005年	43 169
2006年	49 467

第十一章
改革开放30年来深刻影响中国经济的五大产业发展变化

1978年以来中国钢铁工业粗钢产量情况（单位：万吨）

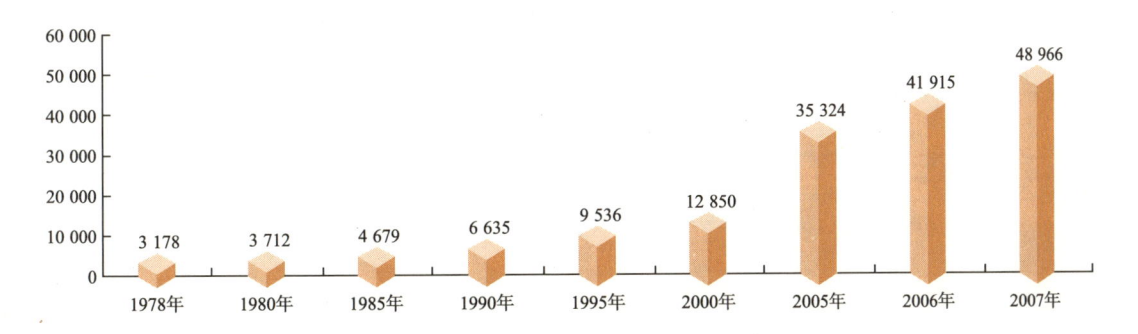

年份	产量
1978年	3 178
1980年	3 712
1985年	4 679
1990年	6 635
1995年	9 536
2000年	12 850
2005年	35 324
2006年	41 915
2007年	48 966

1978年以来中国生铁和钢材产量概况（单位：万吨）

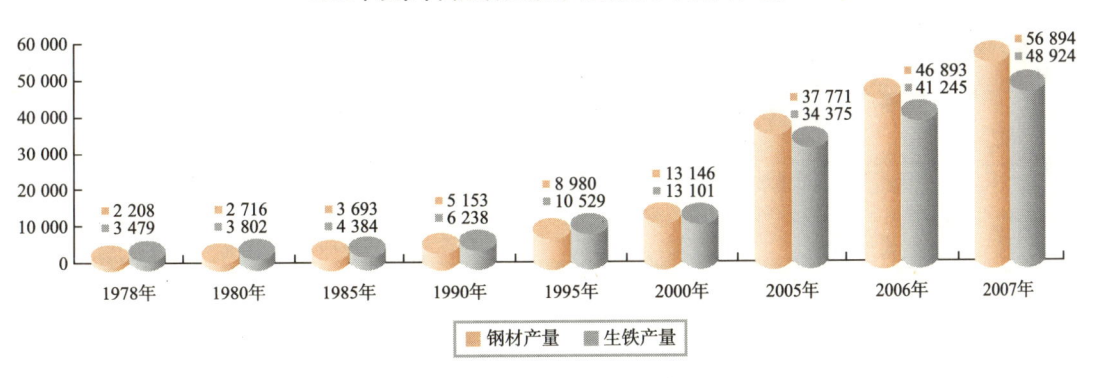

年份	钢材产量	生铁产量
1978年	2 208	3 479
1980年	2 716	3 802
1985年	3 693	4 384
1990年	5 153	6 238
1995年	8 980	10 529
2000年	13 146	13 101
2005年	37 771	34 375
2006年	46 893	41 245
2007年	56 894	48 924

1980年以来中国粗钢产量与世界比较（单位：万吨）

年份	世界	中国	中国占世界产量比重
1980年	71 700	3 712	5.18%
1985年	71 900	4 679	6.51%
1990年	77 000	6 635	8.62%
1995年	75 200	9 536	12.68%
2000年	84 800	12 850	15.15%
2005年	114 700	35 324	30.80%
2006年	125 100	41 915	33.51%
2007年	134 400	48 966	36.43%

数读中国30年

虽然近年来中国钢铁工业取得了飞速发展,但从钢材产品的结构看,主要产品仍是低附加值、低档次产品,如棒材、线材、钢筋等,而许多高质量、高附加值的钢材,如冷热轧板材、电镀板和不锈钢等产量和质量还不能满足国内需求。

2003-2006年中国主要钢材产品产量(单位:万吨)

	2003年	2004年	2005年	2006年
钢材	24 108	31 976	37 771	46 893
钢筋	4 005	4 706	6 913	8 417
线材	4 070	4 941	6 095	7 207
中厚宽钢带	1 503	2 427	3 714	4 524
棒材	1 867	2 238	2 900	3 694
无缝钢管	733	1 006	1 033	1 528
镀层板(带)	337	497	878	1 375
冷轧薄板	536	682	969	1 318
厚钢板	617	796	1 155	1 311
热轧薄板	254	316	638	558
特厚钢板	167	182	237	325

1978年中国粗钢产量区域分布概况

- 西北 2.12%(67万吨)
- 西南 8.87%(282万吨)
- 中南 15.09%(480万吨)
- 华北 20.68%(657万吨)
- 华东 24.18%(768万吨)
- 东北 29.06%(924万吨)

2007年中国粗钢产量区域分布概况

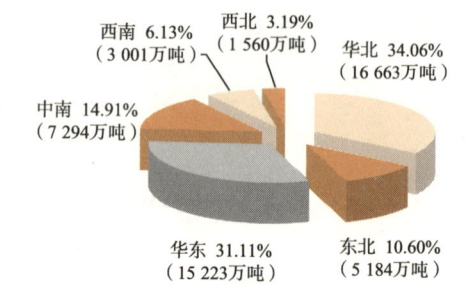

- 西北 3.19%(1 560万吨)
- 西南 6.13%(3 001万吨)
- 中南 14.91%(7 294万吨)
- 华北 34.06%(16 663万吨)
- 华东 31.11%(15 223万吨)
- 东北 10.60%(5 184万吨)

3.钢铁产业进出口状况

改革开放初期,中国的钢铁工业产品主要为初期产品的生铁和粗钢,钢材产量少,还不能满足现代化建设的要求,国内的钢材需求主要依靠进口解决,1987-2007年,累计进口钢材35 438万吨。随着中国钢铁工业的发展,钢材产量明显增加,出口量也随之迅速增长,钢材进口量逐年减少,2006年一举超过进口额,成为钢材净出口国。

第十一章
改革开放30年来深刻影响中国经济的五大产业发展变化

1987年以来中国钢材进口概况（单位：万吨）

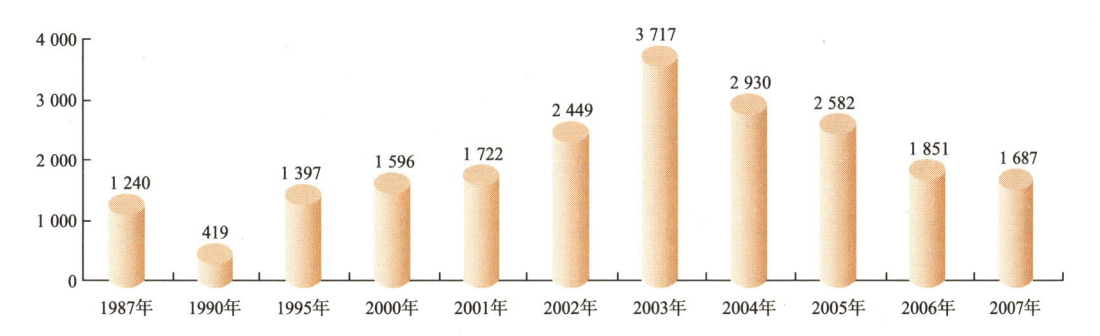

年份	进口量
1987年	1 240
1990年	419
1995年	1 397
2000年	1 596
2001年	1 722
2002年	2 449
2003年	3 717
2004年	2 930
2005年	2 582
2006年	1 851
2007年	1 687

1987年以来中国钢材出口概况（单位：万吨）

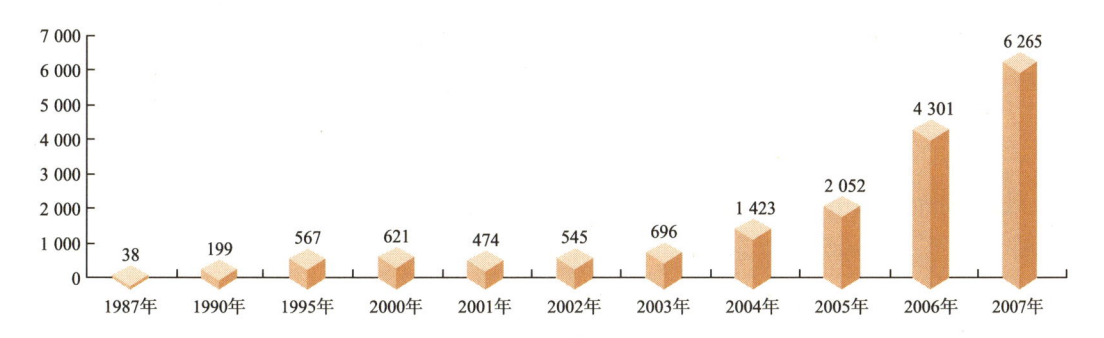

年份	出口量
1987年	38
1990年	199
1995年	567
2000年	621
2001年	474
2002年	545
2003年	696
2004年	1 423
2005年	2 052
2006年	4 301
2007年	6 265

2003-2006年中国主要钢材品种进口量概况（单位：万吨）

		2003年	2004年	2005年	2006年
	钢材	3 717	2 930	2 582	1 851
1	铁道用材	22	19	17	16
2	大型型钢	71	62	43	25
3	中小型型钢	12	17	19	9
4	棒材	27	35	32	36
5	钢筋	25	19	9	6
6	线材	70	84	68	71
7	特厚板	14	17	9	6
8	厚钢板	72	60	24	21
9	中板	222	148	83	75
10	热轧薄板	37	22	14	7
11	冷轧薄板	241	154	137	70
12	中厚宽钢带	323	340	231	217
13	热轧薄宽钢带	628	316	336	127
14	冷轧薄宽钢带	798	606	656	376
15	热轧窄钢带	20	22	18	16
16	冷轧窄钢带	47	52	55	50
17	镀层板（带）	654	559	519	462
18	彩涂板（带）	110	49	40	30
19	电工钢板（带）	158	164	121	95
20	无缝钢管	47	69	68	69
21	焊管	65	63	41	28

数读中国30年

2003-2006年中国主要钢材品种出口量概况（单位：万吨）

		2003年	2004年	2005年	2006年
	钢材	696	1 423	2 052	4 301
1	铁道用材	8	9	8	24
2	大型型钢	22	41	70	208
3	中小型型钢	4	10	17	60
4	棒材	59	89	115	178
5	钢筋	74	117	174	374
6	线材	106	241	320	555
7	特厚板	5	10	30	48
8	厚钢板	2	16	42	137
9	中板	9	42	85	243
10	热轧薄板	12	25	32	98
11	冷轧薄板	5	16	17	46
12	中厚宽钢带	53	188	246	517
13	热轧薄宽钢带	41	123	126	241
14	冷轧薄宽钢带	16	48	53	152
15	热轧窄钢带	2	17	50	81
16	冷轧窄钢带	2	10	54	81
17	镀层板（带）	24	69	91	320
18	彩涂板（带）	2	5	9	51
19	电工钢板（带）	10	9	10	23
20	无缝钢管	56	76	139	251
21	焊管	57	93	165	337

中国虽然铁矿石储量丰富，但高品质的铁矿石储量少，每年需要从海外（主要是澳大利亚、巴西和印度3个国家）进口大量的铁矿石以满足钢铁工业发展的需要。

1995-2007年中国铁矿石进口量概况（单位：万吨）

年份	进口量	同比增幅
1995年	4 115	—
1996年	4 387	6.6%
1997年	5 511	25.6%
1998年	5 177	-6.1%
1999年	5 527	6.8%
2000年	6 997	26.6%
2001年	9 231	31.9%
2002年	11 150	20.8%
2003年	14 813	32.9%
2004年	20 809	40.5%
2005年	27 526	32.3%
2006年	32 630	18.5%
2007年	38 367	17.6%

二. 钢铁行业发展的历程

1978年党的十一届三中全会后,打破"大锅饭"实行按劳分配,钢铁企业加快了发展步伐。1979年,首都钢铁公司等企业被国家经济委员会确定为第一批国家经济体制改革试点单位。1979年建立上海宝山钢铁公司,为中国钢铁工业的发展引进先进技术和先进管理。

1992年,中国共产党第十四次全国人民代表大会,确立了走有中国特色社会主义道路,建立社会主义市场经济体制。1993年1月,在生产资料市场中率先放开钢材价格,实行市场定价,钢铁企业开始引入市场经营机制,推动了中国钢铁工业的市场化发展。

1997年,中国共产党第十五次全国人民代表大会后,国务院决定深化国有企业改革,钢铁行业认真落实"三改一加强",实行债转股和贴息贷款搞技术改造政策和创造条件让钢铁企业搞股份制改造、上市融资政策。2005年,发布了《钢铁产业发展政策》,国家将通过提高产业集中度、制定技术经济指标准入条件、加强投资管理来调整钢铁行业的产业结构。

第三节 改革开放30年来中国电子信息业发展变化

一. 电子信息业发展概况

1. 电子信息业总体情况

改革开放后,中国电子信息产业逐步从军用工业向民用工业转变。改革开放30年来,中国电子信息产业一直保持高速增长,产业规模急剧扩大。当前中国电子信息产业已经成为工业部门中规模最大、出口最多、效益最好、发展速度最快的第一支柱产业。2007年,电子信息产业工业增加值突破了1万亿元大关,达到了13 000亿元,较1985年增长近171倍,占GDP的比重上升到5.21%;销售收入达到了56 000亿元,超过了日本,仅次于美国,位居世界第二。

1985年以来中国电子信息业工业增加值走势（单位：亿元）

年份	工业增加值	占GDP的比重
1985年	76	0.84%
1990年	146	0.78%
1995年	635	1.04%
2000年	1 422	1.84%
2001年	2 605	1.86%
2002年	2 815	2.48%
2003年	4 000	2.95%
2004年	5 650	3.53%
2005年	9 004	4.91%
2006年	11 000	5.19%
2007年	13 000	5.21%

1997-2007年中国电子信息业对GDP增长的贡献率走势*

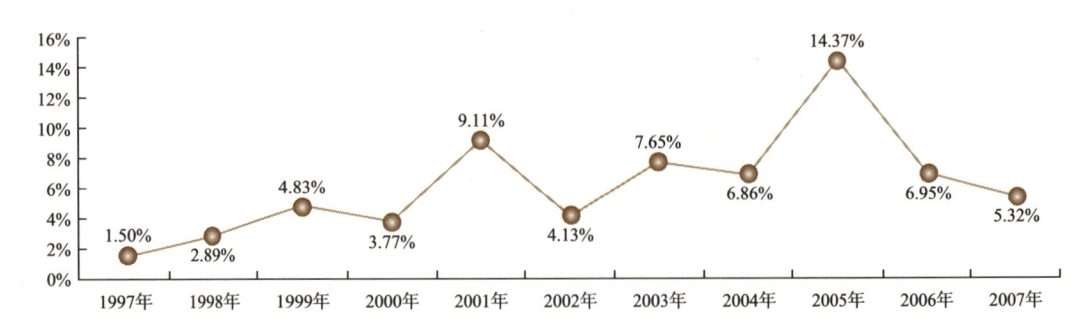

年份	贡献率
1997年	1.50%
1998年	2.89%
1999年	4.83%
2000年	3.77%
2001年	9.11%
2002年	4.13%
2003年	7.65%
2004年	6.86%
2005年	14.37%
2006年	6.95%
2007年	5.32%

*产业贡献率=该产业增加值增量/国内生产总值增量。

第十一章
改革开放30年来深刻影响中国经济的五大产业发展变化

1980年以来中国电子信息业从业人数走势（单位：万人）

年份	从业人数	占第二产业从业人数比重
1980年	123	1.60%
1985年	139	1.34%
1990年	162	1.17%
1995年	193	1.23%
2001年	304	1.87%
2002年	326	2.07%
2003年	408	2.54%
2004年	628	3.71%
2005年	761	4.21%
2006年	724	3.77%
2007年	777	3.77%

1996年以来中国电子信息业销售收入走势（单位：亿元）

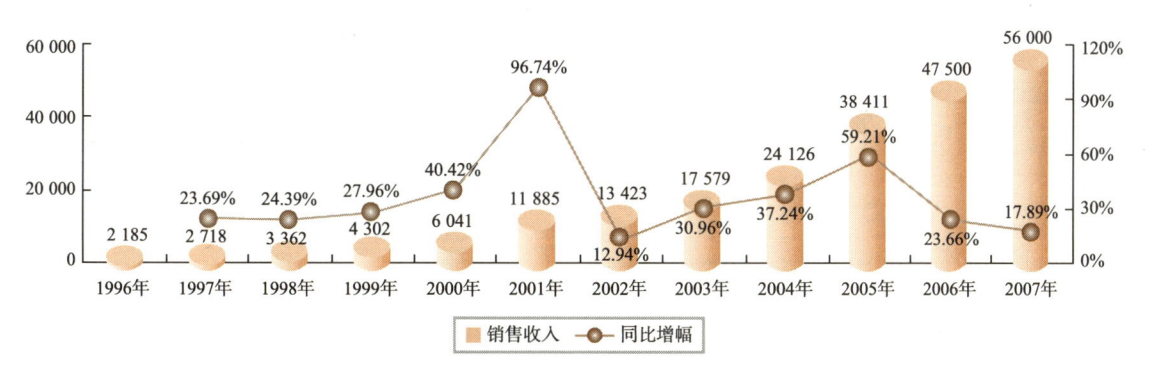

年份	销售收入	同比增幅
1996年	2 185	—
1997年	2 718	23.69%
1998年	3 362	24.39%
1999年	4 302	27.96%
2000年	6 041	40.42%
2001年	11 885	96.74%
2002年	13 423	12.94%
2003年	17 579	30.96%
2004年	24 126	37.24%
2005年	38 411	59.21%
2006年	47 500	23.66%
2007年	56 000	17.89%

1996—2007年中国电子信息产业利润总额走势（单位：亿元）

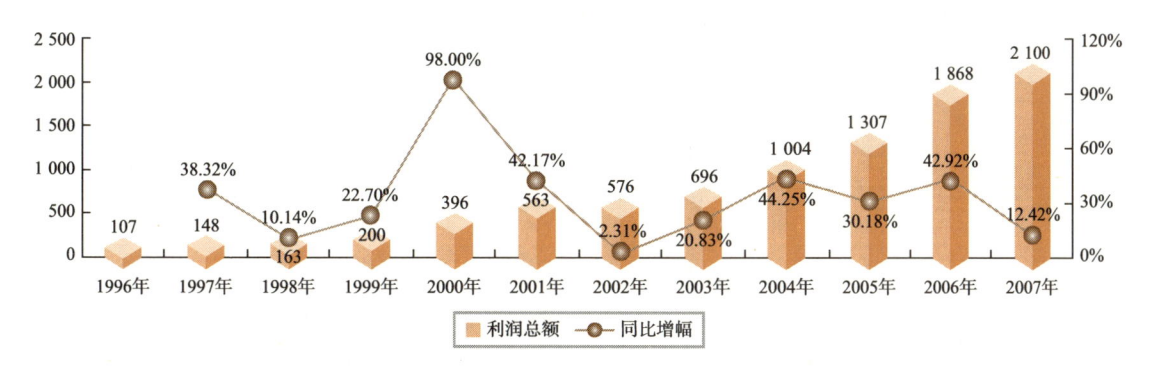

年份	利润总额	同比增幅
1996年	107	—
1997年	148	38.32%
1998年	163	10.14%
1999年	200	22.70%
2000年	396	98.00%
2001年	563	42.17%
2002年	576	2.31%
2003年	696	20.83%
2004年	1 004	44.25%
2005年	1 307	30.18%
2006年	1 868	42.92%
2007年	2 100	12.42%

中国电子信息产业9大基地发展状况

- 集成电路产业、移动通信产业、计算机及网络产业、显示器产业
- IT制造业工业总产值2 201.52亿元
- 京东方、方正、同方、紫光、中国电子集团等

- 电子元器件、移动通信手机
- 2006年，IT制造业工业总产值2 030.17亿元，其中天津开发区电子通信行业完成产值1 861.73亿元，比上年增长22.7%，占全区总量的61.4%，电子产业利润率达到5.9%
- 摩托罗拉、三星、三洋等

- 通信、软件、集成电路设计、数字电视、动漫、游戏
- 电子信息产业销售收入1 306.25亿元，通信设备制造业销售收入688.18亿元，软件销售收入261.84亿元，集成电路设计收入20.31亿元
- 东方通信、UT斯达康、摩托罗拉、华为3COM、浙大网新、士兰微电子等

- 家电、通信设备
- 海尔、海信、澳柯玛、朗讯等

- 软件、集成电路、平板显示器、计算机网络设备
- 2007年，江苏电子信息产业销售收入突破1万亿元，达到1.2万亿元
- 三星、IBM、神游科技、万宽数码等

- 显示器及零部件、计算机、数字移动通信设备和光通信配套产品的生产
- 福建省电子信息产业实现销售收入1 869亿元，增加值416亿元，软件与系统集成完成销售收入156亿元
- 戴尔、冠捷、厦华、夏新、万利达等

集成电路产业全国第一
- 集成电路产业、电子元器件
- IT制造业工业总产值3 905.24亿元
- 中芯国际、上广电、飞乐股份等

- 通信设备、计算机、家用电器、视听产品和基础元器件
- IT制造业工业总产值11 860亿元
- TCL、格力电器、广东格兰仕、美的集团、生益科技、七喜控股等

- 计算机零部件、通信设备研发、消费电子产品制造、电子元器件制造
- 2006年IT制造业工业增加值1 285.34亿元
- 鸿富锦、联想、华为、中兴通讯、富泰宏、创维、长城科技等

北京　天津　青岛　苏州　上海　杭州　福建沿海地区　珠三角地区　深圳　南海诸岛

- 优势产业
- 主要指标
- 代表企业

2.电子信息业主要产品产量

1978年以来，中国电子信息产业产品结构不断优化，基本形成了较为完整的产业链，自主创新能力也显著提高。同时，逐步建立起长江三角洲、珠江三角洲和环渤海湾地区3大配套设施齐全的电子信息产品制造加工基地。

第十一章
改革开放30年来深刻影响中国经济的五大产业发展变化

1986年以来中国微型计算机产量走势（单位：万台）

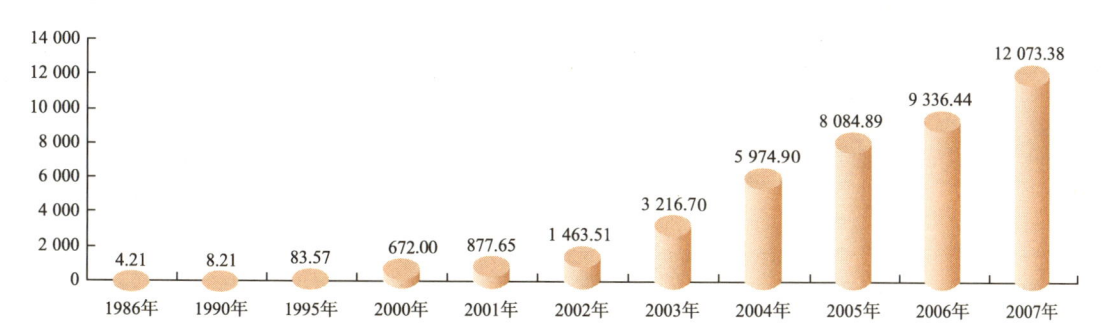

年份	产量
1986年	4.21
1990年	8.21
1995年	83.57
2000年	672.00
2001年	877.65
2002年	1 463.51
2003年	3 216.70
2004年	5 974.90
2005年	8 084.89
2006年	9 336.44
2007年	12 073.38

1978年以来中国半导体集成电路产量走势（单位：万块）

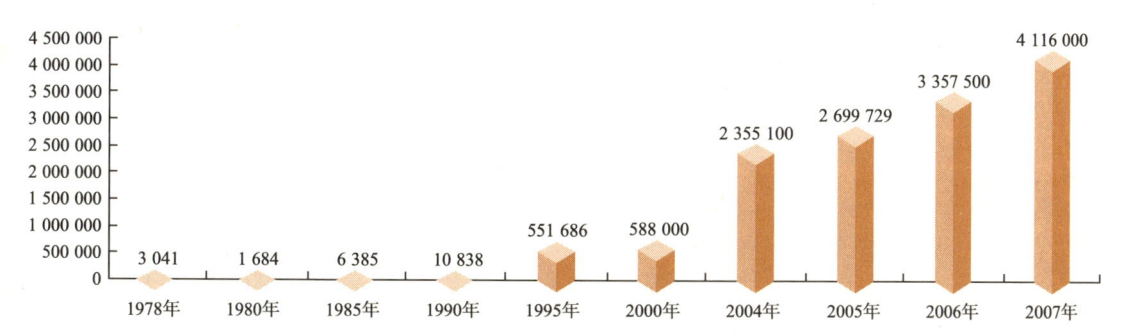

年份	产量
1978年	3 041
1980年	1 684
1985年	6 385
1990年	10 838
1995年	551 686
2000年	588 000
2004年	2 355 100
2005年	2 699 729
2006年	3 357 500
2007年	4 116 000

1999—2007年中国移动通信手机产量走势（单位：万部）

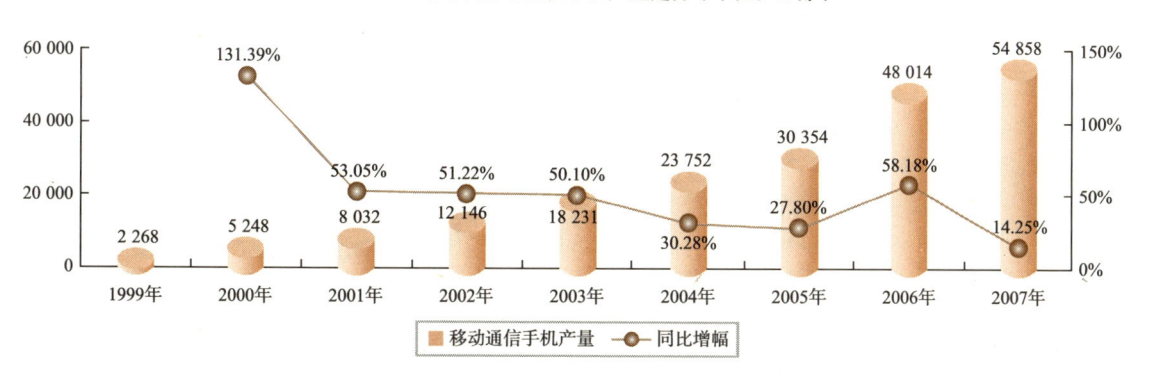

年份	产量	同比增幅
1999年	2 268	
2000年	5 248	131.39%
2001年	8 032	53.05%
2002年	12 146	51.22%
2003年	18 231	50.10%
2004年	23 752	30.28%
2005年	30 354	27.80%
2006年	48 014	58.18%
2007年	54 858	14.25%

1988年以来中国电话单机产量走势（单位：万部）

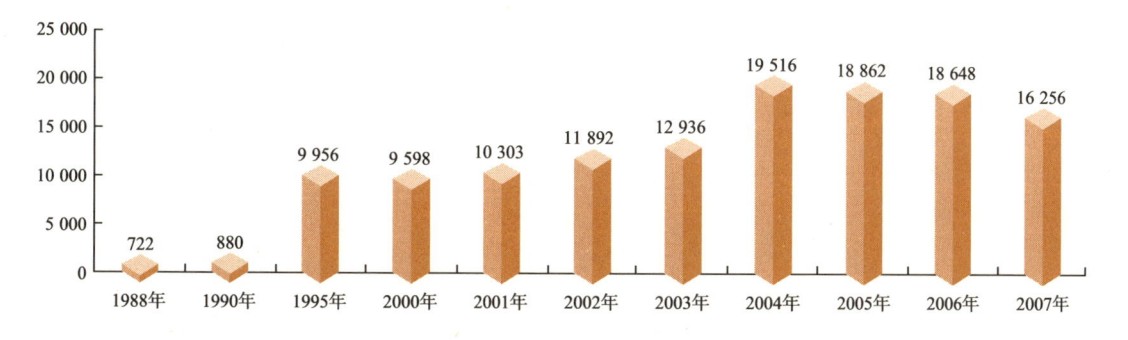

年份	产量
1988年	722
1990年	880
1995年	9 956
2000年	9 598
2001年	10 303
2002年	11 892
2003年	12 936
2004年	19 516
2005年	18 862
2006年	18 648
2007年	16 256

数读 中国30年

1995-2007年中国程控交换机产量走势(单位：万线)

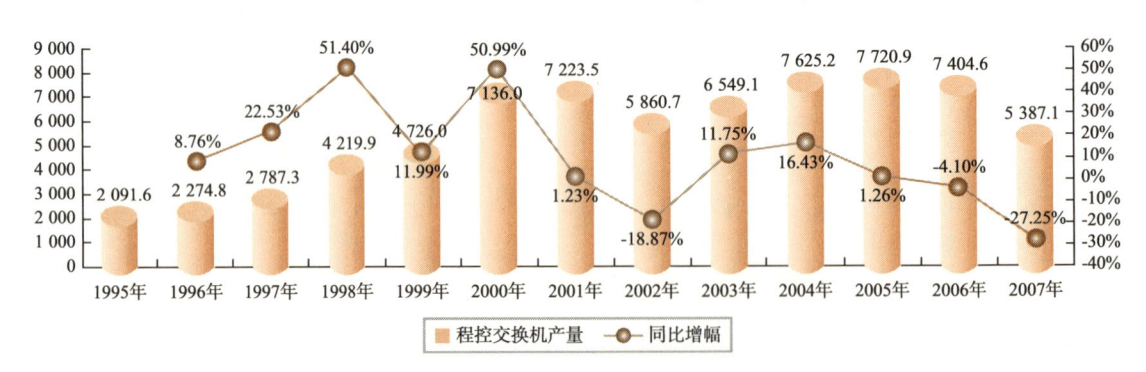

年份	产量	同比增幅
1995年	2 091.6	—
1996年	2 274.8	8.76%
1997年	2 787.3	22.53%
1998年	4 219.9	51.40%
1999年	4 726.0	11.99%
2000年	7 136.0	50.99%
2001年	7 223.5	1.23%
2002年	5 860.7	-18.87%
2003年	6 549.1	11.75%
2004年	7 625.2	16.43%
2005年	7 720.9	1.26%
2006年	7 404.6	-4.10%
2007年	5 387.1	-27.25%

3.电子信息产品进出口情况

1980年，中国电子信息产业出口额仅为1000万美元。改革开放后，电子产品出口额不断扩大，产业规模超过日本仅次于美国，成为世界第二大电子产品制造国。2007年，中国信息产业出口额达到了4595亿美元，占中国外贸出口的比重达到37.73%，占世界电子产品出口比重超过10%。

1996-2007年中国电子信息产业出口额走势（单位：亿美元）

年份	出口额	同比增幅	占全国总出口额的比重
1996年	215	—	14.23%
1997年	269	25.12%	14.72%
1998年	258	-4.09%	14.04%
1999年	390	51.16%	20.01%
2000年	551	41.28%	22.11%
2001年	651	18.15%	24.46%
2002年	920	41.32%	28.27%
2003年	1 421	54.46%	32.43%
2004年	2 075	46.02%	34.97%
2005年	2 682	29.25%	35.20%
2006年	3 640	35.72%	37.57%
2007年	4 595	26.24%	37.73%

第十一章
改革开放30年来深刻影响中国经济的五大产业发展变化

1990年中国电子信息产业出口额构成情况

- 其他 8.29%（3.14亿美元）
- 投资类 13.73%（5.20亿美元）
- 来料加工 30.37%（11.50亿美元）
- 电子元器件类 9.06%（3.43亿美元）
- 消费类 38.55%（14.60亿美元）

1990年中国电子信息产业出口额排名前6位产品（单位：亿美元）

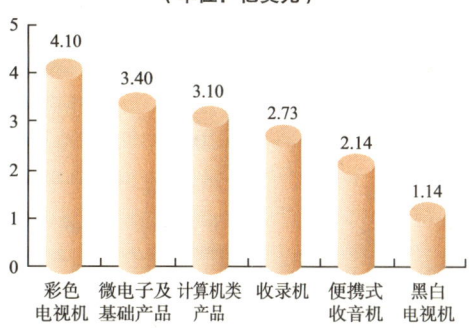

产品	出口额
彩色电视机	4.10
微电子及基础产品	3.40
计算机类产品	3.10
收录机	2.73
便携式收音机	2.14
黑白电视机	1.14

2006年中国电子信息产业出口额排名前10位的产品（单位：亿美元）

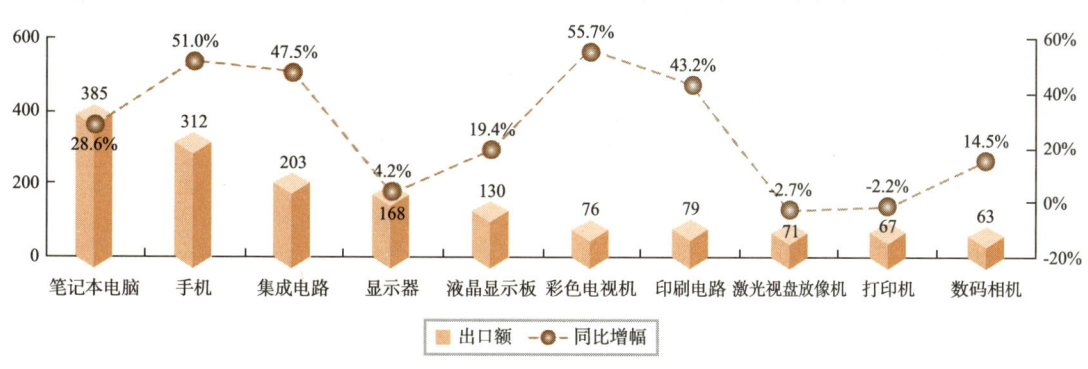

产品	出口额	同比增幅
笔记本电脑	385	28.6%
手机	312	51.0%
集成电路	203	47.5%
显示器	168	4.2%
液晶显示板	130	19.4%
彩色电视机	76	55.7%
印刷电路	79	43.2%
激光视盘放像机	71	-2.7%
打印机	67	-2.2%
数码相机	63	14.5%

1996–2007年中国电子信息产业进口额走势（单位：亿美元）

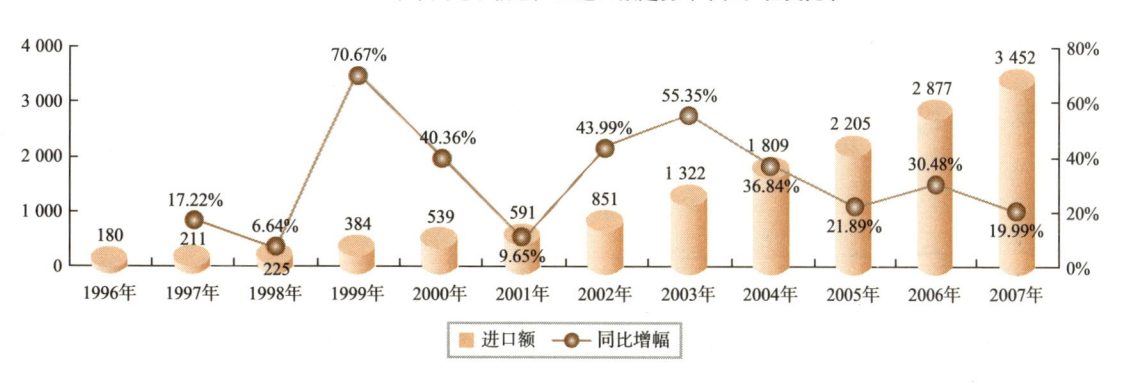

年份	进口额	同比增幅
1996年	180	
1997年	211	17.22%
1998年	225	6.64%
1999年	384	70.67%
2000年	539	40.36%
2001年	591	9.65%
2002年	851	43.99%
2003年	1 322	55.35%
2004年	1 809	36.84%
2005年	2 205	21.89%
2006年	2 877	30.48%
2007年	3 452	19.99%

4. 重点子行业介绍

电子计算机制造业

从20世纪50年代开始，中国一直重视计算机产业的发展，在改革开放之前，中国的计算机产业只处在研发阶段，并没有投入民用。改革开放之后，中国开始实施以经济建设为中心的基本路线，中国计算机制造业也逐步调整产业发展思路。20世纪80年代中期，中国计算机产业尝试以市场需求为向导，面向用户推进产业发展。

1998—2007年中国计算机制造业销售收入走势（单位：亿元）

年份	销售收入	同比增幅
1998年	927.81	—
1999年	1 052.69	13.46%
2000年	1 420.32	34.92%
2001年	2 078.6	46.35%
2002年	3 141.71	51.15%
2003年	5 949.19	89.36%
2004年	8 746.25	47.02%
2005年	10 197.77	16.60%
2006年	11 985.58	22.54%
2007年	14 686.79	17.53%

1998—2007年中国计算机制造业利润额走势（单位：亿元）

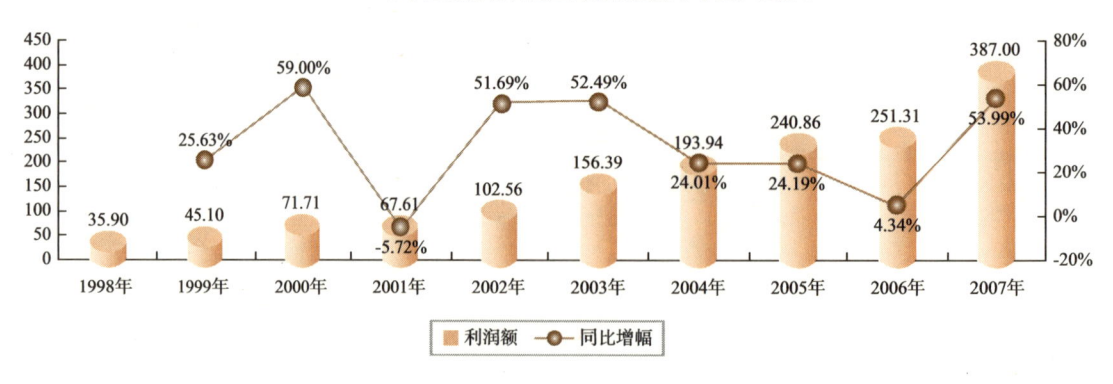

年份	利润额	同比增幅
1998年	35.90	—
1999年	45.10	25.63%
2000年	71.71	59.00%
2001年	67.61	-5.72%
2002年	102.56	51.69%
2003年	156.39	52.49%
2004年	193.94	24.01%
2005年	240.86	24.19%
2006年	251.31	4.34%
2007年	387.00	53.99%

第十一章
改革开放30年来深刻影响中国经济的五大产业发展变化

1998—2007年中国计算机制造业企业数走势（单位：家）

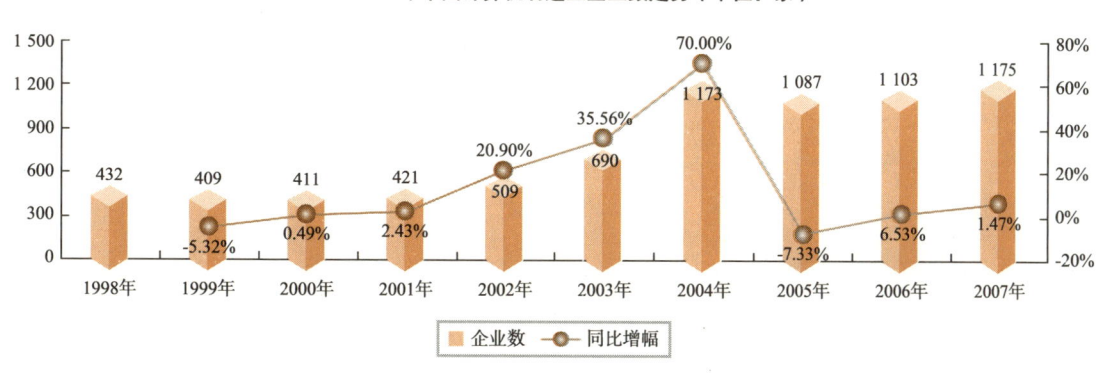

年份	企业数	同比增幅
1998年	432	—
1999年	409	-5.32%
2000年	411	0.49%
2001年	421	2.43%
2002年	509	20.90%
2003年	690	35.56%
2004年	1 173	70.00%
2005年	1 087	-7.33%
2006年	1 103	6.53%
2007年	1 175	1.47%

2001—2006年中国微型计算机产销量走势（单位：万台）

年份	产量	销量
2001年	923.0	911.0
2002年	1 463.0	1 447.0
2003年	3 216.0	3 083.0
2004年	5 976.0	5 975.0
2005年	8 084.0	7 882.0
2006年	10 350.9	9 336.4

2003—2006年中国微型计算机出口量状况（单位：万台）

年份	出口量	同比增幅
2003年	1 707.5	—
2004年	3 024.6	77.14%
2005年	4 758.5	57.33%
2006年	6 014.0	26.38%

2003—2006年中国微型计算机出口额状况（单位：亿美元）

年份	出口额	同比增幅
2003年	135.2	—
2004年	235.2	73.96%
2005年	336.1	42.90%
2006年	433.3	28.92%

数读 中国30年

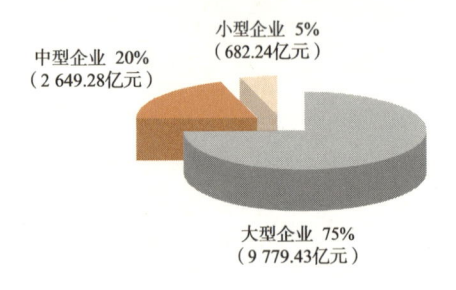

2007年1-11月中国计算机制造业不同经济类型企业销售收入分布
- 国有企业 0.17%（22.15亿元）
- 集体企业 0.05%（7.11亿元）
- 股份制企业 2.26%（296.32亿元）
- 股份合作制企业及其他企业 5.31%（696.18亿元）
- 私营企业 1.79%（234.26亿元）
- 外商和港澳台投资企业 90.42%（11 854.92亿元）

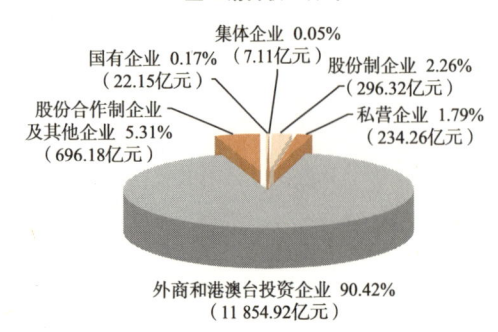

2007年1-11月中国计算机制造业不同经济类型企业利润额分布
- 国有企业 0.06%（0.21亿元）
- 股份制企业 3.83%（13.20亿元）
- 集体企业 0.07%（0.23亿元）
- 其他 4.98%（17.16亿元）
- 私营企业 2.11%（7.27亿元）
- 外商和港澳台投资企业 88.95%（306.37亿元）

2007年1-11月中国计算机制造业不同规模企业销售收入分布
- 小型企业 5%（682.24亿元）
- 中型企业 20%（2 649.28亿元）
- 大型企业 75%（9 779.43亿元）

2007年1-11月中国计算机制造业不同规模企业利润额分布
- 小型企业 8.22%（28.31亿元）
- 中型企业 21.34%（73.52亿元）
- 大型企业 70.44%（242.61亿元）

通信设备制造业

改革开放之前，在通信技术上较为落后的中国投入大量人力、物力、财力进行研究与开发，取得了一系列的成果，但通信设备仍是以进口为主。改革开放后，中国通信设备制造业面向市场，并不断与国际通信设备制造商合作，从而开始了从进口走向合资的阶段。30年来，通信业已成为中国国民经济中发展最快的行业，成为中国从工业经济向信息经济过渡的先导产业，形成了门类较为齐全的产业体系，在世界通信制造业中的分量也不断提高。

第十一章
改革开放30年来深刻影响中国经济的五大产业发展变化

1998—2007年中国通信制造业销售收入状况（单位：亿元）

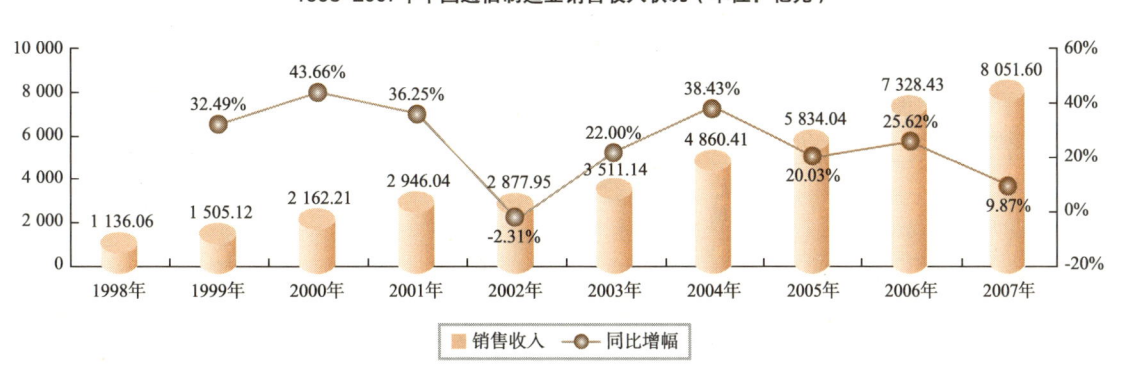

年份	销售收入	同比增幅
1998年	1 136.06	—
1999年	1 505.12	32.49%
2000年	2 162.21	43.66%
2001年	2 946.04	36.25%
2002年	2 877.95	-2.31%
2003年	3 511.14	22.00%
2004年	4 860.41	38.43%
2005年	5 834.04	20.03%
2006年	7 328.43	25.62%
2007年	8 051.60	9.87%

2002—2006年中国通信设备制造业工业总产值状况（单位：亿元）

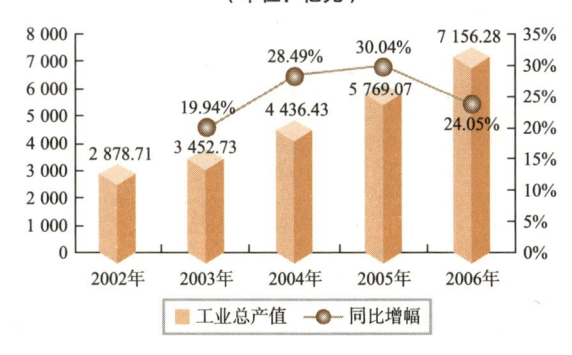

年份	工业总产值	同比增幅
2002年	2 878.71	—
2003年	3 452.73	19.94%
2004年	4 436.43	28.49%
2005年	5 769.07	30.04%
2006年	7 156.28	24.05%

2002—2006年中国通信设备制造业累计产成品状况（单位：亿元）

年份	产成品	同比增幅
2002年	158.01	35.57%
2003年	239.75	51.73%
2004年	271.05	13.06%
2005年	236.52	-12.74%
2006年	300.98	27.25%

1998—2007年中国通信制造业利润额状况（单位：亿元）

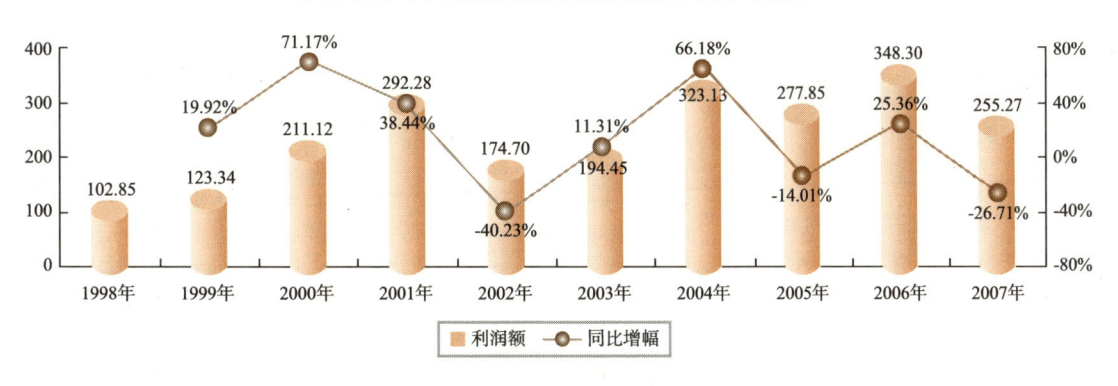

年份	利润额	同比增幅
1998年	102.85	—
1999年	123.34	19.92%
2000年	211.12	71.17%
2001年	292.28	38.44%
2002年	174.70	-40.23%
2003年	194.45	11.31%
2004年	323.13	66.18%
2005年	277.85	-14.01%
2006年	348.30	25.36%
2007年	255.27	-26.71%

数读 中国30年

1998–2007年中国通信设备制造业企业数走势（单位：家）

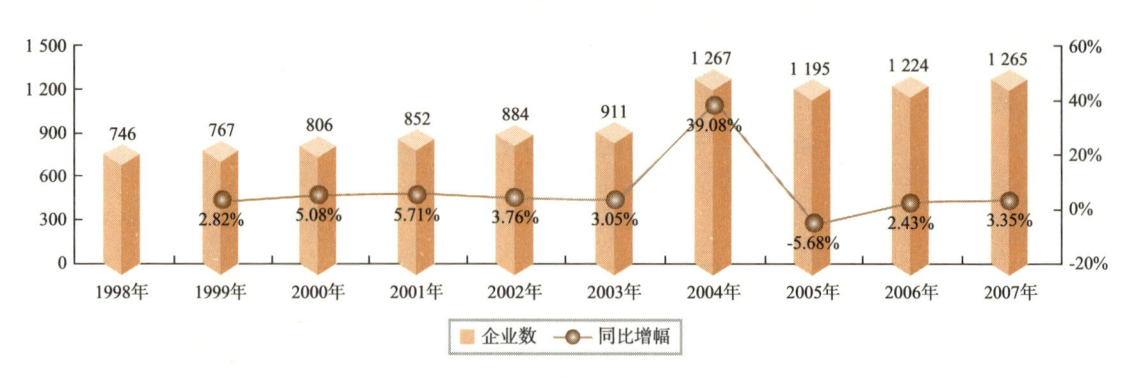

年份	企业数	同比增幅
1998年	746	—
1999年	767	2.82%
2000年	806	5.08%
2001年	852	5.71%
2002年	884	3.76%
2003年	911	3.05%
2004年	1 267	39.08%
2005年	1 195	-5.68%
2006年	1 224	2.43%
2007年	1 265	3.35%

2007年1–11月份中国通信设备制造业不同经济类型企业销售收入比较（单位：亿元）

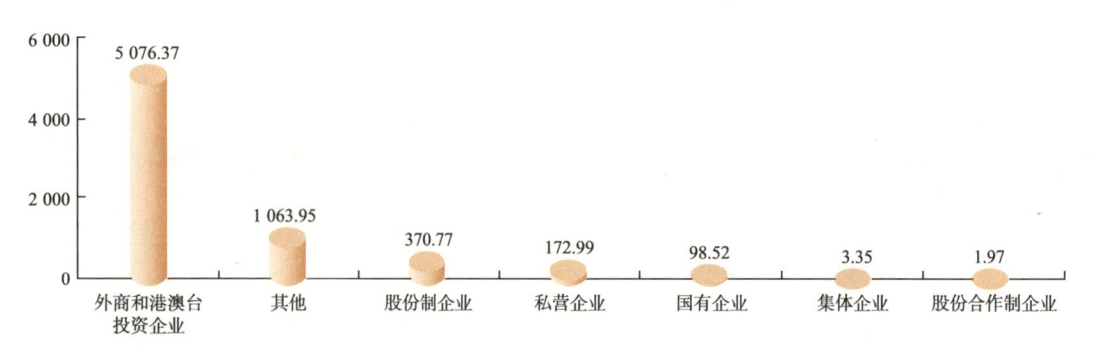

类型	销售收入
外商和港澳台投资企业	5 076.37
其他	1 063.95
股份制企业	370.77
私营企业	172.99
国有企业	98.52
集体企业	3.35
股份合作制企业	1.97

2007年1–11月份中国通信设备制造业不同经济类型企业利润额比较（单位：亿元）

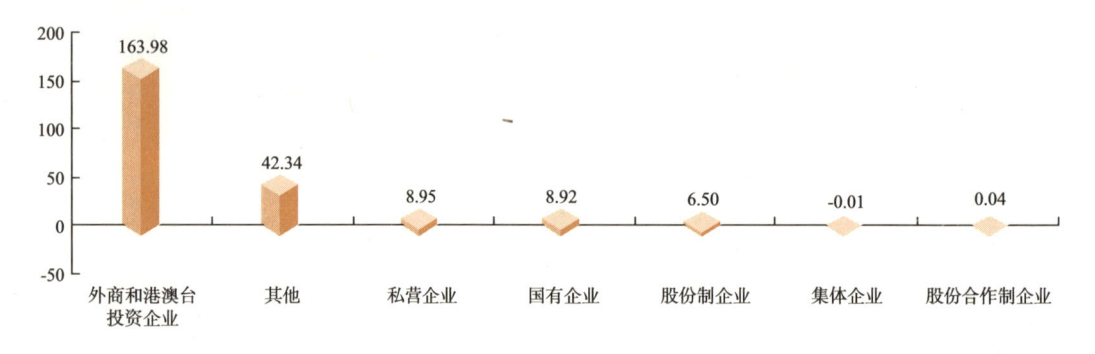

类型	利润额
外商和港澳台投资企业	163.98
其他	42.34
私营企业	8.95
国有企业	8.92
股份制企业	6.50
集体企业	-0.01
股份合作制企业	0.04

软件业

中国软件业的发展开始于20世纪80年代中期。在国家政策的支持下，中国软件业从无到有，取得巨大的成就，逐步从手工作坊式开发模式转向较为完备的软件工程研究，基本实现了工业化生产技术。进入21世纪以后，中国软件产业规模呈现出井喷式增长，年复合增长率超过40%，整体产业规模已经超过印度。

第十一章
改革开放30年来深刻影响中国经济的五大产业发展变化

2001–2006年中国软件业与电子信息产业工业增加值比较（单位：亿元）

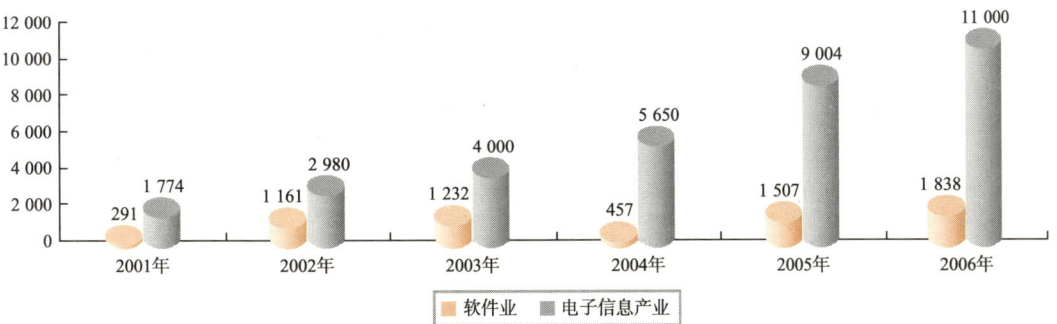

年份	软件业	电子信息产业
2001年	291	1 774
2002年	1 161	2 980
2003年	1 232	4 000
2004年	457	5 650
2005年	1 507	9 004
2006年	1 838	11 000

1998–2007年中国软件业销售收入走势（单位：亿元）

年份	销售收入	同比增幅
1998年	325	—
1999年	421	29.54%
2000年	560	33.02%
2001年	751	34.11%
2002年	1 100	46.47%
2003年	1 533	39.36%
2004年	2 405	56.88%
2005年	3 906	62.41%
2006年	4 800	22.89%
2007年	5 800	20.83%

2001–2007年中国软件业从业人员数（单位：万人）

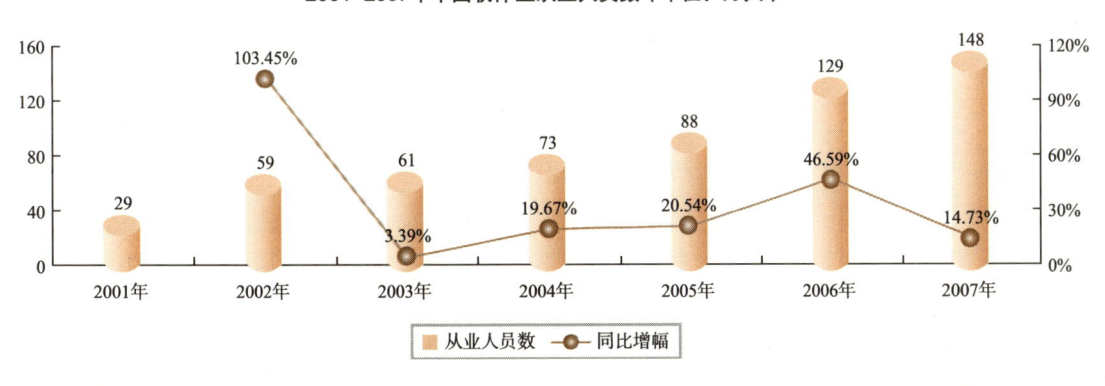

年份	从业人员数	同比增幅
2001年	29	—
2002年	59	103.45%
2003年	61	3.39%
2004年	73	19.67%
2005年	88	20.54%
2006年	129	46.59%
2007年	148	14.73%

2000–2007年中国软件业出口额走势（单位：亿美元）

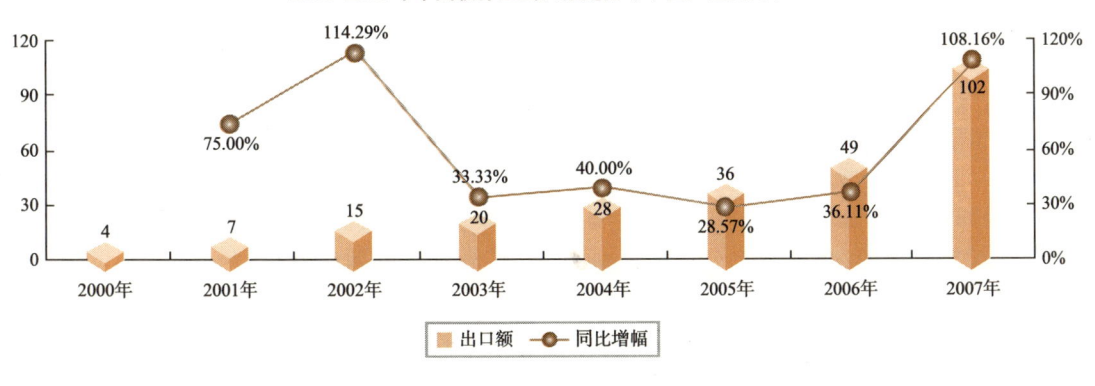

年份	出口额	同比增幅
2000年	4	—
2001年	7	75.00%
2002年	15	114.29%
2003年	20	33.33%
2004年	28	40.00%
2005年	36	28.57%
2006年	49	36.11%
2007年	102	108.16%

二. 电子信息制造业发展历程

起步阶段（1979-1990年）

1979年，国家电子计算机工业总局成立，并召开了中国第一次微型计算机专业会议，鼓励相关产业的发展。1980年6月，国家电子计算机工业总局颁发《软件产品实行登记和计价收费的暂行办法》，中国软件产业的行业规范由此诞生。1986年末，原电子部率先实行改革，下放了187家直属企业。"七五"期间，电子信息产业实施了出口导向型战略。1989年，提出"开拓国际主市场、建立销售主渠道、建设生产主力军"的方针，电子信息产业出口取得了突破性的进展，成为拉动产业增长的新动力。

发展阶段（1990-1997年）

1991年，时任中共中央总书记、国家主席江泽民明确指出：四个现代化，哪一化也离不开信息化。1993年3月，第八届全国人民代表大会第一次会议上，时任总理李鹏在《政府工作报告》中指出，"把电子信息等高新技术放到重要位置，提高投资强度，努力在各个领域广泛推广应用。"1993年电子工业部成立，提出实施"大公司战略"。1994年7月19日，电子部、铁道部、电力部共同组建成立了中国联合通信公司，首次将竞争机制引入中国电信市场。1995年9月，中国共产党第十四届五中全会通过了《中共中央关于制定国民经济和社会发展"九五"计划和2010年远景目标的建议》，提出"电子工业，重点发展集成电路、新型元器件、计算机和通信设备，增强为经济和社会发展提供信息化系统和装备的能力，促进信息产业发展"。1995年，电子工业部提出从传统的单一制造业向硬件制造、软件生产、应用与服务业诸业并举的现代电子信息产业转变的发展模式。

高速发展阶段（1997年至今）

1998年3月，全国九届人大一次会议批准在邮电部和电子工业部的基础上组建中华人民共和国信息产业部，主管全国电子信息产品制造业、通信业和软件业，负责推进国民经济和社会服务信息化。2000年6月，国务院发布《鼓励软件产业和集成电路产业发展的若干政策》，从投融资、税收、技术、出口、收入分配、人才、装备及采购、企业认定、知识产权保护、行业管理等多个方面为软件产业发展提供优惠政策，这是中国第一个鼓励和支持软件产业发展的专项产业政策。10月，中国共产党十五届五中全会通过的《中共中央关于制定国民经济和社会发展第十个五年计划的建议》指出："信息化是当今世界经济和社会发展的大趋势，也是中国产业优化升级和实现工业化、现代化的关键环节。要把推进国民经济和社会信息化放在优先位置。"2002年11月，中国共产党第十六次全国代表大会上提出："以信息化带动工业化，以工业化促进信息化"，为中国制定了一条新型的工业化发展思路。同月，《振兴软件产业行动纲要》正式启动。2006年8月，信息产业部发布《支持国家电子信息产业基地和产业园发展政策》，提出要通过政府引导与市场推动并举、中央与地方合作互动、规模扩张与产业升级并重，推动基地和园区成为带动区域经济结构调整和经济增长方式转变的引擎，成为中国信息产业"走出去"参与国际竞争的服务平台，成为增强信息产业自主创新能力和建设世界电子强国的重要载体。

第四节　改革开放30年来中国汽车制造业发展变化

一. 汽车工业发展概况

（一）汽车工业总体情况

改革开放以来，中国汽车工业已粗具规模，形成了比较完整的产品系列和生产布局，经济创造能力、产销能力、出口能力、科研能力、出口能力、科研投入等都有大幅度提高，产销量已跃居世界前列，成为汽车生产和消费大国。2005年，汽车工业增加值达到2 210亿元，较1990年增加近18倍。2007年，销售收入达到17 483.7亿元，实现利润总额1 102.7亿元，较1990年分别增长近42倍和78倍。

1990年以来中国汽车业工业增加值及其占GDP的比重（单位：亿元）

年份	工业增加值	占GDP的比重
1990年	121	0.65%
1995年	541	0.89%
1997年	594	0.75%
1998年	661	0.78%
1999年	749	0.84%
2000年	864	0.87%
2001年	1 056	0.96%
2002年	1 519	1.26%
2003年	2 153	1.59%
2004年	2 188	1.37%
2005年	2 210	1.21%

1980年以来中国汽车工业企业数量状况（单位：家）

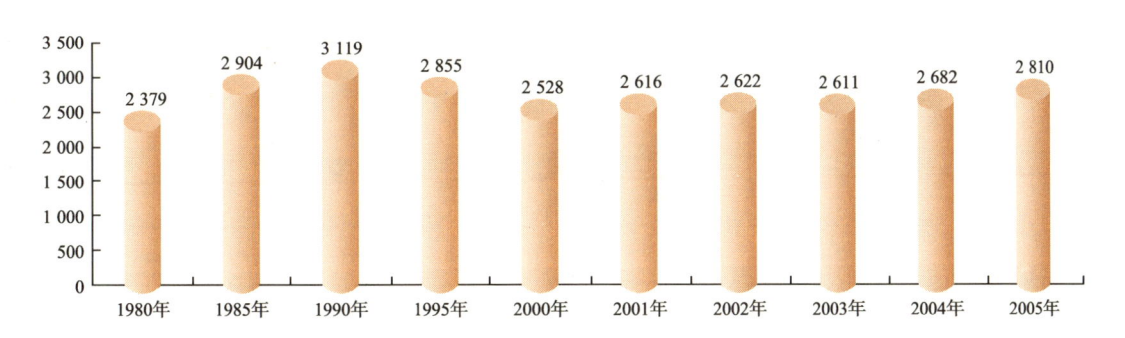

年份	企业数量
1980年	2 379
1985年	2 904
1990年	3 119
1995年	2 855
2000年	2 528
2001年	2 616
2002年	2 622
2003年	2 611
2004年	2 682
2005年	2 810

数读 中国30年

2001年中国汽车工业主要生产地区产量分布

- 其他 37.07%（86.79万辆）
- 北京 6.52%（15.27万辆）
- 吉林 16.69%（39.08万辆）
- 上海 12.39%（29.00万辆）
- 江西 6.80%（15.93万辆）
- 湖北 10.33%（24.18万辆）
- 重庆 10.21%（23.90万辆）

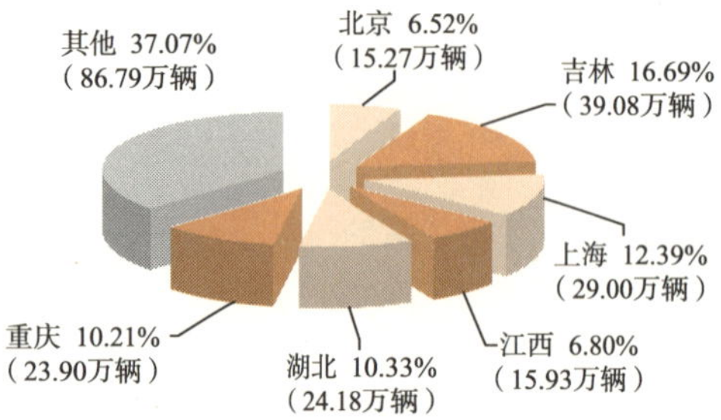

2007年中国汽车工业主要生产地区产量分布

- 吉林 9.26%（82.3万辆）
- 上海 9.24%（82.1万辆）
- 广东 8.88%（78.9万辆）
- 湖北 8.27%（73.5万辆）
- 重庆 7.97%（70.8万辆）
- 其他 56.38%（501.1万辆）

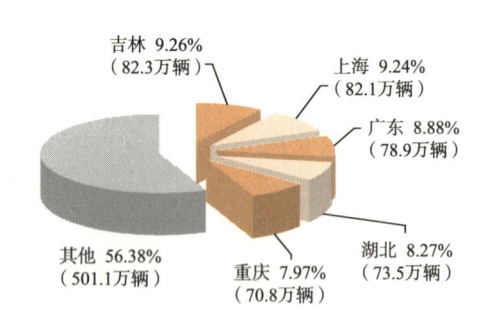

1990年以来中国汽车工业年平均从业人数及其占全国从业人数的比重（单位：万人）

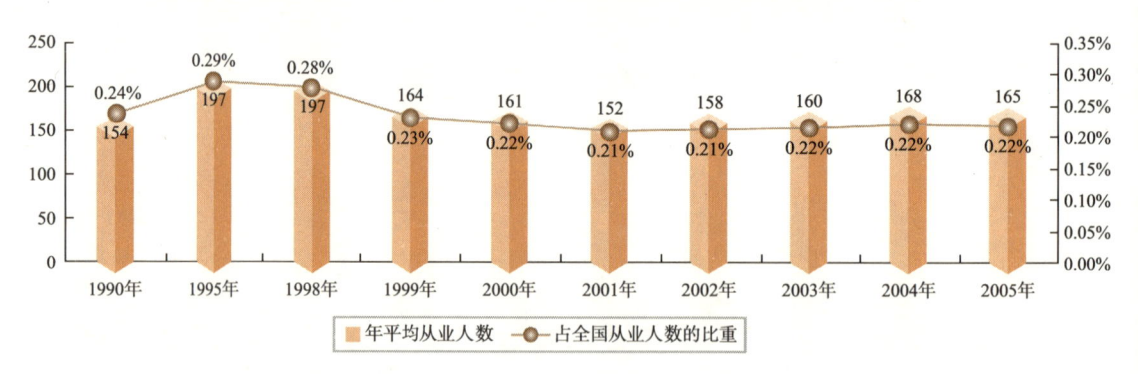

年份	年平均从业人数	占全国从业人数的比重
1990年	154	0.24%
1995年	197	0.29%
1998年	197	0.28%
1999年	164	0.23%
2000年	161	0.22%
2001年	152	0.21%
2002年	158	0.21%
2003年	160	0.22%
2004年	168	0.22%
2005年	165	0.22%

1998-2006年中国汽车工业企业R&D投入金额和强度概况（单位：亿元）

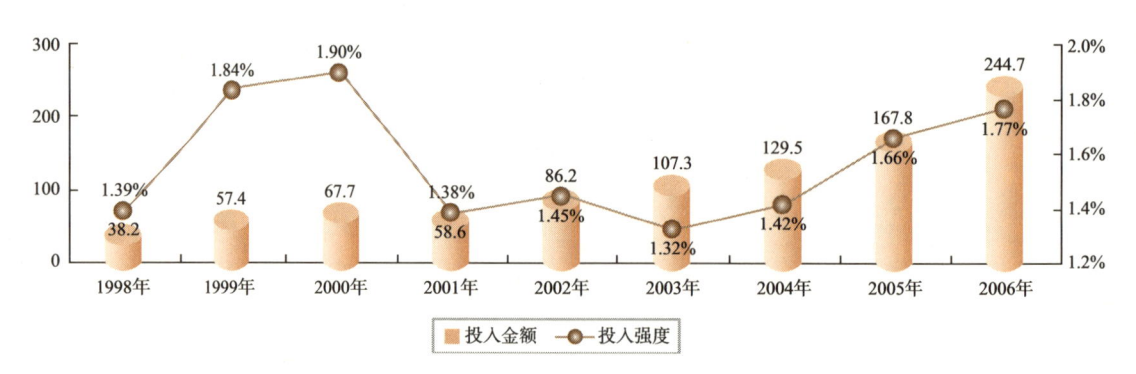

年份	投入金额	投入强度
1998年	38.2	1.39%
1999年	57.4	1.84%
2000年	67.7	1.90%
2001年	58.6	1.38%
2002年	86.2	1.45%
2003年	107.3	1.32%
2004年	129.5	1.42%
2005年	167.8	1.66%
2006年	244.7	1.77%

1990年以来中国汽车工业销售收入、利润总额情况（单位：亿元）

年份	汽车工业销售收入	汽车工业利润总额	销售利润率
1990年	409.5	14.11	3.45%
1995年	1 774.5	41.37	2.33%
2000年	3 307	172.5	5.22%
2001年	4 015.4	254.6	6.34%
2002年	5 625.5	444.4	7.90%
2003年	8 213.4	714.7	8.70%
2004年	9 834.1	685.4	6.97%
2005年	11 068.4	513.3	4.64%
2006年	14 651.3	752.2	5.13%
2007年	17 483.7	1 102.7	6.31%

1990年以来中国汽车工业全员劳动生产率（增加值）状况（单位：万元/人·年）

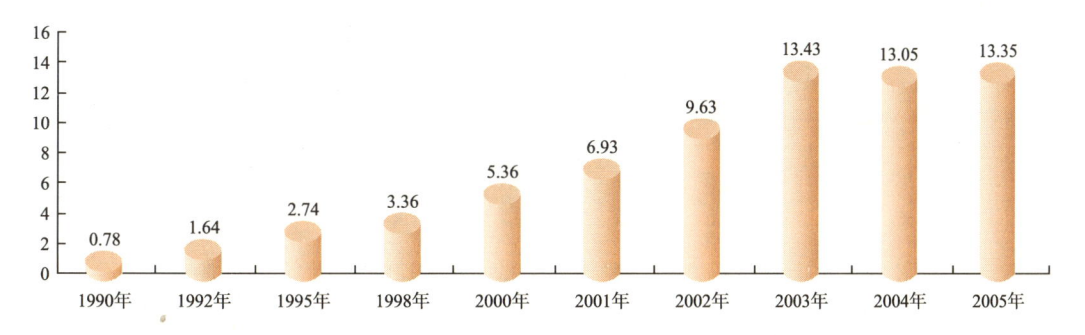

1990年	0.78
1992年	1.64
1995年	2.74
1998年	3.36
2000年	5.36
2001年	6.93
2002年	9.63
2003年	13.43
2004年	13.05
2005年	13.35

（二）中国汽车工业产销量

改革开放初期，汽车工业仍然保留着新中国成立初期的格局，以生产卡车为主。改革开放后，中国汽车工业走上合资道路，大力发展轿车生产，布局基本型乘用车（以前称为轿车）生产基地，基本型乘用车产量保持飞速增长。

数读 中国30年

1978年以来中国汽车工业汽车产量状况（单位：万辆）

年份	汽车总产量	轿车产量	轿车占汽车工业总产量的比重
1978年	14.91	—	—
1980年	22.23	0.54	2.4%
1985年	43.72	0.90	2.1%
1990年	51.40	3.50	6.8%
1995年	145.27	33.70	23.2%
2000年	207.00	60.70	29.3%
2005年	570.49	277.01	48.6%
2006年	727.89	386.94	53.2%
2007年	888.73	479.80	54.0%

1999-2007年中国汽车工业汽车销售情况（单位：万辆）

年份	销售量	同比增幅
1999年	183.19	—
2000年	208.63	13.9%
2001年	237.1	13.9%
2002年	327.15	37.6%
2003年	436.06	33.3%
2004年	507.16	16.3%
2005年	576.67	13.7%
2006年	721.55	25.1%
2007年	879.15	21.8%

1999-2007年中国基本型乘用车销量概况（单位：万辆）

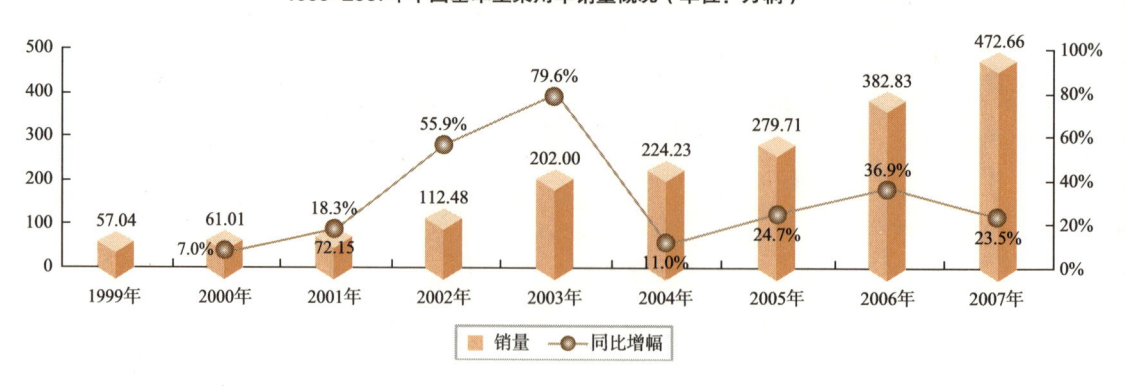

年份	销量	同比增幅
1999年	57.04	—
2000年	61.01	7.0%
2001年	72.15	18.3%
2002年	112.48	55.9%
2003年	202.00	79.6%
2004年	224.23	11.0%
2005年	279.71	24.7%
2006年	382.83	36.9%
2007年	472.66	23.5%

第十一章 改革开放30年来深刻影响中国经济的五大产业发展变化

2005—2007年中国汽车按车型分汽车产量（单位：万辆）

年份	乘用车	商用车
2005年	393.1	177.7
2006年	523.3	204.7
2007年	638.1	250.1

2005—2007年中国汽车按车型分汽车销量（单位：万辆）

年份	乘用车	商用车
2005年	397.1	178.7
2006年	517.6	204.0
2007年	629.8	249.4

1985年以来中国汽车保有量状况（单位：万辆）

年份	汽车总保有量	私人汽车保有量	占总保有量的比重
1985年	321.1	28.5	8.87%
1990年	551.4	81.6	14.80%
1995年	1 040.0	250.0	24.04%
2000年	1 608.9	625.3	38.87%
2001年	1 802.0	768.8	42.66%
2002年	2 053.2	969.0	47.19%
2003年	2 382.9	1 219.2	51.16%
2004年	2 693.7	1 481.7	55.01%
2005年	3 159.7	1 848.1	58.49%
2006年	3 697.4	2 333.3	63.11%

1985年以来中国人均汽车拥有辆（单位：辆/千人）

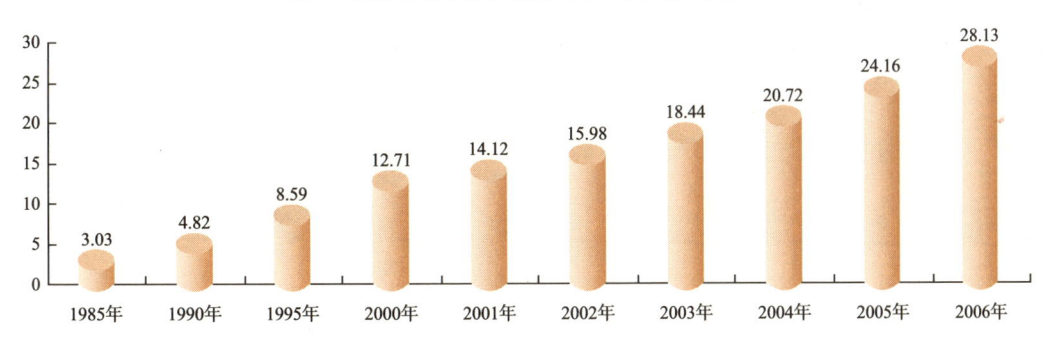

年份	人均汽车拥有辆
1985年	3.03
1990年	4.82
1995年	8.59
2000年	12.71
2001年	14.12
2002年	15.98
2003年	18.44
2004年	20.72
2005年	24.16
2006年	28.13

小链接: 1978年以来世界主要国家汽车生产及保有状况

2000-2007年中国汽车产量及其排名状况（单位：万辆）

排序	2000年	2001年	2002年	2003年	2004年	2005年	2006年	2007年
1	美国 1 280	美国 1 142	美国 1 228	美国 1 211	美国 1 199	美国 1 195	日本 1 148	日本 1 160
2	日本 1 014	日本 978	日本 1 026	日本 1 029	日本 1 051	日本 1 080	美国 1 126	美国 1 078
3	德国 553	德国 569	德国 547	德国 551	德国 557	德国 576	中国 728	中国 889
4	法国 335	法国 363	法国 360	中国 441	中国 509	中国 570		
5	韩国 311	韩国 295	中国 325					
6	西班牙 303	西班牙 253						
7	加拿大 296	中国 234						
8	中国 207							

1978-2007年世界主要国家汽车产量概况（单位：万辆）

	1978年	1985年	1990年	1995年	2000年	2007年
世界	4 373	4 481	4 814	4 998	5 837	7 315
中国	15	44	51	145	207	889
日本	924	1 236	1 349	1 020	1 014	1 160
美国	1 288	1 136	978	1 199	1 280	1 078

2005年世界主要国家汽车拥有量概况（单位：辆/千人）

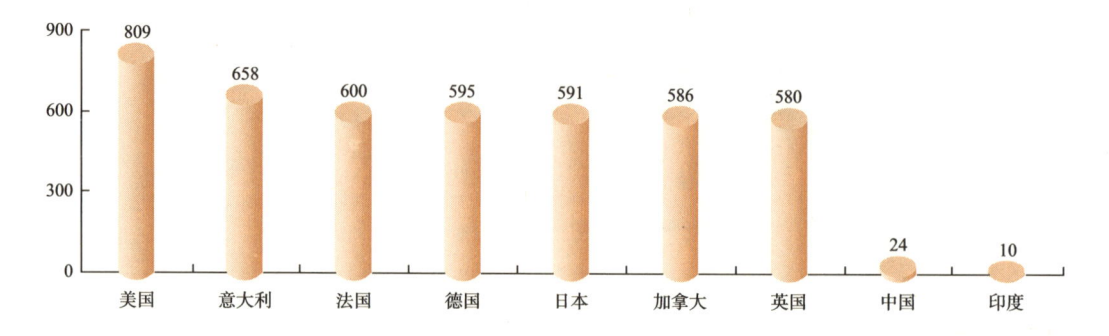

美国	意大利	法国	德国	日本	加拿大	英国	中国	印度
809	658	600	595	591	586	580	24	10

第十一章 改革开放30年来深刻影响中国经济的五大产业发展变化

2007年世界主要汽车生产企业产量概况（单位：万辆）

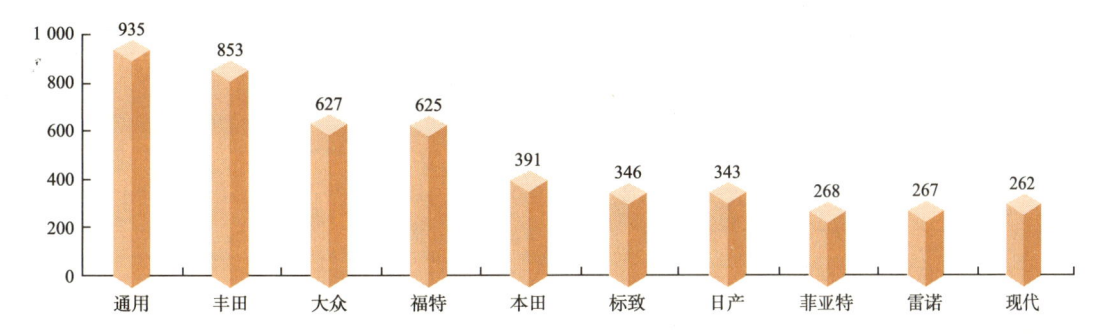

通用	丰田	大众	福特	本田	标致	日产	菲亚特	雷诺	现代
935	853	627	625	391	346	343	268	267	262

2007年中国主要汽车生产商产量概况（单位：万辆）

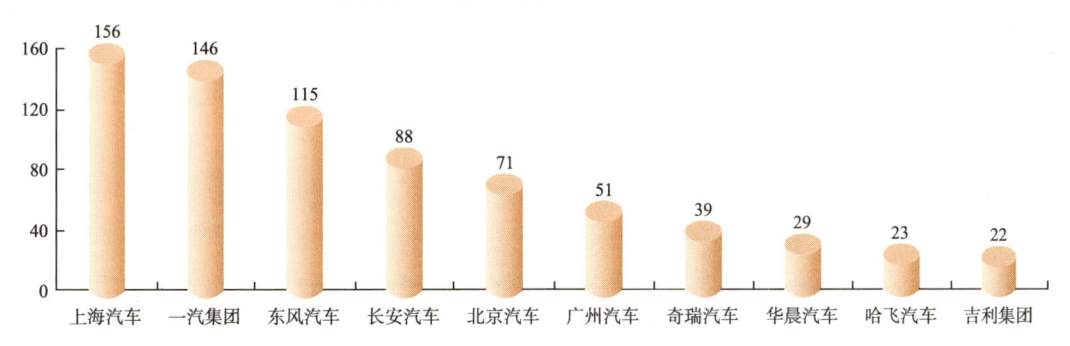

上海汽车	一汽集团	东风汽车	长安汽车	北京汽车	广州汽车	奇瑞汽车	华晨汽车	哈飞汽车	吉利集团
156	146	115	88	71	51	39	29	23	22

中国汽车的进出口情况

20世纪90年代以来，中国汽车工业一直定位于满足国内汽车市场需求；同时，汽车产品质量差、技术含量低，在国际市场上缺乏竞争力，汽车产品出口增长缓慢，到2000年出口量才2.71万辆。进入21世纪后，汽车工业出口快速增长，仍然以汽车零部件出口为主；汽车整车出口增长也明显加快，其中基本乘用车型增长最为明显。

1992-2007年中国汽车出口量概况（单位：万辆）

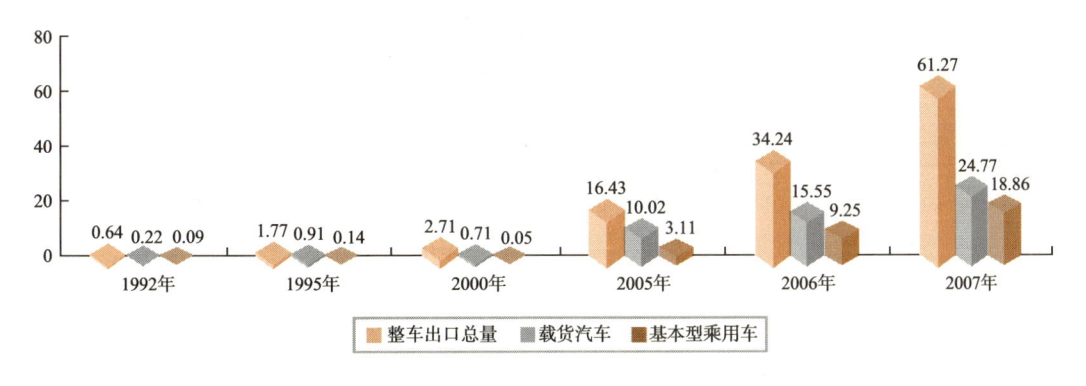

年份	整车出口总量	载货汽车	基本型乘用车
1992年	0.64	0.22	0.09
1995年	1.77	0.91	0.14
2000年	2.71	0.71	0.05
2005年	16.43	10.02	3.11
2006年	34.24	15.55	9.25
2007年	61.27	24.77	18.86

数读 中国30年

1999-2007年中国汽车工业整车分类别出口金额概况（单位：亿美元）

年份	汽车整车合计	发动机	零部件
1999年	1.1	0.2	9.3
2000年	2.1	0.7	14.6
2001年	2.1	1.2	16.3
2002年	2.5	2.5	22.1
2003年	3.7	3.0	62.6
2004年	6.6	5.0	91.5
2005年	16.0	6.1	85.3
2006年	31.4	7.7	115.2
2007年	73.1	11.9	156.2

1983-2007年中国汽车进口量概况（单位：万辆）

年份	汽车整车合计	载货汽车	基本型乘用车
1983年	2.52	0.84	0.58
1985年	35.4	1.15	10.58
1990年	6.54	1.84	3.41
1995年	15.81	1.2	12.92
2000年	4.27	0.31	2.16
2005年	16.13	0.3	7.65
2006年	22.8	0.55	11.18
2007年	31.42	0.77	13.99

1999-2007年中国汽车工业整车分类别进口金额概况（单位：亿美元）

年份	汽车整车合计	发动机	零部件
1999年	7.8	2.8	15.3
2000年	12.0	2.8	25.7
2001年	17.1	3.7	26.2
2002年	32.1	4.3	29.6
2003年	52.8	7.5	88.0
2004年	54.2	10.3	104.1
2005年	51.5	10.6	83.9
2006年	75.5	12.3	111.1
2007年	106.8	15.3	128.2

2000年与2007年中国从主要国家进口汽车及零部件金额概况（单位：亿美元）

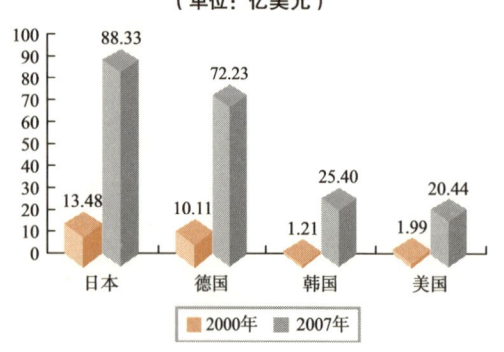

国家	2000年	2007年
日本	13.48	88.33
德国	10.11	72.23
韩国	1.21	25.40
美国	1.99	20.44

2000年与2007年中国向主要国家出口汽车及零部件金额概况（单位：亿美元）

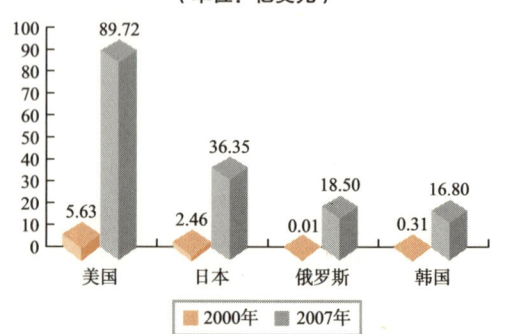

国家	2000年	2007年
美国	5.63	89.72
日本	2.46	36.35
俄罗斯	0.01	18.50
韩国	0.31	16.80

二. 汽车行业发展历程

（一）1978-1983年，自主发展

改革开放前，中国的汽车工业是按照苏联模式发展起来，初步形成了以中型载货汽车为主的汽车工业和关联产业的生产体系。1978年，中国一汽用半年时间对日本11个汽车厂逐一进行对口学习考察，第一次引进了丰田生产方式。1978年12月，邓小平批示"汽车业合资经营可以办"。1982年，经国务院批准成立中国汽车工业公司，解决中国汽车"缺重少轻，轿车是空白"的畸形结构。6月，邓小平在中国汽车工业公司的报告上批示："轿车可以合资"。

（二）1984-2000年，合资浪潮

1984年1月，中国汽车的第一个中外合资企业——北京吉普诞生。1985年"七五"计划中，将汽车工业首次确立为支柱产业。1987年，国务院确定了加快发展轿车工业的发展战略，并确定了一汽、二汽、上海三大轿车基地及天津、北京、广州三小基地，随后又增加了"两微"。1990年，国务院同意组建中国汽车工业总公司，机械电子工业部授权中国汽车工业总公司行使汽车工业行业管理的职能。1991年，全国汽车工作会议在上海召开，提出行业调整的重点是：从生产载货汽车转到生产轿车上来。1994年，国务院颁发《汽车工业产业政策》，明确提出到2010年汽车工业将成为中国国民经济支柱产业的目标和与之相适应的近期产业组织政策、产品管理政策、产业技术政策、产业布局政策以及外资和贸易政策，为汽车工业发展创造了稳定的政策条件。

（三）2001年至今，开放市场

2001年，中国加入WTO，政府解除了对外资、民间企业进入轿车生产领域的所有限制；逐步降低关税壁垒；大幅度放宽了对合资企业经营的规制；允许外资的咨询、金融企业进入汽车工业；大幅度地降低了关税；扩大了地方政府对于合资企业的审批权；中国汽车市场上的竞争更加自由、激烈。2004年，国家发展和改革委员会颁布《汽车产业发展政策》，该政策重点在于对汽车产业的整合，以创建具有全球竞争力的汽车企业集团。2007年，国家发展和改革委员会颁布《新能源汽车生产准入管理规则》，鼓励企业研究开发和生产新能源汽车。

第五节 改革开放30年来中国房地产业发展变化

一. 房地产业发展概况

1. 房地产业总体情况

改革开放以来,随着房地产市场的逐步恢复与建立,中国房地产业逐渐进入快速、健康的发展轨道,并成为国民经济的支柱产业之一。在解决居民住房、带动相关产业发展、拉动经济增长以及促进社会就业等诸多方面做出了重要贡献。2006年,中国房地产业增加值达到9 483.9亿元,较1978年的79.9亿元增长近118倍,占第三产业增加值和GDP的比重分别达到11.4%和4.5%,较1978年分别增长2.2个百分点和2.3个百分点。

1978-2006年中国房地产业增加值及其占第三产业增加值和GDP的比重走势（单位：亿元）

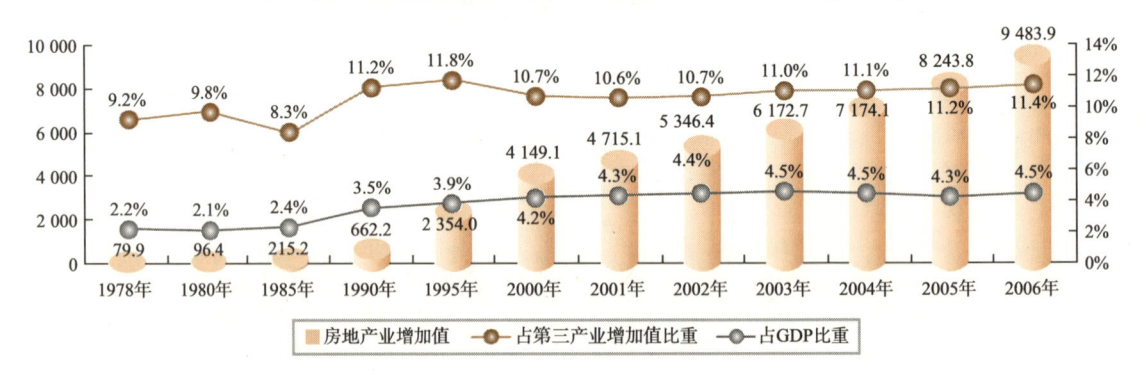

年份	房地产业增加值	占第三产业增加值比重	占GDP比重
1978年	79.9	9.2%	2.2%
1980年	96.4	9.8%	2.1%
1985年	215.2	8.3%	2.4%
1990年	662.2	11.2%	3.5%
1995年	2 354.0	11.8%	3.9%
2000年	4 149.1	10.7%	4.2%
2001年	4 715.1	10.6%	4.3%
2002年	5 346.4	10.7%	4.4%
2003年	6 172.7	11.0%	4.5%
2004年	7 174.1	11.1%	4.5%
2005年	8 243.8	11.2%	4.3%
2006年	9 483.9	11.4%	4.5%

1978-2007年中国城镇人均住宅建筑面积与农村人均住房面积走势（单位：平方米）

年份	城镇人均住宅建筑面积	农村人均住房面积
1978年	6.7	8.1
1980年	7.2	9.4
1985年	10.0	14.7
1990年	13.7	17.8
1995年	16.3	21.0
2000年	20.3	24.8
2005年	26.1	29.7
2007年	28.0	31.6

2. 土地市场

土地市场的快速发展始于2000年。在房地产业全面激活的推动下，土地市场的各项指标开始大幅增长。2000-2002年，土地购置面积与开发面积年平均增幅分别达到36.2%和29.0%，超过同期房地产开发投资的年平均上涨幅度。2005年、2006年中国土地购置面积分别同比下降3.8%和4.4%。但2007年中国商品房销售价格的快速上涨重新激发了开发商的拿地热情，土地购置扭转了连续下降的局面，全年土地购置面积达到40 609.2万平方米，同比增长11.0%。

2000-2007年中国土地开发投资额及其占房地产开发投资额比重走势（单位：亿元）

年份	土地开发投资额	占比
2000年	402.8	8.1%
2001年	496.0	7.8%
2002年	559.3	7.2%
2003年	746.3	7.3%
2004年	715.4	5.4%
2005年	941.3	5.9%
2006年	1 211.4	6.2%
2007年	1 498.5	5.9%

1997-2007年中国土地购置面积与开发面积比较（单位：万平方米）

年份	土地购置面积	土地开发面积
1997年	7 371.3	6 641.7
1998年	10 109.3	7 730.1
1999年	11 958.9	9 319.6
2000年	16 905.2	11 666.1
2001年	23 409.0	15 315.8
2002年	31 356.8	19 416.0
2003年	35 696.5	22 166.3
2004年	39 784.7	19 740.2
2005年	38 253.7	22 676.2
2006年	36 573.6	27 128.4
2007年	40 609.2	26 870.8

1998-2007年中国土地购置面积与开发面积同比增幅比较

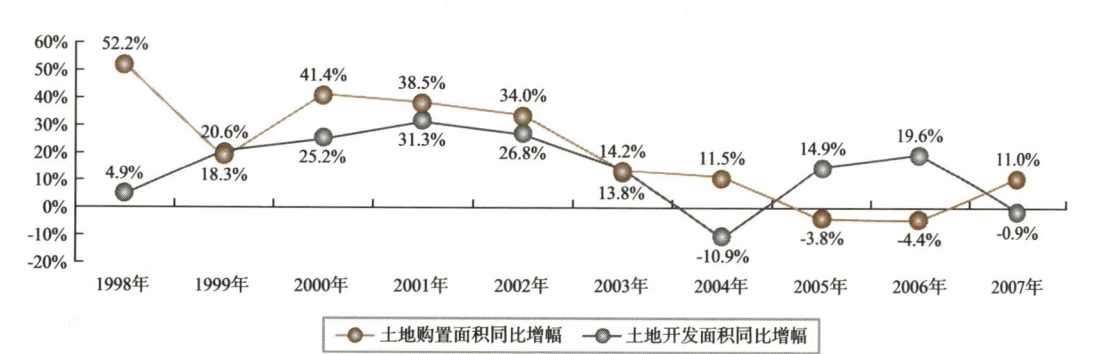

年份	土地购置面积同比增幅	土地开发面积同比增幅
1998年	52.2%	4.9%
1999年	20.6%	18.3%
2000年	41.4%	25.2%
2001年	38.5%	31.3%
2002年	34.0%	26.8%
2003年	14.2%	13.8%
2004年	11.5%	-10.9%
2005年	-3.8%	14.9%
2006年	-4.4%	19.6%
2007年	11.0%	-0.9%

数读 中国30年

中国土地市场呈现出东部地区购置规模占绝对地位,市场活跃度远远高于全国其他地区的局面。随着西部大开发、中部崛起以及振兴东北老工业基地等区域规划政策的落实,土地市场区域结构发生明显变化,中西部土地购置面积增速明显加快。

1997年中国土地购置面积地区分布状况

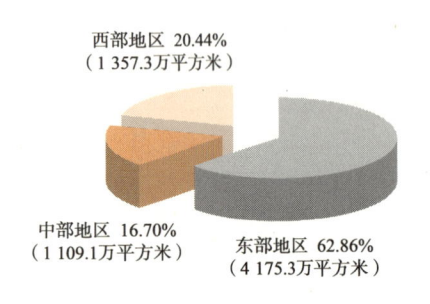

- 西部地区 20.44%（1 357.3万平方米）
- 中部地区 16.70%（1 109.1万平方米）
- 东部地区 62.86%（4 175.3万平方米）

2007年中国土地购置面积地区分布状况

- 西部地区 27.19%（11 044.6万平方米）
- 中部地区 25.43%（10 325.4万平方米）
- 东部地区 47.38%（19 239.2万平方米）

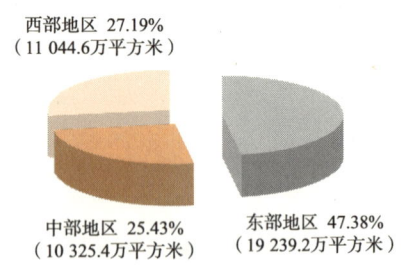

1998年住房体制改革实施以后,土地市场供求关系的变化导致土地购置费用大幅增加。尤其是2004年通过"招拍挂"方式出让土地的新政实施,在促进土地交易市场化、透明化的同时,推动了土地购置价格的加速上涨,不断创出新高。

1997-2007年中国土地购置费用及其同比增幅走势（单位：亿元）

年份	土地购置费用	同比增幅
1997年	247.6	—
1998年	375.4	51.62%
1999年	500.0	33.19%
2000年	733.9	46.78%
2001年	1 038.8	41.55%
2002年	1 445.8	39.18%
2003年	2 055.2	42.15%
2004年	2 574.5	25.27%
2005年	2 904.4	12.81%
2006年	3 318.0	14.24%
2007年	4 866.0	46.65%

2000-2007年中国主要城市综合地价水平及其同比增幅走势（单位：元/平方米）

年份	综合地价水平	同比增幅
2000年	998	—
2001年	1 033	3.51%
2002年	1 077	4.26%
2003年	1 129	4.83%
2004年	1 197	6.02%
2005年	1 468	22.64%
2006年	1 544	5.18%
2007年	1 751	13.41%

2000年与2007年中国重点地区综合地价水平及其年平均增幅比较（单位：元/平方米）

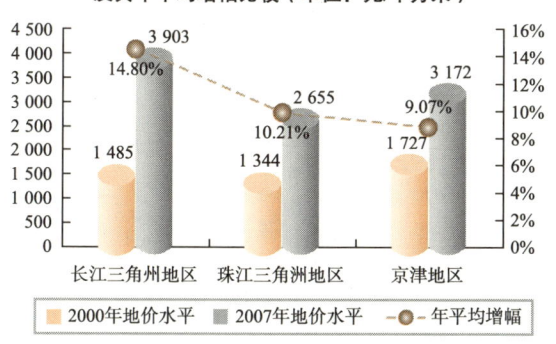

地区	2000年地价水平	2007年地价水平	年平均增幅
长江三角州地区	1 485	3 903	14.80%
珠江三角洲地区	1 344	2 655	10.21%
京津地区	1 727	3 172	9.07%

2000年与2007年中国主要城市居住、商业与工业用地地价水平比较（单位：元/平方米）

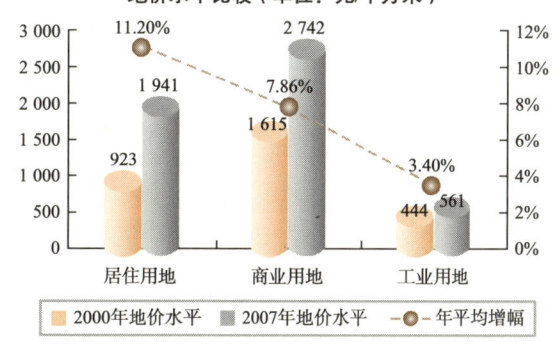

用地类型	2000年地价水平	2007年地价水平	年平均增幅
居住用地	923	1 941	11.20%
商业用地	1 615	2 742	7.86%
工业用地	444	561	3.40%

3. 房地产金融市场

中国房地产企业的融资具有明显依赖银行贷款的特征，即房地产开发贷款及最终转变为销售收入的个人住房按揭贷款构成了房地产开发资金的主要来源。2007年，中国房地产企业开发资金达到37 256.6亿元，较1999年的4 795.9亿元增长6倍多，年平均增幅达到29.2%。

1997-2007年中国房地产开发资金及其同比增幅走势（单位：亿元）

年份	房地产开发资金	同比增幅
1997年	3 817.1	—
1998年	4 414.9	15.7%
1999年	4 795.9	8.6%
2000年	5 997.6	25.1%
2001年	7 696.4	28.3%
2002年	9 750.0	26.7%
2003年	13 196.9	35.4%
2004年	17 168.8	30.1%
2005年	21 397.8	24.6%
2006年	27 135.6	26.8%
2007年	37 256.6	37.3%

数读中国30年

1997-2007年中国房地产开发资金来源构成状况走势

年份	国内贷款	利用外资	自筹资金	其他资金
1997年	23.9%	12.1%	25.4%	38.6%
1998年	23.9%	8.2%	26.4%	41.5%
1999年	23.2%	5.4%	28.0%	43.4%
2000年	23.1%	2.8%	26.9%	47.2%
2001年	22.0%	1.7%	28.4%	47.9%
2002年	22.8%	1.6%	28.1%	47.5%
2003年	23.8%	1.2%	28.6%	46.4%
2004年	18.4%	1.4%	30.3%	49.9%
2005年	18.3%	1.2%	32.7%	47.8%
2006年	19.7%	1.5%	31.7%	47.1%
2007年	18.7%	1.7%	31.6%	48.0%

1999-2007年中国不同来源房地产开发资金年平均增幅比较

类别	增幅
开发资金总计	29.2%
自筹资金	31.2%
其他资金	30.8%
国内贷款	25.8%
利用外资	12.3%

2006-2007年中国不同来源房地产开发资金同比增幅比较

类别	2006年	2007年
个人按揭贷款	55.2%	88.4%
利用外资	55.2%	62.4%
自筹资金	22.8%	36.9%
国内贷款	36.7%	29.9%
定金与预付款	17.8%	29.7%

2004-2007年中国商业性房地产贷款余额及其占人民币贷款余额比重走势（单位：万亿元）

年份	商业性房地产贷款余额	占人民币贷款余额比重
2004年	2.38	13.36%
2005年	2.77	14.23%
2006年	3.68	16.33%
2007年	4.80	18.34%

2004-2007年中国商业性房地产贷款余额与人民币贷款余额同比增幅比较

年份	商业性房地产贷款余额同比增幅	人民币贷款余额同比增幅
2004年	28.7%	14.5%
2005年	16.4%	13.0%
2006年	32.9%	15.1%
2007年	30.4%	16.1%

2002年以来金融机构个人住房贷款利率调整概览*

个人住房公积金贷款	商业银行自营性个人住房贷款
⑤ 五年以下（含五年）	⓪.⑥ 六个月（含）以内　①-② 一年至二年（含）　⑤+ 五年以上
⑤+ 五年以上	① 六个月至一年（含）　③-⑤ 三年至五年（含）

2002年2月21日
- ⑤ 3.60%
- ⑤+ 4.05%
- ③-⑤ 4.77%
- ⑤+ 5.04%

2004年10月29日
- ⑤ 3.78%
- ⑤+ 4.23%
- ①-② 4.95%
- ③-⑤ 5.76%
- ⑤+ 5.31%

2005年3月17日
- ⑤ 3.96%
- ⑤+ 4.41%
- ⓪.⑥ 5.22%
- ① 5.58%
- ③-⑤ 5.85%
- ⑤+ 6.12%

2006年8月19日
- ⑤ 4.14%
- ⑤+ 4.59%

2007年3月18日
- ⑤ 4.32%
- ⑤+ 4.77%
- ①-② 7.23%
- ③-⑤ 7.43%
- ⑤+ 7.82%

2007年5月19日
- ⑤ 4.41%
- ⑤+ 4.86%
- ①-② 7.43%
- ③-⑤ 7.62%
- ⑤+ 7.92%

2007年7月21日
- ⑤ 4.50%
- ⑤+ 4.95%
- ①-② 7.72%
- ③-⑤ 7.92%
- ⑤+ 8.12%

2007年8月22日
- ⑤ 4.59%
- ⑤+ 5.04%
- ①-② 7.92%
- ③-⑤ 8.12%
- ⑤+ 8.32%

2007年9月15日
- ⑤ 4.77%
- ⑤+ 5.22%
- ①-② 8.22%
- ③-⑤ 8.42%
- ⑤+ 8.61%

2007年12月21日
- ⑤ 4.77%
- ⑤+ 5.22%
- ①-② 8.32%
- ③-⑤ 8.51%
- ⑤+ 8.61%

*从2005年3月17日起，自营性个人住房贷款利率改按商业性贷款利率执行，上限放开，实行下限管理，下限利率水平为相应期限档次贷款基准利率的0.9倍。

4. 商品房开发与经营

改革开放以来，投资一直是国民经济持续增长的主要推动力。根据支出法计算，1978年资本形成总额仅占GDP的29.8%，远低于同期居民消费支出48.8%的比重。但进入2007年，资本形成总额占GDP比重高达40.2%，高于同期居民消费支出比重近5个百分点；房地产投资额占全社会固定资产投资额的18.4%，是1986年3.2%的近6倍，行业比重仅次于制造业，排名第二位。

1986年以来中国房地产投资额及其占全社会固定资产投资额比重走势（单位：亿元）

年份	房地产投资额	占全社会固定资产投资额比重
1986年	101	3.24%
1990年	253.3	5.61%
1995年	3 149	15.73%
2000年	4 984.1	15.14%
2001年	6 344.1	17.05%
2002年	7 790.9	17.91%
2003年	10 153.8	18.27%
2004年	13 158.3	18.67%
2005年	15 909.3	17.92%
2006年	19 422.9	17.66%
2007年	25 279.7	18.42%

数读中国30年

1987-2007年中国房地产投资额、全社会固定资产投资额与GDP同比增幅比较

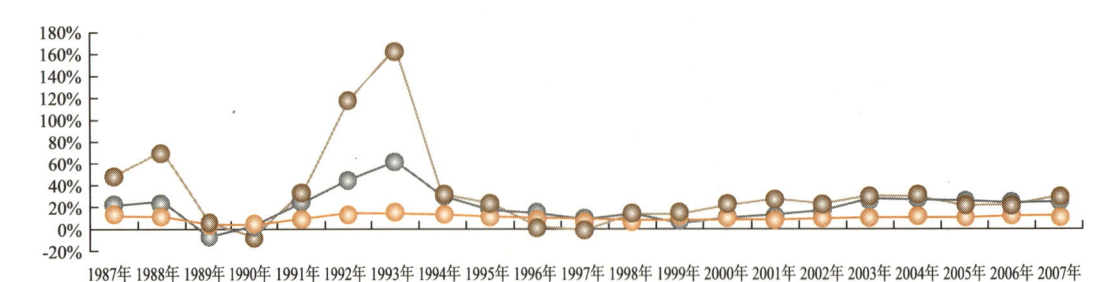

年份	房地产投资额同比增幅	全社会固定资产投资额同比增幅	GDP同比增幅

1997-2007年中国房地产投资用途分布状况走势

年份	住宅	办公楼	商业营业用房	其他
1997年	48.5%	12.2%	13.4%	25.9%
1998年	57.6%	12.0%	13.2%	17.2%
1999年	64.3%	8.3%	11.8%	15.6%
2000年	66.5%	6.0%	11.6%	15.9%
2001年	66.4%	4.9%	11.9%	16.8%
2002年	67.1%	4.9%	12.0%	16.0%
2003年	66.7%	5.1%	12.8%	15.4%
2004年	67.2%	5.0%	13.1%	14.7%
2005年	68.3%	4.8%	12.8%	14.1%
2006年	70.2%	4.8%	12.1%	12.9%
2007年	71.2%	4.1%	11.0%	13.7%

1998-2007年中国住宅投资额与房地产投资额同比增幅比较

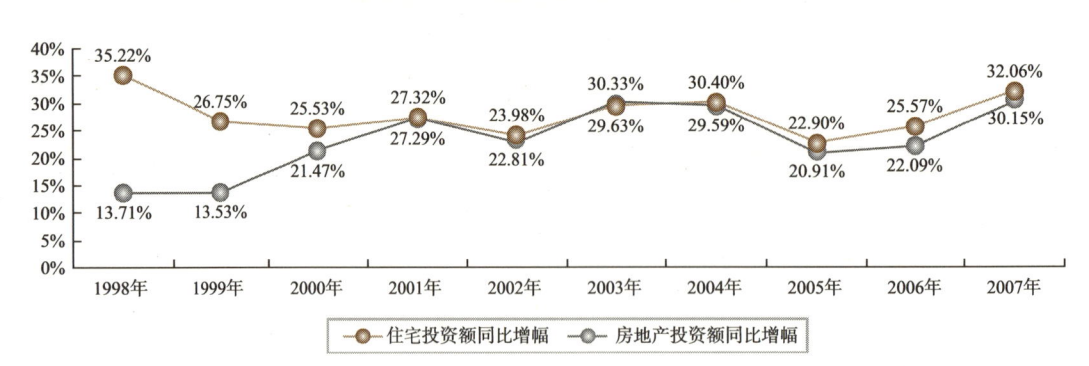

年份	住宅投资额同比增幅	房地产投资额同比增幅
1998年	35.22%	13.71%
1999年	26.75%	13.53%
2000年	25.53%	21.47%
2001年	27.32%	27.29%
2002年	23.98%	22.81%
2003年	30.33%	29.63%
2004年	30.40%	29.59%
2005年	22.90%	20.91%
2006年	25.57%	22.09%
2007年	32.06%	30.15%

第十一章
改革开放30年来深刻影响中国经济的五大产业发展变化

1997-2007年中国房地产投资地区分布状况走势

年份	东部地区	中部地区	西部地区
1997年	77.5%	11.8%	10.7%
1998年	75.0%	12.1%	12.9%
1999年	73.0%	12.8%	14.2%
2000年	72.6%	12.5%	14.9%
2001年	71.1%	13.0%	15.9%
2002年	70.9%	13.5%	15.6%
2003年	69.5%	14.5%	16.0%
2004年	69.5%	15.4%	15.1%
2005年	66.3%	16.9%	16.8%
2006年	63.9%	18.1%	18.0%
2007年	61.9%	18.9%	19.2%

1997-2007年中国东中西部地区房地产投资额同比增幅比较

年份	东部地区	中部地区	西部地区
1997年	-2.2%	-0.7%	6.0%
1998年	10.0%	17.6%	36.1%
1999年	10.5%	20.0%	25.2%
2000年	20.8%	18.4%	27.8%
2001年	24.8%	31.7%	35.9%
2002年	22.5%	27.4%	20.5%
2003年	27.7%	40.3%	33.7%
2004年	29.6%	37.7%	22.1%
2005年	15.3%	33.2%	34.3%
2006年	17.6%	30.8%	30.8%
2007年	26.0%	35.4%	39.5%

2000年以来，房地产开发进入一个前所未有的新高潮，商品房新开工面积与施工面积增长保持平稳。其中，商品住宅开发占绝对地位，住宅新开工面积与施工面积占全部商品房的80%左右。

1997-2007年中国商品房新开工面积与施工面积比较*（单位：万平方米）

年份	新开工面积	施工面积	新房开工率
1997年	14 027	44 986	31.18%
1998年	20 388	50 770	40.16%
1999年	22 579	56 858	39.71%
2000年	29 583	65 897	44.89%
2001年	37 394	79 412	47.09%
2002年	42 801	94 104	45.48%
2003年	54 708	117 526	46.55%
2004年	60 414	140 451	43.01%
2005年	68 064	166 053	40.99%
2006年	79 253	194 090	40.83%
2007年	94 590	235 882	40.10%

*新房开工率=商品房新开工面积/施工面积。

209

1998-2007年中国商品房新开工面积与施工面积同比增幅比较

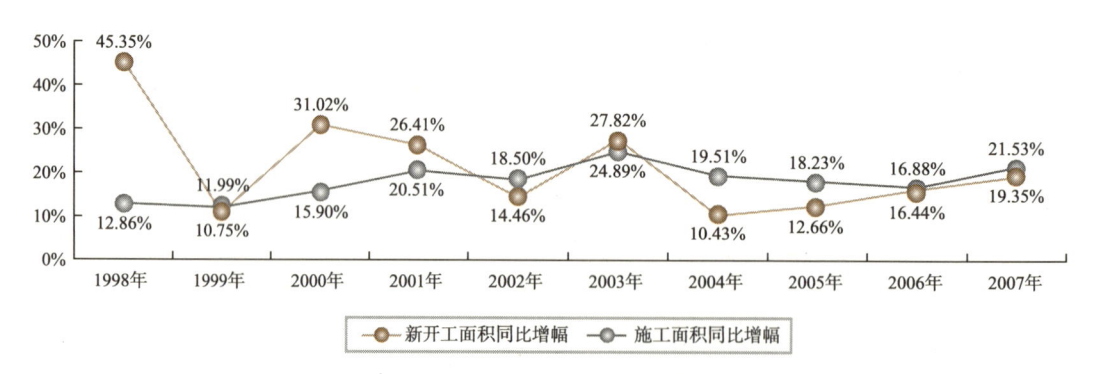

1997-2007年中国商品房新开工面积用途分布状况

1998年以前,相当多数城市居民仍有机会通过福利分房制度得到住房,住房处于供大于求的发展阶段。1998年以后,逐步实行住房分配货币化,极大地释放了住房需求,商品房销售面积在住房销售面积的带动下开始大幅增长。2005年后,中国商品房市场的供需关系发生逆转,进入供不应求的发展阶段,中国商品房市场的供需缺口不断扩大。

1995-2007年中国商品房市场整体供需状况(单位:万平方米)

第十一章
改革开放30年来深刻影响中国经济的五大产业发展变化

1995—2007年中国商品房竣工面积与销售面积同比增幅比较

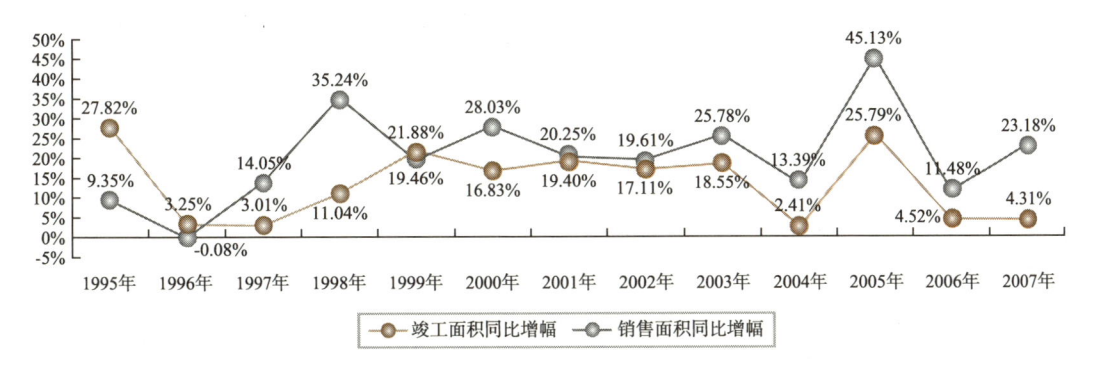

年份	竣工面积同比增幅	销售面积同比增幅
1995年	27.82%	9.35%
1996年	3.25%	-0.08%
1997年	3.01%	14.05%
1998年	11.04%	35.24%
1999年	21.88%	19.46%
2000年	16.83%	28.03%
2001年	19.40%	20.25%
2002年	17.11%	19.61%
2003年	18.55%	25.78%
2004年	2.41%	13.39%
2005年	25.79%	45.13%
2006年	4.52%	11.48%
2007年	4.31%	23.18%

1988—2007年中国住宅销售面积与商品房销售面积同比增幅比较

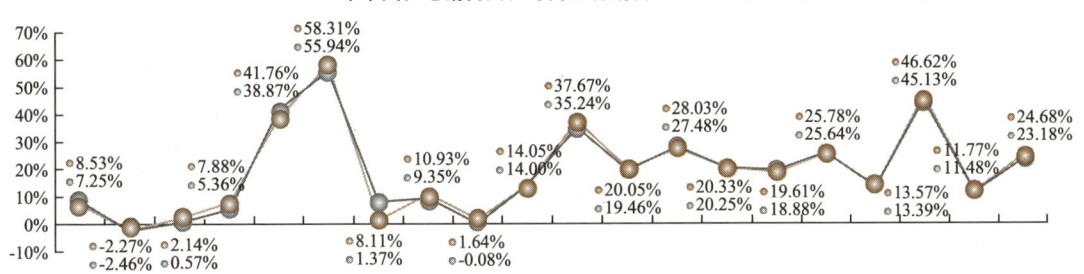

年份	住宅销售面积同比增幅	商品房销售面积同比增幅
1988年	8.53%	7.25%
1989年	-2.27%	-2.46%
1990年	2.14%	0.57%
1991年	7.88%	5.36%
1992年	41.76%	38.87%
1993年	58.31%	55.94%
1994年	8.11%	1.37%
1995年	10.93%	9.35%
1996年	1.64%	-0.08%
1997年	14.05%	14.00%
1998年	37.67%	35.24%
1999年	20.05%	19.46%
2000年	28.03%	27.48%
2001年	20.33%	20.25%
2002年	19.61%	18.88%
2003年	25.78%	25.64%
2004年	13.57%	13.39%
2005年	46.62%	45.13%
2006年	11.77%	11.48%
2007年	24.68%	23.18%

1987—2007年中国商品房销售面积构成走势

年份	住宅销售面积	其他用途商品房销售面积
1987年	88.1%	11.9%
1990年	88.6%	11.4%
1995年	85.8%	14.2%
2000年	88.9%	11.1%
2001年	89.0%	11.0%
2002年	88.4%	11.6%
2003年	88.3%	11.7%
2004年	88.5%	11.5%
2005年	89.4%	10.6%
2006年	89.6%	10.4%
2007年	90.7%	9.3%

数读中国30年

1978-2007年中国城镇居民家庭人均可支配收入走势（单位：元）

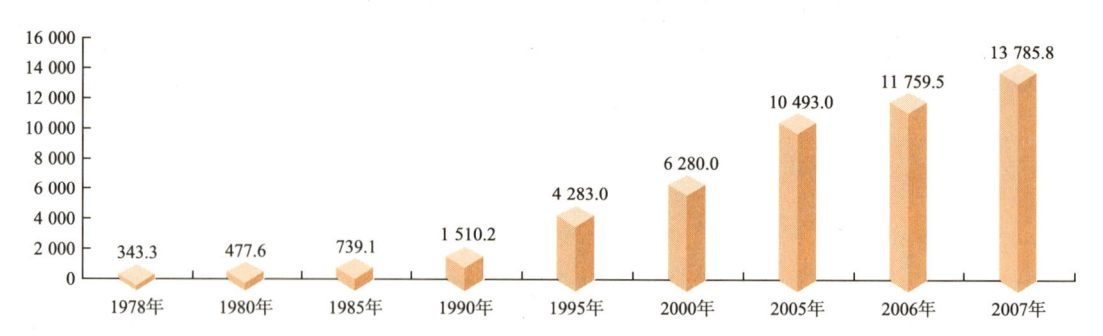

1978年	343.3
1980年	477.6
1985年	739.1
1990年	1 510.2
1995年	4 283.0
2000年	6 280.0
2005年	10 493.0
2006年	11 759.5
2007年	13 785.8

1978-2007年中国城镇化率走势

年份	比率
1978年	17.92%
1980年	19.39%
1985年	23.71%
1990年	26.41%
1995年	29.04%
2000年	36.22%
2005年	42.99%
2006年	43.90%
2007年	44.94%

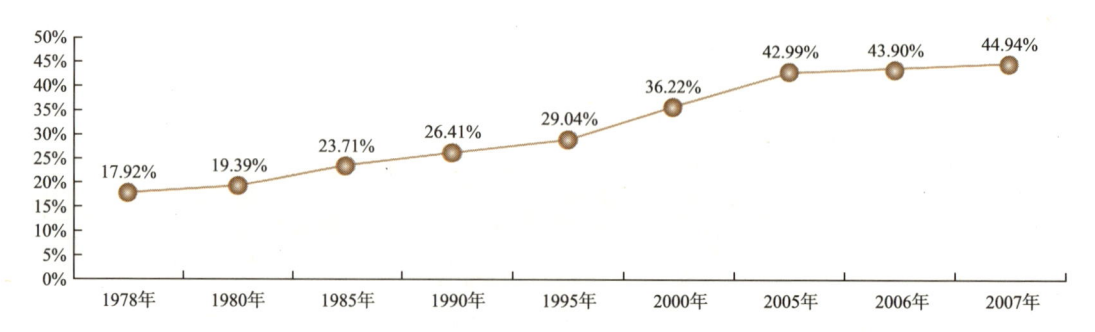

2000年1月-2008年6月中国CPI同比增幅与一年期人民币存款基准利率比较

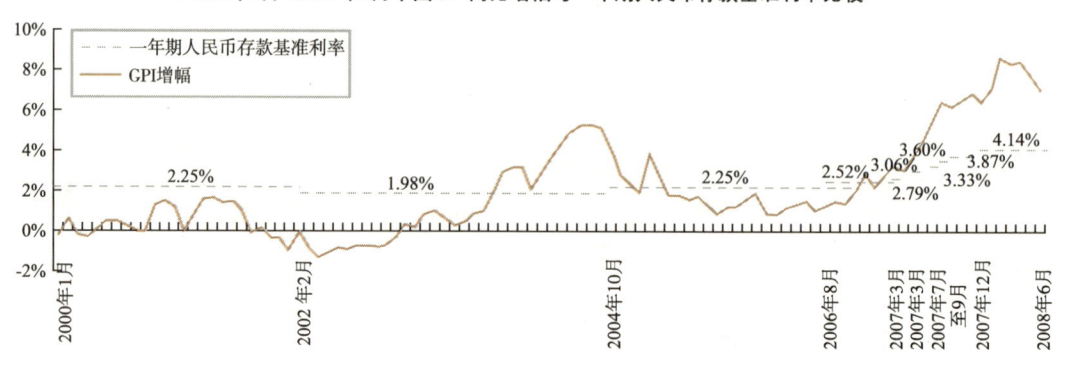

一年期人民币存款基准利率
CPI增幅

关键数据点：2.25%（2000年1月）、1.98%（2002年2月）、2.25%（2004年10月）、2.52%（2006年8月）、3.06%（2007年3月）、2.79%、3.60%（2007年7月）、3.33%、3.87%、4.14%（2007年12月至2008年6月）

1991-2007年中国住宅销售均价与商品房销售均价走势（单位：元/平方米）

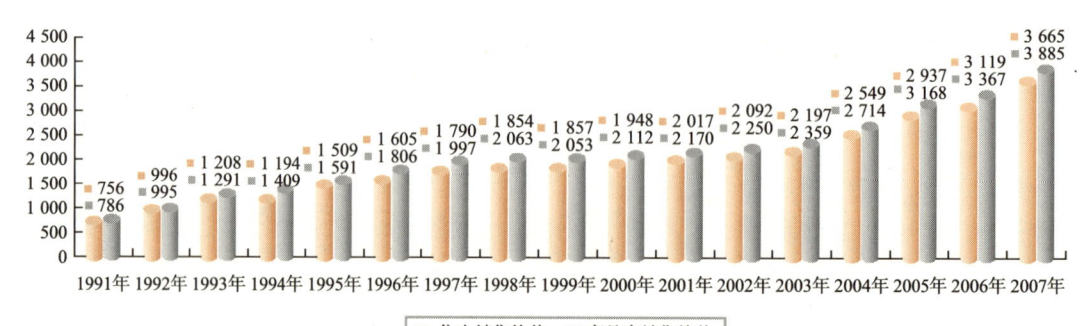

年份	住宅销售均价	商品房销售均价
1991年	756	786
1992年	996	995
1993年	1 208	1 291
1994年	1 194	1 409
1995年	1 509	1 591
1996年	1 605	1 806
1997年	1 790	1 997
1998年	1 854	2 063
1999年	1 857	2 053
2000年	1 948	2 112
2001年	2 017	2 170
2002年	2 092	2 250
2003年	2 197	2 359
2004年	2 549	2 714
2005年	2 937	3 168
2006年	3 119	3 367
2007年	3 665	3 885

第十一章
改革开放30年来深刻影响中国经济的五大产业发展变化

1988-2007年中国商品房销售均价与城镇居民家庭可支配收入同比增幅比较

商品房销售均价同比增幅：1988年 8.6%、1989年 13.9%、1990年 22.7%、1991年 11.8%、1992年 26.6%、1993年 29.7%、1994年 9.5%、1995年 12.9%、1996年 13.5%、1997年 10.6%、1998年 5.8%、1999年 -0.5%、2000年 2.9%、2001年 8.5%、2002年 3.7%、2003年 4.8%、2004年 15.0%、2005年 16.7%、2006年 6.3%、2007年 15.4%

城镇居民家庭可支配收入同比增幅：1988年 -2.4%、1989年 0.1%、1990年 8.5%、1991年 7.1%、1992年 9.7%、1993年 9.1%、1994年 8.5%、1995年 4.9%、1996年 3.8%、1997年 3.4%、1998年 3.3%、1999年 9.3%、2000年 6.4%、2001年 8.5%、2002年 13.4%、2003年 9.0%、2004年 7.7%、2005年 9.6%、2006年 10.4%、2007年 12.2%

1998年第一季度至2008年第二季度中国土地交易价格指数与房屋销售价格指数同比增幅比较

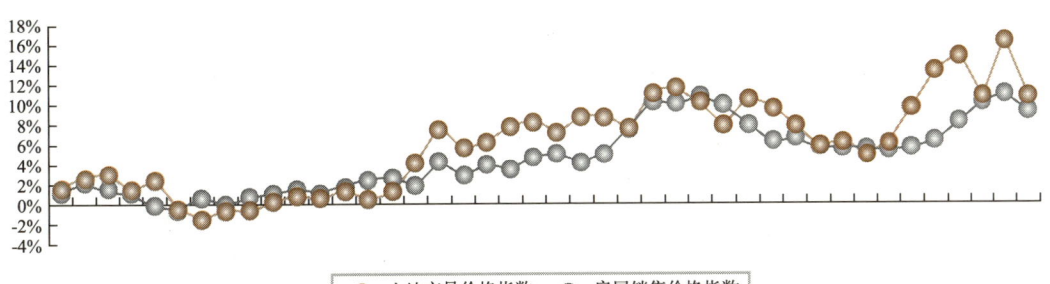

图例：土地交易价格指数、房屋销售价格指数

1997-2007年中国经济适用房投资额及其占住宅投资额比重走势（单位：亿元）

年份	投资额	占住宅投资额比重
1997年	185.5	12.05%
1998年	270.9	13.01%
1999年	437.0	16.56%
2000年	542.4	16.38%
2001年	599.6	14.22%
2002年	589.0	11.27%
2003年	622.0	9.18%
2004年	606.4	6.86%
2005年	519.2	4.78%
2006年	696.8	5.11%
2007年	833.8	4.63%

1998-2007年中国经济适用房投资额与住宅投资额同比增幅比较

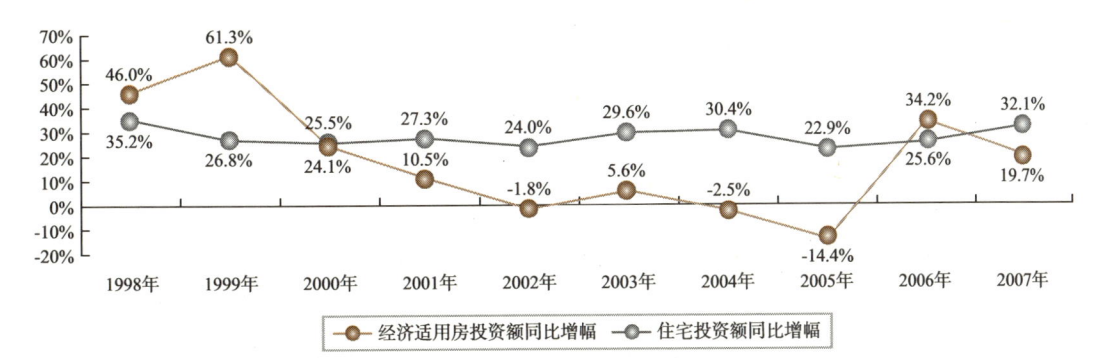

经济适用房投资额同比增幅：1998年 46.0%、1999年 61.3%、2000年 25.5%、2001年 10.5%、2002年 -1.8%、2003年 5.6%、2004年 -2.5%、2005年 -14.4%、2006年 25.6%、2007年 19.7%

住宅投资额同比增幅：1998年 35.2%、1999年 26.8%、2000年 24.1%、2001年 27.3%、2002年 24.0%、2003年 29.6%、2004年 30.4%、2005年 22.9%、2006年 34.2%、2007年 32.1%

二. 房地产业发展历程

起步与发展阶段（1978-1992年）

改革开放以前，中国几乎没有房地产业，没有房地产市场，只有建筑业，住房实行的是分配制度，计划下的分配制度导致住房问题日益严重。1980年，中共中央、国务院在转批《全国基本建设工作会议汇报提纲》中正式提出实行住房商品化政策。12月，国务院批转《全国城市规划工作会议纪要》中鼓励采用房地产开发公司的运作形式来搞好城市建设。

1982年4月，国家建委、国家城建总局分别在郑州、常州、四平、沙市4个城市进行新建住房补贴出售试点。1984年，党的十二届三中全会提出以城市为重点的经济体制改革，推行商品房开发建设，建立综合开发公司，公有住房补贴出售等措施。这些措施大大推动了住房制度改革，刺激了商品住宅市场的发展，房地产市场开始扩张。

1986年6月，第六届全国人大常委会第十六次会议通过并颁布《土地管理法》，实现了全国城乡土地统一管理制度，土地管理法律法规体系的框架初步形成，土地利用开始走向有序轨道，但规定土地不得出租或以其他非法形式转让。1987年下半年，深圳特区率先开展土地使用权有偿出让和转让的试点。1988年4月，七届全国人大一次会议通过宪法修正案，规定土地使用权可以依照法律的规定进行转让。

房地产泡沫阶段（1992-1993年）

1992年11月，国务院发出《关于发展房地产业若干问题通知》，该通知提出了进一步深化土地使用制度改革、继续深化城镇住房制度改革、完善房地产开发的投资管理、引导外商对房地产的投资、建立和培育完善的房地产市场体系等政策措施。1992年，中国国民生产总值较上一年增长14.1%，其中工业增长21.2%，全社会固定资产投资总额增长44.4%。房地产开发投资比上一年增长117.5%，中国各地区房地产投资普遍增长，均达到50%以上，房地产市场的迅速升温，带动了房地产及相关建材市场价格的快速上涨。房地产业吸引了大量的资金，内地资金纷纷流向沿海地区的房地产市场，使当地房屋价格迅猛上涨，不断高涨的价格同时进一步加速了资金的流入速度。在过度膨胀的房地产业的带动下，国民经济增速急剧放大，导致产业结构严重失衡，金融秩序严重混乱。

调整与恢复阶段（1993-1998年）

1993年6月，中共中央、国务院印发《关于当前经济情况和加强宏观调控意见》，提出整顿金融秩序，加强宏观调控的16条政策措施，根据产业政策调整资金流向，同时开始对房地产市场进行大规模的清理、撤退和整顿。12月，国务院发布《中华人民共和国土地增值税暂行条例》，决定自1994年1月1日起在全国开征土地增值税；这一税种主要是针对房地产开发企业，特别是开发别墅、公寓、写字楼等高档项目的开发商，以及炒卖楼花的个人买卖行为。

1994年7月，第八届全国人大常委会第八次会议通过《城市房地产管理法》，这是中国房地产方面第二部重要的法律，标志着中国房地产法制逐渐走向完备，地产、房产分开立法逐步走向房地产一体立法。1995年，建设部颁发了《城市房地产开发管理暂行办法》和《城市房地产转让管理规定》，分别加强对房地产开发转让管理，规范房地产开发转让行为。

理性发展阶段（1998年至今）

1998年4月7日，为落实国务院促进城镇住房制度改革，把房地产业培育为新的经济增长点的精神，中国人民银行下发《关于加大住房信贷投入支持住房建设与消费的通知》。5月，中国人民银行修改《个人住房担保贷款管理试行办法》，颁发了《个人住房贷款管理办法》。7月，国务院下发《关于进一步深化城镇住房制度改革加快住房建设的通知》，明确提出"促使住宅业成为新的经济增长点"。该通知宣布从1998年下半年起开始停止住房实物分配，逐步实行住房分配货币化。

附 录

附录一　截至2007年中国银行业主要金融机构名单

政策性银行

国家开发银行
中国进出口银行
中国农业发展银行

国有商业银行

中国工商银行
中国农业银行
中国银行
中国建设银行
交通银行

股份制商业银行

中信银行
中国光大银行
华夏银行
广东发展银行
深圳发展银行
招商银行
上海浦东发展银行
兴业银行
民生银行
恒丰银行
浙商银行
渤海银行

城市商业银行

北京银行
上海银行
南京银行
青岛市商业银行
武汉市商业银行
宁波银行
银川市商业银行
深圳平安银行
重庆银行
天津银行
徽商银行
长沙市商业银行
呼和浩特市商业银行
昆明市商业银行
福州市商业银行
成都市商业银行
南昌市商业银行
石家庄市商业银行
杭州市商业银行
广州市商业银行

附录一
截至2007年中国银行业主要金融机构名单

农村商业银行

北京农村商业银行
上海农村商业银行
深圳农村商业银行
江阴农村商业银行
常熟农村商业银行
吴江农村商业银行
江苏东吴农村商业银行
张家港农村商业银行
武进农村商业银行
锡州农村商业银行
昆山农村商业银行
武汉农村商业银行

农村信用社

北京市昌平区农村信用联社
北京市房山区农村信用社联合社
北京市卢沟桥信用社
北京市农村信用社——延庆联社
天津市北辰区农村信用合作社
上海市农村信用合作社联合社
上海金山区农村信用合作社联合社
广州南海市农村信用社
深圳农村信用合作联社
珠海市农村信用合作社联合社
佛山市城郊农村信用合作社联合社
东莞市农村信用联社
江苏省农村信用合作社联合社
江苏常州市区农村信用合作联社
江苏姜堰市农村信用合作社联合社
江苏无锡市城郊农村信用联社
浙江舟山市普陀山农村信用合作社
浙江永康市农村信用联社
浙江诸暨市信用联社
浙江嘉兴市农村信用合作社联合社
浙江慈溪市农村信用联社
浙江宁海县农村信用联社

城市信用社

许昌市城市信用社
濮阳市城市信用社
三门峡市城市信用社
景德镇城市信用社
河南商丘市城市信用社
周口市城市信用社
江苏长江城市信用社
保山市城市信用社
贵州省安顺市城市信用社
云南曲靖市城市信用社
浙江台州市泰隆城市信用社
江西上饶县城市信用社
山东威海城市信用社
邯郸市城市信用社

农村合作银行

宁波鄞州农村合作银行
湖南浏阳农村合作银行
天津农村合作银行
浙江诸暨农村合作银行
浙江乐清农村合作银行
浙江萧山农村合作银行
浙江新昌农村合作银行
青岛华丰农村合作银行
山东济南润丰农村合作银行
江苏姜堰农村合作银行
江苏连云港东方农村合作银行
浙江义乌农村合作银行
宁波慈溪农村合作银行
长沙芙蓉农村合作银行
福建晋江农村合作银行
浙江禾城农村合作银行
江苏仪征农村合作银行
云南昭通昭阳农村合作银行
长沙岳麓农村合作银行

企业集团财务公司

东风汽车财务有限公司
中山集团财务有限责任公司
中国重汽财务有限公司
中国华能财务有限责任公司
锦江国际集团财务有限责任公司
一汽财务有限公司
四通集团财务公司
深圳经济特区发展财务公司
中国有色金属工业财务公司
中国长城财务公司
西电集团财务有限责任公司
北方有色金属工业财务公司
中国石化财务有限责任公司
中国华诚财务公司
东方电气集团财务有限公司
湖南有色金属企业财务公司
中国化工进出口总公司财务公司
中国科技财务公司
深圳赛格集团财务公司
万宝电器集团财务公司

金融资产管理公司

中国长城资产管理公司
中国信达资产管理公司
中国华融资产管理公司
中国东方资产管理公司

农村资金互助社

江苏省徐州市贾汪区紫庄镇农村资金互助合作社
东台市海丰镇农村资金互助合作社
山东聚福源农村资金互助合作社
吉林省梨树县榆树台镇闫家村农村资金互助合作社

中国邮政储蓄银行

信托公司

平安信托
上海信托
江苏信托
深圳国投
重庆信托
国元信托
吉林信托
英大信托
天津信托
北京信托
华宝信托
中诚信托
中信信托
中泰信托
国联信托
中海信托
外贸信托
英大信托
金港信托
杭工商信托

附录一 截至2007年中国银行业主要金融机构名单

金融租赁公司

外贸金融租赁有限公司
建信金融租赁股份有限公司
工银金融租赁
华融金融租赁
招银金融租赁公司
国际金融租赁公司

货币经纪公司

上海国利货币经纪有限公司

汽车金融公司

上汽通用汽车金融有限责任公司
大众汽车金融(中国)有限公司
丰田汽车金融(中国)有限公司
福特汽车金融(中国)有限公司
戴－克汽车金融(中国)有限公司
东风标致雪铁龙汽车金融公司
沃尔沃汽车金融有限公司
东风日产汽车金融有限公司
菲亚特汽车金融(中国)有限公司
奇瑞徽银汽车金融公司(2008年成立,首家中资)

附录二 中国改革开放30年最具影响力的30件大事

1.1978年 十一届三中全会召开

1978年12月18日至22日,党的十一届三中全会在北京举行。这次全会彻底否定"两个凡是"的方针,重新确立解放思想、实事求是的指导思想,实现了思想路线的拨乱反正;停止使用"以阶级斗争为纲"的口号,作出工作重点转移的决策,实现了政治路线的拨乱反正;形成以邓小平为核心的党中央领导集体,取得了组织路线拨乱反正的最重要成果;恢复党的民主集中制的优良传统,提出使民主制度化、法律化的重要任务;审查和解决历史上遗留的一批重大问题和一些重要领导人的功过是非问题,开始了系统清理重大历史是非的拨乱反正。会议还提出要正确对待毛泽东的历史地位和毛泽东思想的科学体系。全会作出的实行改革开放的新决策,开始了中国从"以阶级斗争为纲"到以经济建设为中心、从僵化半僵化到全面改革、从封闭半封闭到对外开放的历史性转变。

2.1979年 设立经济特区

1979年7月15日,中共中央、国务院批转广东省委、福建省委关于对外经济活动实行特殊政策和灵活措施的报告,决定在深圳、珠海、汕头和厦门试办特区。8月13日,国务院颁发《关于大力发展对外贸易增加外汇收入若干问题的规定》,主要内容是扩大地方和企业的外贸权限,鼓励增加出口,办好出口特区。1980年5月16日,中共中央、国务院批转《广东、福建两省会议纪要》,正式将"特区"定名为"经济特区"。改革开放之初,在缺少对外经济交往经验、国内法律体系不健全的形势下,设立经济特区为国内的进一步改革和开放、扩大对外经济交流起到了极为重要的作用。

3.1982年 家庭联产承包责任制确立

1982年1月1日,中共中央批转《全国农村工作会议纪要》,指出目前农村实行的各种责任制,包括小段包工定额计酬,专业承包联产计酬,联产到劳,包产到户、到组,包干到户、到组等等,都是社会主义集体经济的生产责任制;1983年中央下发文件,指出联产承包制是在党的领导下中国农民的伟大创造,是马克思主义农业合作化理论在中国实践中的新发展;1991年11月25日-29日举行的中共十三届八中全会通过了《中共中央关于进一步加强农业和农村工作的决定》,《决定》提出把以家庭联产承包为主的责任制、统分结合的双层经营体制作为中国乡村集体经济组织的一项基本制度长期稳定下来,并不断充实完善。家庭联产承包责任制作为农村经济体制改革第一步,突破了"一大二公"、"大锅饭"的旧体制。而且,随着承包制的推行,个人付出与收入挂钩,使农民生产的积极性大增,解放了农村生产力。

4、1984年 有计划的商品经济提出

1984年10月20日,中国共产党十二届三中全会在北京举行。会议一致通过《中共中央关于经济体制改革的决定》,明确提出:进一步贯彻执行对内搞活经济、对外实行开放的方针,加快以城市为重点的整个经济体制改革的步伐,是当前中国形势发展的迫切需要。改革的基本任务是建立起具

有中国特色的、充满生机和活力的社会主义经济体制,促进社会生产力的发展。《决定》认为:改革计划体制,首先要突破把计划经济同商品经济对立起来的传统观念,明确认识社会主义计划经济必须自觉依据和运用价值规律,是在公有制基础上的有计划的商品经济。商品经济的充分发展,是社会经济发展不可逾越的阶段,是实现中国经济现代化的必要条件。《决定》明确了改革的基本目标和各项要求,为打破计划经济体制创造了条件。

5.1986年 全民所有制企业改革启动

1986年12月5日,国务院作出《关于深化企业改革增强企业活力的若干规定》。《规定》提出全民所有制小型企业可积极试行租赁、承包经营。全民所有制大中型企业要实行多种形式的经营责任制。各地可以选择少数有条件的全民所有制大中型企业进行股份制试点。《规定》的出台是推动城市经济体制改革的重大步骤,对于进一步简政放权,改善企业外部条件,扩大企业经营自主权,促进企业内部机制改革,具有重要意义。

6.1987年 "一个中心、两个基本点"基本路线提出

1987年10月25日-11月1日,中国共产党第十三次全国代表大会举行,赵紫阳作《沿着有中国特色的社会主义道路前进》的报告。报告阐述了社会主义初级阶段理论,提出了党在社会主义初级阶段"一个中心、两个基本点"的基本路线,制定了到下世纪中叶分三步走、实现现代化的发展战略,并提出了政治体制改革的任务。十三大是党的十一届三中全会以来路线的继续、丰富和发展,实现了马克思主义中国化的新飞跃,开辟了具有中国特色的社会主义建设之路。

7.1988年 "科学技术是第一生产力"提出

1988年9月5日,邓小平在会见捷克斯洛伐克总统胡萨克时,提出了"科学技术是第一生产力"的著名论断。1985年3月13日,中共中央作出《关于科学技术体制改革的决定》。《决定》指出,现代科学技术是新的社会生产力中最活跃和决定性的因素,全党必须高度重视并充分发挥科学技术的巨大作用。同时规定了当前科学技术体制改革的主要任务。《决定》从宏观上制定了科学技术必须为振兴经济服务、促进科技成果的商品化、开拓技术市场等方针和政策,促进了科技成果向现实生产力的转化以及高新技术产业化的发展,揭开了"文化大革命"后国家全面科技体制改革的序幕。作为经济体制改革的一个重要部分和最先实施内容,这一改革政策的颁布极大地促进了中国经济和科技的结合以及由此而生的中国多领域跨越式进步。

8.1992年 社会主义市场经济体制改革目标确立

1992年10月12-18日,中国共产党第十四次全国代表大会在北京举行。江泽民作《加快改革开放和现代化建设步伐,夺取有中国特色社会主义事业的更大胜利》的报告。报告总结了十一届三中全会以来14年的实践经验,决定抓住机遇,加快发展;确定中国经济体制改革的目标是建立社会主义市场经济体制;提出用邓小平同志建设有中国特色社会主义理论武装全党。大会通过《中

国共产党章程(修正案)》,将建设有中国特色社会主义的理论和党的基本路线写进党章。党的历史上第一次明确提出了建立社会主义市场经济体制的目标模式。把社会主义基本制度和市场经济结合起来,建立社会主义市场经济体制,这是中国共产党的一个伟大创举,是十多年来党进行理论探索得出的最重要的结论之一,也是社会主义认识史上一次历史性的飞跃。

9.1993年 建立现代企业制度

1993年11月11日—14日,中共十四届三中全会举行。全会通过了《中共中央关于建立社会主义市场经济体制若干问题的决定》。全会指出,社会主义市场经济体制是同社会主义基本制度结合在一起的。建立社会主义市场经济体制,就是要使市场在国家宏观调控下对资源配置起基础性作用。要进一步转换国有企业经营机制,建立适应市场经济要求、产权清晰、权责明确、政企分开、管理科学的现代企业制度。

10.1993年 进行分税制改革

1993年12月15日,国务院作出关于实行分税制财政管理体制的决定。中国于1994年进行了分税制财政体制改革,从1995年开始又对政府间财政转移支付制度进行了改革,逐步建立了较为规范的政府间财政转移支付体系,加之2002年的所得税收入分享改革,中国基本上建立起了适应社会主义市场经济要求的财政体制框架。这是新中国成立以来政府间财政关系方面涉及范围最广、调整力度最强、影响最为深远的重大制度创新。

11.1993年 提出金融体制改革目标

1993年12月25日,国务院作出《关于金融体制改革的决定》。金融体制改革的目标是:建立在国务院领导下,独立执行货币政策的中央银行宏观调控体系;建立政策性金融与商业性金融分离,以国有商业银行为主体、多种金融机构并存的金融组织体系;建立统一开放、有序竞争、严格管理的金融市场体系。通过金融体制改革,确立中国人民银行作为独立执行货币政策的中央银行的宏观调控体系;实行政策性银行与商业银行分离的金融组织体系;从1994年起实行汇率并轨。1995年八届全国人大三次会议通过《中国人民银行法》。从1996年12月1日起,中国实现了人民币在经常项目下的可兑换。

12.1994年 外贸体制综合配套改革

1994年1月11日,国务院作出《关于进一步深化对外贸易体制改革的决定》,提出中国对外贸易体制改革的目标是:统一政策、开放经营、平等竞争、自负盈亏、工贸结合、推行代理制,建立适应国际经济通行规则的运行机制。1996年4月1日,中国对4000多种商品进口关税进行大幅度削减,关税总水平降至23%。

13.1992年、1994年 医疗、住房市场化改革施行

1985年,在中国改革开放的大背景之下,医疗卫生系统也开启了改革的历程。医改的核心思路是:放权让利,扩大医院自主权。医改的政府态度是:给政策不给钱。其政策为药品可加价15%,以弥补政府投入之不足。20世纪90年代,医改再掀波澜。1992年9月,卫生部根据国务院意见,提出医院要"以工助医"、"以副补主"。2000年,改革逐渐向纵深发展,触及体制性、机制性、结构性等

深层次问题。2000年3月,国务院办公厅转发八部委的《关于城镇医药卫生体制改革的指导意见》,俗称医改"十四条";2001年5月,国务院办公厅转发四部委的《关于农村医药卫生体制改革的指导意见》。在这一过程中,医改的矛盾与困惑日益增多,随着政府卫生投入占卫生总费用的比重不断下降,到2002年已经下降到15.2%,而这些卫生费用主要来自地方财政,于是产权改革、"国退民进"的呼声日益高涨;2004年底全国有近百亿元民营和外资介入中国的近百家医院的改制工作;到2005年,中国医疗产业的总市场价值达到6400亿元。

1994年7月18日,国务院作出《关于深化城镇住房制度改革的决定》,明确城镇住房制度改革的基本内容,其中包括把住房实物福利分配的方式改变为以按劳分配为主的货币工资分配方式、建立住房公积金制度等。《决定》的出台,开启了城镇住房商品化的大门,标志着中国全面推进住房市场化改革的确立,其最大意义在于稳步推进公有住房的出售,通过向城镇职工出售原公有住房,逐步完成了中国住房私有化的进程。

1998年7月3日,国务院下发了《国务院关于进一步深化城镇住房制度改革加快住房建设的通知》。正是由于此文件废除了住房实物分配的制度,为商品房的发展扫清了"竞争对手",从而确立了商品房的市场主体地位。2003年8月12日,国务院下发了《国务院关于促进房地产市场持续健康发展的通知》。2007年8月7日,国务院出台了《国务院关于解决城市低收入家庭住房困难的若干意见》,将调控方向由调市场转向调保障,首次明确廉租房取代经济适用房,作为住房保障体系的中心。

14. 1995年 提出"两个根本性转变"目标

1995年9月25-28日,中共十四届五中全会举行。全会通过了《中共中央关于制定国民经济和社会发展"九五"计划和2010年远景目标的建议》。《建议》提出,实现"九五"计划和2010年远景目标的关键是实行两个具有全局意义的根本性转变,一是经济体制从传统的计划经济体制向社会主义市场经济体制转变,二是经济增长方式从粗放型向集约型转变。两个根本性转变,是我们党在深入探索和全面把握中国经济发展规律的基础上提出的重要方针,是关系国民经济全局紧迫而重大的战略任务,标志着中国经济建设将朝着深化体制改革、提高质量的方向发展。

15. 1996年 外汇管理体制改革取得重大进展

1996年12月1日,中国开始接受国际货币基金组织协定第八条款,实行人民币经常项目下的可兑换。提前达到国际货币基金组织协定第八条款的要求,标志着中国外汇管理体制改革取得重大进展。

16. 1997年 "十五大"提出党在社会主义初级阶段的基本纲领

1997年9月12日-18日,中国共产党第十五次全国代表大会在北京举行,系统、完整地提出并论述了党在社会主义初级阶段的基本纲领:建设有中国特色社会主义的经济,就是在社会主义条件下发展市场经济,不断解放和发展生产力;建设有中国特色社会主义的政治,就是在中国共产党领导下,在人民当家做主的基础上,依法治国,发展社会主义民主政治;建设有中国特色社会主义的文化,就是以马克思主义为指导,以培育有理想、有道德、有文化、有纪律的公民为目标,发展面向现代化、面向世界、面向未来的,民族的、科学的、大众的社会主义文化。这个纲领,是邓小平理论的重要内容,是党的基本路线在经济、政治、文化等方面的展开,对于动员全党和全国各族人民团结奋斗,把建设有中国特色社会主义事业全面推向21世纪具有重大意义。

17. 1999年明确非公有制经济是社会主义市场经济的重要组成部分

1999年3月5-15日,九届全国人大二次会议在北京举行。会议通过了中华人民共和国宪法修正案,明确非公有制经济是中国社会主义市场经济的重要组成部分,大大促进了社会生产力的发展。改革开放30年来,国家对非公有制经济的认识及相关政策的制定经历了一个从探索到完善的过程。1982年,五届全国人大五次会议通过了经过全面修改的宪法,确认了个体经济的合法地位,提出是社会主义公有制经济的补充。1988年,七届全国人大一次会议通过的宪法修正案,增加了国家允许私营经济在法律规定的范围内存在和发展的内容。党的十四大决定实行"社会主义市场经济"后,1993年,八届全国人大一次会议通过宪法修正案,明确了非公有制经济的地位和作用。1997年,党的十五大将非公有制经济纳入到社会主义初级阶段的基本经济制度框架内,非公有制经济在国民经济中的地位得到了前所未有的重视和肯定。

18. 1999年提出西部大开发战略

1999年3月22日,《国务院关于进一步推进西部大开发的若干意见》提出了进一步推进西部大开发的十条意见。西部大开发战略的提出和实施,有利于培育全国统一市场,完善社会主义市场经济体制;有利于推动经济结构的战略性调整,促进地区经济协调发展;有利于扩大国内需求,为国民经济增长提供广阔的发展空间和持久的推动力量;有利于改善全国的生态状况,为中华民族的生存和发展创造更好的环境;有利于进一步扩大对外开放,用好国内外两个市场、两种资源,具有重大的经济、社会和政治意义。

19. 2001年中国正式成为世贸组织成员

2001年11月10日,在卡塔尔多哈举行的世界贸易组织(WTO)第四届部长级会议通过了中国加入世贸组织法律文件,它标志着经过15年的艰苦努力,中国终于成为世贸组织新成员。世贸组织成员在乌拉圭回合作出的所有承诺都是中方的权利,中国将享受多边贸易体系多年来促进贸易自由化的成果,享受多边的、稳定的、无条件的最惠国待遇,中国享受的权利有助于中国商品进入国际市场。但入世也给中国政府和企业带来挑战,对政府加快转换职能,依法行政,企业提高技术水平,加快结构调整,提高企业管理水平提出了新要求。

20. 2002年 "十六大"确定全面建设小康社会的奋斗目标

党的十六大立足于中国已经解决温饱、人民生活总体达到小康水平的基础,进一步提出了全面建设小康社会的构想,即在本世纪头20年,集中力量,全面建设惠及十几亿人口的更高水平的小康社会,使经济更加发展、民主更加健全、科教更加进步、文化更加繁荣、社会更加和谐、人民生活更加殷实。经过这一阶段的建设,再继续奋斗几十年,到本世纪中叶基本实现现代化,把中国建设成为富强、民主、文明的社会主义现代化国家。全面建设小康社会的阶段,是实现现代化建设第三步战略目标必经的承上启下的发展阶段,提出这一奋斗目标完全符合中国国情和现代化建设的实际。为这一目标而奋斗也就是为实现共产主义远大理想准备物质和精神条件。

21. 2003年 振兴东北地区等老工业基地战略提出

2003年9月10日,国务院常务会议研究实施东北地区等老工业基地振兴战略,提出了振兴东北的指导思想、原则、任务和政策措施。2003年9月29日,中共中央总书记胡锦涛在北京主持召开中共中央政治局会议。会议指出,支持东北地区等老工业基地振兴,是十六大从全面建设小康社会全局着眼提出的一项重大战略任务。各地区、各部门都要从新世纪新阶段中国改革开放和社会主义现代化事业长远发展的高度,深刻认识实施东北地区等老工业基地振兴战略的重大意义。要进一步解放思想、深化改革、扩大开放,着力推进体制创新和机制创新,促进经济结构战略性调整,加快企业技术改造,走出一条老工业基地调整改造和振兴的新路子。

22. 2004年推进资本市场发展的"国九条"颁布

2004年1月31日,《国务院关于推进资本市场改革开放和稳定发展的若干意见》颁布,明确指出大力发展资本市场对中国实现本世纪头20年国民经济翻两番的战略目标具有重要意义。

23. 2004年国有商业银行进行股份制改革

中国银行股份有限公司和中国建设银行股份有限公司分别于2004年8月26日和9月21日成立。两家国有独资商业银行整体改制为国家控股的股份制商业银行。

24. 2004年保护私有财产入宪

2004年3月14日,十届全国人大二次会议审议通过了第四次宪法修正案,"公民的合法的私有财产不受侵犯"、"国家尊重和保护人权"等内容写入宪法。它适应了保护私有财产的客观需要,扩大了私有财产的保护范围,进一步完善了私有财产保护制度。加强对公民的合法的私有财产的保护,有利于坚持和完善基本经济制度,促进非公有制经济发展;有利于保障公民权利的实现,推进依法治国;有利于调动广大人民群众的积极性和创造性,全面建设小康社会。

25. 2005年农业税条例废止

2005年12月29日,第十届全国人大常委会第十九次会议通过《关于废止中华人民共和国农业税条例的决定》,新中国实施了近50年的农业税条例被依法废止,一个在中国延续两千多年的税种宣告终结。自2004年开始,国务院就实行了减征或免征农业税的惠农政策。2005年岁末,国家最高权力机关依法废止农业税条例,使免除农业税的惠农政策以法律形式固定下来,九亿中国农民彻底告别了缴纳农业税的历史。废止农业税条例,使解决"三农"问题步入了一个新的历史起点。

26. 2005年提出建设社会主义新农村的重大历史任务

2005年10月11日,党的十六届五中全会通过《中共中央关于制定国民经济和社会发展第十一个五年规划的建议》,明确了今后5年中国经济社会发展的奋斗目标和行动纲领,提出了建设社会主义新农村的重大历史任务,为做好当前和今后一个时期的"三农"工作指明了方向。这是党中央总览全局、着眼长远、与时俱进作出的重大决策,是一项不但惠及亿万农民、而且关系国家长治久安的战略举措,是在当前社会主义现代化建设的关键时期必须担负和完成的一项重要使命。

27. 2005年股权分置改革试点启动

经过国务院批准,中国证监会2005年4月29日发布了《关于上市公司股权分置改革试点有关问题的通知》,宣布启动股权分置改革试点工作。股权分置改革启动一年后,中国资本市场在股权分置改革、提高上市公司质量、证券公司综合治理、发展壮大机构投资者以及健全和完善市场法制等五个方面取得了重大进展或阶段性成果。股权分置改革后，发行管理制度可以更加突出对股票发行的市场价格约束和投资者约束。

28. 2006年 作出构建社会主义和谐社会重大决定

2006年10月8日–11日举行的党的十六届六中全会通过了《中共中央关于构建社会主义和谐社会若干重大问题的决定》。在我们党的历史上第一次把"提高构建社会主义和谐社会的能力"作为党执政能力的一个重要方面明确提出。这一重要论断的提出，是对马克思主义理论的重要丰富和发展，是我们党对什么是社会主义、怎样建设社会主义的又一次理论升华。

29. 2007年《物权法》出台

《中华人民共和国物权法》于2007年3月16日由十届全国人大第五次会议通过，自2007年10月1日起施行。《物权法》分5编19章247条，内容非常丰富。它是中国社会主义法律体系中的一部基本法律，关系着坚持和完善国家基本经济制度、完善社会主义市场经济体制、实现和维护最广大人民的根本利益。《物权法》的制定和实施，具有重大的现实意义和深远的历史意义。

30. 2007年 科学发展观写入党章

科学发展观，是对党的三代中央领导集体关于发展的重要思想的继承和发展，是马克思主义关于发展的世界观和方法论的集中体现，是同马克思列宁主义、毛泽东思想、邓小平理论和"三个代表"重要思想既一脉相承又与时俱进的科学理论，是中国经济社会发展的重要指导方针，是发展中国特色社会主义必须坚持和贯彻的重大战略思想。将科学发展观写入党章，这是党的十七大对科学发展观作出的科学定位，也是党的十七大的一个重要历史贡献。

附录三　中国改革开放30年以来的历次党代会

第十一次（1977年8月12-18日）华国锋

宣告历时10年的"文化大革命"已经结束，重申建设社会主义的现代化强国的任务，但没有能纠正"文化大革命"的"左"倾错误理论、政策和口号。

三中全会（1978年12月18-22日）

全会作出了从1979年起，把全党工作重点转移到社会主义现代化建设上来的战略决策。

全会重新确定了中国共产党的正确的思想路线，批判了"两个凡是"的错误方针，充分肯定了必须完整、准确地掌握和运用毛泽东思想的科学体系，高度评价了关于真理标准问题的讨论，确定了解放思想，开动脑筋，实事求是，团结一致向前看的指导方针。全会重新确立了中国共产党的正确的政治路线，果断地停止使用"以阶级斗争为纲"这个不适用于社会主义社会的口号，否定了中共十一大沿袭的"文化大革命"中的所谓"无产阶级专政下继续革命"，以及"文化大革命"今后还要进行多次等"左"倾错误观点。全会重新确立了中国共产党的正确的组织路线，决定在组织上健全党规党纪，健全党的民主集中制，反对接受和制造个人崇拜，加强集体领导。全会提出了要注意解决好国民经济重大比例严重失调的要求，制定了加快农业发展的决定，为把农业搞上去，必须首先在农村实行改革，推行联产计酬责任制。全会提出了健全社会主义民主和加强社会主义法制的任务。这些具有重大意义的转变，标志着党重新确立了马克思主义的思想路线、政治路线和组织路线，开始形成了以邓小平为核心的第二代中央领导集体。

为了维护党规党法，切实搞好党风，全会决定建立中央纪律检查委员会。

第十二次（1982年9月1-11日）胡耀邦

十年内乱之后总结经验，胡耀邦作《全面开创社会主义现代化建设的新局面》的报告，邓小平提出了"走自己的道路，建设有中国特色的社会主义"的重要思想。

三中全会（1984年10月20日）

一致通过了《中共中央关于经济体制改革的决定》，阐明了加快城市为重点的整个经济体制改革的必要性、紧迫性，规定了改革的方向、性质、任务和各项基本方针政策，是指导中国经济体制改革的纲领性文件。决定包括：一、改革是当前中国形势发展的迫切需要；二、改革是为了建立充满生机的社会主义经济体制；三、增强企业活力是经济体制改革的中心环节；四、建立自觉运用价值规律的计划体制，发展社会主义商品经济；五、建立合理的价格体系，充分重视经济杠杆的作用；六、实行政企职责分开，正确发挥政府机构管理经济的职能；七、建立多种形式的经济责任制，认真贯彻按劳分配原则；八、积极发展多种经济形式，进一步扩大对外的和国内的经济技术交流；九、起用一代新人，造就一支社会主义经济管理干部的宏大队伍；十、加强党的领导，保证改革的顺利进行。

六中全会（1986年9月28日）

会议通过了《中共中央关于社会主义精神文明建设指导方针的决议》，决议根据马克思主义基本原理同中国实际相结合的原则，阐明了精神文明建设的战略地位、根本任务和基本指导方针，是新时期加强中国社会主义精神文明建设的纲领性文件。

第十三次（1987年10月25日-11月1日）赵紫阳

赵紫阳作《沿着有中国特色的社会主义道路前进》的报告。大会提出并系统阐述了社会主义初级阶段理论，制定了党在社会主义初级阶段的基本路线，制定了"三步走"发展战略和各项改革任务。

三中全会（1988年9月26-30日）

通过了《关于价格、工资改革的初步方案》，建议国务院在今后5年或较长一些时间内，根据严格控制物价上涨的要求，并考虑各方面的实际可能逐步地、稳定地组织实施。

七中全会（1990年12月25-30日）

会议的基本内容是：(1)实现现代化建设的第二步战略目标的基本要求和今后十年和"八五"时期经济建设的重点；(2)制定与实施十年规划和"八五"计划，必须遵循正确的指导方针；(3)加强和改善党的领导，必须下大力量搞好党的自身建设，提高党员的素质。

八中全会（1991年11月25-29日）

通过了《中共中央关于进一步加强农业和农村工作的决定》，把以家庭联产承包为主的责任制、统分结合的双层经营体制作为中国乡村集体经济组织的一项基本制度长期稳定下来，并不断充实完善。到本世纪末确保粮食总产量达到5000亿公斤，农村国民生产总值再翻一番。

第十四次（1992年10月12-18日）江泽民

江泽民作《加快改革开放和现代化建设步伐，夺取有中国特色社会主义事业的更大胜利》的报告。大会确立邓小平建设有中国特色社会主义理论在全党的指导地位，概括了建设有中国特色社会主义理论的主要内容，明确建立社会主义市场经济体制的改革目标，要求全党抓住机遇，加快发展，集中精力把经济建设搞上去。

三中全会（1993年11月11-14日）

全会通过了《中共中央关于建立社会主义市场经济体制若干问题的决定》：社会主义市场经济体制是同社会主义基本制度结合在一起的。建立社会主义市场经济体制，就是要使市场在国家宏观调控下对资源配置起基础性作用。要进一步转换国有企业经营机制，建立适应市场经济要求，产权清晰、权责明确、政企分开、管理科学的现代企业制度。

四中全会（1994年9月25-28日）

全会作出了《中共中央关于加强党的建设几个重大问题的决定》：把党建设成为用建设有中国特色社会主义理论武装起来、全心全意为人民服务、思想上政治上组织上完全巩固、能够经受住各种风险、始终走在时代前列的马克思主义政党，这是以邓小平为核心的第二代中央领导集体开创的、以江泽民为核心的第三代中央领导集体正在领导全党继续进行的新的伟大的工程。

五中全会（1995年9月25-28日）

会议通过了《中共中央关于制定国民经济和社会发展"九五"计划和2010年远景目标的建议》。《建议》提出，实现"九五"计划和2010年远景目标的关键是实行两个具有全局意义的根本性转变，一是经济体制从传统的计划经济体制向社会主义市场经济体制转变;二是经济增长方式从粗放型向集约型转变。

六中全会（1996年10月7-10日）

会议通过了《中共中央关于加强社会主义精神文明建设若干重要问题的决议》。会议根据全面实现中国国民经济和社会发展"九五"计划和2010年远景目标的要求,分析了社会主义精神文明建设面临的形势,总结了经验和教训,明确提出了精神文明建设的指导思想、目标任务、工作方针和重大措施,对社会主义精神文明建设特别是思想道德和文化建设作出了全面部署,既有很强的战略性、思想性、指导性,又有很强的现实针对性和可操作性,是今后一个时期指导中国社会主义精神文明建设的纲领性文件。

第十五次（1997年9月12-18日）江泽民

江泽民作《高举邓小平理论伟大旗帜,把建设有中国特色社会主义事业全面推向二十一世纪》的报告。大会首次使用"邓小平理论"概念,提出了社会主义初级阶段的基本纲领,规划了跨世纪发展的战略部署。大会通过的《中国共产党章程修正案》明确规定把邓小平理论确立为党的指导思想。

三中全会（1998年10月12-14日）

会议审议通过了《中共中央关于农业和农村工作若干重大问题的决定》:高度评价农村改革20年所取得的巨大成就和创造的丰富经验,提出了到2010年建设有中国特色社会主义新农村的奋斗目标,确定了实现这一目标必须坚持的方针;强调以公有制为主体、多种所有制经济共同发展的基本经济制度,以家庭承包经营为基础、统分结合的经营制度,以劳动所得为主和按生产要素分配相结合的分配制度必须长期坚持。

四中全会（1999年9月19-22日）

会议审议通过了《中共中央关于国有企业改革和发展若干重大问题的决定》,以邓小平理论为指导,贯穿了党的十五大精神,全面总结了二十年来国有企业改革和发展的基本经验,阐明了搞好国有企业改革和发展的重大意义,明确了国有企业改革和发展的指导方针,提出了搞好国有企业改革和发展的一系列重大政策措施,这是加快国有企业改革和发展的纲领性文件。《决定》提出了今后国有企业改革发展必须坚持的十条指导方针:以公有制为主体,多种所有制经济共同发展;从战略上调整国有经济布局和改组国有企业;改革同改组、改造、加强管理相结合;建立现代企业制度;推动企业科技进步;全面加强企业管理;建立企业优胜劣汰的竞争机制;协调推进各项配套改革;全心全意依靠工人阶级,发挥企业党组织的政治核心作用;推进企业精神文明建设。《决定》还特别强调,搞好国有企业,必须加强党对国有企业改革和发展工作的领导,要建设高素质的经营管理者队伍。

五中全会（2000年10月9-11日）

审议并通过了《中共中央关于制定国民经济和社会发展第十个五年计划的建议》,指出中国经济和社会发展的主要目标是:国民经济保持较快发展速度,经济结构战略性调整取得明显成效,经济增长质量和效益显著提高,为到2010年国内生产总值比2000年翻一番奠定坚实基础;国有企业建立现代企业制度取得重大进展,社会保障制度比较健全,完善社会主义市场经济体制迈出实质性步伐,在更大范围内和更深程度上参与国际经济合作与竞争;就业渠道拓宽,城乡居民收入持续增加,物质文化生活有较大改善,生态建设和环境保护得到加强;科技教育加快发展,国民素质进一步提高,精神文明建设和民主法制建设取得明显进展。

第十六次（2002年11月8-14日）江泽民

江泽民作《全面建设小康社会，开创中国特色社会主义事业新局面》的报告。大会提出全面建设小康社会的战略目标，把"三个代表"重要思想写入党章，与马克思列宁主义、毛泽东思想、邓小平理论一起作为党必须长期坚持的指导思想。

三中全会（2003年10月11-14日）

审议通过了《中共中央关于完善社会主义市场经济体制若干问题的决定》。全会强调要按照统筹城乡发展、统筹区域发展、统筹经济社会发展、统筹人与自然和谐发展、统筹国内发展和对外开放的要求，更大程度地发挥市场在资源配置中的基础性作用，为全面建设小康社会提供强有力的体制保障。全会提出完善社会主义市场经济体制的主要任务是：完善公有制为主体、多种所有制经济共同发展的基本经济制度，建立有利于逐步改变城乡二元经济结构的体制，形成促进区域经济协调发展的机制，建设统一开放竞争有序的现代市场体系，完善宏观调控体系、行政管理体制和经济法律制度，健全就业、收入分配和社会保障制度，建立促进经济社会可持续发展的机制。全会认为，要坚持公有制的主体地位，发挥国有经济的主导作用，积极推行公有制的多种有效实现形式，加快调整国有经济布局和结构；土地家庭承包经营是农村基本经营制度的核心，要长期稳定并不断完善以家庭承包经营为基础、统分结合的双层经营体制，依法保障农民对土地承包经营的各项权利；要加快建设全国统一市场，大力推进市场对内对外开放，大力发展资本和其他要素市场，促进商品和各种要素在全国范围自由流动和充分竞争；要把扩大就业放在经济社会发展更加突出的位置，坚持劳动者自主择业、市场调节就业和政府促进就业的方针，实施积极的就业政策，努力改善创业和就业环境；深化科技教育文化卫生体制改革，创新工作机制，营造实施人才强国战略的体制环境，加快国家创新体系建设，构建现代国民教育体系和终身教育体系，促进文化事业和文化产业协调发展，提高公共卫生服务水平和突发性公共卫生事件应急能力。

四中全会（2004年9月16-19日）

全会审议通过了《中共中央关于加强党的执政能力建设的决定》，深刻阐述了加强党的执政能力建设的重要性和紧迫性，全面总结了半个多世纪以来党执政的主要经验，明确提出了加强党的执政能力建设的指导思想、总体目标和主要任务，是加强党的执政能力建设的重要纲领。

五中全会（2005年10月8-11日）

全会通过的《中共中央关于制定国民经济和社会发展第十一个五年规划的建议》，明确提出了今后五年经济社会发展和改革开放的主要任务，这就是：建设社会主义新农村，推进产业结构优化升级，促进区域协调发展，建设资源节约型、环境友好型社会，深化体制改革和提高对外开放水平，深入实施科教兴国战略和人才强国战略，推进社会主义和谐社会建设。

六中全会（2006年10月8-11日）

全会通过了《中共中央关于构建社会主义和谐社会若干重大问题的决定》。《决定》全面、深刻地阐明了社会主义和谐社会的性质和定位，强调构建的和谐社会，是在中国特色社会主义道路上，中国共产党领导全体人民共同建设、共同享有的和谐社会；指明了构建社会主义和谐社会的指导思想、目标任务、工作原则和重大部署。

第十七次（2007年10月15-21日）胡锦涛

报告主题：高举中国特色的社会主义伟大旗帜，以邓小平理论和"三个代表"重要思想为指导，深入贯彻落实科学发展观，继续解放思想，坚持改革开放，推动科学发展，促进社会和谐，为夺取全面建设小康社会新胜利而奋斗。

报告在总结了改革开放的伟大历史进程后指出,改革开放是决定当代中国命运的关键抉择,是发展中国特色社会主义、实现中华民族伟大复兴的必由之路;只有社会主义才能救中国,只有改革开放才能发展中国、发展社会主义、发展马克思主义。

报告提出实现全面建设小康社会奋斗目标的新要求:增强发展协调性,努力实现经济又好又快发展;扩大社会主义民主,更好保障人民权益和社会公平正义;加强文化建设,明显提高全民族文明素质;加快发展社会事业,全面改善人民生活;建设生态文明,基本形成节约能源资源和保护生态环境的产业结构、增长方式、消费模式。

报告强调,要以改革创新精神全面推进党的建设新的伟大工程,使党始终成为中国特色社会主义事业的坚强领导核心。深入学习贯彻中国特色社会主义理论体系,着力用马克思主义中国化最新成果武装全党;继续加强党的执政能力建设,着力建设高素质领导班子;积极推进党内民主建设,着力增强党的团结统一;不断深化干部人事制度改革,着力造就高素质干部队伍和人才队伍;全面巩固和发展先进性教育活动成果,着力加强基层党的建设;切实改进党的作风,着力加强反腐倡廉建设。

二中全会（2008年2月25-27日）

会议讨论了《关于深化行政管理体制改革的意见》《国务院机构改革方案(草案)》稿。会议提出,加快行政管理体制改革、建设服务型政府的要求,立足中国改革开放和社会主义现代化的新形势、新任务,统筹兼顾、突出重点、积极稳妥、分步实施,坚定不移地把行政管理体制和机构改革推向前进,着力转变职能、理顺关系、优化结构、提高效能,为改革开放和社会主义现代化建设提供重要体制保障。

附录四　中国改革开放30年以来的历次全国人代会

第五届 1978年3月–1983年6月 委员长：叶剑英

五届全国人大一次会议（1978年2月26日–3月5日）

会议的主题：动员全国各族人民团结起来，为建设社会主义的现代化强国而奋斗。

国务院总理华国锋作了题为《团结起来，为建设社会主义的现代化强国而奋斗》的政府工作报告：打倒"四人帮"是中国历史上又一个伟大转折，标志着"文化大革命"的结束；中国人民在社会主义革命和社会主义建设的新的发展时期的总任务，就是要坚决贯彻执行党的十一大路线，坚持无产阶级专政下的继续革命，深入开展阶级斗争、生产斗争和科学实验三大革命运动，在本世纪内把中国建设成为农业、工业、国防和科学技术现代化的伟大的社会主义强国。

会议通过了《中华人民共和国宪法》和关于政府工作报告的决议，审议批准了《1976至1985年发展国民经济十年规划纲要（草案）》，通过中华人民共和国国歌歌词。

五届全国人大二次会议（1979年6月18日–7月1日）

会议的主要任务是讨论和决定国民经济的调整、改革、整顿、提高，以及加强社会主义民主和社会主义法制的问题。

五届全国人大五次会议（1982年11月26日–12月10日）

会议的主要议题是审议中华人民共和国宪法修改草案，审议中国发展国民经济的第六个五年计划。

会议通过了中华人民共和国的第四部宪法。新宪法以根本大法的形式肯定了生产资料的社会主义公有制是中国社会主义经济制度的基础，要在坚持国营经济占主导地位的前提下，发展多种形式的经济；肯定了中国知识分子是建设社会主义的依靠力量，知识分子从总体上说已经是工人阶级的一部分。

第六届 1983年6月–1988年4月 委员长：彭真

六届全国人大一次会议（1983年6月6–21日）

会议的主要任务是审议政府工作报告，审查和批准国民经济和社会发展计划、国家决算，选举和决定新的一届国家领导人员，组成新的一届国家领导机构。

会议总结了过去五年的基本经验，进一步明确了经济工作的指导思想，坚定不移地把全部经济工作转到以提高经济效益为中心的轨道上来，坚持实事求是的原则和稳步前进的建设方针，讲究比较实在的速度，保证国民经济的健康发展，使人民得到实实在在的利益。

赵紫阳总理在政府工作报告中指出：我们必须兢兢业业，艰苦奋斗，牢固树立整体观念，顾全大局，下决心解决资金分散的问题，集中力量搞好关系到现代化前途的重点建设，不断提高经济效益，保证今后五年国民经济的稳步增长。

六届全国人大二次会议（1984年5月15-31日）

赵紫阳总理向大会作政府工作报告：要进一步办好经济特区和开放一些沿海港口城市，各地区、各部门在国家统一政策的指导下，积极发展对外经济贸易，特别是在利用外资、引进先进技术方面放得更开一些，步子迈得更大一些，并指出新的一年的中心任务将着重抓好体制改革和对外开放两件大事。

六届全国人大三次会议（1985年3月27日-4月10日）

国务院总理赵紫阳作题为《当前的经济形势和经济体制改革》的政府工作报告，在工资制度和价格体系改革上迈出重要的步子，是今年经济体制改革的两大任务，中央指导改革的行动方针是坚定不移、慎重初战、务求必胜。

六届全国人大四次会议（1986年3月25日-4月12日）

国务院总理赵紫阳作了关于"七五"计划的报告：进一步为经济体制改革创造良好的经济环境和社会环境，力争在五年或更长一些时间内，基本上奠定有中国特色的新型社会主义经济体制的基础；保持经济的持续稳定增长，在控制固定资产总额规模的前提下大力加强重点建设、技术改造和智力开发，在物质技术和人才方面为九十年代经济和社会的继续发展准备必要的后继能力；在发展生产和提高经济效益的基础上，继续改善城乡人民生活。关于经济体制改革，报告指出，实现"七五"的建设任务，关键在于继续进行深入系统的经济体制改革，进一步增强企业特别是全民所有制大中型企业的活力；进一步发展社会主义的商品市场，逐步完善市场体系；国家对企业的管理逐步由直接控制为主转向间接控制为主，建立新的社会主义宏观经济管理制度。

六届全国人大五次会议（1987年3月25日-4月11日）

国务院总理赵紫阳向大会作政府工作报告，强调指出增强企业活力是经济体制改革的中心环节。

第七届 1988年4月-1993年3月 委员长：万里

七届全国人大一次会议（1988年3月25日-4月13日）

国务院代总理李鹏作政府工作的报告，总结过去五年的工作，强调指出：牢固树立建设要依靠改革，改革要促进建设的指导思想，坚持把改革放在总览全局的位置上；无论建设还是改革，都必须坚持从实际出发，解放思想，尊重实践；建设和改革都要以提高经济效益为中心，不断推进科技进步和加强现代化管理；正确处理建设和改革中目标和步骤之间的关系，保证建设和改革的顺利发展；妥善处理各方面的利益关系，充分调动广大干部和群众的积极性。报告指出未来五年的发展要以改革总览全局，把改革和发展更加紧密地结合起来，使两者能够更好地相互配合和相互促进；认真执行长期稳定发展经济的战略，更加突出地抓好科学技术和教育事业的发展和改革，加快发展沿海地区外向型经济，进一步促进全国经济的繁荣和现代化水平的提高；在加快和深化经济体制改革的同时，积极而又稳妥地推进政治体制改革，加强社会主义民主和法制建设，巩固和发展安定团结的政治局面；围绕着经济建设并为经济建设提供思想保证和智力支持，大力加强社会主义精神文明建设，逐步造成适应社会主义要求的良好社会风尚。

七届全国人大二次会议（1989年3月20日-4月4日）

国务院总理李鹏在会上作了题为《坚决贯彻治理整顿和深化改革方针》的政府工作报告，强调指出治理经济环境和整顿经济秩序，是未来两年中国建设和改革的重点。

七届全国人大三次会议（1990年3月20日-4月4日）

会议的中心议题是实现中国政治、经济和社会的进一步稳定发展。

会议通过关于设立香港特别行政区的决定，包括《中华人民共和国香港特别行政区基本法》以及香港特别行政区第一届政府和立法会产生办法等决定。

七届全国人大四次会议（1991年3月25日-4月9日）

国务院总理李鹏作了《关于国民经济和社会发展十年规划和第八个五年计划纲要》的报告，全面总结了八十年代中国社会主义现代化建设的成就和经验，提出今后十年的主要奋斗目标是：在大力提高经济效益和优化经济结构的基础上，国民生产总值按不变价格计算到本世纪末比1980年翻两番；全国人民的生活从温饱达到小康水平；发展教育事业，推动科技进步，改善经营管理，调整经济结构，加强重点建设，为下个世纪初叶中国经济和社会的持续发展奠定物质技术基础；初步建立适应以公有制为基础的社会主义有计划商品经济发展的、计划经济与市场调节相结合的经济体制和运行机制；社会主义精神文明建设达到新的水平，社会主义民主和法制进一步健全。

第八届 1993年3月-1998年3月 委员长：乔石

八届全国人大一次会议（1993年3月15-31日）

国务院总理李鹏作了《政府工作报告》，指出要加快建立社会主义市场经济体制的改革步伐，在加快转换国有企业经营机制、积极发展各类市场、抓紧进行价格改革、进一步改革劳动工资制度、大力推进社会保障和城镇住房制度改革、改善和加强宏观经济管理诸方面取得突破性进展。《报告》强调指出，在整个社会主义现代化建设进程中，政府工作要紧紧围绕经济建设这个中心，努力推进社会各项事业全面发展，实现社会全面进步。《报告》提出了今后的工作要点：必须紧紧抓住经济建设这个中心；必须坚持深化改革和扩大开放；必须保持社会政治稳定的局面；必须坚持两手抓的战略方针；必须进一步解放思想和发扬务实作风。

会议通过了《中华人民共和国宪法修正案》，修正后的宪法，把建设有中国特色社会主义的理论、坚持改革开放及中国共产党领导的多党合作和政治协商制度等写进了宪法，突出了建设有中国特色社会主义的理论和党的基本路线，把实行社会主义市场经济体制作为国家经济体制改革的目标模式以立法形式确定下来，对保证有中国特色社会主义事业的发展具有重大而深远的意义。

会议通过了《关于设立中华人民共和国澳门特别行政区的决定》；关于《中华人民共和国澳门特别行政区基本法》的决定；关于澳门特别行政区第一届政府、立法会和司法机关产生办法的决定；关于批准澳门特别行政区基本法起草委员会关于设立全国人民代表大会常务委员会澳门特别行政区基本法委员会的建议的决定；关于授权全国人民代表大会常务委员会设立香港特别行政区筹备委员会的准备工作机构的决定；通过关于国务院机构改革方案的决定。

八届全国人大三次会议（1995年3月5-18日）

会议分别通过了《中华人民共和国教育法》和《中华人民共和国中国人民银行法》。

八届全国人大四次会议（1996年3月5-17日）

国务院总理李鹏作了《关于国民经济和社会发展"九五"计划和2010年远景目标纲要的报告》：今后15年，是中国改革开放和社会主义现代化建设事业承前启后、继往开来的重要时期，未来15年的主要奋斗目标是："九五"时期全面完成现代化建设的第二步战略部署，2000年在人口将比1980年增长3亿左右的情况下，实现人均国民生产总值比1980年翻两番；基本消除贫困现象，人民达到小康水平；加快现代化企业制度建设，初步建立起社会主义市场经济体制；2010年，实现国民生产总值比2000年翻一番，使人民的小康生活更加宽裕，形成比较完善的社会主义市场经济体制；在推进改革和发展的同时，社会主义精神文明和民主法制建设要取得显著进展，实现社会全面进步。

八届全国人大五次会议（1997年3月1-15日）

国务院总理李鹏作了政府工作报告，提出要以邓小平建设中国特色社会主义理论为指导，坚持中国共产党的基本路线和基本方针，切实推进经济体制和经济增长方式的转变，稳中求进，保持国民经济持续、快速、健康发展，促进社会全面进步。

第九届 1998年3月-2003年3月 委员长：李鹏

九届全国人大一次会议（1998年3月5-19日）

上一届政府总理李鹏在报告中总结了五年政府工作的体会：第一，坚持解放思想、实事求是的思想路线；第二，妥善处理改革、发展、稳定三者之间的关系；第三，既充分发挥市场机制的作用，又加强和改善宏观调控；第四，实施科教兴国战略和可持续发展战略；第五，坚持两手抓、两手都要硬的方针。政府工作报告也提出，未来五年，将初步建立社会主义市场经济体制，全面完成国民经济和社会发展的第九个五年计划，开始实施下个世纪头十年的发展计划，进入和建设小康社会。

会议对新一届政府的任务作了具体规定，朱镕基总理将其概括为"一个确保、三个到位、五项改革"："一个确保"是必须确保1998年中国的经济发展速度达到8%，通货膨胀率小于3%，人民币不能贬值；"三个到位"是三年左右使大多数国有大中型亏损企业摆脱困境而建立现代企业制度，在本世纪末实现中央银行强化监管，商业银行自主经营，三年内完成中央政府机构改革；"五项改革"是粮食流通体制改革、投资融资体制改革、住房制度改革、医疗制度改革和财政税收制度改革。朱镕基总理强调，科教兴国是新一届政府最大的任务。

九届全国人大二次会议（1999年3月5-16日）

朱镕基总理代表国务院向大会作的政府工作报告，对1998年工作回顾和1999年工作的总体要求：继续扩大内需和实施积极的财政政策；促进农业和农村经济全面发展；大力推进国有企业改革；认真做好金融工作，防范和化解金融风险；千方百计扩大出口和有效利用外资；实施科教兴国战略和可持续发展战略；贯彻依法治国方略，建设廉洁、勤政、务实、高效政府；努力促进祖国和平统一大业；关于国际形势和外交工作。

会议通过了《中华人民共和国宪法》修正案，邓小平理论的指导思想地位、依法治国的基本方略、国家现阶段的基本经济制度和分配制度以及非公有制经济的重要作用等被写进《中华人民共和国宪法》。同时还通过了《中华人民共和国合同法》等。

九届全国人大三次会议（2000年3月5-15日）

朱镕基总理代表国务院向大会作了政府工作报告：1999年国内工作回顾；坚持实行扩大内需的方针；大力推进经济结构的战略性调整；继续推进改革，全面加强管理；加快科技、教育发展，加强精神文明建设；进一步扩大对外开放；搞好社会保障体系建设，维护社会稳定；从严治政，加强政府自身建设；促进祖国和平统一大业；关于外交工作。

九届全国人大四次会议（2001年3月5-15日）

朱镕基总理代表国务院向大会作了关于国民经济和社会发展第十个五年计划纲要的报告：一、"九五"时期国民经济和社会发展的回顾；二、"十五"期间的奋斗目标和指导方针；三、加强农业基础地位，努力增加农民收入；四、大力推进产业结构优化升级；五、实施西部大开发，促进地区协调发展；六、落实科教兴国战略，大力开发人才资源；七、进一步深化改革和扩大对外开放；八、不断改善人民生活，完善社会保障制度；九、继续实施可持续发展战略；十、加强精神文明和民主法制建设，加强国防建设。

九届全国人大五次会议（2002年3月5-15日）

朱镕基总理代表国务院向大会作了政府工作报告：一、扩大和培育内需，促进经济较快增长；二、加快农业和农村经济发展，努力增加农民收入；三、积极推进经济结构调整和经济体制改革；四、适应加入世界贸易组织新形势，全面提高对外开放水平；五、继续大力整顿和规范市场经济秩序；六、实施科教兴国战略和可持续发展战略，加强精神文明建设；七、进一步转变政府职能，加强政风建设；八、进一步做好外交工作。

第十届 2003年3月–2008年3月 委员长：吴邦国

十届全国人大一次会议（2003年3月）

朱镕基总理代表国务院向大会作了政府工作报告：一、回顾了五年来，国民经济保持良好发展势头；改革开放取得突破性进展，社会主义市场经济体制初步建立；人民生活显著改善，总体达到小康；科技创新能力明显增强，教育事业蓬勃发展；社会主义民主政治和精神文明建设成效显著。二、总结政府工作的九条经验和体会，坚持正确把握宏观调控的方向和力度，实施积极的财政政策和稳健的货币政策；坚持以经济结构调整为主线，着力提高经济增长质量和效益；坚持把解决"三农"问题放在突出位置，巩固和加强农业基础地位；坚持推进国有企业改革，切实加强再就业工作和社会保障体系建设；坚持全面提高对外开放水平，积极参与国际经济技术合作和竞争；坚持实施科教兴国战略，提高科技创新能力和国民素质；坚持走可持续发展道路，促进经济发展与人口、资源、环境相协调；坚持全力维护社会稳定，为改革和发展创造良好环境；坚持转变政府职能，努力建设廉洁勤政务实高效政府。三、指出当前经济和社会生活中存在的突出困难和问题。

十届全国人大二次会议（2004年3月）

温家宝总理代表国务院向大会作了政府工作报告：一、总结了2003年政府工作，采取果断措施，集中力量抗击非典；适时适度调控，促进经济平稳快速发展；注重统筹兼顾，加快社会事业发展；关心群众生活，做好就业和社会保障工作；推进体制创新，改革开放迈出重要步伐；加强法制建设，维护社会稳定；同时也指出政府工作还有不少缺点，群众还有一些不满意的地方，多年积累的深层次矛盾从根本上解决还需要相当长时间。二、明确了2004年政府工作的基本思路和主要任务：加强和改善宏观调控，保持经济平稳较快发展，经济增长预期目标为7%左右；巩固和加强农业基础地位，实现农民增收和农业增产；统筹区域协调发展，推进西部大开发和东北地区等老工业基地振兴；继续实施科教兴国战略，坚持走可持续发展之路；加快卫生文化体育事业发展，加强精神文明建设；抓住有利时机，深化经济体制改革；适应新的形势，提高对外开放水平；加大就业和社会保障工作力度，进一步改善人民生活；加强民主法制建设，维护国家安全和社会稳定。三、强调如何加强政府自身建设，推进政府职能转变，坚持科学民主决策，全面推行依法行政，自觉接受人民监督，加强政风建设和公务员队伍建设。

十届全国人大三次会议（2005年3月）

温家宝总理代表国务院向大会作了政府工作报告：一、回顾了2004年政府主要做了六个方面工作，采取更直接、更有力的政策措施，促进粮食增产和农民增收；控制固定资产投资过快增长，大力加强薄弱环节；不失时机推进经济体制改革，扩大对外开放；加大政策支持和财政投入，促进各项社会事业发展；努力改善人民生活，重视解决关系群众切身利益的突出问题；加强民主法制建设，全力维护社会稳定。二、总结了政府工作六点体会，必须坚持树立和落实科学发展观、必须坚持加强和改善宏观调控、必须坚持推进改革开放、必须坚持处理好全局和局部的关系、必须坚持按客观规律办事、必须坚持把人民群众利益放在第一位。三、指出政府工作中面临的困难和问题,以及表现出来的一些不足之处。四、提出2005年政府工作的基本思路和经济社会发展的预期目标,强调坚持用科学发展观统领经济社会发展全局,重点抓好着力搞好宏观调控、着力推进改革开放、着力建设和谐社会这三方面的工作。

十届全国人大四次会议（2006年3月）

温家宝总理代表国务院向大会作了政府工作报告：一、总结2005年中国现代化事业取得的显著成就；分析经济社会发展中的困难和问题。二、提出2006年政府工作必须把握好四个原则和政府工作的基本思路和经济社会发展的预期目标：要继续保持经济平稳较快发展；要扩大消费需求,优化投资结构；要扎实推进社会主义新农村建设；推进产业结构调整和优化升级,是转变经济增长方式、提高经济增长质量的重要途径和迫切任务；要抓好六项措施,加快建设环境友好型社会；要把加快科技发展放在更加突出的战略地位；加快国有大型企业股份制改革；要进一步扩大对外开放,更好地利用国内国外两个市场、两种资源；高度重视做好就业和社会保障工作。三、介绍"十一五"经济社会发展的指导原则、主要目标、战略重点和主要任务。

十届全国人大五次会议（2007年3月）

温家宝总理代表国务院向大会作了政府工作报告：一、回顾2006年中国国民经济和社会发展取得的成就；总结政府主要工作,加强和改善宏观调控、加大"三农"工作力度、加快经济结构调整、积极推进改革开放、大力发展社会事业、优先发展教育、加强医疗卫生、努力做好就业和社会保障工作、继续加强民主法制建设；指出政府工作还有一些缺点和不足,经济结构矛盾突出、经济增长方式粗放、一些涉及群众利益的突出问题解决得不够好、政府自身建设存在一些问题。二、对2007年工作进行总体部署：在优化结构、提高效益和降低消耗、保护环境的基础上,国内生产总值增长8%左右；城镇新增就业人数不低于900万人,城镇登记失业率控制在4.6%以内；物价总水平基本稳定,居民消费价格总水平涨幅在3%以内；国际收支不平衡状况得到改善。

鸣 谢

上海融天投资顾问有限公司

上海融天投资顾问有限公司是一家专注于国内外企业并购策划、企业资产管理、产业信息、行业研究的合资咨询机构。公司业务涉及资产管理、财务顾问、企业管理咨询、信息分类研究和产业战略咨询等。公司致力于中国产业信息和中国重点区域经济结构的研究，并帮助海内外投资者全面深入了解国内的相关行业。

图书在版编目（CIP）数据

数读中国 30 年/中国产业地图编委会等编.－北京：社会科学文献出版社，2008.11
 ISBN 978－7－5097－0455－4

Ⅰ.数… Ⅱ.中… Ⅲ.改革开放－统计资料－中国 Ⅳ.D61－66

中国版本图书馆 CIP 数据核字（2008）第 170812 号

数读中国 30 年

编 者 /	中国产业地图编委会 中国经济景气监测中心
出 版 人 /	谢寿光
总 编 辑 /	邹东涛
出 版 者 /	社会科学文献出版社
地 址 /	北京市东城区先晓胡同 10 号
邮政编码 /	100005
网 址 /	http：//www.ssap.com.cn
网站支持 /	（010）65269967
责任部门 /	财经与管理图书事业部 （010）65286768
电子信箱 /	caijingbu@ssap.cn
项目负责人 /	周 丽
责任编辑 /	陆 辉
责任校对 /	张立生
责任印制 /	岳 阳
总 经 销 /	社会科学文献出版社发行部 （010）65139961　65139963
经 销 /	各地书店
读者服务 /	市场部 （010）65285539
印 刷 /	北京千鹤印刷有限公司
开 本 /	787×1092 毫米　1/16
印 张 /	15.5
字 数 /	327 千字
版 次 /	2008 年 11 月第 1 版
印 次 /	2008 年 11 月第 1 次印刷
书 号 /	ISBN 978－7－5097－0455－4/F·0161
定 价 /	49.00 元

本书如有破损、缺页、装订错误，
请与本社市场部联系更换

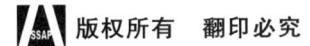

▲ 版权所有 翻印必究